한 권으로 끝내는 신천지 비판

한 권으로 끝내는 신천지 비판

한 권으로 끝내는 신천지 비판

사이비 신천지의 현황과 역사, 그리고 교리에 대한 명쾌한 논박

한창덕 지음

일러두기

- 본문에 인용한 성경은 별다른 표시가 없으면 〈개역개정〉입니다.
- 도서출판 신천지에서 출간된 책에서 인용하고 있는 성경은 별다른 표시가 없으면
  〈개역한글〉입니다.

"이 책은 지금 우리나라에서 큰 혼란을 빚고 있는 신천지 문제를 가장 종합적으로 연구한 대표적인 심층 연구 보고서라고 할 수 있다. 제한된 자료를 수집하기 위한 노력이 생생히 녹아 있는 이 책이 신천지의 전모를 파악하는 데 크게 기여할 것을 확신한다."

_ **김재성** | 국제신학대학원대학교 부총장

"과격하면서도 교묘하게 한국교회를 무너뜨리고 교인들을 미혹케 하는 대표적인 이단이 바로 신천지다. 신천지와 교주 이만희의 뿌리와 교리, 비윤리성을 이토록 깊숙이 파헤치고 체계적으로 종합한 책을 만드느라 애쓴 저자의 노고에 박수를 보낸다. 바라기는 이들의 거짓을 통해 우리의 자화상도 정직하게 들여다보고 바로잡을 수 있었으면 한다. 이단이 활개를 칠 수 있도록 음습한 토양을 만든 우리의 책임을 외면한다면, 언제 어디서든 또 다른 이단이 한국교회를 집어삼키려고 발악할 것이다."

_ **김종희** | 「뉴스앤조이」 대표

"누구든지 신천지에 대해서 알고 대처할 수 있도록 쉽고 논리적으로 쓰인 이 책을 통해 많은 사람들이 잘못된 곳에 빠지지 않기를, 잘못된 곳에 빠진 사람이라도 이 책을 읽고 돌아서기를 기대한다.”

_ 김진신 | 창일교회 담임목사, 예장백석 이단사이비상담소 소장

“신천지의 활동을 좌시만 하고 있으면 안 된다. 이 책을 읽고 신천지가 어떤 집단인지 알아보고 무엇이 잘못인지도 살펴보라. 이 싸움이 더 이상 앉아서 구경만 하고 있을 싸움이 아니라는 사실을 알게 될 것이다.”

_ 김철원 | 과천성결교회 담임목사, 신천지대책과천범시민연대 공동대표

“옛말에 먹은 대로 나온다는 말이 있다. 이 책은 신천지가 언제 어디서 무엇을 어떻게 먹었는지를 다루고, 그것이 어떤 결과로 나왔는지를 정밀하게 분석하고 있다. 이 두 가지 관점을 하나로 조합하면서 정독하다 보면 그 내용물이 얼마나 악취를 풍기고 있는지 알게 되고, 더불어 그 해결책까지 발견하게 될 것이다.”

_ 이덕술 | 예수님사랑교회 담임목사, 예장합동 이단(사이비)대책조사위원회 서울지역 상담소 소장

“이 책이 잘 증언하듯, 신천지에 있으면 구원받지 못한다. 12만여 명에 이른다고 추정되는 신천지인들이 하루속히 신천지에서 나와서, 교회에 속하여 구원의 길에 동참하기를 기도한다. 이 귀한 책이 한국교회의 많은 성도들에게 의미 있는 선물이 되기를 바란다.”

_ 이승구 | 합동신학대학원대학교 조직신학 교수

“예리한 성경해석을 바탕으로 비뚤어진 신천지의 교리를 비판하고 있는 이 책은 신천지의 교회 침투를 예방하고 성도들의 분별력을 높여주는 책이 되리라고 확신한다.”

_ 이영호 | 이단연구모임 ‘아레오바고사람들’ 대표

“이 책은 신천지를 이해하는 데 매우 유용한 자료를 제공하고 있다고 믿어 의심치 않는다. 특히 신천지의 발생 배경을 면밀하게 조사하여 독자들에게 제공함으로써 신

한 권으로 끝내는 신천지 비판

천지를 이해하는 데 큰 도움을 주고 있다. 이 책을 통해 한국교회가 신천지를 이해하고 대처하는 데 효과적인 방법을 찾을 수 있게 되기를 기대한다."

_ **이필찬** | 이필찬요한계시록연구소 소장, 『요한계시록 어떻게 읽을 것인가』 저자

"예수님은 마지막 날에 거짓 그리스도들이 일어나 많은 사람을 미혹할 것이라고 경고하셨다. 그 말씀이 현실화된 이때, 사이비 이단과의 싸움에 헌신한 사람들이 있다는 사실에 감사한다. '진리와 함께 기뻐하고' 진리를 수호하기 원하는 모든 신앙의 형제자매들에게 기쁜 마음으로 일독을 권한다."

_ **정근두** | 울산교회 담임목사, 전 한국교회연합 바른신앙수호위원회 위원장

"지금까지 이만희 집단이 '바른 교훈'에 비추어서 왜 '다른 복음'에 해당하는지를 이렇게 자상하고 설득력 있게 설명한 책은 없었다. 이 책이 성도와 가정, 그리고 정통교회를 흉악한 이리로부터 지키는 데 한몫하게 되기를 바라며, 모든 목회자와 신학생, 성도님들에게 기쁨으로 추천한다."

_ **정동섭** | 가족관계연구소 소장, 사이비종교피해대책연맹 총재

"이단 및 사이비 단체들에 대해 학문적으로 깊이 있게 연구해오신 한 목사님은 이 책에서 한국교회가 경각심을 갖고 대응하고 있는 신천지를 예리하고도 철저하게 분석하여 비판하고 있다. 일선 교회의 신천지 접근 예방용으로, 정통 교회로 돌아오기 원하는 신천지 신도들을 위한 재교육 교재로, 또 목회자들의 신천지 피해 상담 자료로 매우 유용할 것이다."

_ **최병규** | 예장고신 유사기독교연구소 소장

"부산성시화운동본부는 신천지와 전쟁을 선포하고 '전쟁사령부'를 만들어 공격적인 사역을 하고 있다. 우리는 한국교회를 위협하며 그리스도의 십자가를 철저하게 모욕하는 사이비 이단과 끝까지 싸워야 한다. 이 책은 그 싸움에 절대적인 전략물자가

될, 참으로 한국교회에 절실히 필요한 책이다."

"〈바로알자 사이비 신천지〉 카페에 홀연히 나타나 신천지의 잘못된 교리에 대한 정확한 분석과 성경적 반론 제시로 회원들에게는 용기를, 신천지인들에게는 충격을 주었던 한창덕 목사님의 책이 소개되어 기쁘게 생각한다. 이만희 사후 혼란에 빠질 신천지인들에 대한 회복의 목회방향을 제시하는 역저를 기쁨으로 추천한다."

이단 교주는 두 종류로 나눌 수 있다. 하나는 자기가 주장하는 것을 실제로 믿는 확신범이고, 또 다른 하나는 자기가 거짓말을 하고 있다는 것을 아는 사기꾼이다. 신천지의 교주 이만희는 그중 어디에 속할까?

지난 2007년, 문화방송(MBC) "PD수첩"에서 신천지를 다룬 적이 있었다. 이만희는 육체 영생에 관한 질문을 받자 자기는 그렇게 가르치지 않았다고 발뺌했다. 인터뷰 진행자가 신천지 신도들은 당신이 영원히 죽지 않고 육체를 가진 상태로 영생한다고 믿고 있는데, 그것에 대해 어떻게 생각하느냐고 물었다. 그러자 그는 천연덕스레 웃으며 그런 사람이 있으면 막걸리나 받아주겠다고 말했다.

이만희의 스승인 전도관의 박태선은 자신의 발 씻은 물을 '성수'라고 속여 비싸게 팔아먹은 희대의 사기꾼이었다. 박태선은 성경의 98퍼센트가 가짜이고, 예수는 마리아의 죄된 피를 받아 죄 덩어리가 되어서 구세주 자격이 없으며, 자신은 '피가름'을 하여 거룩한 피를 가졌다고 주장하며 자칭 하나님이 되었다. 죄란 물질이 아니기에 피 속에 있는 것도 아니고 피를 통해 유전되는 것도 아니다. 만일 그렇다면 코피만 쏟아도, 수혈만 받아도 죄가 적어지거나 많아지게 될 것이다. 그런데 박태선은 그런 영적 사기를 치면서 자기의 성혈을 받아야 구원받는다고 하면서 형수, 장모와도 성관계를 갖는 천인공노할 짓을 하였다.

이만희는 1957년에 '성령의 계시'로 전도관에 들어갔다고 한다. 그리고 희대의 영적 사기꾼 박태선의 밑에서 10년 동안 있으면서 많은 것을 배웠다. 그는 박태선의 혈통 유전설을 이어받지는 않았지만 '동방의 의인', '이긴 자' 개념은 그대로 이어받아 스스로 구세주 노릇을 하고 있다. 자기 스승의 뒤를 이어 종교적 사기를 치고 있는 것이다.

사람들은 신천지의 그럴듯한 말에 속아 넘어간다. 사기꾼이라고 해서 항상 거짓말만 하지는 않기 때문이다. 그러나 그들의 역사와 교리를 알고 보면 그들의 수법도 한눈에 드러나게 된다. 사이비 이단은 어느 날 갑자기 하늘에서 떨어지는 것이 아니라, 발생 배경이 있고 성장 역사가 있기 마련이다. 그래서 이 책은 신천지의 뿌리부터 살피면서 그 교리를 파헤치고자 한다.

제1부 "신천지의 역사와 정체"에서는 먼저 신천지의 현황을 간략하게 살펴보고 그들이 기성 교회의 성도들을 미혹하는 수법을 정리했다. 그리고 신천지가 생겨난 과정을 이만희의 경력을 통해 알아보았는데, 여기에서 박태선의 전도관과 유재열의 장막성전을 다루지 않을 수 없었다. 제2부 "신천지 교리의 형식적 체계"에서는 신천지 교리의 두드러지는 특징인 '짝 교리'에 대해서 다루었다. 제3부 "신천지의 실제 교리 체계"에서는 교주 신격화를 위해 신천지가 내세우는 주요 교리 체계를 논파했다.

　　　　　　　　　　　　　　　　한 권으로 끝내는 신천지 비판

사실, 신천지의 비상식적인 행태와 교리적 허점을 모두 다루기에는 시간과 지면이 턱없이 모자랄 지경이다. 그럼에도 이 책이 신천지의 역사와 교리에 대한 기본적인 이해를 돕고, 각 교회가 신천지의 공격에 대항할 수 있도록 무장시키는 역할을 감당할 수 있을 것이라고 기대해본다. 이 책이 예방과 상담용으로 널리 활용되어 이단에 대항하는 신앙의 개념 정립을 도움으로써, 더 이상 교회가 신천지로부터 피해를 당하지 않기를 기도한다. 그리고 신천지에서 나온 분들이 교회에 적응하지 못하고 다시 비슷한 곳을 전전하는 일도 없어지기를 간절히 기도한다. 무엇보다도 신천지의 최대 피해자, 신천지인들이 이 책을 통해 돌아오는 역사가 있기를 바란다.

이 책이 나오기까지 뒷바라지하며 수고한 아내와 응원해준 가족들, 지금도 여전히 눈물 뿌려 기도하실 장모님, 필요한 자료를 제공하고 집필 여건을 마련해준 동생 한경덕 목사, 그리고 아낌없이 이런저런 도움을 주신 모든 분에게 감사한다. 아무쪼록 이 책이 한국교회에 유익이 되기를 바라며, 이 책을 통해 하나님의 이름만 높여지기를 소망한다.

2013년 6월 여름을 기다리며

한창덕 목사

신천지의 역사와 정체

1장

신천지의 현황

한국교회에 가장 큰 피해를 주는 이단이 있다면 그곳은 단연 신천지다. 그렇다고 해서 신천지가 다른 이단에 비해 교세가 월등히 크다는 말은 아니다. 신천지보다 더 큰 교세를 가진 이단도 많다. 하지만 신천지는 그들만의 독특한 교리 때문에 아예 교회 안으로 들어온다. 보통 이단은 교회만 잘 다녀도 미혹될 확률이 낮지만, 신천지는 교회 안에서도 미혹될 수 있다는 말이다.

때에 따라 다양한 전략을 구사해온 신천지는 최근 들어 자신들의 이미지를 쇄신하기 위해 혼신의 힘을 다하고 있다. 인터넷을 활용한 적극적인 홍보, 변증, 상담 활동을 펼치는가 하면, 자체적으로 뉴스 동영상을 만들어 배포하고, 공공장소에서 자신들의 행사를 적극적으로 홍보하는 등—예를 들어, 삼성동 코엑스에서 행한 플래시몹—군소 사이비 집단의 이미지를 탈피하기 위해 노력하고 있다. 또 포교대상을 확대해 개신교인뿐만 아니라 불신자, 가톨릭 신자, 심지어 통일교 신자도 가리지 않고 신천지로 끌어들이고 있다. 얼마 전 부산에서는 가톨릭 사제가 신천지 포교활동을 하다가 면직되기도 했다.[1]

신천지는 지난 2013년 5월 초, 서울 올림픽공원 올림픽홀을 빌려 '말씀대성회'를 개최했다. 이에 대해 「뉴스천지」라는 인터넷 신문에서 한 기자는 "많은 목자들이 신천지를 이단이라고 핍박했지만 하나님과 이 총회장님은 용서했다"는 신천지 관계자의 말까지 옮기며 이 대회가 성공적이었다고 평가했다. 그는 또 "집회 현장의 분위기도 뜨거웠다. 신천지 말씀대성회는 이틀 동안 각각 오후 2시와 7시 총 4차례 열렸으며, 4300여 석 규모의 올림픽홀이 매회 발 디딜 틈이 없을 정도로 가득 찼다. 미처 들어오지 못한 성도들은 건물 밖에서 영상을 통해 함께했다. 올림픽홀뿐 아니라 경기 강원 인천 부산 울산 대구 대전 광주 전주 등 전국 각지 생중계 현장에는 3만여 명의 인파가 모여 성황을 이뤘다. 또 수십만 명이 인터넷 신천지방송 등을 통해 말씀대성회를 시청했다"고 대회장 안팎의 상황을 세세하게 전달했다.[2] 이 기사만 보면 '정말 신천지가 이단인가?' 하는 생각이 들 정도다.

그뿐 아니다. 신천지가 2012년 9월에 개최한 '하늘문화 예술체전'은 올림픽 주경기장을 가득 메울 정도로 규모가 컸다. 그만큼 신천지인들이 늘었다는 이야기다. 2012년 1월 신천지의 내부 자료를 보면, 신천지의 신도수는 8만 5천을 넘는다. 또 최근 들려오는 이야기로는 '신천기' 30년인 2013년, 신천지의 신도수가 그들이 '구원받는 수'라고 믿

---

1) 〈http://www.catholicnews.co.kr/news/articleView.html?idxno=8891〉(2013. 6. 1).
2) 〈http://www.newscj.com/news/articleView.html?idxno=185450〉(2013. 6. 1).

는 14만 4천이 될 것이라는 기대감이 팽배하다고 한다. 정말 가슴 아픈 이야기가 아닐 수 없다. 그 자리를 메운 사람들은 대부분 우리가 알고 지냈던, 우리의 교회 식구들이기 때문이다.

조직과 현황

이처럼 승승장구하는 듯이 보이는 신천지의 실제 교세는 어느 정도일까? 이에 대해 설명한 한국기독교이단상담소협회 구리상담소 신현욱 소장의 글을 보자. 그는 과거 20년 동안 신천지에 몸담았을 때 핵심 보직이라고 할 수 있는 '교육장'의 위치에 있었으나, 지금은 신천지의 이단성을 밝히고 피해자를 구제하는 일에 앞장서고 있다.

신천지의 공식명칭은 신천지예수교증거장막성전이며, 총회본부(과천시 별양동 1-13 제일쇼핑 4층)와 산하에 본부 요한 지파를 비롯해 시몬 지파(경기 고양, 서울 영등포), 서울 야고보 지파(서울, 경기, 의정부), 바돌로매 지파(서울 강서, 부천, 김포), 마태 지파(인천), 빌립 지파(강원, 충주, 제천), 맛디아 지파(충청), 도마 지파(전북), 베드로 지파(전남), 다대오 지파(경북), 안드레 지파(부산, 울산, 진해, 창원, 거제, 제주), 야고보 지파(부산, 진주, 마산)를 두고, 지파 산하에 지교회와 비밀리에 교리를 가르치는 교육장소인 복음방과 센터(구, 무료신학원)가 있고, 기성 교회의 탈을 쓴 위장 교회가 있다.

기타 외곽조직으로는 봉사단체로 위장한 '만남'과 그 산하에 전국 60여 곳의 지부가 있고, 교계 정보수집과 신천지 대외적 홍보와 대내적 언론 호도와 통제를 위해 창간한 「천지일보」가 있다.

신천지의 조직 구성은 요한계시록 4장의 하늘에 베푼 보좌 형상대로 이 땅에서 이룬다 하여 총회에는 총회장과 7교육장(교육, 기획, 감사), 12지파장, 24장로(24개 부서 행정담당)가 있어 소위 보좌에 앉는 최고위직이며, 기타 담임강사, 센터 원장, 교육강사, 전도사, 장로, 권사, 집사, 문도가 있다. 교인들 소속을 구분 짓는 조직으로는 4생물격인 전도회, 장년회, 부녀회, 청년회 4개 부서가 있고, 각기 6날개격인 6명의 임원진으로 구성되어 있다.

조직의 특성은 상하 위계질서, 보고 체계가 엄격하고, 명령에 절대복종해야 하는 마치 공산당 조직이나 군대 조직을 방불케 한다. 그러다 보니 분위기가 경직되고, 서로 감시하고, 인터넷은 선악과라고 하며 보는 날에는 정녕 죽으리라는 엄포로 외부와의 정보와 교통을 차단함으로 조직이 폐쇄적일 수밖에 없다.[3]

또 그는 다른 세미나에서 2012년 한 해에만 1만 7천명이 신천지로 넘어가서 2013년에는 신도수가 12만에 달할 것이며, 그 다음 해에는 14만명에 이를 것이라고 내다보았다.[4] 여기에서 우리는 신천지가 단순하고 체계가 부실한 가벼운 이단이 아님을 알 수 있다. 신천지는 교주 이만희를 중심으로 피라미드형 관료 구조를 갖추고, 상명하복의 명령체계 속에서 일사분란하게 움직이는, 결속력이 뛰어난 조직이다. 실제로 신천지에 가입했다가 탈출한 피해자들을 만나보면, 그 조직에 있는 동안에는 분위기에 휩쓸려 시간과 돈도 아까운 줄 모르고 힘을 다해 신

---

3) 〈http://www.amennews.com/news/articleView.html?idxno=12437〉(2013. 6. 10).
4) 〈http://newsmission.com/news/news_view.asp?seq=54204〉(2013. 6. 10).

신천지의 12지파[5]

천지의 요구에 부응했다는 이야기를 자주 들을 수 있다.

위의 그림은 신천지의 '하늘문화 예술체전'에 선수단이 도열한 것으로 신천지의 12지파를 보여준다. 신천지는 우리나라를 12개의 지역으로 구분하고 12사도의 이름으로 지파명을 삼았다. 각 지파들은 매년 충원 목표를 설정하고, 실적을 보고하면서 경쟁적으로 포교활동을 펼치고 있다. 기본적으로 신천지에 와야만 왕 같은 제사장이 된다고 하는 독선적이고 극단적인 교리가 문제지만, 이런 경쟁적인 분위기 또한 심각한 문제다. 각 지파들이 목표를 채우기 위해 애쓰는 가운데, 전국 각지에서 사회적 물의를 일으키는 크고 작은 사건들이 끊이지 않는 것이다. 이런 측면에서 보면 신천지는 교리적 취약성을 단결된 조직성으로 극복하는 사이비의 전형이라고 할 수 있다.

덩치가 커질 대로 커진 신천지는 날이 갈수록 대범하고 공격적인 포교방법을 도입하고 있다. 우선 신천지는 신천지를 비판하는 사람들

---

5) 〈http://blog.naver.com/scjezra?Redirect=Log&logNo=30144698300〉(2013. 6. 1).

에 대해 고소를 남발하여 법적 방어망을 견고하게 구성하고 있다. 물론 법원 판례에서 종교 비판의 자유가 상당한 우위를 가지고 있기 때문에, 이런 재판에서는 대부분 신천지가 패소한다. 그럼에도 불구하고, 신천지와 싸우는 사람들이 재판이 진행되는 과정에서 겪는 불편은 이루 말할 수 없는 실정이다.

또한 신천지는 전국 각지에 위장 교회를 두고 포교활동을 하고 있다. 신천지는 여러 차례 비영리 종교법인 등록을 시도했었다. 그러나 사회적 물의를 일으키고 공익을 해친다는 사유로 불허되어서 정상적인 방법으로 부동산을 취득하여 교회를 세울 수는 없다. 문제는 이들이 자신들의 교단 이름을 사용하지 않고 정통 교단의 간판을 걸어놓고 포교활동을 펼친다는 사실이다. 최근 한 세미나에서는 신천지의 위장 교회가 전국에 150여 개 존재한다는 보고가 있었다. 신천지가 2013년, 전국에 300개의 위장 교회를 세우겠다고 공언했고, 실제로 전국에서 그와 같은 위장 교회가 급속도로 번지고 있다는 이야기다.[6] 신천지의 자산은 이런 방식으로 소유한 부동산을 포함하여 엄청날 것으로 보인다. 구원을 담보로 한 신천지의 혹독한 요구에 등골이 휘는 줄도 모르고 열과 성을 바치는 신천지인들이 가여울 뿐이다.

신천지의 계획

이만희 교주는 TV나 법원에서는 자신의 영생불사에 대해 부정했다. 그

---

6) 〈http://newsmission.com/news/news_view.asp?seq=54204〉(2013. 6. 11).

　　　　한 권으로 끝내는 신천지 비판

럼에도 신천지 내부에서는 '예수의 영과 합일된 이만희가 죽지 않을 것'이라고 믿는 분위기다. 게다가 신천지인들은 신천지가 시한부 조건으로 내세우고 있는 14만 4천의 구원받는 신도수가 거의 차가면서 곧 '구원'이 일어나고 자신들도 영생할 것이라고 믿는 눈치다.

이만희는 2010년 허리 수술로 건강에 위기가 있었으나 지금은 건강이 회복되었고, 유럽과 미국을 비롯 세계 각지를 다니는 등 활발한 활동을 펼치고 있다. 그러나 날이 갈수록 노쇠하고 있는 1931년생 이만희가 얼마나 오래 살 수 있을까? 문제는 이만희가 죽은 이후다. 지금은 많은 신천지인들이 "이만희가 죽으면 신천지에서 나오겠다"며 이만희의 죽음이 불가능할 것처럼 믿고 있다. 그들의 고백처럼 이만희가 죽는 날, 신천지가 모래성처럼 무너져 내리기를 기대한다. 그러나 우리나라의 다른 이단들이 그랬듯이, 신천지도 교리를 변형시키거나 이런저런 핑계를 대가며 신천지인들을 옭아맬 가능성이 많다. 박태선이 죽어도 천부교는 붕괴되지 않았고, 문선명이 죽어도 통일교가 와해되지 않았다. 이만희가 죽어도 신천지의 단단한 조직이 쉽게 무너지지 않을 가능성이 크다는 이야기다.

이런 상황에서 신천지의 권력 구조가 어떻게 개편될지에 대한 예견도 나오고 있다. 옆의 사진은 2012년 '하늘문화 예술체전'에서 이만희와 김남희가 '천국혼인

이만희와 김남희[7]

---

7) 〈http://www.amennews.com/news/articleView.html?idxno=12685〉(2013. 6. 13).

잔치'에서 왕관을 쓰고 퍼레이드를 벌이는 모습이다. 이에 대해 신현욱 소장은 "이만희의 후계자 1순위로 유력할 뿐만 아니라 내연관계로 의혹을 사고 있는 위장 봉사단체 '만남' 대표 김남희(압구정 센터 원장)의 존재가 금번 전국체전을 기점으로 노골화되어, 향후 후계 구도와 헤게모니를 두고 이만희 교주 친족과 김남희 세력 간의 다툼이 초미의 관심사로 대두되고 있다"며 신천지의 권력 승계 구도를 내다보았다.[8] 또 신천지대책전국연합의 엄승욱 총무는 "신천지는 결국 이만희 씨의 내연녀인 김남희 씨가 후계자로 올라 교리를 수정하면서 조직을 유지할 것"이라며 "실제로 신천지는 이만희 씨와 김남희 씨의 이름에서 '만'자와 '남'자를 조합해 사단법인 '만남'이라는 봉사단체를 결성한 뒤 '빛과 빛의 만남은 이김'이라는 구호를 신도들에게 은연중에 주입시키며 후계 체제를 구축하고 있다"고 말한다.[9]

　신천지의 기세를 보면 이런 우려가 괜히 나오는 것 같지는 않다. 그들은 계속해서 자신들의 성지, 경기도 과천에서 영향력을 확대하기 위해 다양한 노력을 하고 있을 뿐 아니라, 각 지역에서 정계를 비롯한 다양한 분야에 힘을 뻗쳐가고 있다. 또 신천지는 전국에서 실시하는 '말씀대성회'를 필두로 대중적 이미지를 쇄신하고 일반인들에게 거부감을 없애기 위한 각고의 노력을 멈추지 않고 있다. 게다가 각 지파에서 신천지의 정규 교육을 이수하고 '수료'하는 인원은 매회 수천 명에 이르는데, 이들은 모두 특정 훈련을 받고 신천지의 요구대로 각종 포교

---

8) 〈http://www.amennews.com/news/articleView.html?idxno=12437〉(2013. 6. 10).

9) 〈http://news.kukinews.com/article/view.asp?page=1&gCode=kmi&arcid=000707
　　4579&cp=nv〉(2013. 6 10).

활동에 투입될 수 있는 자원들이다. 참으로 염려스러운 형국이 아닐 수 없다.

그러나 신천지는 본질적으로 하나님의 이름을 더럽히는 사교(邪敎) 집단일 뿐이다. 그들이 아무리 자신들의 구원을 부르짖어도, 최후의 심판대 앞에서 영벌에 처해질 수밖에 없는 운명을 가지고 있다. 문제는 우리가 '얼마나 신천지의 공격에 흔들리지 않고, 오히려 신천지에 미혹된 사람들을 진리로 이끄는 역할을 잘 감당할 수 있는가'다. 신천지가 아무리 날뛰어도 이 세상은 더 어두워지지 않는다. 세상이 더 어두워지는 유일한 이유는 빛의 사명을 부여받은 우리가 그 사명을 잘 감당하지 못하기 때문이다. 우리가 이 사실을 명심하고, 깨어 있어 신천지를 능히 이기고, 오직 예수 그리스도를 높이게 되기를 기도한다.

2장
미혹의 수법들

노란 안경을 끼고 세상을 보면 세상이 노랗게 보이는 법이다. 신천지는 복음방이나 신학원의 교육을 받는 사람들에게 자기들만의 색깔이 있는 안경을 씌우려고 한다. 그리고 일단 그 안경을 끼게 되면 사람들은 분별력을 잃고 누가 뭐라 해도 신천지를 맹신하게 된다. 따라서 신천지의 핵심적인 교리 체계를 분석·비판하는 일만큼이나 그들이 어떻게 접근하고, 어떤 교육 과정을 통하여, 어떻게 서서히 세뇌하는지를 파악하는 것은 중요하다. 덧칠된 안경을 벗겨내는 작업은 상당한 시간과 노력을 필요로 하기 때문이다.

이만희의 핵심적인 가르침은 '실상 계시'를 밝힌다는 '약속한 목자론'이다. 다른 모든 교리는 약속한 목자론을 중심으로 짜 맞추어져 있다. 그리고 약속한 목자론의 목표는 이만희의 신격화다. 그런데 신천지는 처음부터 정체를 드러내는 것이 아니다. 복음방이나 신학원 등에서 차근차근 과정을 밟게 하다가 나중에서야 그 정체를 드러낸다. 그때가 되면 이미 늦는 경우가 많다. 처음에는 경계하고 의심하던 사람도 계속해서 성경을 찾아가며 공부하다 보면, 세뇌의 단계를 거쳐 무조건 믿으려고 하는 경향이 나타나기 때문이다. 결과적으로 가장 효과적인 예방법은 신천지의 포교 전략과 수법을 먼저 가려내는 것이라고 할 수 있다.

신천지, 이렇게 접근한다

신천지의 성경공부 교재 차례

신천지인들은 철저하게 자신들의 정체를 감추고 아주 다양한 방법으로 접근한다. 그러나 성경공부에 들어가서 옆의 표와 같은 것들을 가르치면 그곳이 신천지인 줄 알아야 한다. 다음은 신천지에서 '담임강사'의 직분을 맡았던 K 전도사가 정리한 내용이다. 그는 지금 신천지에서 이탈하여 그들의 정체를 밝히는 데 큰 공헌을 하고 있다. 과거에 그는 신천지교회를 개

척하여 700-800명 정도의 신도가 모이게 할 만큼 맹렬하게 활동했었다. 그의 증언을 통하여 신천지가 성도들을 미혹할 때 실제적으로 어떻게 접근하며, 교육하고, 교회에 침투하는지 자세히 알아보자.

신천지의 전도 전략

추수꾼 양육 과정

신천지가 전도에 특심한 이유는 14만 4천의 수를 채우면 영계의 순교자의 영혼들과 육계의 신천지인들이 신인합일, 육체가 변화되어 영원히 산다는 영생관 때문입니다. 그래서 전 성도의 추수꾼화, 전 성도의 특전대(특별 전도대원)화를 완성하기 위해 신천지 12지파가 경쟁적으로 추수꾼 양성 과정, 곧 제자 훈련 시스템을 구축하여 활발히 움직이고 있습니다.

신천지가 불신자를 대상으로 전도하지 않고 정통 교회를 대상으로 포교활동을 하는 이유는 마태복음 13장의 가라지 비유를 근거로 합니다. 그들은 추수 때는 예수님이 씨를 뿌려놓은 추수밭, 곧 정통 교회에 가서 알곡을 모아 곳간인 신천지교회로 인도할 때인데 지금이 바로 그때라고 핵심 교리로 가르칩니다.

정통 교인들이 신천지인이 되는 순차적인 과정을 소개하면 ① 섭외, ② 복음방 교육, ③ 신학원 교육, ④ 수료자 교육, ⑤ 추수꾼 양육, ⑥ 사명자 양육입니다. 이 가운데 특히 주목할 것은 복음방 정교사 교육과정인 '추수꾼 양육'이라고 할 수 있습니다. 이 과정은 신천지총회교육부에서 신천지 신도들을 전도 기계로 세뇌시키기 위해 가장 중점을 두는 양육 과정입니다. '복음방 교사 교육'이라는 명칭으로 이론과 실습을 병행하면서 기수별로 약 40일간 교육을 실시하고 있는데, 섭외 방법 훈련, 유도 멘트 훈련, 스피치 훈련을 집중·반복하며 시험 결과와 전도 실적에 따라 복음방 정교사 자격증을 수여합니다. 또한 신천지는 전도의 '실력자들'을 특전대로 분류해 운영하고 있으며 그 명칭은 총회 특전대, 지파 특전대, 지교회 특전대, 부서 특전대 등으로 구분합니다.

제자 훈련 시스템(복음방 교사 양육 과정)의 7단계

일곱 단계를 크게 구분하면 ① '추수꾼 양육'은 전도인을 만드는 과정이며, ② '추수밭 밟기'는 정통 교인 섭외 및 정통 교회 침투 과정이고, ③ '밭갈기'와 ④ '씨뿌리기', ⑤ '가꾸기'는 복음방 과정이며, ⑥ '열매담기'는 신학원 과정, ⑦ '열매 싹 틔우기'는 신천지교회에서 시행하는 교육과정입니다.

복음방 운영: 다양한 명칭으로 가장한 접근 방법

• 섭외 방법—신천지는 '모략'이라는 이름으로 각양각색의 거짓말을 지어내어 꿈과 우연을 가장하고, 탤런트를 능가하는 연기와 연극을 서슴지 않고 시도합니다. 또 상황극을 만들어 사전에 철저한 훈련과 교육을 하고 있습니다. 가장 많이 사용하는 방법 중에 간단한

실례를 들자면, 성경책을 보거나 십자가 목걸이를 하고 있는 사람에게 접근하여 "이사를 왔는데 가까운 좋은 교회를 소개받고 싶다"며 친분관계를 형성합니다. 그 후 "집사님을 위해서 기도하던 중 에베소서 6장 14-17절 말씀을 주셨는데 급하게 찾아보니 하나님의 말씀으로 전신갑주를 입으라는 메시지였습니다. 이전에 섬기던 교회에서 제 신앙에 큰 도움을 주셨던 선교사님이 기도와 말씀에 능력이 있으신데 마침 저희 집에 오신다고 하니 기도 받아보시고 말씀도 한번 들어보지 않으시겠어요?" 혹은 "어제 밤 꿈에 집사님을 보았는데 흰 세마포를 입고 계셨어요. 너무 아름다워서 가까이 가서 자세히 보았는데 글쎄 옷에 구멍이 난 걸 입고 계셨습니다. 무슨 뜻일까요? 저도 예전에 어렵고 힘들 때, 이상한 꿈을 꾸었던 적이 있었는데, 이전에 섬기던 교회 전도사님이 다니엘같이 꿈 해석을 잘해주셔서 제가 큰 은혜와 복을 받았거든요. 마침 그분이 이 근처에 오셨다가 기도해주시려고 오신다는데 한번 물어보면 어떨까요?" 하는 식입니다.

그 외의 방법으로 신앙과 관계없는 설문조사, 가가호호 방문하여 북한선교 또는 해외선교를 위해 성경책 및 헌옷 수거하기로 접근하는 경우도 있습니다. 대학가 내에서는 위장 동아리를 설립하여 회원을 모집하고, 큐티 모임 및 문화 센터와 카페를 운영하기도 하며, 영어 성경, 일어, 중국어를 가르쳐주는 것을 미끼로 섭외하기도 합니다. 또한 아동 미술이나 음악 치료 및 교육, 화장품 방문 판매, 건강 보조 식품 판매, 정수기와 비데 대여, 인터넷 아르바이트생 모집, 보험설계를 업으로 하면서 전도와 함께 경제적인 면을 해결하고 있기도 합니다.

섭외에서 가장 중요한 것은 연락처와 주소를 알아내는 것인데, 이것을 통해 친분형성을 하기 때문입니다. 특히 핸드폰 및 이메일을 통해 관심을 쏟으며 교제를 나누어 마음을 사고 의심을 푼 다음, 성경을 통해 신앙에 도전을 주어 복음방으로 유도합니다.

• **섭외 장소**─기도원, 각종 집회장, 공원, 건강 기구 시험장, 기독 서점, 기독 카페, 찜질방, 문화센터, 지하철을 비롯한 대중교통, '추수밭'이라 칭하는 정통 교회 등 기독교인을 만날 수 있는 곳이라면 장소를 가리지 않습니다. 최근에는 직접 위장 기도원 및 교회를 세우고는 해외(독일, 일본, 미국)에서 오신 목사님이라고 속여 집회를 개최하기도 하고, 웨딩홀 같은 장소를 빌려 위장 집회를 열고는 그곳을 교육장소로 사용하여 사람들을 복음방이나 신학원으로 인도합니다.

가장 대담한 방법은 정통 교회를 통째로 섭외 대상으로 삼는 '산 옮기기' 전략입니다. 특전대가 '추수꾼'으로 침투하여 목회자나 교역자들의 신임을 얻은 후, 중요 직분과 직책을 맡고는 목회자 및 교역자들의 허물을 들추어 교회에 분란을 일으키고 당을 조직합니다. 그리고 전도를 빙자하여 신천지인들을 속속 불러들이고, 힘 있는 장로나 직분자를 부추겨 목회자나 교역자를 쫓아낸 후 교회를 통째로 신천지화합니다.

• **교육 장소**─신천지 신도나 수강자의 가정 또는 사업장, 대학교의 빈 강의실, 지하철 휴게소, 북 카페, 기성 교회에서 운영하는 카페를

교육 장소로 활용합니다. 최근에는 소규모 교육 장소 곧 기독 카페나 선교회로 위장한 복음방 센터를 별도로 마련하는 추세이며 전화로도 복음방을 운영(텔레마케팅 형식)하고 있습니다.

신학원 및 교육관 운영: 타 이단에서 볼 수 없는 독특한 전도 전략 중 하나

• **명칭**—신천지의 신학원이나 교육관의 명칭은 획일적이지 않고 정통 교단에서 사용하는 다양한 이름을 사용합니다. 예를 들면 열린 성경 교육원, 두란노 선교회, 모퉁이돌 선교회, 총회 신학원, 참사랑 선교회, 평신도 교육원, 기독교 신학원, 시온 기독교 신학원, 로고스 성경 연구원, 바이블 아카데미, 하늘씨앗 선교회, 엠마오 선교회 등의 일반적인 명칭입니다.

• **수강 자격**—복음방을 거쳐 부서와 신학원의 면접에서 합격한 자만이 입학이 가능합니다. 면접을 보는 이유는 탈락률을 낮추고, 수강생이 탈락하여 신학원의 정체가 드러나는 것을 방지하기 위함입니다.

• **교육과정**—초·중·고등 과정 또는 1단계, 2단계, 3단계 과정으로 6개월을 교육합니다.

• **교육 시간**—주 4일(월, 화, 목, 금요일), 하루 2-3회(오전 10시 반 또는 11시, 오후 2시나 3시, 저녁 7시 반 또는 8시, 오후 모임은 거의 없음), 1회당 약 2시간 정도의 교육을 실시합니다. 그리고 수요일과 토요일은 주간 결석

자나 깨달음이 적은 자를 대상으로 보충 강의 및 특강을 실시합니다.

• **교육 내용**—초등 과정, 혹은 1단계 과정에서는 성경론과 비유론을 중심으로 교육합니다. 중등 과정, 혹은 2단계 과정에서는 선지서의 대략과 복음서와 서신서 중 예언에 관한 내용 일부분을 교육합니다. 고등 과정, 혹은 3단계에서는 요한계시록과 창세기 1장을 다루고 '실상'을 교육합니다.

• 수강 중 유월된(소속 교회를 옮긴) 자들은 신학원에서 자체 예배를 드리게 되지만, 정신 교육을 통해 설득하여 될 수 있으면 추수밭(본인이 섬기던 정통 교회)에 남아 추수꾼 활동을 하게 합니다. 이면적으로는 신천지인을 만들고 표면적으로는 정통 교인으로 가장시켜 그 교회의 모든 정보와 사역자의 신상을 또 다른 신천지 추수꾼들에게 제공하게 하는 것입니다. 이때 고정간첩 역할을 하는 그 사람은 철저히 자기를 드러내지 않고 전도도 하지 않습니다.

• 수료자격은 전도 열매 1명 이상과 수료시험 80점 이상입니다.

입교절차

신천지의 입교절차는 '섭외 → 복음방 → 신학원 → 교적부 작성 → 수료 → 새신자 교육 → 새신자 예배 참석 → 교회 예배 참석 → 부서 편입 → 교회 등록 → 총회 등록' 순으로 진행됩니다.

거짓말쟁이 신천지

2009년 여름, 알고 있던 어떤 목사가 신천지에 빠졌다는 소식을 듣게 되었다. 그 목사를 아끼는 다른 목사님이 "그분이 신천지에 빠져 이혼 직전까지 가게 됐으니, 만날 수 있으면 한번 만나 잘 권면하라"는 요청을 한 것이다. 그래서 현재 어떤 상태인지 알아봐달라고 했더니, 신천지에 빠진 목사의 사모님이 "이제는 남편이 신천지에서 나왔으니 모른 척해주면 좋겠다"고 부탁했다고 했다. 필자도 그분의 앞날을 생각해서 일단 그렇게 하기로 했다.

그해 가을 교단 총회 때, 그 목사를 만나게 되었다. 나는 신천지에 대한 책을 쓰고 있는데, 신천지는 말도 안 되는 엉터리여서 벌써 많은 양의 원고를 썼다고 밝히면서 눈치를 살폈다. 그랬더니 그분이 그런 데도 있냐고 하면서 자신도 어떤 형태로든 참여하고 싶다고 말하는 것이다. 나는 신천지의 '입막음 교리'나 '모략 교리' 등에 대해서 잘 알고 있었기 때문에 그분이 아무리 신천지에 대해 모른다고 해도 정말 그런지 확신할 수가 없었다. 그래서 우선, 이미 다 써진 것을 정리하고 있는 중이니 그럴 필요 없다며 거절했다.

며칠 후, 그 목사로부터 전화가 왔다. 근처인데 또 우리 집에 와보고 싶다는 것이었다. 그러나 나는 다시 모략 교리가 마음에 걸리기도 하고, 신천지를 비판하는 어떤 목사님이 수도 없이 해킹을 당할 뿐 아니라 자료가 들어 있는 컴퓨터를 통째로 도난당했다는 말도 들은 적이 있기 때문에 혹시나 하는 심정이 있어 가까이 하고 싶지 않았다.그래서 갖가지 핑계를 대며 다음에 다른 곳에서 보자고 했다.

　　얼마 후, 기독교백주년기념회관에서 그분을 만나게 되었다. 그래서 필자는 신천지의 역사에 대해 이야기를 해주었다. "전도관의 교주 박태선은 '피가름을 해야 구원받는다'고 하며 자신의 형수, 장모와도 성관계를 갖는 천인공노할 짓을 했고, 자기 아내도 다른 남자와 성관계를 갖게 한 추잡한 인간이다. 그래서 그의 혼음 사건이 1957년 3월에 일간지에 대서특필되기도 했다. 그런데 신천지의 교주 이만희는 다른 해도 아닌 바로 그 해에 성령의 계시를 받았다고 하며 전도관에 들어가서 10년이나 거기에 있었다. 박태선은 그 후에 자신이 하나님이라고 하며 『예수는 개자식이다』라는 참람한 설교집을 내기도 했다. 그는 누가 봐도 명백하게 성령이 아닌 악령에 사로잡힌 사람이었다. 그런데 이만희는 과연 박태선의 제자답게 '동방 교리'나 '이긴 자 교리' 등 그에게서 배운 많은 것들을 가르치며 신천지를 만들었다. 그렇다면 그를 전도관으로 인도했다는 그 영이 성령이라고 할 수 있을까? 자신이 하나님이라고 하며 참람한 짓을 한 박태선의 주장들을 그의 제자답게 가르치고 있는 이만희나 신천지가 하나님이 역사하는 곳이라 할 수 있을까?" 그 목사는 내가 신천지의 역사를 이야기하며 그들의 교리에 대해 지적할 때마다 무릎을 치면서, "맞아! 맞아! 말도 안 되네! 어떻게 그런 데가 있을까?" 하며 맞장구를 놓고, 자기는 그런 단체가 있다는 것을 알지도 못했다고 말했다.

　　그리고 한 달쯤 지난 어느 날, 어떤 여자 분에게서 전화가 왔다. 그 목사의 수첩에 내 이름과 전화번호가 적혀 있는데 그분이 신천지에 다니고 있는 것을 아느냐고 했다. 그분은 신천지에 대해 모른다고 하더라고 대답하니 그 말은 거짓말이라고 하는 것이다. 나는 그 목사에게 전화를 걸어 따졌다. "이런 전화를 받았는데 목사님이 신천지라면서?" 그러자 "아니야! 그건 나를 음해하려고 하는 거야!"라는 대답이 들려왔다. 그래서 나는 그 여자 분에게 다시 전화를 걸어 확인했다. "아니에요! 그건 거짓말이에요. 사실은 제가 그 양반의 부인이에요. 그 양반이 매일 낮에는 전도한다고 돌아다니고 밤에는 교육받는다고 하면서 12시쯤에나 돌아와요." 신천지는 이처럼 자신의 정체를 철저하게 숨기며 온갖 거짓말을 다 한다. 그들은 왜 그렇게 거짓말을 잘하는 것일까?

신천지의 모략 교리

신천지인이 온갖 거짓말을 하는 배후에는 그들의 '모략 교리'가 있다. 모략 교리는 그들의 뻔뻔한 거짓말의 이론적 근거로 로마서 3장 7절과 빌립보서 1장 18절에 있는 말씀을 오용한 결과다. 최근에는 구약성경에 나오는 라합의 사건을 들어 모략 교리를 정당화한다는 말도 들린다. 그러나 그 구절들은 '거짓말해도 된다'는 것을 가르치는 근거 구절이 될 수 없다. 왜냐하면 그 구절의 본래 의미가 그런 것이 아닐 뿐 아니라, 하나님은 계명으로 **거짓 증거하지 말라**고 분명하게 금하셨고(출 20:16; 신 5:20), 거짓말하는 자는 불과 유황으로 타는 못에 떨어지게 될 것이며(계 21:8), 새 하늘과 새 땅인 천국에도 들어가지 못하게 될 것이라고 말씀하셨기 때문이다(계 21:27; 22:15). 사실 이것은 그 구절들의 본래 의미를 따지기 전에 상식적으로 생각해봐도 알 수 있는 것이다. 성경을 통하여 그렇게 경고하신 하나님이 갑자기 거짓말해도 좋다고 하셨을 리가 있겠는가? 그러나 확실하게 하기 위해 여기에서 그 구절들의 본래 의미를 밝히고 넘어가도록 하자. 신천지가 온갖 거짓말을 해가며 미혹하는 첫 번째 근거는 다음과 같은 말씀이다.

그러나 나의 거짓말로 하나님의 참되심이 더 풍성하여 그의 영광이 되었다면 어찌 내가 죄인처럼 심판을 받으리요(롬 3:7).

신천지는 이 구절을 근거로 "하나님의 영광을 위하여 거짓말을 할 수도 있다"고 주장하며 그런 거짓말을 '모략'이라고 부르는 것도 모자라 모략을 잘 사용하라고 권면하기까지 한다. 거짓말을 정당화할 뿐만 아니라 부추기는 꼴이다. 그러나 로마서 3장 7절은 그런 뜻이 아니다. 이해를 돕기 위해 다른 번역본으로 본문을 살펴보자.

5내가 사람들이 사용하는 논리의 방식대로 말해보겠습니다. 우리가 의롭지 못한 것 때문에 하나님의 의로우심이 더욱 밝히 드러날 경우, 뭐라고 말하겠습니까? 우리에게 진노를 내리시는 하나님을 의롭지 못하다고 하겠습니까? 6결코 그럴 수 없습니다! 하나님께서 의롭지 못하시다면 어떻게 하나님께서 세상을 심판하시겠습니까? 7사람들 중에는 **"내가 거짓말을 하여, 그 때문에 하나님의 참되심이 드러난다면 오히려 하나님께 영광이 되는데, 왜 내가 죄인 취급을 받아야 하는가?"**라고 우기는 사람도 있을 것입니다. 8이것은 마치 "선한 결과를 얻기 위해 악을 행하자"라고 말하는 것과 같습니다. 사람들은 우리가 그렇게 가르친다고 우리에 대해 비난을 하고 다닙니다. 그러나 그런 사람들은 정죄를 받아 마땅합니다(《쉬운성경》 롬 3:5-8).

   한 권으로 끝내는 신천지 비판

여기에서 알 수 있듯이 로마서 3장 7절은 신천지의 주장과는 정반대로 바울이 "어떤 사람들이 그렇게 주장하고 있다"고 말하며 그렇게 우기는 사람은 마치 "선한 결과를 얻기 위해 악을 행하자"고 하는 사람과 같다고 밝히는 장면이다. 이어서 바울은 바울과 동역자들이 그렇게 가르친다고 비난하는 사람들은 정죄를 받아야 마땅하다고 말한다. 바울은 신천지의 모략 교리와 같은 주장을 정죄하는 것이다. 신천지는 바울이 그렇게 정죄해놓은 것을 가지고 모략의 근거로 삼아 거짓말해도 좋다고 가르치고 있다. 그들은 성경에서 정죄를 받아야 마땅하다고 말씀하신 것을 권장한다. 그러면서도 하나님의 성령이 자신들과 함께하시고, 자신들이 정말 하나님의 사람들이고, 자신들이야말로 성경에 통달했다고 떠들어대고 있다.

신천지는 성경을 인용할 때 대부분 〈개역한글〉을 사용한다. 그런데 특이하게도 빌립보서 1장 18절에 대해서는 〈표준새번역〉을 이용한다.

그렇지만 어떻습니까? 참으로 하든지 거짓으로 하든지, 무슨 방법으로 하든지 그리스도가 전파되고 있으니, 나는 그 일로 기뻐합니다. 그렇습니다. 나는 앞으로도 기뻐할 것입니다(〈표준새번역〉 빌 1:18).

위의 본문은 "참으로 하든지 거짓으로 하든지"라고 되어 있어서 오해의 소지가 있다. 그러나 적어도 성경을 통달했다고 주장하는 신천지는 이 말씀을 오해하면 안 될 것이다. 그런데 신천지는 "바울이 참말이든지 거짓말이든지 어떻게 하든지 간에 그리스도만 전파되면 기뻐한다고 했기 때문에 신천지를 전파하기 위해서는 거짓말을 해도 좋다"는 식으로 이 말씀을 해석하고 적용한다. 이 부분의 〈개역한글〉은 다음과 같다.

> 그러면 무엇이뇨 외모로 하나 참으로 하나 무슨 방도로 하든지 전파되는 것은 그리스도니 이로써 내가 기뻐하고 또한 기뻐하리라(〈개역한글〉 빌 1:18).

여기에서는 〈표준새번역〉에서 '거짓'으로 번역한 단어를 '외모'라고 번역하고 있다. 이 '외모', 또는 '거짓'은 무슨 뜻일까? 바른 이해를 위해 앞 문맥부터 〈쉬운성경〉으로 살펴보자.

> 15그중에 어떤 이들은 나를 시기하고 질투하는 마음에서 복음을 전하는 자들도 있습니다. 그러나 돕고자 하는 순수한 마음으로 전도하는 사람들도 많이 있습니다. 16순수한 마음을 가지고 돕는 사람들은 하나님께서 나를 복음을 지키는 일에 힘쓰도록 부르셨다는 사실을 알고, 사랑으로 복음을 전하는 일에 애쓰고 있습니다. 17그러나 그렇지 않은 사람들은 이기적인 마음으로 자신들이 높아지기를 원하는 뜻에서, 또 감옥에 있는 나를 속상하게 하려고 더 열심히 그리스도를 전합니다. 18하지만 그들이 내 마음을 속상하게 한다 해도 개의치 않습니다. 그들이 어떤 마음으로 전하든지 간에 중요한 것은 바로 그리스도가 전파되고 있다는 사실입니다. 나는 이것 때문에 기뻐하며 앞으로도 계속 그러할 것입니다(〈쉬운성경〉 빌 1:15-18).

이처럼 〈개역한글〉의 '외모', 〈표준새번역〉의 '거짓'은 순수하게 복음을 전한 것이 아니라 바울의 명성을 시기하고 질투해서 자신의 이름을 높이고자 이기심으로 전도한 것을 가리키는 말이다. 그래서 근래 개정

된 〈개역개정〉에서도 이 부분을 다음과 같이 번역했다.

그러면 무엇이냐 겉치레로 하나 참으로 하나 무슨 방도로 하든지 전파되는 것은 그리스도니 이로써 나는 기뻐하고 또한 기뻐하리라(빌 1:18).

〈표준새번역〉의 '거짓'은 거짓말해도 좋다는 의미가 아니라 시기와 질투 속에서 자신의 이름을 높이고자 '겉치레'로 복음을 전하는, 겉 다르고 속 다른 전도의 동기를 말하는 것이 분명하다. 그런데 성경을 통달했다고 하는 신천지는 이 구절을 근거로 온갖 거짓말을 하게 하며, 수단과 방법을 가리지 않고 전도만 하면 된다고 가르치고 있다.

모략 교리의 또 다른 근거는 기생 라합의 예다. 신천지인 중 어떤 사람들은 기생 라합이 두 명의 정탐꾼들을 보호하기 위해 거짓말을 한 것을 성경에서 의롭다 하고 믿음이 좋은 것처럼 말씀하고 있으니 자기들도 그렇게 한다고 말한다. 기생 라합의 이야기는 여호수아 2장 1-6절에 나오며 그것을 평가하고 있는 곳은 히브리서 11장 31절과 야고보서 2장 25절이다.

1눈의 아들 여호수아가 싯딤에서 두 사람을 정탐꾼으로 보내며 이르되 가서 그 땅과 여리고를 엿보라 하매 그들이 가서 라합이라 하는 기생의 집에 들어가 거기서 유숙하더니 2어떤 사람이 여리고 왕에게 말하여 이르되 보소서 이 밤에 이스라엘 자손 중의 몇 사람이 이 땅을 정탐하러 이리로 들어왔나이다 3여리고 왕이 라합에게 사람을 보내어 이르되 네게로 와서 네 집에 들어간 그 사람들을 끌어내라 그들은 이 온 땅을 정탐하러 왔느니라

4그 여인이 그 두 사람을 이미 숨긴지라 이르되 과연 그 사람들이 내게 왔었으나 그들이 어디에서 왔는지 나는 알지 못하였고 5그 사람들이 어두워 성문을 닫을 때쯤 되어 나갔으니 어디로 갔는지 내가 알지 못하나 급히 따라가라 그리하면 그들을 따라잡으리라 하였으나 6그가 이미 그들을 이끌고 지붕에 올라가서 그 지붕에 벌여놓은 삼대에 숨겼더라(수 2:1-6).

로마서 3장 7절이나 빌립보서 1장 18절과는 다르게 라합이 거짓말을 한 것은 사실이기 때문에 그들의 주장이 어느 정도 설득력이 있는 것 같아 보인다. 그러나 성경은 결코 라합의 거짓말 자체를 칭찬하지는 않는다. 그 사실은 신천지가 근거로 내세우는 히브리서와 야고보서의 말씀을 보면 잘 알 수 있다.

믿음으로 기생 라합은 정탐꾼을 평안히 영접하였으므로 순종하지 아니한 자와 함께 멸망하지 아니하였도다(히 11:31).

또 이와 같이 기생 라합이 사자들을 접대하여 다른 길로 나가게 할 때에 행함으로 의롭다 하심을 받은 것이 아니냐(약 2:25).

히브리서와 야고보서는 기생 라합의 거짓말에 대해 그 어디에서도 칭찬하지 않는다. 아니, 거짓말에 대해서는 아예 언급조차 없고 다만 그가 정탐꾼들을 영접하고 평안히 보낸 행위에 대해서만 언급하고 있다.

라합은 출애굽과 홍해의 사건, 그리고 아모리 사람 시혼과 옥에 대한 사건 등을 통해 역사하신 하나님의 능력을 이미 소문으로 들어 알고 있었다. 그리고 가나안 땅도 하나님이 이스라엘에게 주실 것이라고 생각했다(수 2:8-11). 따라서 라합은 정탐꾼들을 평안히 가게 하는 것이 전능하신 하나님의 뜻에 순종하는 것이며, 그들을 대적하고 위기에 빠뜨리는 것이 그분의 뜻을 거역하고 대적하는 행위라고 판단했기에 그처럼 행동한 것이다. 성경은 바로 그러한 행위의 원인을 **믿음으로**라고 표현하고 있으며(히 11:31), 그와 같은 행위를 '의롭다'고 한 것이지 거짓말을 칭찬하거나 의롭다고 한 것이 아니다(약 2:25).

성경은 하나님이 인간에게 자신의 뜻을 알려주신 하나님의 말씀이다. 그러므로 성경이 거짓말을 칭찬하고 의롭다 하고 있으니, 수단과 방법을 가리지 말고 전도만 하면 된다는 식으로 가르치는 것은, 하나님이 거짓말을 칭찬하고 의롭다 여기시며, 목적을 위해서는 수단과 방법을 가리지 않아도 된다고 하셨다고 말하는 것과 같다. 누가 감히 "하나님이 거짓을 조장하고 칭찬하시며, 목적을 위해서는 온갖 거짓말도 다 해가면서 수단과 방법을 가리지 말라고 하셨다"고 말하는가?

라합은 위기 앞에서 거짓말을 하기도 했다. 그러나 그는 순종하지 아니한 자들과 같이 멸망하지 않고, 믿음으로 구원의 길을 선택했다. 그래서 성경은 그의 믿음과 그 믿음에 따른 의로운 행동, 즉 그가 두 사람의 정탐꾼들을 영접하고 대접하며 평안히 가게 한 것에 대해 칭찬한다. 결코 그의 거짓말을 칭찬하지는 않는다. 그러므로 신천지의 모략 교리는 잘못된 것이며 성경의 가르침과 반대되는 마귀적 주장으로, 자신들의 정체가 바로 마귀의 자녀임을 스스로 증명하는 것이다. 왜냐하면 마귀는 거짓말쟁이이며, 거짓의 아비이고, 그의 자녀들은 바로 자신의 아비가 하는 것과 같이 거짓을 일삼기 때문이다(요 8:44).

진화하는 모략 교리

앞에서는 모략 교리의 근거를 살펴보았다. 신천지는 엉터리 근거들을 동원해 온갖 거짓말을 한다. 한 사람을 신천지인으로 만들기 위해 적어도 서너 명이 달라붙어 바람을 잡으며 미혹하기도 하고, 추수꾼을 파송하는가 하면, 고정간첩을 심어두어 각종 정보를 빼낸 다음 그것을 가지고 우연인 것처럼 가장해 미혹하기도 하고, 기도해보니 어떻더라 하면서 접근하기도 한다. 신천지에서 이탈한 분들의 이야기를 들어보면 처음에 접근했던 사람, 같이 공부했던 사람들이 이미 다 신천지 신도들인 경우도 있었다고 한다. 한 사람을 미혹하기 위해 철저하게 준비된 공작도 펼치는 것이다. 또 총동원 전도 주일이나 부흥회를 통해 교회에 침투하거나, 자연스럽게 전도된 것처럼 가장해서 교회에 들어오기도 하며, 제자 훈련에도 열심히 참석하여 신임을 얻어가며 간첩 활동을 하는 등 별별 짓을 다 하기도 한다. 어떤 장로님은 자기 부인이 신천지인이라는 사실을 6년 동안이나 몰랐다. 남편에게까지도 철저하게 정체를 숨긴 가운데 활동을 한 것이다.

그런데 그와 같은 온갖 '모략질'은 지금도 계속 진화하고 있다. 다음은 신천지가 최근에 실제적으로 벌이고 있는 모략질의 실태로서, 인터넷 사이트 네이버에 있는 '의인구원'의 블로그에 올려진 동영상의 내용을 정리한 것이다. 여기에서 신천지 강사는 온갖 거짓말을 해서라도 어떻게 '전도'할 것인지에 대해 열성적으로 가르친다.

모략질의 실태

새벽기도를 통한 미혹[1]

새벽에 교회에 차를 주차해놓고 기도하러 들어가는 사람들 가운데 주로 40-50대의 사람들을 대상으로 삼으면 섭외하기 좋다. 그들은 여러 가지 경험들을 많이 한 사람들이라 데려오면 좋은 일꾼이 될 수가 있다. 통성으로 기도할 때 바로 뒤에 앉아서 그 기도 소리를 들으면 남편 문제, 사업 문제, 자식 문제 등, 그의 형편과 처지를 알게 된다. 또 먼저 나와서 그들이 나오기를 기다려 미리 차에서 대기하고 있던 구역 식구 등과 같이 뒤따라가면 그들의 집을 알아낼 수 있다. 새벽에는 자기 집으로 들어가기 때문이다. 그러면 집도 알고 교회도 알았고 기도 제목도 알았기 때문에 섭외하기 좋다. 직장에 대해서 알아보려면 그 집 앞에서 8시 반까지 기다려보면 된다. 그때까지 안 나오면 집에서 살림을 하는 분이고 그렇지 않은 사람은 직장생활 하는 분이다. 출근할 때 뒤따라가면 된다. 우리가 이런 고생을 하지 않고, 이런 계획과 모략을 통하지 않고 어떻게 귀한 심령을 인도하겠는가? 그러니까 한 시간 덜 자더라도, 좀 늦게 자더라도 그렇게 하자. 그들이 오면 그들을 통해서 교회에도 들어갈 수 있고 많은 정보도 파악할 수 있다. 우리는 그런 과정을 통해 많은 사람들을

---

1) 〈http://macodo777.blog.me/102990385〉(2013. 5. 15).

전도했다. 이렇게 하고자 하면 하늘이 도와주실 것이다.

유명 목사의 사진을 합성해서 미혹[2]

유명한 목사, 인기 있는 목사들의 사진을 합성해서 지갑 속에 가지고 다니며 보여주거나 자랑하고 다니면 사람들이 집사님, 자매님, 권사님 하면서 부러워한다. 그러면 "예, 같이 식사하면서 찍었습니다"라고 하는 등 여러 가지 콘셉트를 통해서 이야기를 하면 상대방이 의심을 적게 하고, 신뢰감을 갖게 되며, 마음의 문을 열게 되어 부담 없이 대화가 잘 이루어진다는 것을 명심하라. 또 유명한, 인기 있는 목사님, 옥한흠 목사님이라든가 이런 분들의 테이프를 가지고 다니면 굉장히 좋다. 바벨론(기성 교회) 냄새가 나기 때문에 간증 테이프를 가지고 다니면서 테이프를 주고 대화도 하고 빌려주기도 하면 섭외가 되고, 연극을 하면서 모략을 꾸며 전도한다면 분명히 많은 열매를 맺을 것이다. 우리 것이 드러나지 않도록, 냄새나지 않도록 모략을 가지고 연극을 하면서 전도하라.

위장 교회를 만들어놓고 미혹[3]

가상 교회(위장 교회)가 있다면 참 좋다. 가상 교회를 만들고 목사 출신들이 목사 자격증을 걸어놓고, 집집마다 바벨론 교패까지 붙여놓고 전단지도 만들어서 바벨론식으로, 여유가 되면 일회용 화장지 하

---

2) 〈http://macodo777.blog.me/102997026〉(2013. 5. 15).
3) 〈http://macodo777.blog.me/103000013〉(2013. 5. 15).

 한 권으로 끝내는 신천지 비판

나라도 주면서 "예수 믿으십시오"라고 하면 어디서 어떻게 걸릴지
는 하늘이 안다.

인터넷을 통한 미혹[4]

젊은 사람들은 인터넷을 잘 하니까 네이트온에 가입해서, 채팅으로
친구 찾기나 여러 가지 동호회 카페에 가입해서 좋은 글도 올리고,
성경 읽기 모임이나 기도하는 모임 등에 들어가서 활동하면 좋다.
복음방으로 너무 급하게 당기면 실수하기 때문에 서둘지 말고 천천
히, 침착하게 지혜롭게 하라.

부모 같은 사람이 청년들을 미혹[5]

직장에 다니시는 분들이나, 권사님들, 그리고 50대 여자 집사님들
이 아들딸 같은 사람을 섭외하면 잘 된다. "가만 있어, 내가 어디서
청년 많이 봤더라", "이봐요, 자매님! 혹시 교회 안 나가요? 어디
서 많이 뵌 것 같은데" 하면서 접근하고, 아들이나 며느리를 교회
에 보내려고 하는데 도와달라고 하면 전화번호도 알려주고 집에도
찾아온다. 그러면 우리 자매들을 딸로, 며느리로 가장해 연극을 해
서 추수밭에도 들어가서 전도할 수 있다. 우리가 주저앉아 망설이
고 있을 때가 아니다. 이번 기회에 연구하고, 노력하고, 기도하면
서 전도에 열심을 내면 틀림없이 하나님께서 많은 열매로 주실 줄

---

4) 〈http://macodo777.blog.me/103000210〉(2013. 5. 15).
5) 〈http://macodo777.blog.me/103000442〉(2013. 5. 15).

믿는다.

청년들이 부모 같은 사람들을 미혹[6]

청년이 부모 같은 사람을 섭외하면 굉장히 좋다. 어머니 같은 분, 이모 같은 분, 아버지 같은 분, 그런 분들을 섭외하게 되면 의심하지 않고, 장점이 많다. 예를 들어, 우리 특전대에서 엄마 같은 사람을 섭외했는데 그 엄마 같은 사람이 굉장히 정이 많았다. 지금 누구하고 사는지 물어보기에 어머니는 일찍 돌아가셨고 계모 밑에서 힘들고 어렵게 살았다고 울면서 간증을 하니, 그 사람이 안타깝고 불쌍하게 생각해서 김치도 가져다주고, 쌀도 주고, 자기 딸도 사귀게끔 해주고, 조카도 사귀게끔 해줘서 여러 명을 전도했다. 우리는 어디를 가든지 다들 연극배우처럼 부끄럽지 않고 멋진, 그런 드라마, 그 모든 것을 다 해낼 줄 아는, 그런 하나님의 자녀인 줄 믿는다.

신천지의 복음방

신천지에서 목회를 하다가 빠져나온 분들의 증언에 의하면 섭외한 사람들을 제일 먼저 미혹하는 과정이 복음방(전도방, 선교방) 과정이라고 한다. 정규 과정인 신학원에서 이탈자들이 많이 생겨 자신들의 교육 장소나 내용이 쉽게 노출되자 그 이탈자들을 막기 위해서 이 과정을

---

6) 〈http://macodo777.blog.me/103000696〉(2013. 5. 15).

     한 권으로 끝내는 신천지 비판

만들었다는 것이다.

복음방에서는 대략 2개월 정도 교육을 하지만 그 기간은 고정된 것이 아니다. 복음방 과정은 이탈자들에 의해 신학원의 위치나 자신들이 가르치는 교리가 노출될까 봐 생겨난 '푹 삶는 과정'이기 때문에 '이제 됐다'라는 판단이 설 때까지 한다. 그래서 어떤 사람은 2주 만에 센터인 신학원으로 가기도 하고 또 어떤 사람은 1년 이상의 시간이 걸리기도 한다.

신천지의 신학원 교재는 통일되어 있지만 복음방 교재는 특정한 교재가 따로 없어서 지파별로 만들거나 강사가 임의로 만들기도 하며, 신학원의 교재를 그대로 사용하기도 한다. 교재를 만들 때는 대부분 신학원 교재의 "비유론" 앞에 있는 "성경 개론"의 아래와 같은 내용을 참조한다.

복음방의 교육 내용

① 성경은 선민에게 주신 언약서다.

② 성경을 내용적으로 구분하면 역사, 교훈, 예언적인 내용으로 구분한다.

③ 성경은 비유로 봉함된 글이다.

④ 성경의 예언은 배도, 멸망, 구원의 순으로 되어 있다.

⑤ 성경은 신의 글(神書)/인학(人學)이 아니고 신학(神學).

⑥ 성경의 기록된 목적과 뜻 – 영생.

얼마 전 입수한 베드로 지파의 복음방 교재는 '① 구약은 무엇일까? ② 신약은 무엇일까? ③ 약속은 반드시 이루어진다! ④ 깨어 있으라! ⑤ 하나님과 사탄에 대하여 ⑥ 영을 분별하는 방법 ⑦ 천국은 마치 밭에 감추인 보화 ⑧ 성경에서 말씀하시는 소경과 귀머거리란?' 등의 8과로 이루어져 있었다. 또 다른 교재는 1권과 2권으로 나뉘어 다음과 같이 구성된 것도 있다.

1권		2권	
선교방 교사의 주의사항	p2	교재 2단계	p1
단계별 교육 목적 및 주의사항	p6	교재 3단계	p107
마음 열기	p17	교재 4단계	p159
교재 1단계	p41		

복음방 교재의 구성

교재 2단계	
1. 구약의 의미 p2	7. 구약과 신약의 상호 관계 p52
2. 신약의 의미 p10	8. 역사서 보는 방법 p62
3. 성경의 주인공이신 예수님 p20	9. 예언서 보는 방법 p70
4. 구약 예언을 이루신 예수님 p26	10. 하나님 역사의 시작과 끝 p78
5. 신약 예언을 이루실 예수님 p38	11. 영과 목자 분별하는 방법 p90
6. 성경을 보는 두 가지 시각 p46	12. 진리와 비진리를 분별하는 방법 p100

복음방 교재의 단계별 목차

이 목차를 알고 있으면 신천지를 쉽게 구분할 수 있다. 이런 내용들을 가르치고, 그 다음에 더 훌륭한 선교사나 강사를 소개시켜준다고 하면서 센터나 다른 곳으로 가서 공부하자고 하면 그곳이 바로 신천지인 줄 알아야 한다.

미혹의 7단계

왜 많은 사람들이 신천지에 빠지게 될까? 목회를 하는 동생이, 신천지에 있다 빠져나온 어떤 분에게 "어떻게 해서 사람들이 신천지에 가게 되느냐? 당신은 많이 배운 사람인데 어쩌다 신천지에 빠지게 되었느냐?"라고 이유를 물어봤더니 다음과 같은 것을 적어주었다고 한다.

<u>미혹의 7단계: 성경을 보는 7가지 눈</u>

1. 성경은 약속으로 되어 있다. 구약은 오실 메시아에 대한 기록
   이고, 신약은 다시 오실 메시아에 대한 기록이다.
2. 성경의 내용적 분류: 역사, 교훈, 예언, 실상.
3. 예언은 비유로 봉함되어 감추어져 있다.
4. 예언의 기록과 성취 순서는 배도, 멸망, 구원이다.
5. 성경은 사람이 사사로이 풀 수 있는 인학이 아니라 성령의 감
   동으로 쓴 신학이어야 한다.
6. 성경의 기록 목적은 영생이다.
7. 성경의 예언은 반드시 성취되어 실상으로 나타난다.

이 내용은 신천지 신학원 교재의 성경 개론에서 다루는 것이나 복음방
에서 다루는 내용과 별반 다르지 않다. 그런데 그분이 지적한 것은 이
일곱 가지를 배우면서 대부분의 사람들이 신천지의 논리에 걸려들고,
이 내용을 교육하는 과정에서 70-80퍼센트 정도는 그 사람이 신천지
에 남을지 그렇지 않을지 알 수 있다는 것이었다.

　　앞의 내용들은 기성 교회와 차이가 없는 이미지와 익숙한 용어들
을 사용하고 있다. 그래서 얼핏 보면 그럴듯하게 보인다. 예를 들면,
"성경은 약속으로 되어 있다. 구약은 오실 메시아에 대한 기록이고, 신

　　　　　　　　한 권으로 끝내는 신천지 비판

약은 다시 오실 메시아에 대한 기록이다"라는 문구, "성경은 사사로이 풀 수 있는 인학이 아니다"라는 것, "성령의 감동"이라는 말, 그리고 "성경의 예언은 반드시 성취"라는 개념 등이 바로 그것이다.

기성 교회도 그러한 표현들을 많이 쓰고 있다. 그래서 주의를 기울여 살피지 않으면 거부감 없이 받아들이기가 쉽다. 그러나 사기꾼들이 사기를 치기 위해 진실을 이야기하다 결국은 거짓말을 하는 것과 같이 어디서 들어봄 직한 이런 말들도 영적 사기를 치기 위한 미끼에 불과하다. 겉으로 보기에는 비슷한 주장을 하는 것 같아도 알맹이를 까보면 전혀 다른 내용이 들어 있다. 그런데 대부분의 사람들은 성경에 대한 확실한 개념이 정리되어 있지 않을 뿐만 아니라 특정 구절에 대한 전후 관계, 혹은 전후 문맥에 대해서도 잘 알지 못하기 때문에 신천지가 성경을 찾아가며 나름의 주장을 펴면 그 구절이 본래 어떤 뜻인지도 알지 못한 채 빠져들게 되는 것이다. 물론 사람들은 처음에는 나름대로 의심하며 경계심도 가진다. 그러나 성경의 전체적인 내용과 문맥의 흐름을 잘 알지 못하는 자들에게 성경을 이곳저곳 찾아가며 자신들의 주장이 마치 성경적인 것처럼 미혹한다는 것은 별로 어려운 일이 아니다.

일단 그와 같은 과정을 거쳐 그들의 가르침에 대한 확신을 갖게 되면, 그 다음부터는 팥으로 메주를 쑨다고 해도 곧이곧대로 믿게 될 뿐만 아니라, 자신들이 이미 검증했다고 확신하기 때문에 아무리 설득해도 들으려고 하지 않게 된다. 이것은 예방 차원에서뿐만 아니라 그들을 돌아오게 하려면 처음부터 그들이 왜 잘못되게 되었는지 그 과정을 차근차근 되짚어줘야 하고, 설혹 돌아온 분들이 있다 하더라도 그 독성을 빼기 위해서 그에 상응하는 과정이 반드시 필요하다는 것을 의미한다. 신천지 피해자를 하나님 앞에 바로 세우는 일은 그만큼 그리스도의 사랑과 지혜, 인내가 요구되는 귀중한 사역이라고 할 수 있겠다.

3장
신천지의 뿌리

신천지의 문제점이 무엇인지 알아보기 위해서는 그들이 무엇을 주장하고 있는지 정확하게 알아야 하며, 교주인 이만희가 어떤 사상적 배경을 가지고 있는지 알아야 한다. 교리라는 열매는 저절로 열리는 것이 아니라 그 열매를 맺게 하는 나무의 뿌리가 오랫동안 수액을 받아들인 결과이기 때문이다. 신천지의 직접적인 뿌리가 되는 장막성전은 교주 유재열을 중심으로 한 사이비 종파였다. 서울시에서 운영하는 〈서울 600년사〉의 "종교와 신앙"란에서는 장막성전을 다음과 같이 소개한다.

장막성전은 가장 나이 어린 교주 유재열(柳在烈)을 정점으로 한 신흥종파로 1966년에 과천 막계리에 세워졌던 교회당이다. 유재열은 당시 18세의 나이로 기성 교회를 공격하면서, 구약 스가랴 12:1을 인용하면서 장막성전을 통해서만 역사하시는 하나님의 섭리를 믿으라고 역설하였다. 그는 이미 호생수도원에 다니면서 김종규(金終奎)의 환상적 신앙에 젖어 있었다.

유재열은 1966년, 1,260일이 지나면 세상은 불바다가 될 것이니 "회개하고 구원의 장막에 모이라. 이곳만이 멸망을 피할 수 있는 곳"이라 하여 민심을 소란하게 하였다. 이 말을 듣고 서울, 인천, 수원 등지에서 사람이 모여들기 시작하였고, 14만 4천 명이 모일 때 종말이 온다고 외쳤기 때문에 앞다투어 그 한정된 수에 들려고 시간을 다투었다. 그래서 모인 사람이 3백여 명이었다. 이들은 마지막 날을 대비하기 위하여 가산을 다 팔아 바치고 있었다. 그들의 수는 점차 늘어 1970년 말 통계에 따르면 장막성전에 입주한 사람은 약 8백 세대에 5,000여 명이었다. 또 하나의 신앙촌으로 격리 집단이 형성되고 있었다.

장막성전의 교리는 이유성계의 말세 비밀교리와 대동소이하여, 그에게서 모방한 듯한 것이 많다. 정감록적인 십승지(十勝地)사상이나 풍수도참설에 더 가까운 종말사상은 묵시록적인 기독교의 말세사상과는 관계가 없었다.

이 종파에도 사회적 스캔들이 잇따랐다. 1967년에 이미 이만희가 자산박탈로 이탈하고, 1970년 비행혐의를 나열하여 장막성전을 상대로 고소를 냈던 것이다. 그리고 같은 해 수많은 실력자들이 이탈하자 그 교세가 꺾였다. 마침내 유재열은 1975년 9월 사기혐의로 구속되었고 석방 후 1980년 10월에는 미국에 이민을 떠났다. 그 다음부터 이 종파는 종파명칭을 대한예수교장로회 이삭교회로 바꾸었다. 그런데 이 장막성전에서는 1970년도에 분립한 천국복음전도회, 신천지안양교회의 두 분파가 있다.

1971년 현재 교세는 약 5천 명으로 여자가 70%가량 차지하고 있으며, 연령은 40대 중년층이 대부분이었다. 그 학력은 무학 내지 초등학교 졸업 정도이고 신도의 95%는 기성 교회와 전도관에서 이탈한 사람들이었다.[1]

여기에서 중요한 것은 이만희의 스승격인 유재열이 호생기도원에 다니면서 김종규의 환상적인 신앙에 푹 젖어 있었다는 사실이다. 그러므로 신천지의 진짜 뿌리를 알아보려면 장막성전의 직접적인 모태가 되는 호생기도원에 대해서도 살펴보아야 한다.

김종규와 호생기도원

호생기도원의 김종규—원 안의 사람이 김종규다.[2]

호생기도원의 김종규에 대해서는 많은 것이 알려져 있지는 않다. 다만 「교회와신앙」의 전정희 기자는 호생기도원을 "신천지의 '조부'(祖父)격"이라 하며 다음과 같이 기록했다.

호생기도원은 김종규(본명 김용기. 1925년생)가 1964년에 세웠다. 위하수증, 위장염, 폐병 등 갖가지 합병증에 시달리던 그가 1963년 자기도 모르는 사이 "죽으면 어디 갑니까?"라고 자문했을 때 예수님이 흰 세마포 옷을 입고 나타나 "가로리로 가야지"라고 했다 한다. 다음날 어떤 사람이 '가로리'에 가서 시계포를 사주겠다고 해 그곳에서 시계포를 경영하며 성결교회에 나

---

1) 〈http://seoul600.seoul.go.kr/seoul-history/sidaesa/txt/8-9-4-3-4.html〉(2013. 4. 29).

2) 이만희, 『신천지발전사』, 도서출판신천지, 1997, p.33.

가기 시작했다. 그는 어느 날 기도 중에 방언과 방언통역의 은사를 체험했다고 한다.

1964년 1월 4일 김종규는 서울 동작구 상도동 속칭 사자암 아래에서 방을 빌려 집회를 시작했다. 처음엔 10여 명이 시작했으나 점점 신도수가 증가했다. 그때 명칭을 '계시'에 의해 호생기도원이라고 했다. 훗날 장막성전의 교주로 '어린 종'이라 불리는 유재열과 그의 부친 유인구, 모친 신종순, 그리고 '모세 장로'라 불린 외삼촌 신종환도 그의 제자였다. 유재열은 당시 S고 기계체조 선수로서 일본 원정시합에 출전하기로 했으나 일본어를 모르기 때문에 일본어 방언을 받기만 하면 마음대로 일본어를 구사할 수 있다는 계산으로 모친을 따라 호생기도원에 출입했다.

김종규는 신도들에게 안수·안찰·방언·방언통역·신유 등 신비체험을 강조하고 교리화하면서 주로 환자들 치병으로 교세를 확장했다. 그는 자신을 스스로 '하나님의 일꾼', '하나님의 종'이라면서 말세심판의 피난처요 지상천국은 지금 자신이 살고 있는 곳이며 그곳에 주의 재림이 있을 것이라고 주장했다. 김 교주를 '주님'이라 부르는 여신도로 구성된 '12천사' 조직도 있었다.[3]

1965년 1월 어느 날, 유재열은 호생기도원을 향해 가는 도중 대방동과 신림동 중간에 위치한 다리에서 아주 특별한 경험을 했다고 한다. 고탁명환 소장의 『기독교이단연구』에서는 다음과 같이 그 사건을 기록하고 있다.

---

3) 〈http://www.amennews.com/news/articleView.html?idxno=8534〉(2013. 4. 29).

 한 권으로 끝내는 신천지 비판

1965년 1월 어느날. 유재열이 친구 몇 명과 함께 호생기도원을 향해 가는 도중 대방동에서 신림동 중간에 위치한 다리를 건너는 길로 가다가 갑자기 눈앞이 깜깜해졌다. 거기서 그는 할 수 없이 두 무릎을 꿇자 어둠 속에서 예수의 환상이 나타났다고 한다.

그때 예수님의 머리 위에는 오색찬란한 무지개가 영롱하게 뻗어 있었고 하늘에는 일곱 별이 떠 있었으며 한 손에는 어린 양을 안고 있었다. 이때 유는 "사람이 나타났다"고 더듬거리면서 외쳤으나 동행한 친구들의 눈에는 아무것도 보이지 않았다고 한다. 그러자 유는 또 "흰 강아지를 사람이 안고 있다"고 큰 소리를 쳤다.

그때 하늘에서 음성이 들려오기를 "사랑하는 내 아들아…내가 네게 큰 일을 맡기노라" 했다 한다. 그 순간이 약 40분간이 소요됐다고 하며 환상에서 깨어났을 때는 온 몸에 땀이 물 흐르듯 했다고 한다.[4]

계속해서 같은 책을 보면 희한한 신비체험을 한 유재열은 그 후 열심히 호생기도원에 다녔고, 학교를 중퇴하라는 계시에 따라 학교도 그만 두고 기도생활에만 전념하여 방언, 강필, 통변, 계시의 은사 등을 받아서 어떤 때는 만년필을 입에 문 두 마리의 비둘기 환상을 보았고, 그 후부터 중국어, 헬라어 강필도 자유자재로 받을 수 있었다고 한다. 그가 그 정도 열심이다 보니 호생기도원 원장 김종규가 상도동에서 경기도 시흥군 과천면 막계리 저수지 뒤의 골짜기로 자리를 옮기자 그도 그곳까지 따라갔다고 한다. 유재열의 아버지 유인구는 과천 삼거리에

---

4) 탁명환, 『기독교이단연구』, 국제종교문제연구소, 2002, pp.343-344.

서 월북한 동생의 의사 면허증으로 병원을 개업하고 있었는데, 자기에게 찾아오는 환자의 병을 고치기보다는 그 환자의 죄상만 투시해 보였다고 하며, 1965년 11월 경 병원 간판을 떼라는 계시를 받고 아예 병원도 걷어치워 버렸다고 한다.

장막성전의 시작

유재열 부자와 김종규가 결별하게 된 것은 김종규의 여성 편력 때문이라고 한다. 어느 날 유재열이 밤에 기도원의 경비를 맡았는데, 갑자기 새까만 양장 차림의 날씬한 여인이 핸드백을 들고 나타나기에 깜짝 놀라서 "당신이 누구냐?"고 소리를 쳤더니 아무 말도 없이 김종규의 방으로 들어가버렸고 그것을 이상하게 여긴 유재열이 즉시 그 여인의 뒤를 따라가 방문을 열어보니 김종규가 두 처녀 신도를 양편 팔에 누이고 잠들어 있었다는 것이다. 김종규는 약 60여 명의 여신도와 간음을 했다고 한다. 그래서 결국 유재열을 비롯한 김창도 등이 호생기도원을 이탈하기로 결심하게 되었고, 1966년 2월 7일 신종환의 인도로 과천에 있는 유인구의 집에서 27명이 모였다고 하는데, 이것이 바로 장막성전의 시초라고 하겠다.

이처럼 장막성전은 호생기도원에서 나온 사람들로 인해 시작되었는데, 이 시작에 결정적인 영향을 준 것은 바로 환상적인 신비체험이었다. 지독한 신비주의자인 김종규의 제자들다운 모습이었다. 이에 대해 탁명환 소장은 다음과 같이 기록하고 있다.

1966년 3월 1일. 유재열이 운동을 하고 우물가에서 몸을 씻고 있는데 갑자기 태양빛이 강렬하게 유재열에게 비추이는 것을 27명의 신도 중에서 본 사람이 있었다고 한다. 이때 모인 사람들은 유가 죽은 줄로 알고 있었는데 그의 부친 유인구의 환상에 유재열이 두루마리를 먹는 광경이 나타났으며 이를 27명의 증인들이 지켜보았다고 주장하고 있다.

두루마리를 다 먹은 유재열은 누운 채로 종이테이프 같은 것을 자꾸 입 안에서 끄집어냈다고 한다. 그러다 보니까 한 권의 성경책이 되었다고 한다. 책을 펼쳐보던 유재열은 갑자기 눈물을 철철 흘리면서 울었고 또 한 장을 넘기더니 이마를 잔뜩 찌푸리면서 인상을 썼다고 한다. 그것은 심판의 광경을 본 때문이라고 주장한다. 겔 2:8-16, 계 10:9-11을 펼쳐보았다.

그런 후에 지구 모형을 두 손 안에 넣고 돌리더니 이를 갈면서 힘을 주어 부셔버리니 그 지구 모형에서 피가 주르르 흘러내렸다고 한다. 이와 같은 신비체험을 지켜본 27명의 증인들은 막계리에 들어가서 계시받은 대로 청계산 계곡 속에서 증거 장막을 짓고 6개월간 기도생활을 했으니 그때가 1966년 4월 4일이었다고 한다. 이것이 장막성전의 공적인 시작이다.[5]

유재열이 두루마리를 먹고 입에서 종이테이프 같은 것을 꺼내 한 권의 성경책이 되었다는 이 환상은 장막성전의 출발이 얼마나 잘못되었는지를 잘 보여준다. 하나님의 완성된 계시로 주어진 성경이 이미 있기에 또 다른 내용의 성경이 필요할 이유가 없기 때문이다. 그러므로 그 환상이 조작된 것이 아니라면 그들에게 그런 환상을 보여준 것은 악한

---

5) 『기독교이단연구』, p.345.

영, 즉 악령이 분명하다. 그것은 그들이 그 후에 받았다고 하는 계시의 내용이나, 손목을 긋고 피를 받아 언약을 맺었다는 것, 그리고 궤를 만들어 소위 언약궤라고 하는 것을 만들거나, 시한부 종말론을 외친 것 등을 보아서도 확인할 수 있다.

아무튼 여기에 나온 신비체험만을 놓고 보면 유재열이 굉장히 부각되는 것 같다. 그러나 사실 이 체험은 유재열보다 그의 아버지 유인구를 더 돋보이게 하는 것이었다. 왜냐하면 유재열은 다만 죽은 듯 누워 있었던 것에 불과하지만, 그 모든 광경을 환상 가운데에서 지켜보고 설명해준 사람은 바로 그의 아버지 유인구였기 때문이다. 이때까지만 해도 유재열은 장막성전의 교주가 아니었으며 처음에 주도권을 쥐고 교주 노릇을 한 사람은 유인구였다.

탁명환 소장의 책을 계속해서 읽어보면 김종규의 스캔들에 불만을 품고 이탈한 장막성전의 신도들은 하나님의 계시에 의한 것이라 하며 1966년 3월 14일을 성탄절로 지키기로 하고, 같은 해 6월 1일에 장막성전을 짓기 시작해 9월 24일에 마쳤다고 한다. 그들은 1966년 4월 4일부터 증거 장막에 들어가 약 6개월간 기도를 하고 9월 24일에 하산하여 전도하기 시작했다. 이때부터 호생기도원과도 본격적으로 대립하여, 유재열은 김종규를 마태복음 24장 15절에 있는 "멸망의 가증한 것"이라고 비난하며 몰아세우기 시작한다. 그러다 마침내 유재열 일파인 김창도, 백만봉, 정창래 등이 김종규를 찾아가 그로 하여금 무릎을 꿇게 하고, 그의 죄상을 신랄하게 공격하여 마침내 초겨울 비가 주룩주룩 내리는 가운데 이삿짐을 싸서 청계산을 떠나 멀리 충북 중원군 산척면 천등산으로 옮겨가게 하였다고 한다. 여기서 한 가지 짚고 넘어가야 할 것은 신천지가 예언의 '실상'이라고 하면서 장막성전을 개혁했다고 하는 오평호 목사 등을 가리켜 "멸망의 가증한 것"이라고 하는데 사실 이런 표현은 장막성전에서 김종규를 그렇게 비난한 데서 유래했다는 사실이다.

장막성전의 교주

장막성전의 교주는 '어린 종'이라고 불렸던 유재열로 알려져 있다. 그러나 그가 처음부터 장막성전의 교주였던 것은 아니다. 장막성전에서 맨 처음 교권을 잡고 교주 역할을 했던 사람은 유재열의 아버지 유인구였다. 그도 그럴 것이 유인구는 유재열의 아버지였을 뿐만 아니라, 『천국 비밀 계시록의 진상』이란 이만희의 책에 보면 계시를 받았을 때 지도자(영명: 임마누엘)로 계시를 받은 사람은 유재열이 아니라 바로 그의 아버지 유인구였기 때문이다. 다음은 『천국 비밀 계시록의 진상』에서 "예언을 이루기 위해 나타난 실상의 요약"이란 부분의 일부다.

1966년 경기도 시흥군 과천면 막계리에서 몇 사람이 모여 기도회를 시작하였다. 이들은 신의 계시에 따라 과천면 소재 청계산에 입산, 초막을 짓고 성령으로부터 백 일간 가르침을 받았다. 양육을 받는 동안에 하나님의 지시에 따라 일곱 사람 전원이 동맥을 잘랐다. 이들은 스스로 하나님의 사자임을 천명한 후 하산하여 언약서를 단상에 두고 설교하였으며 삽시간에 신도가 경향 각처에서 수천 명이 모여들게 되었다.

이들 가운데 한 사람은 제사장(영명: 모세)이 되고 또 한 사람은 지도자

(영명: 임마누엘)의 위치에 섰고 나머지 6명은 각기 임마누엘로부터 영명을 받아서 천사의 보직을 받아 종이라 칭하였다. 전 성도들에게 유대인의 이름을 영명으로 주었고 사령장의 뒷면에는 반드시 언약의 피로 십자가를 그려주었다. 예배 의식은 임마누엘의 교지에 따라 엄숙하게 거행하였고 전원이 방 한 칸 없이 전부 팔아 교회를 세웠다. 식생활은 밥이든 죽이든 같이 하였으며 임마누엘의 명령 앞에 절대 순종하였다.[6]

여기에 기록되어 있는 임마누엘이 바로 유재열의 아버지인 유인구다. 그런데 그는 나머지 사람들에게 영명을 주고, 교지도 내렸으며, 모든 사람들은 그의 명령 앞에 절대 순종하였다고 한 것으로 보았을 때, 맨 처음에 교권을 잡고 교주 노릇을 한 사람은 유인구였다고 볼 수 있는 것이다. 이러한 사실은 『종교세계의 관심사』라는 신천지의 비매품 책자에 그들이 받았다고 하는 계시의 전달과 양육 과정을 보면 더욱 분명해진다.

1966년 2월 17일 경기도 시흥군 과천면 하리(삼거리)에서 몇 명이 모여 다락방 기도회로 시작되었다. 이곳에 모인 신자들은 대부분 청계산에 있었던 호생기도원 출신들이었다. 이들은 1966년 4월 4일 하나님의 지시에 따라 과천면 소재 청계산에 입산하여 초막을 짓고 성신으로부터 100일간 양육을 받았다(사 1:1-4).[7]

---

6) 이만희, 『천국 비밀 계시록의 진상』, 도서출판신천지, 1992, p.361.
7) 이만희, 『종교세계의 관심사』, 도서출판신천지, 1994, p.3.

이것만을 놓고 보면 그들은 하나님에 의해 직접적으로 계시를 받고 성령의 가르침을 받은 것처럼 보일 수도 있다. 그러나 같은 책에서 설명하기를 "양육 과정은 유인구 씨가 성신으로부터 환상을 보고 계시를 받아 일곱 사람에게 성경 말씀으로 양육했다"라고 하면서 다음과 같이 기록하고 있다.

> 하나님과 언약한 8명에게 영명이 내려졌다. 유인구 씨는 임마누엘 왕, 신종환 씨는 제사장 모세, 김창도는 미가엘, 정창래는 사무엘, 백만봉은 솔로몬, 신광일은 여호수아, 유재열은 삼손, 여자 김영애는 디라로 각각 영명을 주었다. 이중 신종환 씨와 신광일은 부자지간이요, 유인구 씨와 유재열도 부자지간이었으며, 신종환 씨와 유인구 씨는 처남매부지간이었다. 당시 유인구 씨는 중국에서 음악대학을 나왔고, 신광일은 17세 시골 총각이고, 유재열은 17세로서 고등학교 2학년을 중퇴하고 신앙에 뛰어든 소년이었다. 영명은 그 사람과 함께하는 영을 보고 그 영의 이름을 부르게 된 것이요, 사명과 영명은 임마누엘 왕이 하나님으로부터 계시와 환상에 의하여 임명한 것이다(계 3:1).[8]

하나님의 성령이 직접 가르치신 것이 아니라 유인구가 그들을 가르쳤으며, 그들의 영명도 유인구가 정해주었다. 뿐만 아니라 그들이 하나님과 피로 맺었다고 하는 '언약서'에도 유인구가 교주였다는 사실이 분명하게 드러난다.

---

8) 『종교세계의 관심사』, p.3.

이들이 하나님 앞에서 동맥을 끊어 언약하였던 언약서의 내용을 요약하면 다음과 같다.

나는 일반 선지의 영이 아니라 여호와의 성신이다. 지금 내가 하는 말이 곧 법이니라. 너희는 나를 믿고 순종하라. 내가 너희를 사랑하는 것같이 너희도 나를 사랑하고 순종하라. 내 아들 임마누엘을 너희에게 주니 너희는 그에게 순종하고 사랑하라. 또 내가 임마누엘을 사랑하는 것같이 임마누엘은 여섯 천사를 사랑하고 천사는 성도를 사랑하라. 내 말을 너희가 믿고 지키면 삼 년 반 내에 모든 것을 다 이루어주고 내 말을 믿지 아니하고 지키지 아니하면 너희의 머리에 준 것을 거두어가리라.

이와 같이 이들은 하나님의 성신과 더불어 피로써 굳게 언약을 하였던 것이다.[9]

한국이단대책연구소 소장인 이대복 목사는 피로 맺었다고 하는 장막성전의 언약에 대해 "몬도가네식 피의 언약"이라고 하면서 "유재열 교주를 위시한 일곱 천사들은 스가랴 9장 11절의 '…네 언약의 피를 인하여 내가 너의 간힌 자들을 물 없는 구덩이에서 놓았나니'에 근거를 두고 왼편 손목 혈맥을 면도칼로 끊어 피를 받아서 병에 넣어 보관하였다. 또 손바닥은 칼로 찢어 십자가의 흉터를 만들었다. 병에 저장한 피로 신도들에게 사령장을 줄 때마다 십자가를 크게 그려주었는데 신

---

9) 『천국 비밀 계시록의 진상』, pp.361-362.

도들은 이 피의 언약의 붉은 피의 십자가를 보고 감격해서 더욱 광신도가 되었다"고 지적한다.[10]

그러나 성경에서 피로 맺은 언약(출 24:8; 슥 9:11; 마 26:28; 고전 11:25; 히 9:18)이라고 할 때 그 피는 궁극적으로 세상 죄를 짊어지고 가는 하나님의 어린 양, 즉 예수 그리스도의 십자가를 나타내는 것으로, 흠도 없고 죄도 없으신 예수 그리스도의 **대속적인 죽음**을 의미한다. 그래서 하나님과 언약을 맺기 위해서 피를 흘리고 죽임 당하는 짐승은 흠이 없는 것이어야만 했다.

물론, 여기에도 예외가 있기는 하다. 예를 들어 하나님과 아브라함이 맺은 할례 언약의 경우를 생각해보자. 그때의 피는 죽음을 의미하는 것이 아니라 포피를 잘라서 흘리는 것이었다. 하지만 그조차도 후손과 관련된 곳의 피를 흘림으로써 아브라함의 위대한 자손이시며 죄 없으신 예수 그리스도의 죽음과 관련되었다. 그런데 여기에 비해 장막성전에서 피로 맺었다는 언약은 어떤가? 그들은 흠 있는 죄인들이었을 뿐만 아니라 죽지도 않고 겨우 피 좀 흐르게 해서 성경에 나온 언약을 흉내 내려고 했다. 하지만 그것은 예수님의 대속적 죽음과는 상관이 없는 '짝퉁 언약'에 불과하다. 그러므로 영의 인도를 받았다는 그들의 주장이 사실이라 하더라도 그 영은 성경에서 말하는 성령이 아닌 어떤 악령임이 분명하다.

아무튼 이 사건을 통해서 우리가 알 수 있는 것은 비록 악령의 엉터리 계시일 가능성이 높기는 하지만, 그 영이 유인구를 자기의 사랑

---

10) 이대복, 『이단종합연구』, 큰샘출판사, 2002, p.358.

하는 아들이라 하며 그에게 순종하라고 한 것을 보았을 때, 맨 처음에는 유재열이 아니라 그의 아버지 유인구가 장막성전의 교주였던 것이 틀림없다는 사실이다. 장막성전의 처음 1년 동안에는 실제적으로 유인구의 이름으로 사령장이 발부되었다.[11]

장막성전의 분열

그런데 얼마 지나지 않아 그들 사이에 내분이 생겨, 마침내 유재열이 교권을 잡고 교주가 되기에 이른다. 그들이 왜 분열하게 되었는지, 그 원인에 대해서는 자료들마다 약간씩 차이가 있다. 먼저 신천지의 『천국 비밀 계시록의 진상』은 다음과 같이 기록하고 있다.

그러나 유감스럽게도 이들은 1967년 아담 때와 같이 하나님과의 언약을 파하기에 이르렀다. 제사장과 여섯 천사가 하나 되어 임마누엘의 허물을 들추어 임마누엘에게 불복하고 인천으로 떠나버렸고 임마누엘 혼자서 단을 지키기에 이르렀다.

이들 일곱 사람은 일 개월 후에 다시 성전에 돌아와 상호 교권을 장악하기 위한 분쟁을 야기시켰고 끝내 임마누엘이 쫓겨나게 되었다. 임마누엘은 측근 몇 사람을 이끌고 떠나갔으며 그의 친자 삼손이 주축이 되어 제사장을 포함하여 일곱 사람이 제단을 지키게 되었다. 스스로 언약을 파하고 불법의 길을 걷기 시작한 이들은 자기들의 배도와 범죄는 생각지 아니하고

---

11) 『신천지발전사』, p.32.

 한 권으로 끝내는 신천지 비판

하나님께서 약속하신 3년 반의 언약을 굳게 믿고 증거해왔다. 몰지각한 그들은 3년 반의 시한부 말세가 끝나는 1969년 9월 30일을 기하여 인간 세상이 끝이 나는 종말로 믿었다. 그러나 이 날이 지나가고 1, 2년이 되어도 아무런 변함이 없자 제사장과 천사들이 서로 물욕과 사욕을 탐하다가 마침내 실권을 장악한 삼손이 제사장을 비롯한 천사들을 하나씩 잘라내기 시작했다. 이래서 일곱 천사들은 뿔뿔이 흩어져 일곱 갈래로 나뉘어졌고 하나님과의 언약은 헌신짝처럼 버린 것이다.[12]

이 책에서는 분열의 원인을 '제사장'이라는 신종환과 '여섯 천사'라고 하는 김창도, 정창래, 백만봉, 신광일, 유재열, 김영애 등이 유인구의 허물을 들추어내면서 생겨난 갈등 때문으로 보고 있다. 그 결과 그의 아들 유재열이 교권을 잡게 되었다고 하며, 분열의 근본적인 원인을 유인구의 허물에 두는 것이다.

국제종교문제연구소의 고 탁명환 소장은 그들의 분열 원인을 조금 다르게 본다.

장막성전에서 '원장님'으로 통하고 있는 유인구는 자기 아들 유재열에게는 물론 추종 간부들에게도 엄격하게 굴었다. 유재열이 서울 시내 기도처에 나가 가정 집회를 인도하고 들어올 때는 꼭 통닭을 사들고 들어와 부친 유인구를 공양했으며 어쩌다가 빈손으로 들어오는 날에는 야단을 맞고 때로는 얻어맞기까지 했다.

---

12) 『천국 비밀 계시록의 진상』, p.362.

부친의 엄격한 간섭에 환멸을 느낀 유재열은 가끔 부친과 맞서서 말대꾸를 하고 대들다가 얻어맞기도 했다. 신도들로부터 '어린 종님'으로 신격화된 유재열은 더 이상 부친의 간섭을 받는데 체면이나 권위가 서지 않았다.

신도들도 유재열을 지지하는 파와 그 부친을 지지하는 파로 갈려 1967년 6월경 유인구는 아들에게 쫓겨나 용산구 신천동의 모 회사 사장이 마련해준 집에 칩거하면서 1년간 별도로 집회를 가졌고 유재열은 이러한 부친을 강단에서 내려쳤다. 이렇게 되자 유인구는 거의 미치다시피 돼 어둠을 좋아하게 되었고 전등불을 켜면 등을 꺼버릴 정도로 정신상태가 악화됐다.

유재열은 그 부친과 갈라서게 된 것을 들어 "나의 계시와 아버지의 계시가 전에는 같았으나 그 후에 같지 않음을 보면서 아버지가 사탄의 계시를 받고 있음에 틀림없다"고 주장했다. 유인구는 장막성전의 일곱 목사 여덟 군왕에 대해 해석하기를 일곱 목사는 7천사이며 여덟 군왕은 장로들 중에서 나온다는 계시를 받았다고 주장하고 있는 데 반해 유재열은 자신이 7천사 중의 한 천사이며 8군왕은 7천사에다가 모세 장로까지 합한 숫자라고 주장했다. 이렇게 부자간에 의견이 일치되지 않자, 장로들을 중심으로 아버지파와 아들인 '어린 종'파로 분열되었다.

또 유인구는 두루마리를 먹은 것은 어린 종인 자기 아들이 아니라 자신이라고 주장하고 나섰다. 그 후 약 2년이 지나자 유인구는 다시 장막성전에 돌아왔으나 계시나 환상도 못보고 '마치 죽은 사람이나 다름없는 신세'로 지냈는데 유재열은 자기 부친과 자신이 계시록에 기록된 두 증인이라고 내세웠다.[13]

---

13) 『기독교이단연구』, pp.346-347.

한 권으로 끝내는 신천지 비판

이처럼 탁명환 소장은 장막성전의 분열 원인을 계시와 계시의 해석 문제로 아버지파와 아들파로 나뉘어 벌인 권력 다툼으로 보았다.

그런데 이 부분을 다루고 있는 신천지의 "실상자료" 또한 자신들의 교주가 지은『천국 비밀 계시록의 진상』과 다르게 "장막성전 7사자의 배도"라는 주제로 탁명환 소장과 거의 같은 주장을 하고 있다. 즉 "1967년 6월 유인구와 신종환의 권력 다툼으로 갈라지게 됨(=배도), 신종환(모세)이 6천사와 함께 언약궤를 찢고 단상에 오줌까지 누고는 인천 송도로 데리고 떠나버림, 이때 신종환의 부인이 언약의 피를 쏟아버림, 유인구는 야고보라는 사람과 단을 지킴, 한 달 후 유인구를 정신병으로 쫓아내고 유재열이 단을 맡아 설교함(사 11장), 1967년 7월부터 유재열의 이름으로 사령장 나감(돼지 피 소동), 이후 종들의 이탈 생겨 교회에 나오지 않음"이라고 정리했다. 탁명환 소장과 같이 유인구가 권력 다툼에서 져서

결혼식 주례를 하고 있는 유인구―원 안에 법궤가 보인다.[14]

정신병자로 몰려 쫓겨났으며, 그 후 그의 아들이 교주가 된 것으로 보는 셈이다.

아무튼 인천에서 돌아온 유재열은 그때 자기가 구원자의 상징인 '순'이라는 계시를 받았다고 하면서 단상을 장악하고 모두 자기의 지시에 따를 것을 요구한다.[15] 그는 자기 아버지를 쫓아내고 장막성전의

---

14) 『신천지발전사』, p.37.

교주가 된 것이다. 장막성전은 유재열이 교주가 된 이후 급속도로 규모가 커졌다고 한다. 그래서 1969년 9월 20일에 공사를 시작하여 1971년 3월 14일에 400평 규모의 장막성전을 완공하기도 했다.

그러나 장막성전에서 있었던 그와 같은 패역하고 엽기적인 사건들을 통해 그들의 정체가 무엇인지를 한눈에 알아볼 수 있다. 하나님의 계시를 따라 100일간 성령을 통해 양육을 받았다고 하는 장막성전의 교주 유인구와 신종환, 유재열, 김창도, 백만봉, 정창래, 신광일, 김영애 등 8명은 피의 언약을 체결한다고 하면서 칼로 손목의 동맥과 손바닥을 그어 피를 모았다. 특별히 유인구와 신종환은 하늘의 명령에 따라 두 번씩 동맥을 잘랐는데 그렇게 모은 피가 링거 병 2개 분량이었다고 한다. 이 피는 후일 장막성전에서 일꾼을 세울 때 주는 사령장의 뒷면에 십자가를 그리는 데 사용되었다. 그런데 여기에는 재미있는 일화가 있다. 유재열이 교주가 되었을 때는 이미 신종환의 부인이 링거 병에 담아둔 피를 다 쏟아버린 뒤였기 때문에 대신 돼지 피로 십자가를 그어주었다는 것이다.

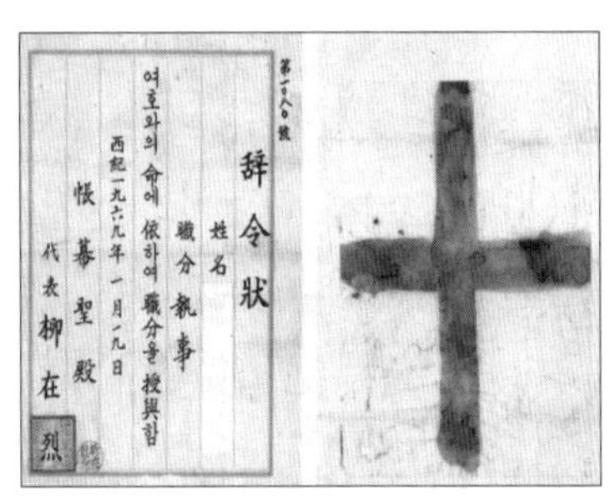

사령장-뒷면에 피로 그린 십자가가 있다.[16]

그들이 맺은 언약의 내용은 앞에서 살펴본 대로 유인구와 '천사'라고 하는 자들, 그리고 '백성'이 명령과 순종, 사랑의 위계질서를 갖추는

---

15) 『종교세계의 관심사』, p.6.

16) 『신천지발전사』, p.32.

   한 권으로 끝내는 신천지 비판

것이었다. 그들은 1966년 6월 1일부터 24일까지 예배당을 지었고 그것을 장막성전이라 불렀다. 또 '언약서'라는 것을 단상에 넣고 유인구가 두세 시간씩 설교를 했는데, 그때부터 장막성전이 세상에 알려지게 되었다고 한다. 그러나 그들은 곧 두 파로 갈라져 교권 싸움을 벌였고, 결국 교권을 잡은 유재열이 장막성전의 새로운 교주가 된 것이다. 그 후 장막성전은 급속도로 규모가 커졌다. 그러나 장막성전은 무너질 수밖에 없는 태생적 한계를 가지고 있었다.

사이비 장막성전

장막성전 초기에 설교를 맡았던 '임마누엘 왕' 유인구가 물러나고 교권을 잡은 유재열이 1967년 7월부터 설교를 시작했다(집회 사회와 광고는 신종환이, 성구 낭독은 나머지 6명이 했다고 함). 그는 설교를 통해 "우리는 하나님의 계시를 받은 일곱 천사다", "우리는 하나님과 피로 언약한 목자들이다", "우리는 계시록 1장의 예수님의 손에 있는 일곱 별이다", "우리는 하나님의 보좌 앞에 있는 네 생물 일곱이다", "언약과 우리의 사명은 3년 반 동안이고, 3년 반 후에 세상은 3차 전쟁으로 끝이 나고 우리는 청계산 밀실로 피난한 후 세상은 우리의 세상이 된다", "우리는 청계산 속 지하 밀실에 가보고 왔다. 언약대로 3년 반 후에 이루어지지 않으면 우리는 더 이상 목회를 하지 않고 청계산 저수지에 가서 자살한다", "우리는 유다 장막이다. 세계에서 제일 먼저 구원받는다. 실로가 올 때까지 치리자의 지팡이가 유다에게서 떠나지 않는다", "우리는 두 증인, 두 감람나무의 역사요(두 증인: 유인구, 유재열), 실로 곧 유인구가 다시 돌아와서 단을 맡아 일하게 된다", "일반 신학교는 목자를 찍어내는 공장이며 목자는 성경에서 말하는 개다. 개를 따르는 자는 지옥행이다"라는 등의 주장을 했다고 한다.[17]

당시 장막성전에 소속된 모든 사람들은 천사들의 말을 진짜로 믿어서, 밀실에서 필요한 모포와 미숫가루를 준비하여 언약이 이루어질 1969년 11월 30일을 기다리고 있었다고 한다. 그러나 3년 반이 되는 1969년 11월 30일이 지나고 한두 해가 더 지나도 아무런 변화가 일어나지 않았다. 전 재산까지 다 팔고 모여들었던 그들은 어떻게 되었을까? 많은 사람들이 장막성전을 떠나가게 되었고, 극심한 내분을 겪은 그들은 방탕한 생활을 하다가 사회의 지탄을 받게 되었으며, 결국 1980년 제5공화국 초기에 사이비종교정화운동에 걸려 문을 닫기에 이르렀다.

이것이 바로 장막성전의 역사다. 그런데 신천지에서는 이처럼 자식이 아비를 쫓아내고 교주가 되며, 엉터리 악마적 계시에 의한 시한부 종말론을 주장한 장막성전을 기독교 세계를 대표하는 마지막 단체, 첫째 장막이라고 하면서, 그 사이비 단체에서 벌어졌던 사건들이 예언을 이루기 위해 나타난 '계시록의 실상'이고, 요한계시록 1장 20절에 나오는 '일곱 교회의 비밀'이라고 하는 것이다. 정말 말도 되지 않는 엉터리가 아닐 수 없다. 신천지에서 주장하는 '실상'이라는 것이 얼마나 엉터리인지를 장막성전이 문을 닫기까지의 자세한 과정과 신천지의 "실상자료"를 통해 좀 더 살펴보자.

---

17) 『종교세계의 관심사』, pp.7-8.

믿었던 예언이 어긋나고 종말이 오지 않자 장막성전의 핵심 구성원들이었던 '천사'들도 회의에 빠졌다고 한다. 그래서 그들은 지방 밀실을 찾아간다는 구실로 제주도로 간 다음 "언약은 이루어지지 않는다. 이제 돈이 필요하다"는 결론을 내리고 돌아와서는 서울 각처에 거처를 마련하고 주색에 빠지게 되었으며, 재정을 담당한 신종환에게 수차례 용돈을 요구하였다고 한다. 그래서 신종환은 유재열에게 사표를 제출하고 장막성전을 이탈하게 되었고(1969년), 천사라고 하는 자들은 서울에 사무실을 마련하고 자기 주머니를 채우기에 바빴으며, 그중에 백만봉은 여자 문제로, 신광일은 군대 문제로 장막성전을 이탈하게 되었다고 한다(1969년). 그러는 가운데 장막성전은 여러 차례 담보로 잡히면서 빚더미에 올라앉게 되었지만 그들의 교주 유재열은 70평 아파트에서 호화로운 생활을 하며, 서울 명동에 식당과 술집, 외제 석기상을 차렸을 뿐만 아니라 농장을 만들고 광주에 호텔을 운영하며 골프장의 부사장으로도 있었다고 한다.

이대복 목사는 장막성전의 시한부 종말론의 불발과 그들의 타락상에 대해 다음과 같이 기록하고 있다.

죄악된 인류사회에서는 언제나 그렇다. 타락하고 부패한 조직들 인간사회나 종교사회, 이단 신흥종교들도 마찬가지다. 어린 종 유재열은 직분을 준다고 사령장을 수여하며, 그 대가로 막대한 금품을 받은 일이나, 축복받으려면 먼저 많은 헌금을 해야 한다고 유혹하여 전 재산을 바치고 알거지가 된 신자들도 많았다.

또한 1966년 3월 1일부터, 1260일이 지나면 종말이 닥쳐 세상은 불바다가 되고, 이 환란에서 살아남기 위해서는 장막성전이 있는 과천 막계리에 들어와야 산다고 선전하였으나, 그 예언의 날인 1969년 11월 1일이 지나도록 아무런 변화가 없음으로 유재열의 거짓 예언은 스스로 드러나고 말았다. 그뿐만이 아니다. 많은 여신도들을 농락하는 추문을 일으키는 중에 그의 비서 격이었던 김양욱과 더불어 술집을 전전하면서 갖은 추문을 낳는 등 타락된 생활을 하다가 김양욱의 고발로 구속되기도 하였다. 인류를 구원하겠다고 자처하며 신처럼 주장하던 자가 술집이나 전전하며 비소와 조롱거리가 되었을 뿐만 아니라 이탈자 이만희에 의해 40여 항목의 비행혐의로 고소를 당하기도 하였다.[18]

거짓의 아비인 사탄의 역사에 의해 엉터리 계시를 받은 그들은 결국 세간의 웃음거리가 되었을 뿐만 아니라 자포자기 상태가 되고 말았다. 그러나 대부분의 이단들이 그렇듯 교주 유재열은 막대한 부를 쌓아 호사를 누렸다는 것이다. 그러한 사건을 목격하고 경험한 사람들이 있다면 어떻게 반응해야 정상일까?

당연히 장막성전에서 받았다고 하는 시한부 종말론을 포함한 계시들이 잘못된 악령의 계시이며, 그들이 맺었다고 하는 언약은 성경에서 말씀하고 있는 하나님의 언약과 아무런 상관도 없을 뿐만 아니라 오히려 반성경적이라는 사실을 깨달아 회개하고 돌아서야 한다. 그것이 정상이다. 그러나 대부분의 이단들이 다음 사진과 같은 결말로 흐르듯, 장막성전의 한 분파인 신천지도 엉뚱한 이야기를 하며 여전히 그와 같

---

18) 『이단종합연구』, pp.360-361.

  한 권으로 끝내는 신천지 비판

천국복음전도회에서 자칭 재림 예수라 했던 구인회의 묘―자신들의 교주가 죽었는데도 그를 따르던 자들은 '재림 예수님의 묘'라는 비석까지 만들어놓고 여전히 그를 섬기고 있다.

은 행태를 계속하고 있다.

신천지의 교주 이만희는 비정상적인 시한부 종말론과 그들의 타락한 모습에도 불구하고 장막성전에서 맺었다는 언약이 하나님의 언약이고, 시한부 종말론이 불발한 원인은 아담 때와 같이 배도한 결과이며, 세인의 조롱거리가 되어 결국 사이비종교정화운동에 의해 기성 교회에 넘겨져 개혁의 대상이 된 것은 하나님의 언약을 어기고 이방에 교권을 넘겨준 '배도'라고 한다.[19]

그야말로 적반하장이 따로 없다. 이만희는 기성 교회를 '이방'이라 하며, 처음부터 기성 교회와는 완전히 다른 이단이었던 장막성전을 가리켜 정통적인 기독교라고 이야기하는 것이다. 그러나 그런 주장은 자신의 또 다른 주장과 모순된다. 그의 책 『천지창조』에는 다음과 같은 기록이 있다.

기독교 세계 종말에는 일곱 금 촛대 교회가 요한계시록의 예언대로 출현하였다가 심판을 받아 사라진다(계 6장, 8-9장, 16-18장). 이 교회가 심판을 받은 이유는 하나님의 말씀을 어기고 사탄의 무리와 하나가 되었기 때문이다(계 2-3장, 13장). **모든 기독교 세계 즉 영적 이스라엘을 대표하는 일곱 금 촛**

---

19) 『천국 비밀 계시록의 진상』, p.362.

언약의 종들이 배도하여 자기처소를 떠나는 노정
본것　(호6:7) 아담처럼 언약을 어기고 배도하기까지의 일

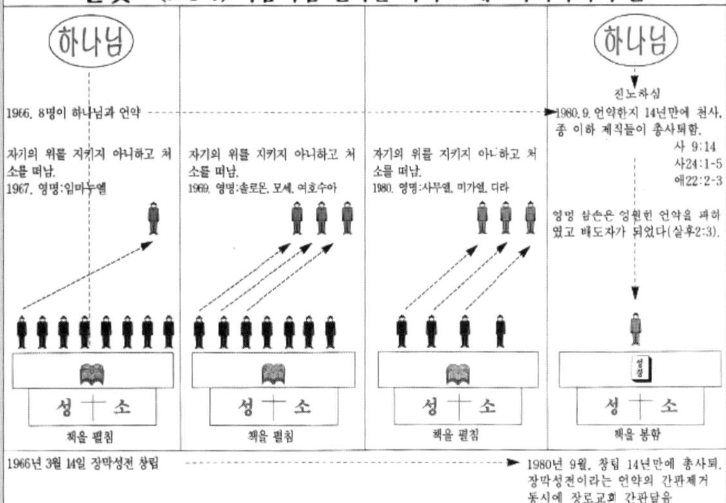

성경의 예언은 마지막 한 때를 가리켜 말해둔 것이다.
아담, 노아, 아브라함, 모세, 예수님같이 택하여 공의를 행하라고 언약한 것인데 창립14년만에 아담처럼 언약을 어기고 (호6:7, 마24:, 렘2:13, 사1:, 신32:, 마23:, 신28:, 사24:) 예루살렘은 돌위에 돌하나 남지 않고 무너졌고 나라는 이방 바벨론으로 사로 잡혀 갔고 선지자들은 뒤와 처소를 떠났다(유1:6).

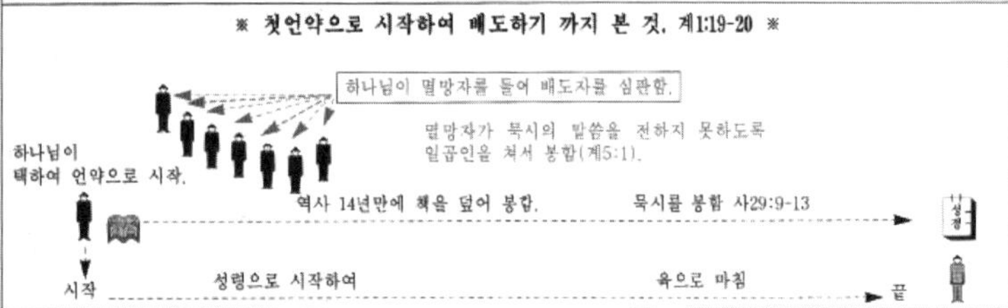

언약이 없는 이방인에게 직무를 대신 지키게 하였으므로 여호와는 떠나시고 수면에 운행하시며 흑암이 위를 덮어 주의 종은 꼬리가 되고 대적은 머리가 되며 교권은 박탈 당하였다(겔44:7-8, 창1:1-2).
첫 언약의 하늘장막이 하나님의 말씀을 지키지 아니하고 범죄하므로 멸망을 받았다(렘4:23-28).

신천지는 장막성전에서 받았다고 하는 엉터리 언약을 "첫 언약", 장막성전에서 내분이 일어난 사건을 "언약을 어기고 자기 처소를 떠난 노정"이라고 한다. 그리고는 전혀 상관없는 성경 구절들을 근거로 제시한다.[20]

---

20) 『신천지발전사』, p.30.

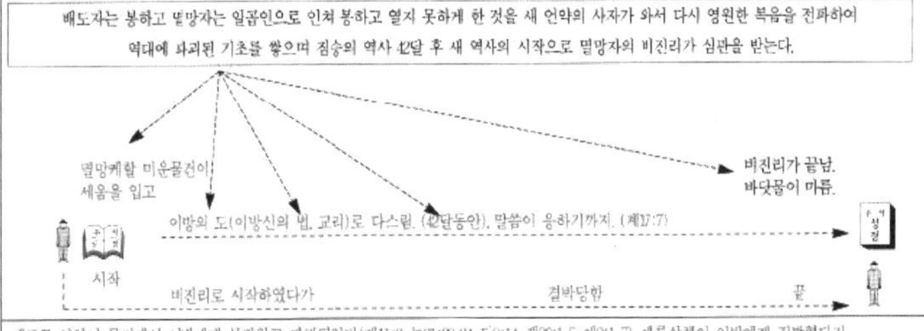

장막성전은 패륜적이고 엽기적인 행동으로 결국 국가에 의해 사이비 종교단체로 규정되었고, 기성 교회 목회자들이 그와 같은 행동의 동기가 되는 악마적 교리를 지적하며 바로잡으려고 노력했다. 그런데 신천지는 이를 "멸망의 가증한 것이 거룩한 곳에 선 것", "멸망자가 거룩한 성소와 백성들을 삼키는 노정"이라고 한다.[21]

---

21) 『신천지발전사』, p.38.

대 교회가 끝이 났으므로 처음 하늘과 처음 땅이 사라졌다고 할 수 있다.[22]

여기에서 이만희는 장막성전을 "기독교 세계 종말"에 나타난 "일곱 금 촛대 교회"로서 "기독교 세계를 대표하는 교회"라고 한다. 앞에서는 기독교 세계를 이방이라 하고, 정통적인 기독교에서 장막성전에 들어와 그들을 재교육하며 개혁한 것에 대해 이방에 교권을 넘겨준 것이라 했는데, 여기에서는 장막성전이 그와 같은 기독교 세계를 대표하는 교회라고 하고 있으니 앞뒤가 맞지 않는 설명이다.

장막성전의 교주 유재열은 장막성전 창립 14주년인 1980년, 제5공화국 초기에 사이비종교정화운동에 의해 물러나게 된다. 그는 물러나기 전, 1980년 3월 14일에 장막성전의 모든 치리권을 오평호 목사에게 위임하여 장막성전을 개혁하게 했으며, 1980년 10월 28일에는 오평호 목사에게 강단을 맡기고 미국으로 떠나가게 된다. 개혁 작업을 떠맡게 된 오평호 목사는 그들이 만든 언약궤를 불사르고, 초막도 헐어버렸으며, 청계산 계곡에 있던 기도처와 암벽 옆에 있던 기도실 등도 다 철거하고, 교주와 일곱 천사라고 하는 자들의 영명을 새겨놓았던 돌들도 다 제거했다. 또한 예배의식도 기성 교회와 같이 바꾸고, 모든 제직을 물러나게 했으며, 반대하는 자들을 출교시키고, 장로교 헌법에 의해 장로 10명을 선출하여 제직을 새로 구성했다.

또 경기도 시흥군 과천면 막계리에 있었던 예배당은 서울대공원 조성 계획에 의해 헐렸으며, 이때 대토로 받은 과천면 문원리에 예배

---

22) 이만희, 『천지창조』, 도서출판신천지, 2007, p.263.

당을 새로 건축하면서 교회의 간판을 대한기독교장로회 이삭교회로 바꾸게 된다. 뿐만 아니라 전국에 있는 장막성전의 지성전들도 모두 이삭교회로 이름을 바꾸고, 탁성환, 김정두, 한의택, 김봉관, 원세호, 백동섭, 탁명환 등 일곱 사람으로 구성된 청지기신학원을 통해 이삭교회 목회자들과 제직들의 자질 향상과 성경 연구를 도모하였다. 이로써 장막성전은 역사 속에서 완전히 사라지고 말았다.

이것은 아주 당연한 결과였다. 엉터리 악령의 계시에 의한 시한부 종말론과 언약론, 피의 언약 운운하며 피를 모아놓은 엽기적 행위, 그나마도 자기들끼리 싸우다가 쏟아져서 돼지 피를 가지고 사령장에 십자가를 그려주며 자신들의 피라고 속인 희대의 사기 행각, 아들이 아버지를 정신병자로 몰아 쫓아내고 교주가 된 패륜적 행위, 시한부 종말론이 불발되자 '막가파'식으로 살아서 사회의 지탄과 조롱을 받은 그들은 하나님의 영광을 가린 정도가 아니라 혹세무민하는 사이비 단체로 규정되어 척결의 대상이 되었던 것이다. 그것이 바로 장막성전의 실체였다. 그와 같이 타락하고 부패하며, 사회에 해악을 끼친 사이비 단체는 당연히 정화되어야 하지 않겠는가!

장막성전의 그와 같은 모든 패륜적 행위들의 배경에는 그들의 잘못된 교리가 있었기에 그것을 바로잡기 위해 만들어진 것이 바로 청지기신학원이었다. 그런데 신천지의 이만희는 그 청지기신학원과 개혁의 과정에 대해 다음과 같이 주장한다.

초림 때 길 예비 사자로 온 세례 요한과 천국은 서기관과 바리새인들에게 침노를 당했고(마 11:12-13), 재림 때 하늘 장막(일곱 금 촛대 교회)의 길 예비 등불 일곱 사자들도 하와같이 사탄 니골라 당에게 미혹되어 우상의 제물과 교훈을 받고 사탄과 행음(行淫)하였으니(계 2-3장, 13장), 일곱 사자와 천국이 침노를 당한 것이다.

요한계시록 2-3장의 이 사건을 요한계시록 13장에는 "용의 무리 일곱 머리와 열 뿔 가진 짐승이 하늘 장막에 들어와 싸워 이기고 짐승의 이름으로 성도들의 이마와 오른손에 표했고, 성도들은 그 짐승에게 경배했다"고 기록되어 있다. 침노한 이 짐승이 요한계시록 2-3장의 사탄 니골라 당이다. 이 사건이 곧 마태복음 24장에서 말하는 "해와 달이 어두워지고 별이 떨어지게 되는 전쟁이요, 멸망자가 거룩한 곳에 서는 사건"이다.[23]

이만희는 유재열의 장막성전과 같이 가증하고 패역한 무리들을 "거룩한 자"라 하고, 그들을 교육하기 위한 청지기신학원을 요한계시록의 2-3장에 나오는 "니골라 당", 혹은 요한계시록의 13장에 나오는 "일곱 머리 열 뿔 가진 짐승"이라고 하며, 그와 같이 패역한 자들이 결국 국가의 사이비종교정화운동에 걸려 문을 닫게 된 사건을 마태복음 24장에 있는 "해와 달이 어두워지고 별이 떨어지게 되는 사건", 또 예수님이 예언하신 "멸망자가 거룩한 곳에 서는 사건"이라고 하는 것이다. 아무리 초록은 동색이라지만 제정신을 가진 사람이라면 도저히 할 수 없는 주장이다. 이러한 이만희의 주장은 신천지의 정체가 무엇인지를 단번에 알게 해주는 것이 아닐까?

---

23) 『천지창조』, pp.402-403.

장막성전의 교리

이제 장막성전의 주요 교리에 대해서 살펴보자. 오늘날 신천지의 교리는 대부분 바로 이 장막성전의 교리에서 유래했다.

• **잘못된 계시관**—유재열과 장막성전에서는 초대교회에 증거된 복음과는 '다른 복음'을 계시로 받았다고 하며 소위 '직통계시'를 인정한다. 그래서 그들은 하나님의 언약서인 성경이 아닌 다른 언약서를 만들어 놓고 그것을 모조 언약궤에 보관했다. 성경과 동급인 다른 계시가 있다고 하는 것 자체가 이단적인 주장이 아닐 수 없다.

• **성령론**—탁명환 소장에 따르면 유재열은 '보혜사 진리의 성령'으로 추앙받았다.

교주 유재열을 하나님이 보내신 보혜사 진리의 성령이라고 믿는다(요 14:16; 요 6:7-15). 유재열 교주는 영생할 알곡을 거두는 자이고(요 4:36) 하나님께서 인을 가지는 자로 삼으신 사자이고(학 2:33; 말 3:1) 하나님의 계시를 받고(마 11:27; 눅 10:22) 일곱 인으로 봉함된 책을 먹었고(렘 1:4-10; 겔 2:1-3), 열방선지자로 만민에 기호로 삼은 종이라(사 11:10-12)고 주장했다.[24]

---

24) 『기독교이단연구』, pp.349-350.

• **일곱 천사론**─장막성전에는 '일곱 천사'라는 일곱 사람이 있었다. 그들은 구원받을 성도들을 사방에서 모아 장막성전으로 끌어들인다고 한다. 그중에 하나는 이사야 11장 10절에 있는 "이새의 뿌리에서 자라난 한 싹"으로서 만민의 기호로 설 것이며 '순'이라 이름 하는 자이고, "여호와의 전을 건축할 자로 택함을 입은 천사"(슥 6:12)로서 '어린 종'이라고도 한다. 유재열이 바로 '어린 종' 노릇을 했다. 그들이 일곱 천사론의 근거로 제시한 말씀은 다음과 같았다.

- 작은 일의 날이라고 멸시하는 자가 누구냐 이 일곱은 세상에 두루 행하는 여호와의 눈이라 다림줄이 스룹바벨의 손에 있음을 보고 기뻐하리라(〈개역한글〉 슥 4:10).
- 그 등대에 일곱 등잔이 있으며(〈개역한글〉 슥 4:2).
- 보좌로부터 번개와 음성과 뇌성이 나고 보좌 앞에 일곱 등불 켠 것이 있으니 이는 하나님의 일곱 영이라(〈개역한글〉 계 4:5).
- 내가 또 보니 보좌와 네 생물과 장로들 사이에 어린 양이 섰는데 일찍 죽임을 당한 것 같더라 일곱 뿔과 일곱 눈이 있으니 이 눈은 온 땅에 보내심을 입은 하나님의 일곱 영이더라(〈개역한글〉 계 5:6).

• **시한부 종말론과 특별한 도피처**─1966년 3월 1일부터 1,260일이 지나면 종말이 와서 세상은 불바다가 되는데, 그 환란에서 살아남기 위해서는 그들이 마련한 과천 막계리의 밀실로 들어와야 한다고 주장했다.

• 마지막 날의 구원은 한 나라를 택하여 이루어지는데, 그곳은 다음과

같은 특징을 가졌다고 주장했다.

- 그것은 해 돋는 곳, 곧 동방에 있는 나라(극동)에서 이루어진다(사 2:5; 24:15; 41:25; 59:19).
- 그곳은 물이 절반은 동해로, 절반은 서해로 흐르는 곳이기 때문에 한국이다(슥 14:8).
- 그곳은 동서로 갈라진 산이 있는 곳으로 청계산이다(슥 14:4-5).
- 그곳은 연못이 있는 곳이다(사 22:11). 막계리 저수지.
- 언약궤가 있는 곳이다(계 11:19). 장막성전의 언약궤.
- 일곱 금 촛대와 일곱 별인 일곱 종이 있는 곳이다(계 1:20). 장막성전의 일곱 천사.
- 그곳에 어린 양이 나타난다(슥 2:8; 사 11:1-10). 교주 어린 종 유재열.

• 에스겔 16장 4-5절 말씀을 근거로 일곱 천사의 어린 종은 배꼽 줄을 자르지 않고 버리운 자 밑에서 났다고 하면서 김종규의 뒤를 이은 것이 그것이라고 주장한다.

• 어린 종이라고 하는 교주 유재열이 만국을 다스릴 철장 권세를 받을 자라고 주장했다(계 12:5).

• 어린 종은 인치는 사명을 받았으며, 인 맞은 자만이 14만 4천의 반열에 들어와 구원받을 수 있다고 주장했다(계 14:1).

• 어린 종은 천사의 손에서 작은 책을 갖다 먹은 자로서 많은 백성과 나라와 방언과 임금에게 다시 예언할 사명을 맡았다고 주장했다(계 10:10; 겔 3:1-3).

• 계시록의 두 증인이 유재열과 유인구 두 사람이라고 주장했다.

• 마태복음 24장의 내용을 들어 오늘날 모든 사람들은 이기주의적이 되고 교회는 사랑이 식어 냉랭하게 된다고 지적했다. 그러나 이러한 말세의 결정적인 징조는 "멸망의 가증한 것이 하나님의 성전에 앉아 자기를 하나님이라 칭하고 입술로는 거룩한 말을 하면서도 행위는 음란한데 그것이 3년 반 동안 계속되는 것"(단 12:11)이라고 하면서 호생기도원의 김종규가 바로 "멸망의 가증한 것"이라고 주장했다.

• 말세에 아마겟돈 전쟁의 환란을 피하기 위하여 이미 청계산 계곡에 큰 밀실을 마련해놓았으며(사 2:18-22), 그 암혈과 토굴 속으로 장막성전의 신도가 다 들어간 뒤에 세상은 불바다가 되고, 그 후 다시 나와서 신천신지를 이루면 신도들은 왕으로서 각 고을을 다스릴 것이라고 주장했다.

• 그들은 "자신들이 가르치는 말씀이 자의로 말하는 것이 아니라 그들을 보내주신 하나님이 그들에게 말씀하시고 보내주신 것을 그대로 옮겨줄 뿐"이라고 했다(요 12:49-50).

• 그들은 예수님이 비사나 비유가 아니면 말씀하시지 않았는데, 오늘날 말세지말을 당하여는 신령한 것을 밝히 보여주심으로 그대로 일러주신다고 믿었다. 그래서 "그 말씀은 사람의 뜻으로 낸 것이 아니며 오직 성령의 감동하심을 입은 사람들이 하나님께 받아 말한 것이므로(벧후 1:21) 이것을 마음대로 풀거나 억지로 풀 것이 아니고 오직 짝을 맞추어서 풀어야 한다"고 주장했다. 그 근거는 "여호와의 책이 하나도 빠진 것이 없고 하나도 그 짝이 없는 것이 없기 때문"(사 34:16)이라는 말씀이었다.

이만희의 출생과 성장

지금까지 신천지의 전신이라 할 수 있는 장막성전에서 있었던 사건들과 그 교리에 대해 살펴보았다. 근본을 알아야 그 실체를 제대로 알 수 있기 때문이다. 오늘날 신천지의 교리 중 많은 부분이 장막성전의 교리에서 유래했다. 그러나 신천지의 정체를 알고 그들의 교리를 바로 이해하기 위해서는 장막성전만으로는 부족하다. 왜냐하면 이만희의 신앙 이력은 훨씬 더 복잡하기 때문이다. 다음은 이대복 목사의『이단종합연구』에 나오는 내용이다.

이만희 씨는 경상북도 청도군 풍각면 현리 702번지에서 1931년 9월 15일 이재문 씨와 고상금 씨 사이에서 12아들 중 여섯째로 태어났다. 유아시절에는 평범한 시골아이로 자라났으며 17세 때 서울 성동구 금호동 형님 집에 기거하면서 건축 공사장에서 일하던 중, 어느 날 한 전도사에게 이끌리어 창경원 앞 한 천막교회에서 침례를 받으면서 신앙생활을 시작했다.

그 후 이만희는 다시 고향으로 내려가 풍각장로교회에 출석하면서 본격적인 신앙생활을 시작하였다. 그러던 중 1957년도에 집에서 박군의 『심령과 학생문장독본』이라는 서적을 탐독한 후 어느 날 저녁 무렵 신비체험을 하였다. 처음에 기도하는 방법을 몰랐던 이만희는 집 뒤 들판에서 하늘을 향해 눈을 뜨고 기도하던 중에 갑자기 별이 머리 위만큼 내려와 헬리콥터마냥 돌고 있어서 깜짝 놀라 취침중인 부친을 황급히 깨워 "아버지! 별 구경하세요"라고 외쳤다.

그날 이후 3일 동안이나 같은 현상을 보았다. 그 후 이상하게도 집안에 큰 환란이 닥쳐와 "이 더러운 세상! 살기 싫다"면서 자살을 결심하고 산으로 가던 중 환상을 체험하였고, 계속적으로 자기 마을 시냇가에서 이상한 신비체험을 하였다. 그는 세상을 버릴 목적으로 산으로 향했다. 그 후 이만희는 다시 서울로 상경하여 구로구 오류동에 기거하면서 경기도 과천 소재 유재열 장막성전 집회에 참석하게 되었고, 유재열의 설교를 듣고 탄복한 그는 돌아와 식음을 전폐하다시피 하며 성경연구에 몰입하게 되는데, 그때에 하나님의 음성을 들었으며 "진리를 좇아가라는 명령을 받고 장막성전에 본격적으로 참석하게 되었다"고 하였다.[1]

이대복 목사의 또 다른 기록에 의하면 이만희는 장막성전에 있기 전 전도관에 있었다고 한다. 그런데 그 사실은 신천지의 홈페이지를 통해서도 확인할 수 있었다.

---

1) 『이단종합연구』, pp.225-227.

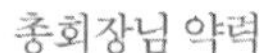

총회장님 약력
The Career of President

1931년 9월 15일
"경북 청도군 풍각면 현리동 출생"
기독교인인 총회장님의 조부께서 총회장님의 출생 전,
계시와 환상을 보시고, 만희(참 빛)라는 이름을 지으셨습니다.

어릴 적 가난과 전쟁으로 교육부의 혜택을 받지 못하여 국문도 제대로 배우지 못했으나
하나님도 예수님도 학교에서 배우지 않았고 바울도 성령의 계시를 받은 후 자기 지식을 배설물과 같이 버렸다고
하셨습니다. (빌3:8)
그처럼 오늘날 약속의 목자도 고전2장 10~16절의 말씀과 같이 보혜사 성령과 함께 보고 들은 것만을 증거하고
있습니다.

신앙적 약력

1948년 서울 침례교 외국 선교사에게 믿음 없이 침례를 받음
1957년 고향 땅 야외에서 성령으로부터 환상과 이적과 계시에 따라 전도관에 입교
1967년 성령의 계시에 이끌려 경기도 과천시 소재 장막성전에 입교
1980~1983년 계시록 1장 17-20절과 같이 예수님께 안수받고 일곱 교회에 편지하였으며 장막성전에 침노한
니골라당과 싸워 이김
1984년 3월 14일 하나님의 뜻과 계시에 따라 (출25장의 모세와 같이) 신천지 예수교 증거장막성전을 창설하고
새 이스라엘(이긴자) 12지파를 창설함

"총회장님께서는 학교나 신학교를 다니지 않으셨습니다."
그러나 현재 많은 목사나 신학박사, 신학 교수들 뿐 아니라 정치, 경제, 사회 인사들도
신천지에 나아와서 성경 지식을 가르침 받고 있습니다.

이천 년 전 예수님도 하나님의 성령을 받아 역사하여 많은 사람들을 가르치신 것처럼 오늘날
흘러나오는 이 계시의 말씀도 어찌 성령의 역사가 아니라고 할 수 있겠습니까? 직접 들어보시고
판단하시기 바랍니다. (갈1:11~12)

이만희의 약력

위의 그림은 신천지의 홈페이지에 나와 있었던 자료다. 새로 생긴 신천지의 홈페이지에는 이 자료가 없다. 그의 이단 경력이 문제가 되었기 때문인 듯하다. 이만희는 자신이 1957년 고향 땅 야외에서 성령으로부터 환상과 이적과 계시를 경험하고 그에 따라 전도관에 입교했고, 1967년에는 또 다시 성령의 계시에 의해 장막성전으로 갔다고 하면서 자신이 전도관에 10년 동안이나 있었음을 당당히 밝혔었다. 그러면 그가 성령으로부터 환상과 계시를 받아 가게 되었다는 전도관은 어떤 곳일까?

전도관과 이만희

전도관은 박태선에 의해 세워진 사이비 단체로 박태선은 우리나라 이단의 역사를 새롭게 썼다고 할 정도로 엽기적인 사람이었다. 문화관광부의 종무과에서 바른 종교문화를 위해 국제종교문제연구소에 용역을 의뢰하여 조사한 「한국의 종교단체 실태조사연구」를 보면, 김경래 장로(당시 「세계일보」 기자)가 취재하여 1957년 17일자와 3월 18일자 「세계일보」(현재의 「세계일보」와 별개의 일간지)와 잡지 「실화」 1957년 6월호에 보도된 기가 막힌 사건을 기록하고 있다.

박태선 일가의 혼음은 1947년 5월 이후에 평양에서 남하해온 정득은으로부터 시작되었다. 혼음파의 본부인 삼각산에 주거를 정한 정 여인으로부터 감복했던 당시 수색장로교회 박태선 부부가 자기들의 집을 집회장소로 제공하면서부터 시작된다.

정득은의 추종 신도인 이○윤(1958년 통일교 신도)과 박태선을 중심으로 3개월 동안 기성 교회 교인들이 모였으며 박태선은 정 여인의 설교를 받아 김백문에게 성서해석법을 배워 영체교리를 체계적으로 세웠는데 박태선의 영모론(靈母論)은 여기에 근거하고 있다. 50대의 중년 여인인 정 여인은 먼저 삼각산기도원을 중심한 세사람 김○, 방○동, 이○완에게 혈분하였고, 민 모 여인은 복귀된 후에 그의 남편과 육적인 부부생활을 하지 않고 있다가 이혼을 당하였고, 민 여인은 다시 이○윤과 혈분했다. 이○윤은 다시 백목사 부인인 장○삼과 극비리에 혈분했으나 방○동(당37세)만은 혈분을 맺지 않았다.

이○완은 26세인 원○숙과 혈분하였고, 원○숙은 박태선과 혈분하였고, 박태선은 존귀한 성혈을 먼저 자기 집안에서 행하기로 마음먹고 그의 장모와 형수에게 권한 것이다. 박태선의 처는 원○숙과 같이 이○완에게 혈분을 받고 박○창에게 권하였다. 박○창의 말로는 박태선의 처와 처음에는 잘 안되다가 두 번째 경우 되었다고 한다.

행하는 방법은 교조적인 정 여인의 입회하에 정 여인이 기도를 드리고 나서 하는 혈분행위가 진짜라고 하여 남자가 여자에게 혈분할 때에는 남상녀하(男上女下)이고 여자가 남자에게 권할 때는 여상남하(女上男下)가 된다. 이러한 방법으로 혈맥을 중심한 피가름 역사의 교리는 비밀리에 확산된 것이다.[2]

박태선은 1955년 6월에 칼뱅의 예정론을 부정하며 "칼뱅은 지옥 아랫목에 가 있다"는 폭탄선언을 하고, 자신이 속해 있던 대한예수교를 탈퇴한다고 선언했다. 또 그는 기성 교회의 목회자들을 "마귀 새끼들"이라고 신랄하게 비판하며, 7월 1일에는 한국예수교부흥협회를 발족하기도 했다. 그래서 그는 1956년 2월 15일에 대한예수교장로회 경기노회에서 이단으로 규정되었다.[3] 그리고 1957년에는 형수, 장모와도 성관계를 가진 그의 엽기적인 혼음 행각이 일간신문에 대서특필되었다.

그런데 바로 그 무렵 이만희는 성령의 계시라 하며 전도관에 들어갔을 뿐 아니라, 그 뒤로 무려 10년 동안이나 전도관에 있었다고 한다. 그

---

2) 문화관광부, 「한국의 종교단체 실태조사연구」, 국제종교문제연구소, 2000, pp.51-52.
3) 『기독교이단연구』, p.164.

생수축복을 하고 있는 박태선. 신도들은 이 물을 수십에서 수백만 원의 헌금을 내고 사 갔다. 천부교 홈페이지에는 아직도 이 사진에 "1960년대 덕소신앙촌에서 생명물 축복하시는 하나님 모습"이라는 소개 문구를 달아놓았다.[4]

러면 그때 그에게 역사한 영을 성령이라 할 수 있을까? 박태선은 자신을 '동방의 의인'이라 하고, 한국을 성경에 나온 동방이라 하면서 자신을 '감람나무', '이긴 자', '하나님'이라고 했던 희대의 영적 사기꾼이었다. 고 탁명환 소장의 책에 보면 다음과 같은 황당한 기록도 있다.

1980년대에 이르러 박태선 집단은 일대 변혁을 단행했다. 교주가 1955년 이래 믿어온 예수를 X새끼요 마귀대장의 아들이라고 규탄하고 성경은 98%가 거짓말투성이고 자신은 40일 금식기도를 13회나 했는데 예수는 한 번밖에 못 했으며 그런 예수가 육을 입은 죄인 마리아에게서 났으니 99%가 죄덩어리요 음란 마귀의 아들이라고 비난했다.

99%가 죄인인 예수를 증거한 신약은 폐하고 자신의 말이 곧 성경이라고 하면서 자신이 5798세의 새 하나님이라고 하다가 1985년 이후에는 자기 나이가 1조 5천억 세라고 주장하고 있다. 그래서 '예수'나 '성령'이란 용어를 모두 제거하고 신앙 모독을 하는 설교를 서슴지 않고 교명도 천부교회라고 바꿔버렸다.[5]

신천지의 이만희가 몸담았던 장막성전 또한 명백한 이단 사이비 집단

---

4) 〈http://www.chunbukyo.or.kr/〉(2013. 5. 15).
5) 『기독교이단연구』, p.183.

이다. 그런데 그는 장막성전이 마치 성경적인 단체였던 것처럼 말한다. 아니, 성경적인 단체 정도가 아니라 아예 종말에 기독교 세계를 대표하는 곳이라고 하면서 신천지의 중요한 교리를 펼쳐간다. 그러나 그가 소속되어 있었던 장막성전이 얼마나, 악한 영의 소굴이었는지는 전도관만 보아도 알게 된다. 왜냐하면 이만희는 전도관에 들어간 것과 똑같이, 성령의 계시에 의해 장막성전에 들어갔다고 말하기 때문이다. 그를 전도관으로 인도한 그 영의 정체만 알 수 있다면 장막성전으로 이끈 영의 정체도 알 수가 있고, 장막성전이 기독교 세계를 대표한다고 하면서 펼치는 그의 교리 또한 악령의 역사에 의한 악마의 교리인지 아닌지 바로 알 수 있을 것이다. 자, 그럼 그를 전도관으로 이끌고 간 그 영은 어떤 영이었을까? 그 답은 다음과 같은 박태선의 설교집을 보면 확실하게 알 수 있다.

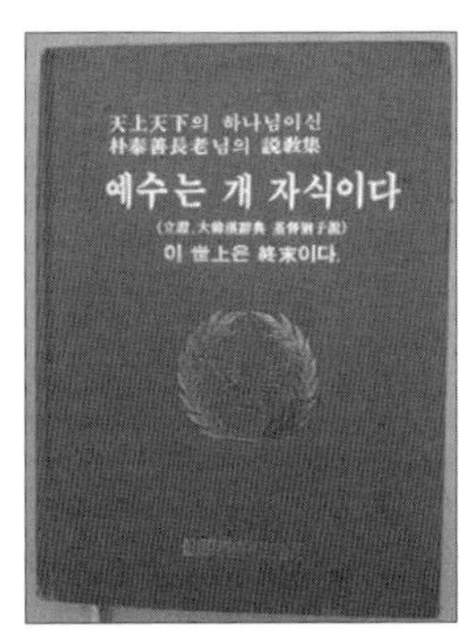

박태선의 설교집

박태선이 악한 영에게 사로잡히지 않았다면 어떻게 이런 설교집을 낼 수 있을까? 그는 자신을 "천상천하의 하나님"이라 하고 있으며, 이 설교집에 있는 설교의 제목들은 "내가 창조주 하나님이다", "기성 교회에는 구원이 없다", "성경의 98%가 가짜다", "한 문을 공부한 사람이 예수보다 낫다"는 등 도저히 용납할 수 없는 내용들이다.

이런데도 이만희를 이긴 영이 하나님의 성령이라 하겠는가? 이만희는 어떤 영의 인도를 따라 전도관으로 들어가게 되었고, 그 교리들을 받아들였다. 또, 그 영에 의해 유재열의 장막성전에도 들어가, 거기에서 보고 배운 것들을 하나님의 계시라고 하면서 신천지를 이끌고 있다. 이만희가 몸담았던 단체들의 비윤리성과 사탄적인 성격을 볼 때, 그에게 역사했던 영은 악령이며, 그가 주장하고 있는 신천지의 교리들은 다 사탄의 교리라고 판단할 수밖에 없다.

이단에서 이단으로

이만희의 직접적인 뿌리는 전도관이지만 그는 사실 아주 복잡한 이력을 가지고 있다. 다음은 인터넷 카페 〈바로알자 사이비 신천지〉[6]에서 활동하는 '폴리캅'님이 국회 도서관에서 자료를 수집해서 만든 도표와 '주님바라기'님의 블로그,[7] 그리고 신천지의 동영상 자료와 『기독교이단연구』 등을 참조하여 연도별로 정리한 것이다.

전도관, 장막성전과 신천지

1917. 11. 22	전도관의 박태선 출생.
1925. 2. 14	호생기도원의 김종규(본명: 김용기) 출생.
1931. 9. 15	신천지의 이만희 출생.
1949. 2. 1	장막성전의 유재열 출생.

6) 인터넷 주소는 다음과 같다. 〈http://cafe.naver.com/soscj/〉.
7) 인터넷 주소는 다음과 같다. 〈http://blog.naver.com/knw1022〉.

   한 권으로 끝내는 신천지 비판

1955. 9. 6   전도관 개설.

(여기에서부터 1964년 이전까지는 박태선에 관한 내용임.)

1956. 2. 16   대한예수교장로회 경기노회가 전도관을 이단으로
                규정.

1957. 3. 18   「세계일보」(현 「세계일보」 아님) 김경래 기자가 전도관
                의 엽기적인 혼음사건을 기사화, 부산성민육아원장
                백 목사와 그의 아내가 공동으로 고소장 접수, 같은
                해에 이만희가 성령의 계시를 받았다고 하며 전도
                관에 들어감.

1957. 4. 12   김춘래(20) 양에게 자신이 축복한 생수를 강제로 먹
                이다 질식사시킴.

1957. 4. 30   자신이 하늘의 권세를 부여받았다고 주장.

      5. 18   성화가 사진에 찍혔다고 주장(후일 경찰 조사에서 사진
                사 김세연이 조작한 것으로 밝혀짐).

1957. 6.   자신이 요한계시록의 감람나무라고 선언.

      10. 23   자신이 동방의 의인이라고 선언.

1957. 10. 25   기성 교회에는 구원이 없고 전도관에만 구원이 있
                다고 주장.

1957. 11. 10   경기도 부천군 소사읍 범박리에 15만평 규모의 제1
                신앙촌 건설 시작.

1958. 3. 30   미국 경제가 한국으로 이동하며 그때 미국에 있는
                금을 한국에 다 가져온다고 함.

1958. 4. 6	제1신앙촌에 있는 소래산(蘇來山)을 풀이하여 예수가 오게 되는 산이라고 함.
1958. 8. 10	자신은 만능이므로 한강물에 손을 넣고 기도하면 한강물이 변하여 휘발유가 될 것이라고 함.
1958. 8. 27	돈암동 전도관의 김시장 집사가 정신병자 이기명(19)의 병을 생수와 안찰 기도로 고치려고 하다가 죽인 혐의로 구속.
9. 6	김성만(17) 군이 마산 전도관장 김응호 등으로부터 안찰 기도 중 사망, 매장허가나 사인규명 없이 암매장.
1958. 9. 10	경기도의회가 한 달간 신앙촌을 조사하여 탈세, 병역기피 조장, 간첩출몰 우려성이 농후하다고 조사 결과를 발표, 전도관의 조등만 집사 등 5명이 박태선의 전도관은 무지한 대중을 기만하는 사탄 집단이라고 검찰에 진정서를 냄.
1958. 9. 11	대검찰청이 박태선 신앙촌의 비위 사실을 내사토록 서울시경과 경기도경찰국에 긴급 지시, 조사 결과 소사 신앙촌의 입주자가 7,467명으로 파악됨.
1958. 9. 12	성화는 조작된 것임이 밝혀짐.
1958. 9. 18	마포구 도화동의 김성곤 부부에 의해 사기혐의로 기소됨(기소내용: 감언이설과 공갈로 340만환을 사취).
1958. 11. 2	요한계시록의 일곱 별의 출현을 예언하고 주님이 재림한다고 선언.

1958. 12. 16	박태선 구속.
1958. 12. 21	백색 곰팡이를 하늘에서 내린 '만나'라고 주장(조사 결과 곰팡이임이 드러남).
1958. 12. 24	신녕 안찰 치사 사건의 증인으로 출석하여 안찰 기도를 통해 모든 병이 다 낫는 게 아니고 치유 여부는 하나님의 뜻이라고 변명.
1958. 12. 27	상해·위증죄 추가 기소됨.
1959. 1. 6	제1회 공판에서도 자신이 감람나무라고 주장.
1959. 1. 10	문교부에서 전도관을 사교로 규정.
1959. 1. 16	제3회 공판에서 병자를 안찰하여 상해를 입힌 적이 없다고 주장.
1959. 1. 27	제5회 공판에서 학력을 속인 것과 피가름 교리 시인, 나머지는 모른다고 함.
1959. 2. 3	제6회 공판에서 피가름 교리에 대해 자신에게 유리한 것은 인정하고 불리한 내용은 모두 부인.
1959. 2. 4	검찰이 부산 전도관장 박옥래를 여전도사 김순옥에 대한 불법감금 및 폭행 혐의로 구속, 조사 과정에서 박태선이 대한광업주식회사 사장 박찬성에게 공동어장을 운영하면 막대한 돈을 벌 수 있다고 속여 400만환을 사취한 사실이 밝혀짐.
1959. 2. 10	제7차 공판에서 자신은 사람이 아니라 식물성 감람나무라 전기도 안 통한다고 주장해서 혈액 감정과

전기 실험을 하려고 하자 보통 사람과 같은 감람나
무라고 번복.

1959. 2. 18   제8차 공판에서 학력위조 시인, 여신도 원○숙에
대한 간음 사건에 대해 부산 성민육아원장 백○기
목사의 부인 장○실 여사의 증언을 청취.

1959. 3. 3   박태선은 사기, 위증, 기부금품모집법 위반, 상해,
준감금 사건의 결심 공판에서 징역 5년 구형, 부산
전도관장 박옥래는 징역 1년 6개월 구형, 돈암동
전도관의 김시장 집사는 징역 1년 구형.

1959. 6. 11   항소심 첫 공판에서 일심 재판의 유죄판결 내용을
부인하고 자신은 '감람나무', '동방의 의인'이라고
말한 사실이 없다고 번복.

1959. 12. 4   항소심에서 1년 6개월 징역형 확정.

1960. 3. 26   이승만 대통령 생일기념으로 형기 1년 3개월 만에
가출옥, 신도들에게 자신은 옥중에서 600여 건의
발명을 했고 그중 한 가지만으로도 전 신도를 먹여
살릴 수 있다고 함.

1960. 12. 6   「동아일보」에서 3면 기획기사로 박태선의 성화 조
작 사건 다룸.

1960. 12. 10   전도관 신도들이 「동아일보」의 기물을 파손하고
윤전기를 파괴하며 난동을 부림. 경찰이 현장에서
1,024명을 체포.

| 1961. 2. 10 | 부정선거관련자처벌법 위반으로 박태선 구속 기소. |

1961. 2. 10   부정선거관련자처벌법 위반으로 박태선 구속 기소.

1962. 1. 10   두 번째 형기를 마치고 출옥.

1962. 7. 20   경기도 양주군 와부읍 덕소리 한강변에 제2신앙촌 건립 시작.

(여기에서부터 다시 전도관, 호생기도원, 장막성전, 신천지의 역사를 다룸)

1964. 1. 4   호생기도원(관악구 상도동 소재) 개설, 유재열 가족 입교(당시 유재열 15세).

1966. 3. 1   유재열의 환상 체험.

1966. 4. 4   장막성전 공식 시작(당시 교주는 유인구).

1966. 11. 16   김종규가 여신도와의 스캔들을 이유로 유재열 및 제자들에 의해 추방됨.

1967. 1. 1   제2신앙촌 화재 발생, 상당수의 신도들이 장막성전으로 이탈, 이때쯤 이만희도 전도관에서 장막성전으로 옮겼을 것으로 추정.

1967. 6.   장막성전의 교주 유인구가 아들 유재열에게 밀려 쫓겨남.

1967. 12.   신앙촌 정화대책 위원회(대표 김우운 장로)가 결성되어 박태선에게 반기를 듬.

1968. 8. 7   유인구와 유재열 부자관계 해소(호적을 옮김).

1969. 11. 1   말세의 날 불발, 아버지 유인구가 돌아오지만 정신병자로 지냄.

1970. 4.   예비역 대령 신모 씨 탈퇴.

백만봉의 애인을 백씨가 없을 때 교주가 범하는 사

건 발생하여 백만봉 탈퇴.

1970. 9.　　　신광일 탈퇴.

유재열의 외삼촌 신종환 탈퇴.

(이만희가 장막성전을 이탈한 것이 1970년인지 1971년인지는 명확하지 않다.
그러나 그의 고소 사건을 봤을 때 1970년이 더 유력하지 않나 싶다. 참고로 신
천지의 전 교육장 김영록의 강의 동영상에서는 1971년이라고 한다.)

1971. 9.　　　유재열, 김창도가 이만희의 고소로 재판 받음(사기

등 40여 개 항목).

1972. 5.　　　장막성전에 있는 익명의 신도가 교주와 간부들의 비

행을 열거하며 내무부장관에게 진정서를 제출하여

경찰의 본격적인 수사가 시작됨.

1972-1976년　백만봉의 재창조교회 창업.

1975. 9. 5　유재열 유죄확정.

1978년　　　이만희와 홍종효가 백만봉의 제자로 들어감.

1980. 3.　　　백만봉의 말세 주장 불발, 이만희 신천지 창업.

1984. 3. 14　공식적인 창업일로 정함(실상 조작 완료된 시점).

1984. 12. 15　문화재단 창설, 신천지 도서출판 발족.

1985. 4. 5　안양 비산동으로 이전.

1985. 6. 5　김건희, 김병남 공저 『신탄』 출판.

1987년　　　말세론 주장, 불발.

신천지의 총회장인 이만희의 발자취를 전도관부터 신천지까지 살펴보았다. 그가 다닌 곳은 대부분 이단 사이비 집단이었다. 박태선의 전도관이 그랬고, 유재열의 장막성전이 그랬으며, 자세하게 살펴보지는 않았지만 백만봉의 재창조교회가 그랬다. 그들은 도덕적으로도 도저히 용납할 수 없는 자들로서 희대의 영적 사기꾼들이었다.

인터넷에 보면 별별 자료가 다 떠돌아다닌다. 어떤 것은 그 출처가 분명하고 확실하지만, 출처를 확인할 방법이 없어 자료로서의 가치가 별로 없는 것들도 있다. 그런 자료 가운데 "신천지 이만희 총회장의 X파일"도 있었는데, 거기에는 백만봉에 관한 재미있는 이야기가 있었다.

천국이 이루어진다는 시한부 마지막일인 1980년 3월 13일 정오 12시에 약 120명이 경마장 앞산에 천막을 치고 기다렸지만 아무 일도 없었고, 뒤늦게 나타난 백만봉은 "여러분, 수고 많았다. 나는 오늘부로 주의 역사를 끝낸다. 그리고 나는 3일 내로 하늘에 올라간다. 그간 낸 헌금은 다 돌려주겠다" 선언했고….

장막성전에서 영명 '솔로몬'이라고 불렸던 백만봉은 장막성전의 시한부 종말론이 불발된 이후, 독립하여 교주 노릇을 했다. 그런데 백만봉도 역시 시한부 종말론을 주장했고 기다리던 시간에 종말이 이루어지지 않자 멋쩍게 나타나 사태를 수습하면서 헌금은 돌려주겠다는 참으로 양심적인(?) 말을 했다는 것이다. 어디까지가 진실인지 알기 어렵지만 참 재미있는 이야기다. 그러나 분명한 것은 이만희는 그와 같이 잘못된 자들만 따르고 섬겼던 사람이라는 사실이다.

『신탄』을 통해 본 신천지의 정체

1985년 출판되어 신천지의 교리적 규범이 되었던 『신탄』의 머리말에는 다음과 같은 기록이 있다.

성경의 영산(靈山)에 자생하는 생명나무의 열매를 갈구하는 생명의 형제자매들이여! 이제 눈을 뜨라. 시대의 절곡을 지고 걸어온 구도자들이여, 마음의 눈을 뜨라. 이제껏 허울뿐인 종교라는 미명으로 스스로 구속당했던 지난날의 율법과 신조의 사슬을 끊고, 새로운 모습으로 다시 태어나라.

이제껏 영적 세계에서 이 땅을 감찰하시며 역사하시던 그분이 실체 성전인 인간의 육체(장막)에 친히 거하려 하신다. 만물을 지으신 만유(萬有)의 주 하나님이 이제 그의 아들을 통하여 만유로 하여금 그 앞에 복종케 하시고서 그 아들을 비롯한 만유 안에 계시고자 하신다(고전 15:28). 그리하여 마침내 하나님의 형상을 따라 하나님의 모양대로 지어진(창 1:26) 인간, 곧 신(神)이 탄생하려는 순간이 왔다.

창조와 진화의 종극점은 오늘의 인생이 아니다. 유인원에서 인간이란 신종이 태어나듯 죄와 사망을 극복한 초인(超人)이 탄생한다. 실로 경이롭게도 신인(神人)이 탄생한다. 이것이야말로 변화성신(變化聖身)이다. 육체 인간이 자아의 실재와 상봉하여 영생의 실체로 도약하는 위대한 축복 앞에 진실로 감사하자. 이날까지 인간의 배후에서 역사하시던 하나님께서 세상에 임하시어 친정(親政)을 베푸시는 신의 나라가 개국하게 된다.

역사여, 영혼의 기갈 없는 영원한 생명을 갈구하는 이들이여! 오늘 우리는 기쁜 마음으로 너희에게 전하노라. 신이 탄생하는, 그렇다, 하늘에 있는 신이 아니라 이 땅의 인생에서 처소를 찾은 신이 탄생하는 순간이다. 그러므로 신탄(神誕)이라 부르노니, 그대들이여, 듣고서 깨달으라. 그리하여 잃어버렸던 자아의 실제와 상봉하여 이때껏 껍질뿐이었던 몸뚱이가 저마다 변화성신하여 그대들도 새로이 신으로 탄생하라.[8]

신의 탄생을 나타내는 신탄(神誕)이란 말 자체가 의미하듯 신천지에서는 이만희 교주가 신이 탄생한 실체라 하며 그를 신격화한다. 아예 다음과 같은 기록이 보이기도 한다.

오라! 그리고 하나님의 신실한 증거를 들으라. 모든 산들의 꼭대기에 우뚝 서 있는 여호와 하나님의 전으로 모이라.

말일에 여호와의 전의 산이 모든 산 꼭대기에 굳게 설 것이요 모든 작은 산 위에 뛰어나리니 만방이 그리로 모여들 것이라 많은 백성이 가며 이르기를 오라 우리가 여호와의 산에 오르며 야곱의 하나님의 전에 이르자 그가 그 도로 우리에게 가르치실 것이라 우리가 그 길로 행하리라 하리니 이는 율법이 시온에서부터 나올 것이요 여호와의 말씀이 예루살렘에서부터 나올 것임이니라(사 2:2-3; 미 4:1-2).

이 성구에 숨겨둔 보화를 캐내어 복 받는 성민이 되라. 모든 산꼭대기에 우뚝 서 있는 하나님의 성전, 그 성전에서 말씀과 교훈이 솟아나 영생의 샘

---

8) 김건희, 김병남, 『신탄』, 도서출판신천지, 1985, pp.5-6.

물이 된다. 이 모든 증거의 말씀을 세상에 드러내기 위하여 하나님은 일찍이 이 이 땅에 한 분을 보내주셨다. 언약한 백성들의 끊임없는 배도와 멸망의 소용돌이로부터 인류를 해방시켜 새 생명의 나라를 개국하기 위해 오셨으니 그분이 바로 이만희 선생이시다. 역사 이래 누구도 감당할 수 없는 모진 수난의 길을 홀로 걸어오시면서 피살을 말리고 뼈를 깎는 통한의 기도 가운데서 하나님의 성령과 상봉하시게 되었다. 성령은 친히 그와 동행하시며 그를 양육하시고 풀무불 가시밭길의 연단을 시키신다.

그는 이 시대에 나타난 일곱 머리와 열 뿔의 붉은 용과 싸워서 이기시고 묵시의 일곱 인을 떼시기에 이른 것이다. 아담 이후 6천 년에 이르는 이 날까지 사망이 왕 노릇 해온 멸망의 역사에 하나의 획을 긋고 신기원의 장을 열어주시고자 성경 전편에 예언된 빛의 실상을 증언하시는 것이다.[9]

기성 교회에 있다가 미혹되어 신천지에 처음 들어간 사람에게 『신탄』에서와 같이 이만희 교주가 하나님이라고 직접 언급한다면 모두 도망쳐 나오려 할 것이다. 그래서 그런지 이만희는 초창기 신천지의 교리집으로서 그렇게 극찬했던 『신탄』을 부인한다. 그러나 그렇다고 자신의 정체를 감출 수 있을까?

『천지창조』를 통해 본 신천지의 정체

신천지의 이만희는 지금까지 자신이 저술하거나 인정했던 거의 모든

---

9) 『신탄』, pp.43-44.

 한 권으로 끝내는 신천지 비판

책들의 내용을 부인하고 『천지창조』만 인정한다는 말이 들린다. 실제로 그는 그의 책 『천지창조』의 머리말에서 "필자가 저술한 책마다 40일 만에 원고를 다 기록하였고, 이번에도 40일 만에 원고를 다 기록하였으나, 사탄과 대필자의 방해로 좌절되었다"고 말한다. 이것은 자신이 좀 불리하다 싶으면 꼬리 자르기를 하는 도마뱀과 같이 도망칠 구멍을 만들어놓는 사이비 교주들의 전형적인 수법이다. 그러나 그가 인정한다는 『천지창조』의 내용도 『신탄』이나 그의 이름으로 출판된 다른 책들과 별반 다르지 않다. 그는 그의 책 『천지창조』를 통해 다음과 같이 기록했다.

하나님께서는 목자와 전도자와 성도들로 하여금 보좌를 구성하고 조직을 갖추게 하고 그때부터 날짜를 새로 계수하신다. 신천지는 신천지 보좌 구성을 시작한 연도(年度)를 신천기(新天紀) 1년으로 계수한다. 우리 신천지 창립일은 1984년 3월 14일이다. 1984년은 우주가 한 바퀴 돌아서 제자리로 오는 해, 즉 60갑자년(六十甲子年)이다. 이때부터 이전의 모든 것이 지나고 만물이 고대하는 송구영신(送舊迎新) 새로운 세계가 펼쳐진다.[10]

신천지에서는 요한계시록 4장에 나오는 하나님의 보좌와 그 앞에 있는 네 생물과 이십사 장로와 일곱 영 등을 본 따 신천지 보좌를 구성한다. 이만희가 하나님의 자리에 앉고, 스물네 명의 장로와 일곱 영의 실상이라고 하는 일곱 교육장을 뽑아 직제를 구성하고 신천기라는 연호

---

10) 『천지창조』, pp.63-64.

를 사용하고 있는 것이다. 이것은 명백하게 이만희가 하나님의 보좌에 앉으려고 하는 것으로 자신을 하나님으로 선언하는 것과 다르지 않다. 이것이 바로 신천지의 정체다.

신천지 교리의 형식적 체계

짝 교리

신천지 교리 개요

육천년 깊은 밤 천계(天鷄) 소리에 놀랜 잠 눈떠진다.

새아침 빛 신천지(新天地)에 솟아 때는 좋아 여명(黎明)일세

송구영신(送舊迎新) 호시절(好時節)은 만물고대(萬物苦待)

신천지 운세(運勢)라

육천년 봉한 책 천국 비밀 일곱 인 신천지 열쇠 문열었다

천조(天鳥) 조화(造化) 곡조(曲調) 따라 하늘 책 노래

소리에 춤 절로 나오네

태고이후(太古以後) 초락도(初樂道)요 천종지성(天縱之聖)

반석정(盤石井)에 일음연수(一飮延水) 영생수(永生水)일세

생명수(生命水) 강가 넓은 들판 천우경전(天牛耕田) 씨를 뿌려

천농(天農)이라 생명나무 열두 가지 천우(天雨)에 열매인가

천조왕래(天鳥往來) 비내린다

천정수(天井水)에 마음 씻고 마음 가운데 천궁(天宮)지어

천상부모(天上父母) 모셔다가 천년만년 너와 내가 거기 살리라

개국을 선포하는 이만희[1]

이 시는 옆의 자료에 이만희의 이름으로 기록된 것이다.

역사는 보통 예수 그리스도의 탄생을 기점으로 해서 주전(Before Christ)과 주후(Anno Domini)로 나눈다. 이것은 두말할 것도 없이 일종의 '연호'다. 연호란 본래 군주제의 국가에서 임금이 자기가 다스리는 연차에 붙이는 칭호로서 군주의 통치권이 물리적 공간인 국토는 물론이고 시간에까지 이른다는 상징이다. 그러므로 주전(주님 강생 전)이나 주후(주님 강생 후)란 말은 예수 그리스도야 말로 만왕의 왕이요 만주의 주로서 역사와 만물의 주인이란 뜻이다.

그런데 자신들만의 연호를 쓰는 집단이 있다. 신천지가 바로 그들인데, 그들은 개국을 선언하고 자신들의 창립일이라는 1984년 3월 14일을 신천기 1년이라고 한다. 이것은 연호의 의미를 통해 밝힌 것과 같이 자기들의 교주인 이만희가 '주님'이라는 말이다. 그들은 도대체 어떤 교리를 가지고 있기에 이런 허무맹랑한 주장을 하는 것일까?

---

1) 『신천지발전사』, p.48.

한 권으로 끝내는 신천지 비판

숲을 먼저 보아야 한다

신천지의 교리를 본격적으로 살펴보기 전에 그들의 교주인 이만희가 주장하고 있는 내용을 전체적으로 살펴보는 것이 필요하다. 나무를 보기 전에 숲을 살펴야 미로에 빠지지 않기 때문이다. 이만희는 성경 전체의 내용을 창조와 재창조의 반복으로 본다. 하나님은 영계와 육계를 창조하셔서 그 둘이 결합되어 하나가 되게 하려 하셨으나, 목자 아담이 범죄하므로 이루어지지 않게 되자, 노아, 아브라함 등 아담과 같은 목자들을 계속해서 세우셨고 모두 다 실패하면서 창조와 재창조가 반복되었다는 것이다. 심지어 예수님도 실패자로 만든다. 결국 예수님의 영이 이만희에게 임해서 그가 보혜사가 되고, 이긴 자가 되어 그에 의해 하늘에 있는 순교자의 영혼 14만 4천과 지상에 있는 신천지인 14만 4천이 결합하여 영육이 구원받게 된다는 결론에 이른다.

이러한 주장은 비성경적이다. 아담 이전에 이미 수많은 사람들이 존재하고 있었으며, 아담이 범죄하기도 전에 죄가 있었고, 순교자 14만 4천 명의 영혼도 있었다는 것, 또 이만희를 약속한 목자라고 하면서 예수님과 동등하게 볼 뿐만 아니라 예수님을 실패자로 만들고, 자신을 성공자라 하면서 신격화하는 것, 순교자의 영혼을 '성령'이라 하면서 그것들과 합체되는 것이 구원이라고 함으로써 마치 귀신과 하나 되는 빙의와 비슷한 것을 구원이라고 하는 교리들은 모두 성경을 왜곡한 것이다.

이만희의 황당한 주장은 이외에도 수도 없이 많다. 그 자세한 내용은 다음 장부터 논하기로 하고, 이번 장에서는 그가 주장한 내용을 제목별로 간략하게 살펴볼 것이다. 독자들은 이것만 보아도 신천지 교리의 전체적인 얼개를 파악하는 데 어려움이 없을 것이다.

신천지 교리 개요

창조론과 구원론

하나님은 영계와 육계를 창조하신 이래 이 두 세계가 하나 되게 하려고 하셨다. 사람이 불순종하지 않았다면 그 목적을 이루기 위한 하나님의 재창조는 오늘날까지 계속되지 않았을 것이다.[2] 하나님이 창조하신 두 세계가 하나 되게 하시려는 것은 하나님께 속한 영들이 하나님을 믿는 육계의 사람들에게 들어가서 하나님의 영들과 육체들이 하나가 되어 사는 것을 말한다. 그것이 바로 하나님이 이루고자 하시는 최종 목표다.[3]

아담 세계의 사람들은 하나님의 영들과 더불어 살았다. 그러나 천지를 창조하실 때부터 사람과 함께 살기를 원하셨던 하나님의 꿈은 아담의 배도로 무너지고 말았다. 그리하여 하나님의 영은 사람을 떠나가야 했다. 그 후 하나님은 사람과 하나 되어 살기 위해 시대마다 끊임없이 재창조의 역사를 해오셨다. 택한 선민이 순종하지 않을 때는 함께할 수 없으므로 버리시고, 새로운 선민을 창조하여 일하셨다.[4]

---

2) 『천지창조』, p.18.
3) 『천지창조』, p.48.

 한 권으로 끝내는 신천지 비판

정통과 이단론

정통과 이단은 어떤 영이 함께하느냐에 따라 구분된다. 하나님이 찾아가시고 하나님의 말씀이 있는 곳, 그리고 하나님과 하나 된 자는 정통이요, 하나님이 떠나시고 하나님의 말씀이 없는 곳, 그리고 사탄과 하나 된 자는 이단이다.[5] 하나님이 함께하셨던 정통이었다 할지라도 하나님이 떠나신 곳은 더 이상 정통이 아니고 이단이다. 신흥교단(新興敎團)이라 할지라도 하나님이 찾아가시고 하나님의 말씀이 나오면 그곳이 정통이다.[6]

신천지론

창세기 1장에는 두 개의 천지가 나온다. 없어지는 천지와 새로 창조하는 천지다. 이것은 창세기 1장이 재창조에 관한 설계도라는 것을 말해준다. 어느 시대에나 하나님의 창조는 창세기 1장에 기록된 순서로 이루어진다. 태초부터 시작된 하나님의 창조는 사람들의 부패와 배도로 매 시대마다 창세기 1장과 같은 순서로 되풀이되었고, 요한계시록 21장이 성취됨으로 완성된다.[7]

성경 6천 년 역사에서 하나님의 재창조 현장은 시대마다 다른 곳이었다. 아담 때는 동방 에덴, 노아 때는 아라랏 산, 아브라함 때

---

4) 『천지창조』, p.52.
5) 『천지창조』, p.357.
6) 『천지창조』, p.360.
7) 『천지창조』, p.54.

는 세겜 땅, 모세 때는 시내 광야, 여호수아 때는 세겜 땅, 예수님 때는 갈릴리 호수 주변이었다. 예수님 초림 이후 하나님은 복음의 씨를 지구촌 온 땅에 뿌리셨다. 그리고 그 씨로 결실한 알곡 성도를 재림 때 추수하여 새 선민으로 삼고 새로운 나라를 창조하신다. 그 재창조의 현장은 요한계시록 2-3장에 약속된 이긴 자가 있는 곳이다. 그곳은 시온 산이요, 새 하늘과 새 땅 곧 신천지다. 재림 때인 오늘날, 성도는 약속한 목자 이긴 자가 있는 시온 산 신천지를 찾아야 한다.[8]

노정론

성경 전체의 내용은 창조와 재창조의 반복으로 모든 창조와 재창조는 창세기 1장의 '노정'으로 이루어진다. 그 노정은 목자 선택, 선민과의 언약, 배도, 이방에 의한 선민 멸망, 새 목자에 의한 구원 등이다.[9]

목자론

목자는 예언의 목자와 일반 목자, 그리고 약속한 목자 등 세 종류의 목자가 있으며 약속한 목자는 성경에 약속한 목자로서 한 시대의 획을 그어 나누는 역할을 하는 목자다. 그는 성경의 예언을 성취하는 동시에 그 실상을 증거한다. 대표적인 인물로는 세례 요한과 예

---

8) 『천지창조』, p.102.
9) 『천지창조』, pp.18-19.

  한 권으로 끝내는 신천지 비판

수님, 그리고 요한계시록의 사도 요한과 같은 입장으로 오는 목자가 있다. 약속한 목자가 온 후에는 그에게로 가야만 구원을 얻을 수 있다. 이것이 하나님과 성도의 약속이며 믿음이다.[10]

구약성경이 약속한 목자이신 예수 그리스도에 대해 증거하고 있는 것처럼 신약성경도 약속한 목자를 알리고 있다. 구약성경에 예수님의 탄생과 생애가 예언되어 있듯이 신약성경에도 약속한 목자가 출현하여 역사하는 노정이 기록되어 있다.[11]

성경 해석과 계시론

성경의 내용은 역사, 교훈, 예언, 실상 등 네 가지로 구성되어 있다. 역사와 교훈은 문자로 봐야 하지만 예언은 비유로 봉해져 있어서 실상이 오기 전에는 알 수가 없다. 기성 교회는 실상이 오기 전에 하나님이 비유로 봉해놓으신 것을 가르친다. 하나님이 비유로 봉해놓은 것을 어떻게 알 수 있겠는가? 그러므로 기성 교회의 가르침은 사람의 계명이다. 사람의 계명은 가르치면 가르칠수록, 배우면 배울수록 하나님과 멀어질 수밖에 없다.[12]

약 2천 년 전 사도 요한이 계시를 받아 기록한 요한계시록은 환상 계시다. 그러나 그 성취 때가 되면 환상 계시는 문자 그대로가 아닌 실상으로 이루어진다. 그때는 사도 요한의 입장으로 오는 약속

---

10) 『천지창조』, pp.72-73.
11) 『천지창조』, p.100.
12) 『천지창조』, pp.25-26.

한 한 목자가 열린 책에 기록된 말씀과 실체를 천사로부터 먼저 보고 듣고 우리에게 전해준다. 이것이 실상 계시다. 예언의 말씀과 그 말씀대로 성취된 실상을 믿는 것은 예언 성취 때에 필요한 믿음이다. 환상 계시는 실상 계시가 나타나기까지 봉하는 수단이 될 뿐이다. 그러므로 성도는 실상 계시를 알아볼 수 있도록, 환상으로 계시된 예언의 말씀을 깨달아 알고 있어야 한다.[13]

보혜사론

예수님은 하나님의 이름으로 오신 보혜사다. 육체를 입고 오신 예수님을 보혜사라고 한 것은 예수님이 아버지의 말씀을 성도에게 대언하여 가르치시고 은혜로 보호하셨기 때문이다. 예수님은 당신의 이름으로 오실 진리의 성령 보혜사를 보내주신다 약속하시고 하늘로 올라가신 후 사도 요한에게 환상으로 계시를 보여주셨다.[14]

예수님의 이름으로 오시는 보혜사 성령은 사람 속에 거하시면서 그 사람의 입을 통해 대언하신다. 예수님이 증거하시는 것은 예수님의 이름으로 오시는 진리의 성령이 대언하고, 진리의 성령이 증거하시는 말씀은 약속한 목자가 대언한다. 진리의 성령인 보혜사가 받은 사명은 약속한 목자의 입을 나팔로 삼아 예수님의 말씀을 대언하는 것이다. 예수님은 "그날에는 내가 아버지 안에, 너희가 내 안에,

---

13) 『천지창조』, pp.27-28.
14) 『천지창조』, pp.95-96.

　　　　　한 권으로 끝내는 신천지 비판

내가 너희 안에 있는 것을 너희가 알리라"(요 14:20) 하시고, "누구든지 내 음성을 듣고 문을 열면 내가 그에게로 들어가 그와 더불어 먹는다"(계 3:20)고 하셨다. 이 말씀과 같이 진리의 성령 보혜사도 사람 안에 들어와 역사하신다.

초림 예수님은 구약의 예언을 이루셨다. 그리고 하나님께 받은 계시 내용을 제자들에게 알려주셨으니 이것은 실상 계시다. 이로써 제자들은 예수님과 같은 실상 계시를 받은 사람이 되었다. 계시를 받으려면 예수님의 제자들처럼 계시받은 목자에게 말씀을 들어야 한다. 계시는 말세인 재림 때도 초림 때와 같은 방법으로 성도에게 전해진다. 요한계시록에는 재림 때 예수 그리스도의 계시가 전달되는 과정이 기록되어 있다. 예수님은 일곱 인으로 봉한 책을 하나님께 받아 인봉을 떼어 계시하셨다. 그리고 계시한 책을 천사를 통해 요한에게 전해주셨다. 요한은 하늘에서 나는 음성에 순종하여 계시된 책에 기록된 말씀과 자기가 본 것을 종들에게 알려준다.[15]

이긴 자 교리

성도가 싸워야 할 원수는 악한 영 마귀이지 혈과 육을 가진 사람이 아니다. 초림 예수님도 마귀와 싸워 이기셨다. 그리고 하늘로 가신 후에는 밧모 섬에 있는 사도 요한에게 환상 중에 나타나시어, 사탄의 영이 주관하는 니골라 당과 싸워 이기라 하시고, 이기는 자에게

---

15) 『천지창조』, p.27.

는 생명나무 과실, 생명의 면류관, 둘째 사망의 해를 받지 않는 것, 감추었던 만나, 흰 돌, 만국을 다스리는 철장, 새벽별, 흰 옷을 입는 것, 생명책에 녹명되는 것, 하나님 성전의 기둥이 되는 것, 하나님의 이름과 예수님의 새 이름과 거룩한 성 새 예루살렘의 이름을 기록하여주는 것, 예수님의 보좌에 함께 앉는 것 등의 복을 주시겠다고 하셨다.[16]

예수님이 싸워서 이기라고 당부하신 요한계시록 2장의 사탄 니골라 당은 요한계시록 12장과 13장에서는 용에게 권세 받은 일곱 머리와 열 뿔 가진 짐승으로, 요한계시록 15장 2절에서는 짐승과 우상과 그 이름의 수로 표현되고 있다. 야곱이 얍복 강 나루에서 하나님이 보내신 천사와 싸워 이긴 후 하나님으로부터 '이스라엘'이라는 새 이름을 받았듯이, 니골라 당과 싸워 이긴 자도 '이스라엘'이라는 새 이름을 받는다. 히브리어 '이스라엘'의 뜻은 승리자(이긴 자)다. 야곱은 육적 이스라엘, 예수님은 영적 이스라엘의 시작이 되었고, 요한계시록의 성취 때, 이기는 자는 영적 새 이스라엘의 시작이 된다. 이긴 자 야곱과 이긴 자 예수님에게 함께하셨던 하나님은 요한계시록에 약속한 이긴 자에게도 함께하신다. 마지막 때는 약속한 목자 이긴 자를 찾아야 영생과 천국을 얻을 수 있다. 이긴 자가 있는 성전은 하나님과 예수님이 계시므로 만민이 와서 경배할 곳이 된다.

---

16) 『천지창조』, p.97.

 한 권으로 끝내는 신천지 비판

성도가 싸워야 할 원수는 악한 영들이므로, 악령을 이길 수 있는 무기는 하나님의 전신갑주(全身甲冑)이지 세상 병기가 아니다. 예수님은 성구를 도용(盜用)하며 도전하는 마귀를 성구로 응수하여 이기시고, 율법을 운운하며 시비를 걸어오는 서기관들과 바리새인들의 입을 하나님의 말씀으로 막으셨다. 세상 끝에 만국을 다스릴 아이와 그 형제들도 증거하는 말과 어린 양의 피로 용(사탄)의 무리 니골라 당과 싸워 이긴다. 악한 영을 이길 수 있는 무기는 하나님의 말씀이다. 특히, 마지막 때 성도들은 니골라 당을 이기기 위해 니골라 당에 관해 기록된 성경 말씀을 깨달아야 한다. 니골라 당에 관한 지식이 그들을 이길 수 있는 무기가 되는 것이다. 요한계시록 2-3장에 보면 사탄의 무리 니골라 당은 일곱 금 촛대 교회에 들어가 우상의 제물을 먹게 하고, 자신들의 교훈을 가르치며 행음(行淫)하게 한다.[17]

니골라 당과 일곱 교회

예수님이 싸워서 이기라고 하신 사탄의 무리 니골라 당은 일곱 별이라고 하는 일곱 사자가 있는 일곱 금 촛대 교회에 나타난다. 그러므로 니골라 당과 싸워서 이기려면 일곱 금 촛대 교회를 찾아야 하고, 그곳을 찾으려면 일곱 별이 누구인지 알아야 한다. 별이 있는 곳은 하늘이므로 그들이 있는 일곱 금 촛대 교회를 요한계시록 13장 6절에서는 하늘 장막이라고 하였다.

---

17) 『천지창조』, pp.97-99.

그런데 이 일곱 별이 누구이며, 일곱 금 촛대 교회가 어디에 있는지, 니골라 당이 누구인지는 오직 요한계시록 속의 사도 요한 입장으로 오는 한 사람만이 안다. 왜냐하면 예수님이 일곱 별과 일곱 금 촛대 교회의 비밀뿐 아니라 니골라 당의 실체를 오직 그에게만 보여주고 설명해주셨기 때문이다. 결국 니골라 당을 찾기 위해서는 사도 요한의 입장으로 오는 한 목자를 먼저 만나야 한다.

요한계시록의 성취 때가 되면 초림 주의 길을 예비하던 세례 요한과 같이 재림 주의 길을 예비하며 등불의 역사를 하는 일곱 사자와 일곱 금 촛대 장막이 출현하며,[18] 마태복음 24장에서 말하는 "멸망의 가증한 것"이 서게 되는데, 그 멸망의 가증한 것은 일곱 머리와 열 뿔 가진 짐승으로서 일곱 머리와 열 뿔은 일곱 교단의 목자와 그들에게 속한 거짓 목자다. 그 짐승이 '주의 길 예비 사자'가 있는 일곱 금 촛대 교회에 들어가 우상의 제물을 먹이게 하는데 요한계시록 2장에서는 이들을 '니골라 당'이라 한다.[19]

일곱 금 촛대 장막은 기독교 역사의 맨 마지막에 나타나 그 세계를 대표하는 교회다. 그러므로 그 장막의 멸망 사건은 영적 이스라엘이라고도 하는 기독교 세계의 끝장을 나타내는 것이며 성경에서 말하는 말세 사건이다.[20]

---

18) 이만희, 『천국 비밀 요한계시록의 실상』, 도서출판신천지, 2005, p.35.
19) 『천지창조』, pp.475-476.
20) 『천국 비밀 요한계시록의 실상』, p.152.

요한계시록에는 '길 예비 사자'인 일곱 별(일곱 사자)과 사탄 니골라 당의 대립, 니골라 당과 만국을 다스릴 남자와의 전쟁이 기록되어 있다. 이들은 각자가 주장하는 말로 영적인 전쟁을 한다. 그 결과 일곱 별은 니골라 당에게 져서 일곱 갈래로 흩어지고, 니골라 당은 만국을 다스릴 남자(구원자, 이긴 자)와 그 형제들에게 패하여 일곱 갈래로 흩어진다. 하나님의 말씀에 따르면, 패자는 일곱 갈래로 흩어지고 승자의 꼬리가 된다. 일곱 별이 인도하던 장막 교인들은 니골라 당이라 하는, 일곱 머리와 열 뿔 가진 짐승의 꼬리가 되어 그들에게 경배하고, 그 후 그 짐승은 만국을 다스릴 남자에게 져서 하늘 장막에서 쫓겨난다.

반면, 일곱 머리와 열 뿔 가진 짐승과 싸워서 이긴 자는 이스라엘(이긴 자, 승리자)이라는 새 이름을 얻고, 이스라엘이므로 열두 지파를 창조한다. 각 지파 1만 2천 명씩 하나님의 인을 맞은 영적 새 이스라엘 열두 지파 14만 4천 명은 하나님 나라 제사장이 된다.[21]

성경의 역사에서 재창조의 현장은 시대마다 다른 곳이었다. 이제 재창조의 현장은 요한계시록 2-3장에 약속된 이긴 자가 있는 곳이다. 그곳은 시온 산이요(계 14장), 새 하늘과 새 땅 곧 신천지다(계 21장). 재림 때인 오늘날, 성도는 약속의 목자 이긴 자가 있는 시온 산 신천지를 찾아야 한다.[22]

---

21) 『천지창조』, pp.97-101.

예수님은 육적 이스라엘을 끝내고 열두 제자를 택하셔서 영적 이스라엘을 창조하셨다. 예수님 초림 이전에는 하나님과 언약한 아브라함의 육적인 씨, 즉 혈통으로 난 사람들이 선민이었으나, 예수님 초림 이후에는 하나님의 씨로 난 성도가 선민이다. 영적 이스라엘은 하나님의 씨로 난 그리스도인을 가리킨다.[23]

신약성경에는 예수님이 장래에 이루실 일이 예언되어 있다. 그리고 예수님과 그리스도인 사이에 지켜야 할 약속이 기록되어 있다. 예수님과의 약속을 지키는 사람은 다시 오시는 주님을 맞이하고 구원을 받는다. 예수님은 내가 가면 밤이 온다고 하셨고, 인자(人子)가 다시 올 때 세상에서 믿음 가진 자를 보겠느냐고 하셨다. 초림 때에도 자기 나라 백성에게 오셨으나 그들이 영접하지 않았다. 세상 끝에는 주의 강림이 있고, 주의 강림에 앞서, 예수님이 뿌리신 말씀의 씨로 창조된 영적 이스라엘의 배도(背道)가 있다. 영적 이스라엘 선민, 곧 '기독교 선천(先天) 세계'의 배도 사건은 요한계시록 2-3장에 상세히 예언되어 있다. 그 내용을 요약하면, 일곱 금 촛대 교회의 사자와 성도들이 첫 사랑이신 예수님을 버리고 우상의 제물을 먹고 사탄의 무리 니골라 당의 교훈을 받는다고 한다. 그뿐 아니라 요한계시록 13장에는 하늘 장막 선민들이 용의 무리 짐승에게 표를 받

---

22) 『천지창조』, p.102.
23) 『천지창조』, p.117.

고 경배한다고 하였으니, 이 어찌 배도가 아니겠는가? 또 요한계시록 18장에는 만국이 귀신의 나라 바벨론에 미혹되었다고 하였으니 만국이 배도한 것이다.

오늘날 거의 모든 교인들은 예수님을 믿기만 하면 '구원받았다, 성령 받았다'고 하는 안일한 자세와 착각 속에서 성경을 떠나 깊이 잠들어 있다. 이들에게는 멸망이 홀연히 임하게 된다. 다시 오시는 주님을 맞이하려면 등과 기름을 준비하고 예복을 입고 깨어 있어야 한다. 주 강림 전에 선천 세계, 즉 모든 기독교회가 예수님이 약속하신 말씀으로 깨어 있지 않으면 구원받을 수 없다. 왜냐하면 '선천 배도 사건'을 알아야 그 다음에 있을 멸망 사건을 알 수 있고, 그 후에 재림 주를 맞이할 수 있기 때문이다. 하나님은 아담 때로부터 요한계시록 시대에 이르기까지 선민에게 언약하셨고, 선민은 그 언약을 배도했다. 주 재림 때도 영적 이스라엘이 육적 이스라엘같이 배도한다고 기록되어 있다. 이러므로 성도는 성경에서 깨달아 배도하는 자가 되지 않도록 항상 깨어 있어야 한다.[24]

신천지와 구원

예수님은 승천하시기 전 제자들에게 말씀하시기를 "내가 너희를 위해 처소를 예비하러 간다. 처소를 예비하면 다시 와서 너희를 내가 있는 곳에 같이 있게 하겠다"고 약속하시고 "이 천국 복음을 땅 끝

---

24) 『천지창조』, pp.144-145.

까지 전하라"고 명령하셨다. 그 처소는 영계의 천국, 거룩한 성 새 예루살렘을 말한다. 이 성은 하나님과 예수님 및 순교한 영들을 중심으로 하는 영들의 조직체로서, 예수님의 열두 사도가 기초석이 되었다. 이 성은 재림 때 예수님이 약속하신 말씀을 지킨 이 땅의 열두 지파 성도에게 임한다.[25]

영적 새 이스라엘은 예수님이 재림 때 이 땅에 창조하는 새 나라다. 이 새 나라, 영적 새 이스라엘은 이전의 나라인 영적 이스라엘이 요한계시록 6장의 예언대로 심판을 받아 끝난 후, 예수님과 천사들이 요한계시록 7장과 같이 먼저 14만 4천 명의 이마에 하나님의 인을 치고, 그 후 흰 옷 입은 큰 무리를 모아 창조한다. 이는 또한 오늘날 사탄 니골라 당과 싸워 이긴 자가 이스라엘이 되어 열두 제자를 택하여 열두 지파를 창조한 나라다.[26]

천년왕국과 신천기

영적 새 이스라엘이 창조된 후에는, 하나님과 예수님을 위해 순교한 영들과 또 짐승과 그의 우상에게 경배하지 아니하고 표 받지 아니한, 곧 요한계시록 7장과 14장에서 본 '열두 지파 14만 4천'이 살아서 천 년 동안 그리스도와 함께 왕 노릇 하는 일이 있으니, 이것을 첫째 부활이라고 한다. 첫째 부활에 참예하는 자들은 이 땅에 창조

---

25) 『천지창조』, p.118.
26) 『천지창조』, p.119.

되는 '천년성'에서 거한다.

천년성 안에는 요한계시록 14장 말씀과 같이 영계의 천국, 거룩한 성 새 예루살렘의 보좌와 '계열'이 내려와 함께한다. 이 천 년 기간은 만국을 소성하는 기간이요 그리스도가 통치하시는 시대다. 이 시기에는 사람의 생명이 나무의 수명처럼 길어진다. 이상은 아담 범죄 후 예수님이 십자가를 지신 이래 영계와 육계가 하나 되는 신인합일체(神人合一體)의 천국이 이 땅에 창조됨을 말한 것이다.

이 천년성은 천 년 후 사탄이 다시 놓여나 곡과 마곡을 미혹하여 칠 때에도 보호받아 세세토록 왕 노릇 하게 된다. 이 천년성은 순교자들과 인 맞은 열두 지파가 예수 그리스도와 함께 사는 곳이요, 이들은 첫째 부활에 참예한 자들이므로 믿음이 없거나 망하는 일이 없다. 천 년 후 멸망 받는 자들은 성 밖에 있는 자들과 믿지 않고 죽은 자들로, 이들은 심판을 받아 유황 불못 둘째 사망에 들어가게 된다. 그리스도와 함께 사는 천년성 안 열두 지파 영적 새 이스라엘은 악이 없는 세계 속에서 영원히 살게 된다.[27] 천년왕국은 영적 새 이스라엘 열두 지파가 이 땅에 창조된 날(1984년 3월 14일)로부터 시작되었다.[28]

---

27) 『천지창조』, pp.120-121.
28) 『천국 비밀 요한계시록의 실상』, p.438.

신천지에서는 성경의 전체적인 흐름보다는 구절을 중심으로 성경을 보며, 구절 해석도 단어를 중심으로 한다. '여기에 이런 단어가 있는데 저기에도 이런 단어가 있으면 그것은 같은 뜻이다'라는 식이다. 예를 들어 창세기 3장에 나오는 선악과나무는 그냥 나무가 아니라 '악마의 조직'이라고 한다. 그들은 다니엘 4장에서 느부갓네살의 꿈에 등장한 나무가 하나님의 백성을 괴롭혔던 나라의 왕으로서 조직을 가지고 있었던 느부갓네살을 상징한다는 사실을 이용한다. 다니엘 4장 10절에 그 나무가 땅의 '중앙'에 있었다는 말이 나오는데, 창세기 3장 3절에서 선악과나무를 동산 '중앙'에 있는 나무라 했으니, 선악과나무도 악마의 조직이라는 것이다.

신천지의 성경 해석이 이런 식이다 보니 신천지의 주장을 체계적으로 정리하여 한 번에 비판한다는 것은 쉽지 않다. 교리 체계가 워낙 엉망으로 헝클어져 있어 어느 것부터 어떻게 손을 대야 할지 난감할

정도이기 때문이다. 그러나 그들의 주장들을 잘 살펴보면 몇 가지 특
징을 발견할 수 있다.

대칭을 이루는 짝 교리

이만희는 『천지창조』에서 다음과 같이 주장한다.

> 구약성경이 예수 그리스도에 대해 증거하고 있는 것처럼(요 5:39) 신약성경
> 도 약속한 목자를 알리고 있다. 구약성경에 예수님의 탄생과 생애에 관해 예
> 언되어 있듯이, 신약성경에도 약속한 목자가 출현하여 역사하는 노정이 기
> 록되어 있다. 성경을 상고하고 믿는 사람은 이 약속한 목자를 찾을 수 있다.[1]

그는 구약성경과 신약성경이 서로 대칭되는 형식을 지녔다고 전제하
고 "구약의 예언을 구약에서 약속한 목자인 예수님이 신약에서 이루신
것처럼 신약의 예언 또한 신약에서 약속한 목자가 이룬다"는 주장을
펼친다. 그의 또 다른 책인 『성도와 천국』은 이 개념을 도식화하여 설명한다.

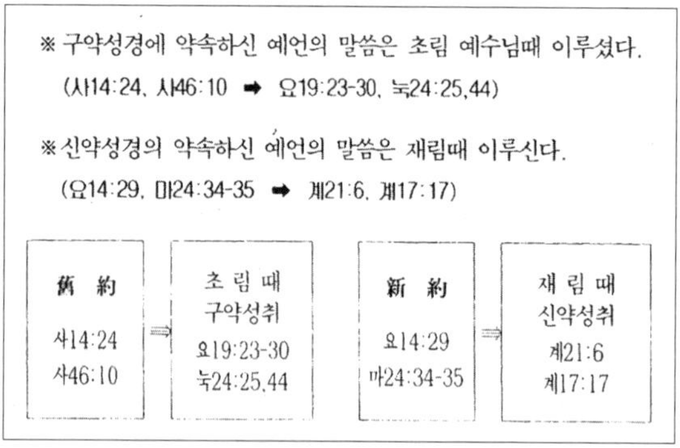

※ 구약성경에 약속하신 예언의 말씀은 초림 예수님때 이루셨다.
(사14:24, 사46:10 ➡ 요19:23-30, 눅24:25,44)
※신약성경의 약속하신 예언의 말씀은 재림때 이루신다.
(요14:29, 마24:34-35 ➡ 계21:6, 계17:17)
舊約
사14:24
사46:10
초림 때
구약성취
요19:23-30
눅24:25,44
新約
요14:29
마24:34-35
재림 때
신약성취
계21:6
계17:17

신천지가 생각하는 구약과 신약의 관계[2]

 　　　　　　　　　　　한 권으로 끝내는 신천지 비판

그러나 성경에 나타난 인류의 역사는 창조(Creation)와 타락(Fall)과 구속(Redemption), 그리고 주님의 재림으로 말미암는 극치(Consummation) 등으로 다음과 같이 진행되는 것으로 보는 것이 일반적이다.

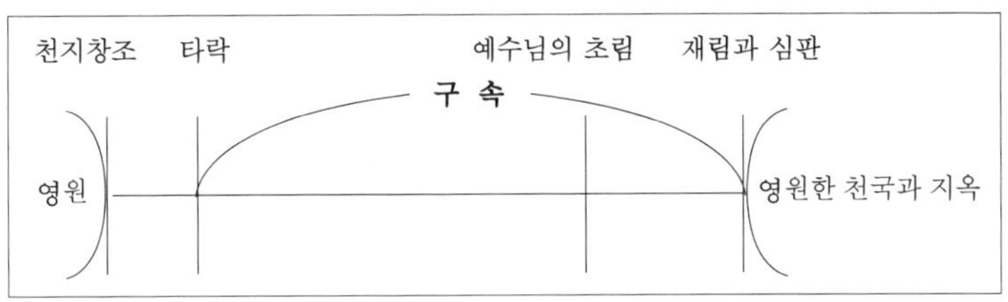

성경적 역사관

하나님이 천지만물을 창조하시고, 당신의 형상대로 인간을 창조하셔서 만물을 다스리게 하셨지만 아담과 하와의 타락으로 말미암아 인간은 죽게 되었으며, 만물 또한 저주를 받아 가시와 엉겅퀴를 내게 되었다. 그러나 예수님은 이 세상에 오셔서 타락한 인간을 구속하기 위하여 십자가 위에서 죽으시고, 부활·승천하셨다. 예수님이 이 세상에 오셔서 이미 임한 하나님의 나라는 그분이 만왕의 왕으로, 만주의 주로서 다시 이 세상에 오시면, 즉 그분이 심판주로 재림하시면 완성될 것이다. 그날에 주님은 선악간에 모든 사람을 심판하신다. 주님의 말씀을 무시하고 믿지 않았던 모든 사람들은 영원한 지옥에 가게 되지만 주님의 말씀과 그분을 믿은 의인들은 완성된 하나님 나라에서 영생을 누리게 된다. 이것이 성경의 가르침, 즉 성경적 역사관이다.

---

1) 『천지창조』, p.100.

2) 이만희, 『성도와 천국』, 도서출판신천지, 1995, p.34.

물론, 여기에는 약간의 다른 견해들도 있다. 예를 들면, 예수님이 재림하신 이후에도 최후의 심판이 이루어지지 않고, 지상에 천년왕국이 이루어지며, 그 후 천 년이 지나면 최후의 심판이 이루어진다는 전천년설의 입장이다.

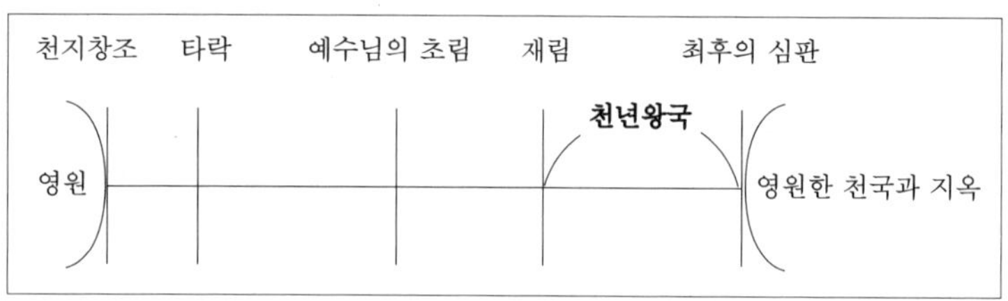

전천년설의 역사관

그러나 전천년설도 이만희의 주장과는 완전히 다르다. 이만희는 이미 1984년 3월 14일에 천년왕국이 시작되었다고 한다.[3] 그의 주장대로라면 세상의 모든 사람들은 주님의 재림을 목격했어야 한다. 그러나 예수님의 재림을 봤다는 사람은 아무도 없다. 뿐만 아니다. 전천년설에서 말하고 있는 천년왕국은 그 왕국이 시작되면 그 속에 있는 사람들은 늙지도 않고, 죽지도 않고, 질병에 걸리지도 않으며, 고통도 없게 된다. 그런데 신천지에서는 천년왕국이 시작되었다고 하면서도 여전히 죽기도 하고, 병들기도 하며, 고통 가운데 살기도 하고, 늙기도 한다. 심지어 교주 자신조차 해가 다르게 늙어가고 있다.

이만희는 자신에게 예수의 영이 임했기 때문에 이미 예수님은 재림하신 것이며, 자신을 믿는 자들의 숫자가 14만 4천 명이 되면, 하늘에

---

3) 『천국 비밀 요한계시록의 실상』, p.438.

  한 권으로 끝내는 신천지 비판

있는 순교자의 영혼 14만 4천이 이 세상에 내려와 지상에 있는 신천지인 14만 4천과 합체가 됨으로 구원이 이루어진다고 한다. 그러면서 주님이 재림했으나 세상이 끝장나지 않고, 역사의 종말도 이루어지지 않은 이유에 대해 설명하기를, 구약시대에서 신약시대로 넘어왔을 때 이 세상에 여전히 나라와 민족이 다투고 싸우며 역사가 계속되었던 것처럼 오늘날의 재림 시대도 변하지 않는 것이라고 한다. 결국 그는 성경의 말씀과는 전혀 다른 내용을 첨가하여 가르치고 있는 것이다.

신약성경 고린도후서 2장 17절을 보면 바울은 다음과 같이 말한다.

우리는 수많은 사람들처럼 하나님의 말씀을 혼잡하게 하지 아니하고 곧 순전함으로 하나님께 받은 것같이 하나님 앞에서와 그리스도 안에서 말하노라(고후 2:17).

바울은 수많은 사람과 같이 하나님의 말씀을 혼잡하게 하지 아니하고, 하나님 앞과 그리스도 안에서 말한다고 한다. 그런데 여기에 사용된 '혼잡'이란 단어의 원어는 아주 재미있는 뜻을 가지고 있다. '혼잡'이라고 번역된 '카펠류온테스'(καπηλεύοντες)는 본래 '소매상'을 뜻하는 '카펠로스'(κάπηλος)에서 온 것이다. 그런데 이 소매상은 그냥 평범한 상인이 아니고 이사야가 자기 민족에 대해 "네 포도주에는 물이 섞였도다"(사 1:22)라고 지적한 것처럼 물을 탄 포도주를 팔아 부당한 이익을 취하는 악덕 소매상을 가리킨다. 그래서 이 단어는 나중에 소피스트가 돈을 목적으로 궤변을 늘어놓으며 지식을 팔아먹는 것을 나타내기도 했다.

신천지의 교리를 가만히 들여다보면 그들이 바로 그 '카펠로스'가 아닐까 싶다. 이만희의 주장에는 불순물이 섞여 있다. 성경에서 말하는 예수님의 재림은 모든 사람이 눈으로 직접 볼 수 있는 가견적인 것이며, 최후 심판의 성격을 띤 것으로 오늘날과 같은 역사의 종말과 끝을 의미한다. 그런데 그는 자신에게 이미 예수의 영이 비밀리에 임해 천년왕국이 시작되었다고 하면서 오늘날을 재림 시대라고 한다. 그는 아무런 시대적 공간도 허락되지 않는 주님의 재림과 최후의 심판, 그리고 영원의 사이에 '오늘날'이라는 시대를 설정함으로써 말씀의 순전한 포도주에 자기 생각의 더러운 오물을 집어넣어 자신을 메시아로 만드는 궤변을 늘어놓고 있는 것이다.

짝 교리의 결론

이만희는 "구약성경이 예수 그리스도에 대해 증거하고 있는 것처럼(요 5:39) 신약성경도 약속한 목자를 알리고 있다. 구약성경에 예수님의 탄생과 생애가 예언되어 있듯이, 신약성경에도 약속한 목자가 출현하여 역사하는 노정이 기록되어 있다"고 하면서 신천지 교리의 큰 틀을 구약과 신약의 대칭으로 잡고 있다.[4] 이것은 두말할 것도 없이 자신을 신격화하기 위한 궤변이다. 이러한 사실은 그의 가르침을 근거로 작성된 신천지의 초등교재에 분명하게 드러난다.

"구약의 예언과 성취"에서는 이긴 자를 "예수 12제자"라고 함으로써 이긴 자가 예수님이라 하였고, "신약의 예언과 성취"에서는 구약과

---

4) 『천지창조』, p.100.

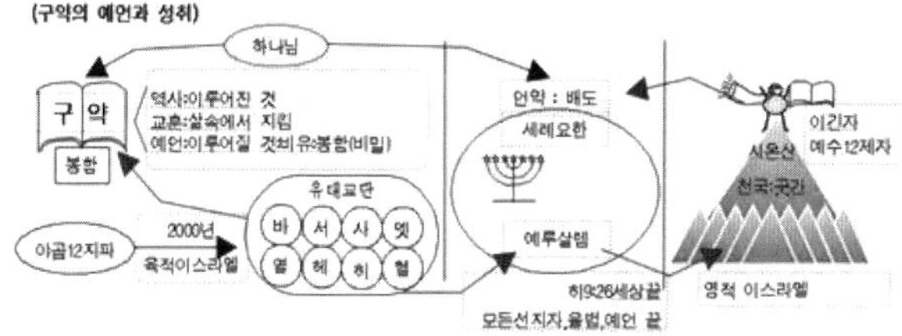

신천지가 보는 구약의 예언과 성취

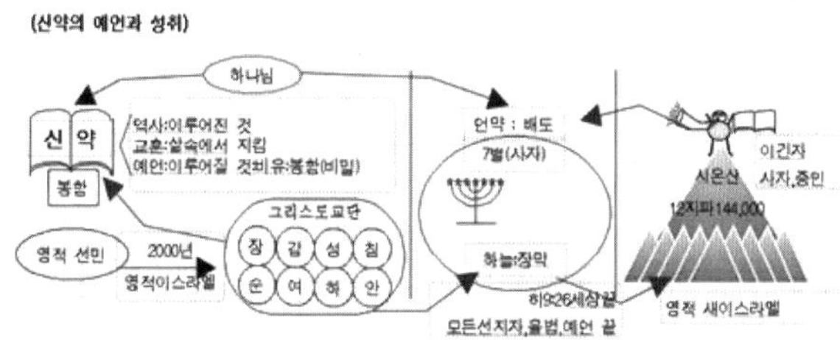

신천지가 보는 신약의 예언과 성취

동일한 구조 속에 예수님이 아닌 또 다른 이긴 자를 기록해놓고 있다. 약속한 목자라는 명칭 대신에 "이긴 자"가 나와 있는데, 이 '이긴 자'가 메시아의 역할을 하고 있음을 알 수 있다. 이것은 "구약의 예언이 신약시대의 이긴 자 예수님에게 이루어진 것과 같이 신약의 예언이 재림시대의 이긴 자를 통해서 이루어진다"는 내용으로, 앞에서 "구약성경이 예수 그리스도에 대해 증거하고 있는 것처럼 신약성경도 약속한 목자를 알리고 있다"고 한 이만희의 주장에 대한 해설과도 같다.

이만희의 다양한 호칭들을 보면, 이 모든 주장이 이만희를 신격화하기 위한 시도라는 사실을 알 수 있다. 다음 그림은 '의인구원'님의 인터넷 블로그에 있는 "신천지 이만희 사이비 교주의 또 다른 이름들"이라는 글에 있는 동영상의 정지화면이다.

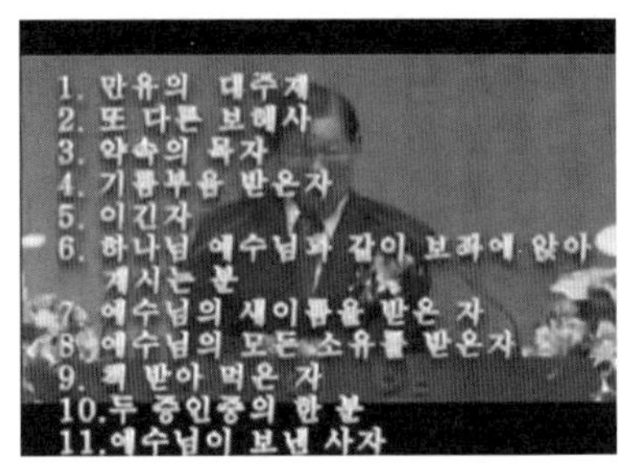

이만희의 다양한 호칭[5]

이 글에는 만유의 대주재, 또 다른 보혜사, 약속의 목자 등 수많은 이름들이 있는데, 그중의 하나가 바로 '이긴 자'다. 이러한 교리 체계를 통해 이만희와 신천지가 주장하는 바가 명백하지 않은가?

신천지 교리의 큰 틀은 서로 대칭을 이루는 이중적 구조로 되어 있다. 창조와 재창조, 옛 언약과 새 언약, 선천과 후천, 정통과 이단, 첫 장막과 둘째 장막 등이 바로 그것이다. 그리고 이 모든 짝 교리들은 배도와 멸망과 구원, 즉 '배멸구'라는 패턴으로 반복되며, 이를 '노정'이라고 하는데, 그 중심에는 '약속한 목자'라고 하는 시대별 구원자들이 있다.

이 그림은 신천지의 중등교재에 나온 것으로, 짝 교리인 창조와 재창조가 성경의 각 시대마다 '배멸구'의 노정으로 반복되었다고 하면서, 예수님을 아담, 노아,

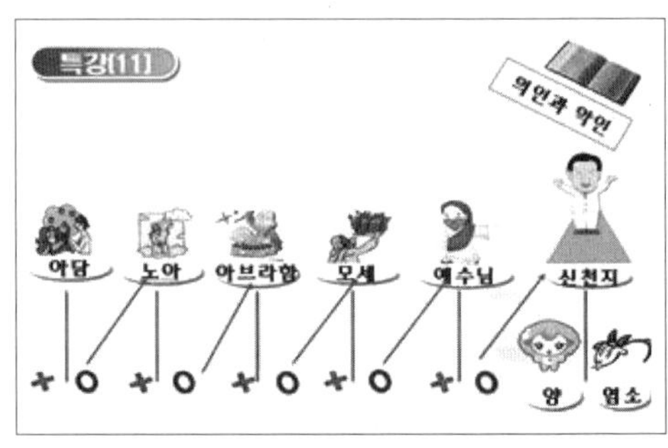

신천지의 시대별 구원자

---

5) 〈http://macodo777.blog.me/113965875?Redirect=Log&from=postView〉(2013. 6. 10).

아브라함, 모세 등과 동일선상에 놓아 실패자로 만들고, 자신들의 교주만을 최후의 구원자라고 보고 있다. 결국 짝 교리와 노정 교리의 목적은 이만희의 구세주화·신격화에 있는 것이다.

짝 교리의 근거 '말씀의 짝'

이제부터 그들의 형식적 교리 체계, 즉 짝 교리의 근거가 무엇이고, 왜 비성경적이며 모순인지를 그 활용 방법을 자세히 살펴보면서 알아보자.

짝 교리는 "신약도 구약과 같고 신약시대도 구약시대와 같다"는 전제에서 출발한다. 이것은 "구약이 신약에서 이루어진 것처럼 신약 또한 구약과 같이 이루어진다"는 개념, 즉 "신약의 예언도 구약과 같이 이루어진다"는 그럴듯한 말로 포장되기 때문에 아무것도 모르는 사람에게는 그것 자체만으로도 상당한 미혹성이 있다.

설상가상으로 목회자들 중에도 〈개혁한글〉 성경의 "너희는 여호와의 책을 자세히 읽어 보라 이것들이 하나도 빠진 것이 없고 하나도 그 짝이 없는 것이 없으리니 이는 여호와의 입이 이를 명하셨고 그의 신이 이것들을 모으셨음이라"는 이사야 34장 16절 말씀을 근거로 "성경에는 짝이 있다"고 가르친 경우가 많이 있었다. 결과적으로 이미 많은 사람에게 '말씀에는 짝이 있다'는 이미지가 형성되어 있어서 독버섯이 자랄 수 있는 토양이 조성되어 있는 셈이었다. 바로 이와 같은 토양에서 신천지가 자신들의 주장이 옳기라도 한 것처럼 '성경의 짝'을 강조하며 미혹하는 것이다.

물론, 그들은 이사야 34장 16절이 짝 교리의 모든 근거라고 하지는 않는다. 그러나 그런 이미지를 통해 "구약성경이 예수 그리스도에 대해 증거하고 있는 것처럼 신약성경도 약속한 목자를 알리고 있다"고 하며, 그것을 결국 구약의 예언을 구약에서 약속한 목자인 예수님이 신약에서 이루신 것과 같이 신약의 예언 또한 신약에서 약속한 목자라고 하는 이만희가 이룬다는 식으로 이끌어가는 것이다.

> 이처럼 성경은 대부분이 비유와 상징으로 기록되었다. 물론 천국의 비밀도 비유를 베풀어 기록하셨음은 두말할 나위가 없다. 그리고 비유하신 말씀에는 반드시 그 실체가 있다. 예를 들어 재림은 아담, 노아, 모세, 초림 예수님 때의 인명과 지명을 빙자하여 비유를 베풀어 기록하셨으므로 신약과 구약에 그 짝이 있고, 따라서 예언이 육신이 된 실체가 분명히 존재한다는 사실을 알 수 있다. 그래서 예수님께서는 때가 이르면 진리의 성령이 와서 밝히 증거한다고 말씀하신 것이다(요 16:14-25; 계 22:10).[6]

이만희는 이처럼 짝의 이미지를 이용해 성경은 비유와 실체로 풀어야 하고, 때가 이르면 진리의 성령이 와서 밝히 증거한다고 하면서 자신에게로 이끌어간다. 또 그는 성령이 증거하고 있는 보혜사가 바로 자신이라고 하면서 책을 쓸 때마다 '보혜사 이만희 저'라고 하는 참람한 표현을 사용하기도 한다.

---

6) 『성도와 천국』, pp.25-26.

 한 권으로 끝내는 신천지 비판

짝 교리의 근거로 오용되는 말씀

신천지의 초창기 교리책이라고 할 수 있는 『신탄』에서는 이사야 34장 16절을 인용한 다음, 성경을 하나님의 입이 명하셨고 그의 신이 모으신 것으로 묘사하면서, 성경은 "본질적으로 일반 학문과 성격이 전혀 다른, 영적 세계를 소개하는 하나님의 메시지"라고 정의한다.[7] 또 "성경은 봉함된 글이다"라는 제목 아래 "성경은 영생에 이르는 천국의 비밀이 암호로 기록된 책이다. 그러므로 하나님이 친히 기록하신 성경의 모든 말씀은 반드시 정하신 날에 한 인물이 오시어 그 인을 떼고 해명하신다"고 했다.[8] 『천지창조』에도 다음과 같이 비슷한 주장이 나온다.

성경은 땅의 것도 사람의 생각도 아닌 하나님의 뜻을 기록한 신서(神書) 곧 종교(宗敎)(으뜸가는 가르침)이다. 이 신서는 저술하신 하나님께서 가르쳐주셔야만 그 뜻을 알 수 있다. 육계에서 보고 듣고 느낀 것으로는 하나님의 뜻을 이해할 수 없다.

육신의 한계를 벗어나지 못하는 우리 사람이 성경을 대할 때는 저술하신 하나님께 깨닫게 해달라고 기도해야 한다. 그러나 기도하더라도 뜻을 알 수 없는 경우도 있다. 아직 이룰 때가 되지 않은 예언의 말씀은 오직 성취 때가 되어야만 택한 목자를 통해 밝혀주신다(계 1:1-3).[9]

---

7) 『신탄』, p.21.

8) 『신탄』, p.23.

9) 『천지창조』, p.24.

이만희는『신탄』을 통해 자신의 정체가 탄로 나고 집중 공격받았기 때문에 지금은『신탄』을 부인하기에 이르렀다. 그러나『천지창조』에 있는 이 내용은『신탄』의 내용과 별로 차이가 없다. 차이가 있다면 중간에 성경이 하나님의 신서이기 때문에 육신의 한계를 벗어나지 못하는 우리는 성경을 대할 때 저술하신 하나님께 기도해야 한다는 아주 그럴듯한 내용만 덧붙였을 뿐이다.

사실, 덧붙은 내용은 주제 파악을 하려거든 저자의 의도를 알아야 한다는 일반적인 가르침은 물론 성경은 하나님의 말씀이기 때문에 잘 모를 때에는 기도해야 한다는 기성 교회의 가르침과 거의 비슷하다. 그러나 그가 이 내용을 삽입한 이유는 성도가 하나님께 기도해서 하나님이 깨우쳐주시면 말씀을 깨달을 수 있다고 말하려는 것이 전혀 아니다. 그가 정말 그런 뜻으로 말했다면 "아직 이룰 때가 되지 않은 예언의 말씀은 오직 성취 때가 되어야만 택한 목자를 통해 밝혀주신다"는 또 다른 주장을 하지 않았을 것이기 때문이다.

그가 그 내용을 삽입한 것은 기성 교회와 비슷한 말을 섞어가며 자기의 주장을 위장하기 위함이다. 그는 이처럼 '물 타기'를 하며 자신의 주장을 희석시켰지만 결국『신탄』과 동일한 주장을 하고 있다는 사실은 쉽게 알 수 있다. 또 다른 글에서 그는 "사람의 계명"이란 제목으로 다음과 같이 주장하기도 한다. 그 내용을 보면 그는 앞에서 살펴본『신탄』의 주장을『천지창조』에서도 여전히 되풀이하고 있다.

일곱 인으로 봉한 하나님의 책(계 5장)은 계시될 때까지는 그 누구도 그 내용과 실체를 알 수 없다. 하나님께서 봉해놓고 열어주시지 않는데 그 책을 어느 누가 펼칠 수 있으랴! 그러므로 봉한 책이 열리기 전에는 누구나 사람의 계명으로 가르치고 배울 수밖에 없다(사 29:9-13).

그러나 봉할 때가 있으면 열 때도 있는 법! 하나님께서는 때가 되면 반드시 묵시의 말씀을 열어서 우리에게 풀어주신다.[10]

지금까지 살펴본 내용을 요약하면, 이만희는 "구약성경이 예수 그리스도에 대해 증거하고 있는 것처럼(요 5:39) 신약성경도 약속한 목자를 알리고 있다"라고 하면서 성경이 짝을 이루고 있다는 주장을 하고,[11] "성경은 봉한 책"인데 "예언의 말씀은 오직 성취 때가 되면 택한 목자를 통해 밝혀주신다"고 가르치며 그 목자가 바로 자신임을 주장한다.[12] 결국 『신탄』과 같이 『천지창조』에서도 이사야 34장 16절을 '성경의 짝'으로 해석하는 것이다. 그러나 그가 짝 교리의 근거로 제시하고 있는 이사야 34장 16절이 본래 그런 뜻일까? 그것이 정말 성경 말씀에 짝이 있다는 것을 의미할까?

이사야 34장 16절은 그런 뜻이 전혀 아니다. 단언하건대, 이사야 34장 16절은 신천지에서 내세우고 있는 짝의 의미와 아무런 상관이 없다. 그 말씀은 하나님의 신이 성경을 모았다는 신서에 관한 말씀이 아니며, 성경에는 짝이 있다는 주장의 근거도 아니다. 신천지의 주장은 그 출발부터 잘못되었다.

물론, 그런 해석을 하는 사람들은 많다. 그러나 신천지는 달라야 한

---

10) 『천지창조』, p.25.

11) 『천지창조』, p.100.

12) 『천지창조』, pp.24-25.

다. 왜냐하면 이만희는 자신에게 예수의 영이 임해서 성경을 통달했다
하고,[13] 자신을 재림주, 보혜사라고 하기 때문이다.[14] 보통 사람은 잘못
해서 틀릴 수도 있다. 인간이 어떻게 완벽할 수 있겠는가? 그러나 예수
의 영이 임해서 자신이 재림주라거나 보혜사라고 하는 사람은 한 번도
틀려서는 안 된다. 예수님이라면 단 한 차례도 틀리지 않으실 것이기
때문이다.

반대로 자신이 재림주라거나 보혜사라고 우기면서 말도 안 되는
성경 해석을 한다면 그가 진짜 재림주, 보혜사일까? 그렇지 않을 것이
다. 그런데 이만희와 신천지의 해석은 틀렸다. 따라서 신천지의 이만
희가 가짜 보혜사임은 명백하게 드러난다. 『신탄』의 제1장 "성경론"을
보면, 위에 작은 글씨로 "너희는 여호와의 책을 자세히 읽어보라 이것
들이 하나도 빠진 것이 없고 하나도 그 짝이 없는 것이 없으리니 이는
여호와의 입이 이를 명하셨고 그의 신이 이것들을 모으셨음이라"는 말
씀을 적어놓고, 본문에서 "성경의 전편을 통하여 도도하게 흐르는 하
나님의 웅지를 보라. '그의 입이 이를 명하셨고 그의 신이 이를 모으셨
기에' 그의 정하신 뜻을 기필코 성취하신다는 강한 의지가 투영된 위
대한 청사진이 아닌가!"라고 하면서 이사야 34장 16절의 "그 짝이 없
는 것이 없으리니"를 하나님의 말씀의 짝으로 해석하고 있다.

---

13) 이만희,『천국비밀 계시』, 도서출판신천지, 1998, p.193,

　　『영핵』, 도서출판신천지, 1996, p.82,

　　『천국 비밀 요한계시록의 실상』, p.189,

　　『천지창조』, p.421.

14) 『천국 비밀 계시록의 진상』, p.63,

　　『신탄』, p.330.

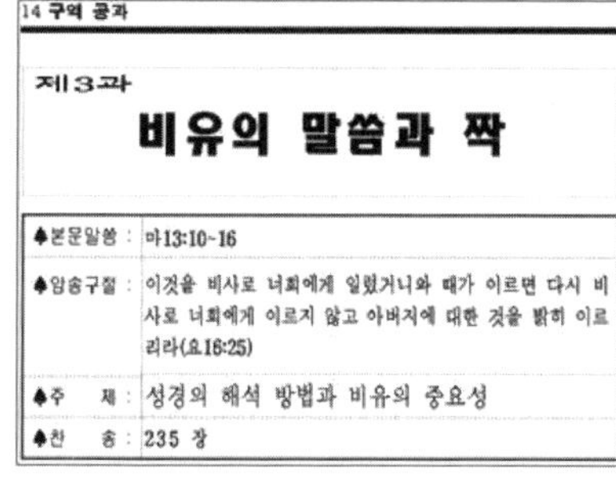

비유의 말씀과 짝[15]

이것은 이만희가 부인하고 있는 『신탄』만의 주장이 아니다. 이만희의 가르침을 받고 있는 신천지에서는 『신탄』과 동일한 주장을 오늘날에도 다음과 같이 계속하고 있다.

옆의 자료는 신천지의 구역공과인 『감추었던 만나』의 제3과로, 제목과 주제에서 밝히고 있는 것과 같이 '짝 풀이'가 그들의 성경 해석 방법인 것을 알 수 있다. 더 정확하게 말하자면 그들은 성경이 비사(비유로 쓰는 말)로 기록되어 있다고 전제하면서 그 비유의 원래 뜻을 밝히는 것, 즉 '비유의 짝 풀이'가 올바른 성경 해석의 방법론이라고 주장하는 것이다. 이 사실은 그 책을 조금만 더 읽어보면 더욱 분명해진다.

다음 페이지에 있는 자료는 이만희가 그의 책에서 "제사장을 제외한 일곱 천사들은 번갈아가며 강단에 서서 설교하였고, 성경 말씀의 짝을 맞추어 해설하매 은혜의 불바다가 되곤 하였다"고 하면서 유재열의 장막성전이 이사야 34장 16절을 근거로 해서 성경을 '말씀의 짝'이라 하며 풀이한 것을 인용한 것이다.[16] 즉 그가 사이비 단체인 장막성전에서 배운 것을 그대로 신천지에서 가르쳤고, 신천지 교육부가 그 내용을 공과에 기록한 것이다.

---

15) 〈http://knw1022.blog.me/10077392921?Redirect=Log&from=postView〉(2013. 6. 10).

16) 『천국 비밀 계시록의 진상』, p.361.

16 **구역 공과**

쓸하실 것을 미리 알려주셨습니다.

◉**시78:2 을 읽어봅니다.**

예수님께서는 이 말씀을 마태복음13장에서 인용하시면서 이 것을 이루기 위함 이라고 말씀하셨습니다(겔20:49).

셋째, 비유에는 그 뜻이 있습니다.

◉**사34:16 을 읽어봅니다.**

말씀에는 짝이 있다고 하셨는데, 여기서 '짝'이란 비유의 말씀(그림자)과 그 뜻(실체)을 말하는 것입니다.

신천지의 '말씀의 짝' 해석[17]

이처럼 이사야 34장 16절은 그 한 절만 보면 모든 성경에는 다 짝이 있다는 식으로 받아들이기 쉽다. 그러나 전후의 문맥을 조금만 살펴보면 그런 해석이 엉터리라는 것을 쉽게 발견할 수 있다. 이사야 34장 8-15절을 살펴보자.

8이것은 여호와의 보수할 날이요 시온의 송사를 위하여 신원하실 해라 9에돔의 시내들은 변하여 역청이 되고 그 티끌은 유황이 되고 그 땅은 불붙는 역청이 되며 10낮에나 밤에나 꺼지지 않고 그 연기가 끊임없이 떠오를 것이며 세세에 황무하여 그리로 지날 자가 영영히 없겠고 11당아와 고슴도치가 그 땅을 차지하며 부엉이와 까마귀가 거기 거할 것이라 여호와께서 혼란의 줄과 공허의 추를 에돔에 베푸실 것인즉 12그들이 국가를 이으려 하

---

17) 〈http://knw1022.blog.me/10077392921?Redirect=Log&from=postView〉(2013. 6. 10).

여 귀인들을 부르되 아무도 없겠고 그 모든 방백도 없게 될 것이요 13그 궁궐에는 가시나무가 나며 그 견고한 성에는 엉겅퀴와 새품이 자라서 시랑의 굴과 타조의 처소가 될 것이니 14들짐승이 이리와 만나며 숫염소가 그 동류를 부르며 올빼미가 거기 거하여 쉬는 처소를 삼으며 15부엉이가 거기 깃들이고 알을 낳아 까서 그 그늘에 모으며 솔개들도 그 짝과 함께 거기 모이리라(〈개역한글〉 사 34:8-15).

이 말씀은 야곱의 형이었던 에서의 후손인 에돔 족속이 받을 재앙에 대한 기록이다. 하나님은 이스라엘 백성의 송사를 들으시고 그들을 괴롭혔던 에돔에게 벌을 내리셔서 에돔의 시내가, 태안반도에 원유 유출 사고가 났던 것처럼, 아니 시내 자체가 아예 타르가 되고, 먼지가 유황이 되며, 땅도 타르 덩어리가 되어 꺼지지 않고 불타올라서 황무지가 되면 짐승들이 그곳을 차지할 것이라고 말씀하신다.

그래서 에돔 족속은 완전히 망해 다시 한 번 나라를 세워보려고 해도 모이는 사람이 없게 될 것이며, 그들의 화려했던 궁궐에는 온갖 가시나무와 엉겅퀴와 야생초들이 우거지고, 들개와 타조들이 살게 되며, 들짐승이 들끓고, 율법에서 가증하게 여기는 올빼미와 부엉이가 거기에 살면서 알을 까고 새끼를 낳아 서로 짝을 지어 살게 될 것이다. 이사야 34장 16절은 이런 내용에 바로 뒤이어 나오는 것으로 '그 짝'은 말씀의 짝이 아니라 짐승의 짝을 말한다.

이사야 34장 16절만 놓고 보면 오해의 소지가 있지만 문법적인 규칙을 조금만 알아도 엉뚱한 실수는 하지 않을 것이다. 왜냐하면 "너희는 여호와의 책을 자세히 읽어보라 이것들이 하나도 빠진 것이 없고 하나도 그 짝이 없는 것이 없으리니 이는 여호와의 입이 이를 명하셨고 그의 신이 이것들을 모으셨음이라”는 말씀에서 그 짝이 없는 것이 없으며 여호와의 신이 모으신 것은 '이것들'이라는 대명사로 표현되었기 때문이다.

대명사는 명사를 대신하는 것이기 때문에 아무런 언급도 없이 갑자기 쓰이지 않는다는 것은 중학생 정도만 되어도 다 아는 상식이다. 즉 조금만 생각해보면 16절의 '이것들'이라는 지시대명사가 바로 앞에 나오는 짐승들을 가리키는 것임을 금방 알 수 있는 것이다. 이러한 사실은 '이것들', 혹은 '그것들'로 연결되고 있는 그 다음의 내용을 살펴보아도 쉽게 드러난다.

16너희는 여호와의 책을 자세히 읽어보라 **이것들이** 하나도 빠진 것이 없고 하나도 그 짝이 없는 것이 없으리니 이는 여호와의 입이 이를 명하셨고 그의 신이 **이것들을** 모으셨음이라 17여호와께서 **그것들을** 위하여 제비를 뽑으시며 친수로 줄을 띠어 그 땅을 **그것들에게** 나눠주셨으니 **그것들이** 영영히 차지하며 대대로 거기 거하리라(〈개역한글〉 사 34:16-17).

우리말로 16절에 '이것들', 17절에 '그것들'이라고 되어 있는 것들은 사실 같은 것을 가리킨다. 이는 영어 성경을 보면 더욱 분명해진다. 여기에 쓰이는 'these', 'them', 'their', 'They' 등의 복수 대명사를 주의해서 살펴보라. 서로 다른 것을 말하는 것이 아니다.

16Look in the scroll of the LORD and read: None of **these** will be missing,

 한 권으로 끝내는 신천지 비판

not one will lack her mate. For it is his mouth that has given the order, and his Spirit will gather **them** together. 17He allots **their** portions; his hand distributes them by measure. **They** will possess it forever and dwell there from generation to generation(NIV, Isaiah 34:16-17).

이처럼 17절에 하나님이 그것들을 위하여 제비를 뽑으시며 그 땅을 그것들에게 나눠주셨다고 하고, 그것들이 땅을 차지하며 거기에 대대로 거한다고 하니, 16절에 등장하는 '이것들'이 '말씀'을 의미하는 것이 아님이 분명하다. 생각해보라. 그 짝들이 여호와의 신이 모은 말씀의 짝, 즉 성경의 짝이라면 성경이 땅을 차지하며 거기에서 영원히 산다는 말인가?

이사야 34장 16절에서 말하고 있는 '짝'은 성경의 짝이 아니라 짐승의 짝을 말하는 것으로, 하나님이 선지자를 통해 에돔에 대해 예언하신 대로 그곳이 황폐화되어 짐승들이 짝을 지어 거하며 알을 까고 새끼도 낳을 그런 처소가 되고 말 것임을 나타낸다. 그래서 다른 번역 성경에는 아예 다음과 같이 되어 있다.

주의 책을 자세히 살펴보아라. 이 짐승들 가운데서 어느 것 하나 빠진 것 없겠고, 하나도 그 짝이 없는 짐승이 없을 것이다. 주께서 친히 입을 열어 그렇게 되라고 명하셨고 주의 영이 친히 그 짐승들을 모으실 것이기 때문이다(《표준새번역》).

너희는 여호와의 책을 자세히 읽어보아라. 이 동물들 중에 하나도 빠진 것이 없고 그 짝이 없는 것이 없으니 이것은 여호와께서 그렇게 되도록 명령하셨고 성령께서 그것들을 함께 모으셨기 때문이다(〈현대인의성경〉).

야훼의 기록을 찾아내어 읽어보아라. 이런 모든 짐승들이 빠짐없이 기록되어 있으리라. 그것들은 직접 야훼의 입에서 떨어진 분부를 받아 그의 입김으로 몰려온 것들이다(〈공동번역〉).

사실 신천지에서 주장하는 교리들은 거의 다 창조와 재창조, 옛 언약과 새 언약, 정통과 이단, 첫 장막과 둘째 장막, 선천과 후천, 환상 계시와 실상 계시 등과 같은 이중 구조의 '짝' 형식으로 되어 있다. 이런 그들의 교리 체계가 상당한 미혹성이 있는 이유는 옛 언약과 새 언약, 정통과 이단과 같은 용어들이 기성 교회에서 쉽게 쓰는 말이어서 성경적인 것 같다는 느낌이 들기 때문이다. 또한 많은 목회자들이 이사야 34장 16절을 근거로 말씀에는 짝이 있다고 잘못 가르쳐서 성도들이 아무런 거부감 없이 신천지의 교리들을 받아들이는 통로와 같은 역할을 했을 수도 있다. 그러나 앞에서 살펴본바, 이사야 34장 16절은 그와 같은 이중 구조와는 아무런 관련이 없다. 결국 잘못된 성경 해석에 근거한 짝 형식을 갖춘 이만희와 신천지의 모든 교리들은 마치 **일층 없는 이층**과 같이 공허한 주장이라고 하겠다.

7장

창조와 재창조

이만희가 쓴 『천지창조』의 머리말에 보면 다음과 같은 내용이 기록되어 있다.

이 책 『天地創造』는 유일하신 하나님께서 행하신 창조와 재창조에 관해 요약하여 설명한 것이며, 예언이 성취된 것을 보고 들은 것을 기록한 것도 있다.

기록된 내용은 창세기 1장 1절에서부터 요한계시록 22장 21절까지다. 하나님은 먼저 영계를 창조하시고 이 땅에서도 그와 같이 육계를 창조하셨다. 창조 후 안식하셨고, 창조한 세계가 부패할 때는 다시 재창조하셨다. 창조 순리는 목자 선택, 장막(나라) 창조, 언약, 배도, 멸망, 새 목자 선택, 심판, 구원, 재창조, 새 언약과 안식이다.

그는 성경 전체의 역사가 "목자 선택, 나라 창조, 언약, 배도, 멸망, 새 목자 선택, 심판, 구원, 재창조, 새 언약과 안식"의 순서로 창조와 재창조가 반복되면서 진행된다고 주장한다. 그 주장을 다르게 표현한 부분을 살펴보자.

하나님은 영계와 육계를 창조하신 이래 이 두 세계가 하나 되게 하려 하셨다. 사람이 불순종하지 않았다면 그 목적을 이루기 위한 하나님의 재창조는 오늘날까지 계속되지 않았을 것이다.[1]

하나님께서 창조하신 두 세계가 하나 되게 하시려 하는 것은 하나님께 속한 영들이 하나님을 믿는 육계의 사람들에게 들어가서 하나님의 영들과 육체들이 하나가 되어 사는 것을 말하며 그것이 하나님께서 이루고자 하는 최종 목표다.[2]

아담 세계의 사람들은 하나님의 영들과 더불어 살았다. 그러나 천지를 창조하실 때부터 사람과 함께 살기를 원하셨던 하나님의 꿈은 아담의 배도로 무너지고 말았다. 그리하여 하나님의 영은 사람을 떠나가야 했다.

그 후 하나님께서는 사람과 하나 되어 살기 위해 시대마다 끊임없이 재창조의 역사를 해오셨다. 택한 선민이 순종하지 않을 때는 함께할 수 없으므로 버리시고, 새로운 선민을 창조하여 일하셨다.[3]

---

1) 『천지창조』, p.18.
2) 『천지창조』, p.48.
3) 『천지창조』, p.52.

 한 권으로 끝내는 신천지 비판

창세기 1장에는 두 개의 천지가 나온다. 없어지는 천지와 새로 창조하는 천지다. 이것은 창세기 1장이 재창조에 관한 설계도라는 것을 말해준다. 어느 시대에나 하나님의 창조는 창세기 1장에 기록된 순서로 이루어진다. 태초부터 시작된 하나님의 창조는 사람들의 부패와 배도로 시대마다 창세기 1장과 같은 순서로 되풀이되었고, 요한계시록 21장이 성취됨으로 완성된다.[4]

하나님께서는 창조하신 세계가 부패하고 변질될 때마다 그 세계를 심판하여 없애시고 재창조의 일을 하셨다. 아담 세계를 홍수로 쓸어버리신 후에는 노아, 아브라함, 모세, 여호수아 등을 차례로 들어 하나님 나라와 백성을 재창조하셨다. 그러나 그들의 후손도 하나같이 배도하고 변질되었다.[5]

정리하면 하나님이 영계를 창조하신 다음 육계를 창조하시고, 영계에 있는 하나님의 영들을 육계에 있는 인간들 속에 들어가게 하려 하셨으며, 그것이 바로 구원인데, 아담의 타락으로 말미암아 그것이 이루어지지 않자, 계속해서 노아, 아브라함, 모세, 여호수아 등을 보냈지만 사람들의 타락으로 말미암아 다 실패했다는 이야기다. 결국 요한계시록 21장에 가서야 겨우 그 구원이 이루어지기 때문에 성경의 역사는 창조와 재창조의 역사이며, 이것은 창세기 1장에 이미 설계도처럼 예언되어 있었다고 한다.

---

4) 『천지창조』, p.54.
5) 『천지창조』, p.171.

창조와 재창조 교리의 의도

이만희가 성경이 창조와 재창조로 반복되었다고 하는 의도는 무엇일까? 신천지는 이 교리를 통하여 구약뿐만 아니라 신약의 예수님 이후까지도 창조와 재창조가 계속해서 반복되었다고 주장하면서 앞에서도 살펴보았던 다음 그림을 교육 자료로 활용한다.

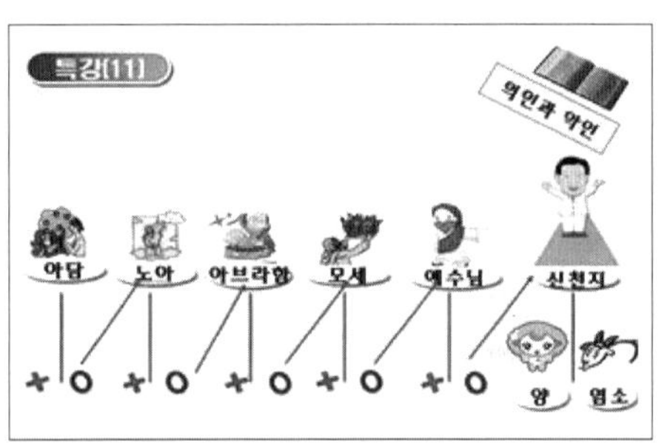

신천지의 시대별 구원자

이 그림은 이만희의 의도를 여과 없이 보여주고 있다. 이 그림은 예수님을 실패자로 만드는 대신, 이긴 자이며, 예수님과 같은 약속한 목자이고, 예수의 영이 임해 보혜사가 되었다고 하는 이만희를 통해 재창조가 완성된다고 하면서 이만희를 구세주 자리에 올려놓는 것이다.

나아가 그는 예수님으로 시작된 기독교회를 '영적 이스라엘', 자기가 만든 집단을 '영적 새 이스라엘'이라고 하면서 요한계시록을 자신의 마음대로 해석한다. 또 예수님이 창조한 영적 이스라엘인 기독교는 자신에 의해 심판을 받아 끝나버린다고 하면서, 이긴 자이며 보혜사이고 재림 예수인 자기가 영적 새 이스라엘 열두 지파를 만들고, 열두 지파 14만 4천 명을 채우려 하는 재창조의 현장이 바로 자신들의 신천지예수교증거장막성전, 즉 신천지라고 한다. 다음의 글을 통해 확인해보자.

   한 권으로 끝내는 신천지 비판

성경 6천 년 역사에서 하나님의 재창조 현장은 시대마다 다른 곳이었다. 아담 때는 동방 에덴, 노아 때는 아라랏 산, 아브라함 때는 세겜 땅, 모세 때는 시내 광야, 여호수아 때는 세겜 땅, 예수님 때는 갈릴리 호수 주변이었다.

예수님 초림 이후 하나님께서는 복음의 씨를 지구촌 온 땅에 뿌리셨다. 그리고 그 씨로 결실한 알곡 성도를 재림 때 추수하여 새 선민으로 삼고 새로운 나라를 창조하신다. 그 재창조의 현장은 요한계시록 2-3장에 약속된 이긴 자가 있는 곳이다. 그곳은 시온 산이요, 새 하늘과 새 땅 곧 신천지다. 재림 때인 오늘날, 성도는 약속한 목자 이긴 자가 있는 시온 산 신천지를 찾아야 한다.[6]

예수님께서는 혈통에 의한 육적 이스라엘을 끝내시고 영적 이스라엘을 창조하셨다. 예수님을 영접하고 하나님의 씨로 난 사람들을 하나님의 자녀로 삼아 영적 이스라엘을 창조하는 것은 인류 역사에 환 획(劃)을 긋는 새 일이 아닐 수 없다.[7]

재림 예수님께서는 부패한 영적 이스라엘을 심판하여 끝내시고(계 6장) 영적 새 이스라엘을 창조하신다(계 7장, 14장). 예수님께서 천국 복음을 전하신 후 2천 년 동안 지속된 영적 이스라엘은 추수 때인 세상 끝 곧 예수님 재림 때에 모든 것이 끝난다. 요한계시록 7장에 따르면, 천사가 14만 4천 명과 흰 옷 입은 큰 무리에게 인을 쳐서 열두 지파를 재창조한다. 하나님께

---

6) 『천지창조』, p.102.

7) 『천지창조』, p.172.

서는 이 영적 새 이스라엘에 장막을 치시고 영원히 함께하신다.

예수님께서는 영적 새 이스라엘을 창조하기 위해 필요한 약속한 목자와 약속한 성전 그리고 약속한 신학교를 요한계시록에 알려주셨다.[8]

대○예수교와 신천지예수교는 어떻게 다른가? 예수교라는 명칭은 예수님의 교회, 즉 교주가 예수님이라는 뜻이다.

육적 이스라엘 나라가 솔로몬 때 이방 신을 섬긴 죄로 남북으로 나누어진 것같이, 우리나라도 현재 남북으로 나누어져 있다. 이중 남쪽은 대한민국이며, 이곳의 예수교를 대○예수교라고 한다. 대한민국은 지구촌에서 볼 때, 그리고 하늘에서 볼 때 아주 작은 나라다. 그리고 대○예수교라는 명칭은 우리나라에 국한된 예수교를 의미한다. 그러나 신천지는 새 하늘 새 땅이라는 뜻으로, 신천지예수교라 하면 하늘과 땅, 산 자와 죽은 자 전체를 두고 말하는 크나큰 예수교단을 의미한다. 이는 대○예수교라는 명칭과는 비교할 수도 없는 것이다.

신천지는 하나님께서 요한계시록 21장에 장래 이루실 것을 미리 예언하신 바 있고, 그 예언을 이루신 것이 신천지 창조다. 땅에는 육이 있고 하늘에는 영이 있다. 신천지(新天地)라 함은 하늘과 땅, 영(靈)과 육(肉)을 합쳐서 이르는 말이다.

예수님께서는 이 땅에 오셔서 3년간 복음의 씨를 뿌리셨다. 육적 이스라엘은 한 개의 나라였으나, 예수님께서 뿌리신 복음의 씨는 "땅 끝까지 전파하라"(행 1:8)고 당부하신 말씀대로 온 세계 각국에 뿌려졌으므로, 지금

---

8) 『천지창조』, pp.172-173.

            한 권으로 끝내는 신천지 비판

은 세계적인 차원의 종교가 되었다. 그리고 예수님이 아버지 하나님께로 돌아가서는 아담 이후 죽은 자들(영들)에게도 복음을 전하셨다(벧전 3:18-19). 그리고 예수님께서 열두 사도들을 비롯한 순교한 영들과 함께 영계에서 복음을 전하시므로, 예수교는 하늘과 땅 그리고 죽은 자들의 세계인 음부(陰府) 영들에게까지 전파하는 예수교가 되었다.

또 예수님께서는 순교자들과 함께 하늘의 거룩한 성 새 예루살렘을 창조하셨다. 이것이 신천지예수교다. 주 재림 때인 오늘날 영과 육이 하나가 되는, 영육합일체(靈肉合一體)가 새 하늘과 새 땅 곧 신천지이며(계 21:1-3), 신천지 창조는 새 시대의 하나님의 새 나라다. 신천지에는 하나님, 예수님과 순교한 영들이 함께하므로 '신천지예수교'라 하며, 이를 약(略)하여 '신천지'라 칭한다.[9]

이러한 이만희의 주장에는 그의 창조론뿐만 아니라 구원론, 그리고 성경관까지 잘 나타나 있다. 그는 이미 죽은 순교자의 영혼과 합체되는 것―결국 한 육체에 두 영혼이 거하는 것―이 구원이라고 주장하며, 창조와 재창조가 반복된다는 전제 속에서 성경의 구속사가 다 실패하였다고 선언한다. 그리고 결국에는 '약속한 목자'이며 '이긴 자'인 자신을 통해 그 이상한 구원이 완성되고, 창조가 완성된다는 것이다.

그러나 이것은 성경에 전혀 근거가 없는 반성경적인 주장일 뿐 아니라 악마적인 가르침이다. 왜냐하면 이것의 목적이 노골적으로 예수님을 실패자로 만들고 하나님을 보좌에서 끌어내려 자신이 그 자리에

---

9) 『천지창조』, pp.514-515.

앉으려는 자기 신격화이기 때문이다.

아담 이전의 순교자의 영혼들

이만희의 창조와 재창조론에는 성경적으로 수많은 문제점이 있다. 예를 들면, 성경은 아담 한 사람으로 말미암아 죄가 이 세상에 들어오게 되었다고 하는데(창 3장; 롬 5:12), 그는 하나님이 이미 죽어 있는 순교자의 영혼과 결합되게 하기 위해 아담과 하와를 창조하셨다고 한다. 즉 아담과 하와 이전에도 이미 수많은 사람이 있었고, 아담과 하와가 선악과를 따 먹고 죄를 짓기도 전에 이미 죄가 있었으며, 순교자도 14만 4천 명이나 있었다고 하는 것이다.

이와 관련해 신천지에 있다가 빠져나온 분의 이야기를 들은 적이 있다. 그는 하늘에 있는 순교자의 영혼 14만 4천에 대해 의문이 생겨, 14만 4천은 언제 순교를 당한 것이냐, 그 숫자가 왜 변하지 않느냐, 우리가 이 세상에서 신천지인으로 살다가 순교를 당하면 그 순교자의 영혼 14만 4천에 포함되느냐고 하면서 하늘에 있다는 순교자의 영혼 14만 4천에 대해 질문을 했더니 단 한 사람도 대답해주지 못했다고 한다.

그런데 왜 사람들은 이런 어처구니없는 주장에 미혹되는 것일까? 미혹의 근본 원인은 사탄의 역사 때문이지만, 사실 그 주장 자체로도 기존 신자들에게는 약간의 미혹성이 있다. 왜냐하면 성경에는 그들의 주장과 비슷한 이미지들이 있기 때문이다.

다음 자료는 신천지의 신학원 중등 과정 교재에 있는 내용이다. 노아 홍수 사건을 다루고 있는데 그 당시 사람들의 불순종과 심판, 그리

제 2 과

재창조의 노정

본문 : 창 6~9 장

하나님께서 범죄한 아담과 그 후손을 심판하여 끝내시고 아담대신 노아를 택하여 다시 언약하고 생육·번성·충만하라 하시니 이것이 곧 재창조의 일이다. 이 재창조의 노정에 관하여 살펴보도록 하자.

1. 창세기 6, 7, 8장 (멸망과 구원)

고전15:21-23, 42-49   창8:3-4   창19:17-22   시2:6 (예수님 때)

마24:10, 37-39   눅17:26-27   딤전4:1~3   계14:1   요3:5-7

2. 창세기 9장 (재창조와 새 언약 → 배도와 멸망)

창1:26-29   창2:15-17   창9:20-27   창11:1-9

이상의 내용은 하나님께서 언약을 배도한 아담의 세계를 심판하신 후 다시 언약한 노아의 세계도 역시 배도하므로 심판하시는 일이다. 우리 신앙인들은 성경 역사 속의 사건들을 거울 삼고(고전10:11) 예수님과 약속한 새 언약(신약의 말씀)의 말씀을 깨달아 지켜 배도하지 않고 순종함으로 약속한 새 하늘 새 땅, 천국에 들어가 영생할 수 있도록 참 신앙을 해야한다.

재창조의 노정

고 새 하늘과 새 땅에 대해서 기록하고 있다. 성경의 맨 첫 책인 창세기에서 노아 홍수 사건은 배도와 멸망의 이미지가 있고, 그 사건 이후 등장한 새 하늘과 새 땅 또한 어떤 의미로 보면 신천지에서 주장하고 있는 것과 같은 창조와 재창조의 이미지가 있다. 그런데 그들은 그와 같은 이미지를 성경의 맨 마지막에 나오는 요한계시록의 새 하늘과 새 땅에 연관시킨다.

성경에는 하나님이 아브라함과 이삭과 야곱에게 약속했던 땅, 젖과 꿀이 흐르는 가나안 땅이 등장한다. 또 이사야는 새로운 세상에 대해 "그때에 이리가 어린 양과 함께 살며 표범이 어린 염소와 함께 누우며 송아지와 어린 사자와 살진 짐승이 함께 있어 어린 아이에게 끌리며 암소와 곰이 함께 먹으며 그것들의 새끼가 함께 엎드리며 사자가 소처럼 풀을 먹을 것이며 젖 먹는 아이가 독사의 구멍에서 장난치며 젖 뗀 어린 아이가 독사의 굴에 손을 넣을 것이라”(사 11:6-8)고 기록하고 있다. 우리는 이런 내용을 복음성가로 부르기도 한다. 그래서 이런 말씀들에 익숙해져 있는 성도들은 신천지가 사용하는 이미지가 어디서 한 번쯤은 들어본 것 같기 때문에 미혹당하게 된다. 그러나 그런 것들은―신천지의 선천과 후천 교리를 살펴보는 가운데 보다 더 자세하게 살펴보겠지만―모두 동일한 천국에 관한 예표들이지 신천지의 창조와 재창조를 말하는 것은 아니다.

　　　　　　　　　　

8장
옛 언약과 새 언약

신천지에서 주장하는 또 다른 짝 형태의 교리는 옛 언약(첫 언약)과 새 언약 교리인데, 이 또한 기성 교회 교인들에게 아주 익숙한 이미지를 가지고 있다. 성경에는 새 언약이란 말이 등장하며, 성경을 구분하는 구약(舊約)과 신약(新約)이라는 표현도 바로 같은 의미이기 때문이다.

성경이 신·구약으로 이루어져 있다는 사실을 모르는 기독교인은 아마 아무도 없을 것이다. 그러나 성경에서 말하고 있는 구약과 신약, 즉 옛 언약과 새 언약은 신천지에서 주장하고 있는 옛 언약, 새 언약과는 완전히 다르다. 성경에서는 시대마다, 사람에 따라 메시아에 관한 언약이 있을지라도 옛 언약인 구약성경이 하나이고, 새 언약인 신약성경이 하나이며, 이 둘이 서로 다른 것이 아니라, 본질적으로 같은 하나의 언약이다. 그런데 신천지에서 주장한 언약론은 본질적으로 다른 수많은 옛 언약과 새 언약들이 있다는 것이다. 그들의 주장을 도표로 표시하면 다음과 같다.

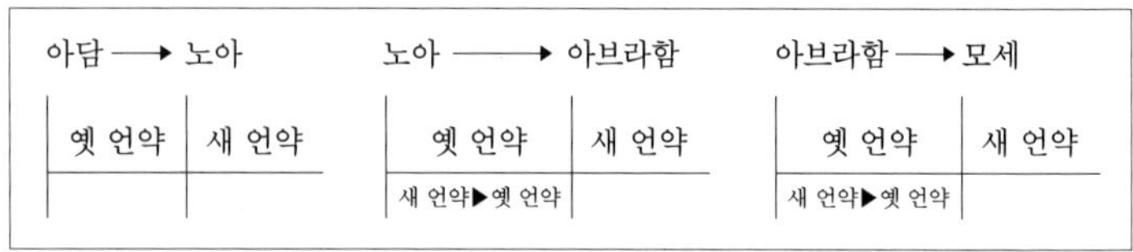

신천지의 옛 언약과 새 언약

이것을 말로 풀어 설명한 이만희의 글을 살펴보자.

> 하나님께서는 아담 때 이후 시대마다 선민과 언약을 해오셨으며, 백성이
> 언약을 어길 때마다 새로운 목자와 선민을 택하여 그들과 언약하셨다. 그
> 예로, 아담이 하나님과의 약속을 어겼을 때는 노아를 택하여 언약하셨다.
> 아담과의 언약이 첫 언약이라면 노아와의 언약은 새 언약이다. 그러나 하
> 나님께서는 노아의 세계마저 부패한 것을 보시고 아브라함을 택하여 언약
> 하셨으니, 아브라함과의 언약이 다시 새 언약이 되었다. 이러한 일은 모세,
> 여호수아를 거쳐 예수님 초림 때까지 되풀이되었다.[1]

이만희는 새 언약도 다른 언약이 오면 옛 언약이 되어버리고, 그 새 언
약도 또 다른 새 언약이라는 것이 나타나면 옛 언약이 되어버린다는
주장을 하고 있는 것이다.

이 주장은 어떻게 생각하면 그런대로 일리가 있다. 새로운 언약이
왔으면 이전 것은 더 이상 새 언약이라고 부를 수 없기에 옛 언약이라
고 부르는 것은 당연한 이치이기 때문이다. 어쩌면 이런 당연함 때문

---

1) 『천지창조』, p.177.

에 이만희의 주장이 그럴듯하게 느껴질지도 모른다.

그러나 이미 밝힌 대로 성경에 등장하는 언약들은 시대마다 새로운 사람들에게 주어진 언약이라 하더라도 동일하게 **여자의 후손**인 예수 그리스도를 이 모양 저 모양으로 증거하고 있다는 측면에서 같은 언약, 즉 **하나의 언약**이다. 그리고 언약의 주인공인 예수 그리스도를 중심으로 그 이전까지의 언약을 통틀어서 옛 언약, 그분 이후의 언약을 새 언약이라고 하는 것이다. 그런데 이만희는 성경에 무수한 옛 언약과 새 언약들이 있다고 하면서 예수 그리스도를 통한 언약의 점진적·궁극적 성취를 부정한다.

이만희가 이와 같은 이상한 주장을 한 이유는 무엇일까? 그 이유는 두 가지다. 하나는 성경에 기록되어 있지도 않은 장막성전의 언약과 자기가 체결했다고 하는 언약을 성경에 등장하는 언약과 동급이라 하기 위함이고, 또 하나는 신천지의 언약을 새 언약이라고 함으로써 정통적인 기독교에서 믿고 있는 언약을 이단으로 정죄하기 위함이다.

장막성전과 신천지의 언약서

이만희가 주장하는 언약 교리의 끝에는 장막성전의 언약과 신천지의 언약이 있다. 신천지는 먼저 유재열의 장막성전에서 받았다고 하는 언약을 정통 교회에 대한 새 언약으로 내세우고, 그것이 실패한 후 자기들이 받았다고 하는 언약을 다시 새 언약이라고 한다.

다음 자료는 신천지에서 공개한 것으로 장막성전에서 맺었다고 하는 언약서의 일부다. 이만희가 불에 태우던 것을 그의 제자들이 아깝

장막성전의 언약서[2]

• 내용—나의 아들들아 진심으로 사랑하노라 자기 아들들이 밥을 달라 할때 돌을 줄껏이며 생선을 달랄 때 뱀을 주겟느냐? 하물며 너희들이 부르짖는 것을 나 여호와가 외면 할 껏인가 사랑하는 내 아들들아 티없이 사랑하노라 노아 때도 조곰도 견책안하고 구햇노라 너희들은 염려말라 스스로 굳게하라 지금 부터 내가 말하는 것이 율법이며 계명이니라 스룹바벨아 스스로 굳게하라 (학개서 2장)을 보라 그 말씀과 같치 3년반 되기전에 이루리라 그리고 너희들에게는 시험과 고통이 없노라 오직 사랑많을 주노라 나를 부인하지 말라 이미 응답(?)을 다 줬으니 믿고 행하라 한해 두해 차기전에 모두다 이루리라 조곰도 염려말아라 ─ 6명은 왕을 기쁘게 하라 6명은 왕에게 순종하며 왕은 나에게 순종하라 나는 여섯을 보고 잇노라 스룹바벨아 스스로 굳게 할 지어다. 나를 염려돼게 하지 말라 노아 시대와 소돔 고모라 시대를 생각하여라 적은씨로 이많은 씨를 맺지 않엇느냐 너희는 염려하지마라 나는 사라게신 성신 여호와니라 아들의 이름으로 간구하고 아들에게 순종하라 순종하지 않으면 너희들 머리우에 준 것은 빼앗으리라 사랑으로 용서하라 뒤를 보지 말고 오직 사랑을 맺고 내가 너희를 부르짖듯 너희도 무시로 부르짖어다오 7천년동안 참다 이제 너희를 택하여 예수그리스도의 영체와 그외 여럿갖이를 줘서 보게 하지 않엇느냐 스테반 이사야 다니엘 또는 나를 위하여 번제로 짐승중에 순교당한 양도 그래서 그것을 본 성자는 한없이 울엇노라 내가 4천년전에 백지에 주어지듯이 밝히 햇는데 동우(?)로 말미암아…

다고 하면서 건져낸 것이라고 하는데 내용도, 맞춤법도 엉성한 것을 알 수 있다. 그런데 신천지의 이만희는 성경적이지도 않은 이 언약서를 '새 언약'이라고 하면서 성경과 같은 권위를 부여했다. 그리고 장막

---

2) 『종교세계의 관심사』, p.46.

성전이 해체된 이후 둘째 장막인 신천지의 언약이 '새 언약'이 되었다 하면서 장막성전의 언약을 첫 언약, 즉 '옛 언약'이라고 한다. 다음의 자료를 통해 확인하기 바란다.

신천지는 '언약궤' 운운하며 장막성전을 내세운 뒤 그 권위를 자기들이 이어받았다고 주장한다.[3]

장막성전의 언약서도 우습지만 다음 페이지에 있는 신천지의 언약서는 더욱더 가관이다. 신천지의 새 언약서라는 이 언약서는 유치하기 짝이 없다. 지금은 거의 다 신천지에서 이탈해버린, 신현욱 소장 등 7명의 교육장들이 자기들의 주민등록번호와 이름을 쓰고, 지장을 찍고, 이만희가 자기의 손가락을 찔러 흘린 듯한 피로 '새 언약'이라 쓰고, 뒷면에 십자가를 그어놓고는 "총회장 이만희 선생님의 피로 된 새 언약서"라 하고 있는 것이다. 아무튼 이게 바로 이만희가 말하는 옛 언약과 새 언약의 실체다. 그는 이렇게 유치한 것들을 만들어놓고 그것에 성경적 권위를 부여하기 위해서 괴상한 언약론을 펴고 있다. 그런데 문제는 그것만이 아니다.

---

3) 〈http://knw1022.blog.me/10025983571?Redirect=Log&from=postView〉(2013. 6.
   10).

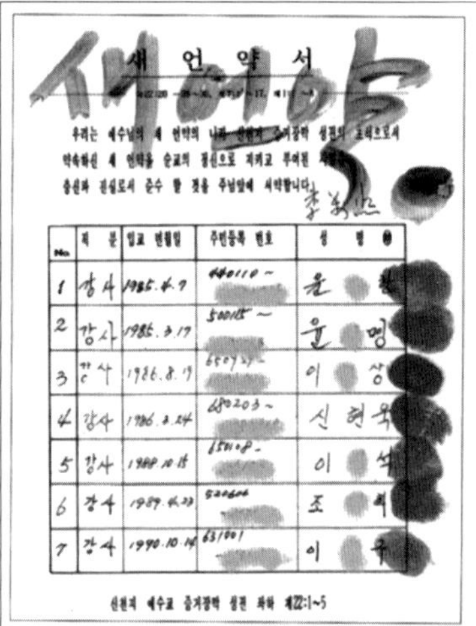

▲ 신천지 증거장막 성전의 새 언약서　　　　　　▲ 새언약서 뒷면에 피로 그은 십자가

총회장 이만희 선생님의 피로된 새언약서는 성경의 예언된 말씀이 오늘날 이루어진 것을 분명하게 깨닫고 믿는 신천지 증거장막 성전의 사명자들과 성도들이 하나님께 약속하는 것이다. 이러한 약속을 통하여 영적 새 이스라엘 나라의 선민이 된다. 히9:18-22 이러므로 첫 언약도 피없이 세운 것이 아니니…

신천지의 새 언약서-아래에 "총회장 이만희 선생님의 피로 된 새 언약서"라는 글귀가 보인다.[4]

신약이 이단이라는 신천지

이만희가 성경에도 없는, 악마적이고 유치한 것을 옛 언약과 새 언약이라고 한 또 다른 이유는 예수님 당시부터 새 언약인 신약성경의 가르침을 충실하게 따르고 있는 정통 교회를 이단으로 몰기 위해서다. 이만희는 『천지창조』에서 다음과 같이 주장한다.

1) 정통(正統)과 새 목자

하나님께서는 아담을 지으셨을 때 그에게 만물을 맡겨 다스리게 하시며 많

---

4) 『신천지발전사』, p.49.

은 복을 주셨다. 그러나 아담이 하나님의 말씀을 어기고 배도하였을 때에는 가차(假借) 없이 그를 떠나셨다. 그리고 아담의 후손 가운데 의로운 노아를 택하시고 부패한 아담의 후예들을 홍수로 멸하셨다. 아담으로 시작한 세계를 없어지는 처음 하늘(先天)이라고 한다면, 새롭게 창조한 노아의 세계는 새 하늘(後天)이라고 할 수 있다. 물론, 아담은 사명이 끝난 선천의 지도자이며 노아는 새 시대를 인도할 새 치리자다.

하나님께서 지으시고 함께하신 아담은 본래 하나님의 진리가 나오는 정통이었다. 그러나 그의 세계는 하나님께서 떠나신 후에 밤이 되고 낡은 전통이 되었다. 하나님께서 떠나가신 이상 이전(以前)의 정통은 더 이상 정통이 아니다.

아담 이후 사람들은 안일하게 먹고 마시고 장가들고 시집가면서 하나님을 떠나 있었다. 그들은 홍수도 나지 않는데 배를 만드는 노아를 이상하게 쳐다보며 조롱했을 것이다. 그러나 과연 누구의 말이 옳았는가? 하나님께서는 부패한 아담 세계의 모든 것을 물로 쓸어버리시고, 노아를 세워 다시 창조하고 번성케 하셨다.

그러나 그것도 잠시, 노아의 세계도 곧 흠이 나타났다. 노아는 술에 취해 하체를 드러냈고, 그의 둘째 아들 함은 아비의 수치를 형제들에게 알렸다. 함의 아들 가나안은 노아에게 저주를 받았으며, 가나안의 후예(後裔)는 후일 온갖 우상을 섬기는 족속이 되었다. 하나님께서는 노아의 혈통을 이어받은 사람 가운데 아브라함(노아의 맏아들 셈의 9대 손)의 후손인 모세와 여호수아를 택하여 가나안 땅을 멸하고 정복하셨다.

하나님께서 부패한 노아의 세계를 떠나 모세에게로 가신 결과, 선천 세계인 노아의 세계는 빛과 생명이 없는 밤이 되고, 후천 세계인 모세의 세계는 빛과 생명이 있는 낮이 되었다. 낡은 선천(先天)과 새로운 후천(後天) 중 어디가 정통이겠는가? 당연히 하나님께서 새로 창조하신 후천 세계다. 그러나 모세가 애굽에서 이끌어낸 이스라엘 자손들도 번번이 하나님의 말씀을 어겼다. 하나님께서는 불순종하는 이스라엘 세계를 떠나 예수님에게로 가셨다.

이스라엘 자손들은 모세가 받아온 율법의 근본 뜻보다 그 형식에 치우쳤으며, 변질된 장로의 유전(遺傳)을 준수하는 자신들이 정통이라고 주장하면서 예수님을 이단이라 핍박하였다(행 24:5). 그러나 참 정통은 하나님께서 함께하신 예수님이셨다. 예수님을 비난한 이스라엘 자손들은 낡은 전통일 뿐이다.

모세로부터 세례 요한 때까지는 부패한 선천이요, 예수님 때부터가 새로운 후천이다. 예수님 초림 때 선천(先天)인 육적 이스라엘은 종말을 맞고 후천(後天)인 영적 이스라엘이 시작되었다. 그 후 지금까지 목자들은 예수님께서 알려주신 복음을 전해왔다. 예수님께서는 이 하늘 복음이 땅 끝까지 전파될 때 영으로(마 24:27 참고) 오셔서 약속한 한 목자와 함께하신다. 구약성경에 하나님께서 보내시기로 한 언약의 사자 예수님이 예언되어 있듯이(말 3:1; 시 2:6-7; 사 61:1-3; 렘 31:22 등), 신약성경에는 예수님이 보내는 이 약속한 목자에 관해 예언되어 있다(요 14:16-17, 26; 15:26; 16:13-15; 계 1:1-3; 22:8, 16 등).

오늘날 일반 목자들은 유대 제사장들이 예수님께 그러했듯이, 신약에 약속한 목자를 이단이라고 할 것이다. 그러나 하나님께서 함께하신 예수님을 이단이라고 하는 것은 결과적으로 하나님을 이단이라 하는 것과 같고(요 15장 참고), 예수님께서 함께하시는 약속한 목자를 핍박하는 것은 예수

 한 권으로 끝내는 신천지 비판

님을 핍박하는 것과 다름없다.

한 시대(선천)가 가고 새로운 한 시대(후천)가 올 때마다 이전 세계 목자들은 자신들이 정통이라고 주장하면서 새 시대의 목자와 성도들을 이단이라고 하며 핍박했다. 이전의 모든 것을 끝내는 주 재림 때는 신약에 약속한 목자와 일반 목자 중 누가 정통이겠는가? 또 빛과 생명이신 예수님의 말씀은 어느 목자에게 있겠는가?

지금 이 시대는 진리를 말하는 사람도 없고, 진리를 찾는 사람도 없다. 현 세대가 캄캄한 밤이 된 사실(요 9:4-5)을 깨닫는 사람도 없다. 모두 다 육체로 돌아갔으며, 입술로는 주를 존경하나 자신을 위한 기복(祈福) 신앙에 빠져 있고, 진리를 비진리라 하고 정통을 이단이라 말하고 있다.

가톨릭교회에 부패와 횡포가 가득할 때 신부(神父) 마르틴 루터가 종교개혁을 일으켰고, 수많은 희생의 피 값을 치르고 나서야 개신교(改新敎)가 탄생했다. 그러나 지금의 개신교는 어떠한가? 교회는 갈래갈래 수백 개의 교단과 교파로 찢어졌고, 목자들은 물질과 권세에 눈이 어두워 서로 비난하며 싸우고 있다. 심지어는 하나님과 예수님과 그 말씀을 믿고 예수님의 십자가 보혈로 구원을 받아야 한다고 증거하는 사람들까지도 이단이라고 정죄(定罪)한다.

이 어찌 옛 가톨릭교회보다 더 부패하지 않았다고 하겠는가?

이때 예수님께서 한 목자를 세워 진리를 외치며 개혁을 단행하신다면, 이 시대 목자들이 어떻게 반응하겠는가? 아마도 시대마다 그러했듯이 그를 이단이라고 할 것이다. 성경에 약속한 목자를 손가락질하는 그들이 과연 예수님의 약속을 믿는 자라고 할 수 있겠는가? 하나님의 약속하신 목자를 알지 못하여 거짓 목자에게 미혹받는다면 성경을 상고하는 가치가 없다.

우리 신천지에는 주께서 약속하신 목자가 있다. 그는 예수님께서 펼치신 책에 기록된 말씀으로(계 10장) 새 하늘과 새 땅을 창조하고 있다(계 21장). 예수님께서 하늘의 씨를 뿌린 지 2천 년이 되는 오늘날, 영적 이스라엘은 이미 끝이 났다. 지금은 알곡 성도를 추수하여 하나님 나라를 이 땅에 창조하고 하나님을 모시고 영육이 함께 사는 영적 새 이스라엘 즉 신천지 시대다.[5]

어떤 것이 진리라면 그 가르침의 내용이 변질되지 않는 한 진리다. 다르게 표현하자면 어떤 가르침의 내용이 진리냐 아니냐는 그것을 지키고자 하는 사람들에 의해 결정되는 것이 아니라 그것 자체가 옳으냐 그르냐에 달려 있는 것이다. 예를 들어보자. 성경에는 십계명이 있고, 그것을 요약하여 가르쳐주신 것이 "주 너희 하나님을 사랑하고 네 이웃을 네 몸과 같이 사랑하라"는 주님의 명령이다. 이것이 정통적인 가르침이고 주의 말씀인 진리다. 어느 시대의 성도라도 이 명령을 존중하고 받아들여야 한다. 누군가가 그 말씀을 지키느냐 지키지 않았느냐와 상관없이 십계명이나 그 십계명을 요약하여 가르쳐주신 주님의 말씀은 진리라는 뜻이다. 그런데 이만희는 그 가르침이 옳은지 그른지, 주님의 말씀인지 아닌지로 진리와 비진리를 구분하는 것이 아니다. 사람이 죄인인지 아닌지, 그래서 하나님이 함께하시는지 그렇지 않은지의 이상한 잣대를 동원해 진리와 비진리를 구분하고 이단과 정통을 구분하고 있다.

---

5) 『천지창조』, pp.153-157.

하나님이 죄인과 함께하지 않으시고 의인과만 함께하신다는 것도 단지 그의 주장일 뿐이다. 성경은 "의인은 없나니 하나도 없다"(롬 3:10)고 분명히 선언하고 있다. 그래서 주님도 "하나님 한 분 외에 선한 이가 없느니라"(막 10:18; 눅 18:19)고 하셨다. 죄인은 결국 그 죄 때문에 망하게 되고 하나님의 심판도 받게 되겠지만 하나님은 죄인도 사랑하신다. 그래서 독생자까지 내어주셨다. 이것은 예수님도 마찬가지셨다. 그래서 그분은 모두가 다 죄인이라며 피하는 세리와도 함께하셨고, 간음하다 현장에서 붙잡힌 여인도 용서해주셨다. 그러므로 이만희의 진리와 비진리, 이단과 정통이라는 잣대는 그 자체가 잘못된 것이다.

한편 이만희가 옛 언약과 새 언약 교리를 정당화하기 위해 사용한 예화 중의 하나가 종교개혁이다. 그는 사람들의 부정과 부패, 타락을 언급한 후, 종교개혁 당시의 로마 가톨릭의 부패도 살짝 집어넣어 그것을 정당화한다. 그러나 종교개혁은 그의 주장과는 정반대의 경우에 해당한다. 종교개혁의 근본적인 정신은 **성경으로 돌아가자**는 것이었다. 종교개혁자들은 변질되어 잘못된 교리를 가르치고 그 교리를 이용해 헌금을 거두는 등 행위구원을 주장하며, 잘못된 교리를 이용해 온갖 못된 짓을 일삼는 로마 가톨릭에 대항해 "근원으로 돌아가자", "성경대로 하자"고 하면서 **오직 성경, 오직 은혜, 오직 믿음**을 강조하고, 신약성경 로마서 1장 17절에 있는 말씀을 붙들고 "오직 의인은 믿음으로 말미암아 살리라"고 외쳤던 것이다.

가르치는 내용과 상관없이 현실적인 문제점을 비판하는 새로운 가르침이 나오면 문제가 된 사람뿐만 아니라 이전에 가르쳤던 내용까지 "이단이다"라고 정죄하는 이만희식의 주장과는 정반대로, 종교개혁은 원래 가르친 내용으로 되돌아가자는 운동, 즉 성경으로 돌아가서 예수님이 제자들에게 가르치시고, 제자들이 또 제자들을 삼아 가르친 바로 그 복음으로 돌아가자는 운동이었던 것이다. 이만희의 옛 언약과 새 언약 교리는 마치 어떤 사람이 죄를 지으면 그 사람만 죄인이 되는 것이 아니라 그 사람의 죄를 판단했던 법도 틀렸다는 황당한 주장이 아닐 수 없다.

신격화와 영적 사기

앞에서 이만희의 옛 언약과 새 언약 교리의 끝에는 장막성전의 악마적 언약과 신천지의 유치한 언약이 있다는 사실을 살펴보았다. 결국 그는 그와 같은 엉터리 언약을 옛 언약과 새 언약으로 포장하기 위해서 말도 되지 않는 엉터리 언약론을 주장한 것이다. 그렇다면 그는 왜 그와 같은 황당한 주장을 하는 것일까?

그것은 두말할 것도 없이 자신의 신격화를 위함이다. 이만희는 이 교리를 통해 성경에서 가르치고 있는 복음을 부인하고, 자신을 '약속한 목자'라고 하면서 예수님을 구세주의 자리에서 끌어내려 그 자리에 자신이 앉으려고 한다. 또 자신이 받았다는 계시를 통해 성경과는 '다른 복음'을 전파하면서 오히려 예수님을 믿는 성도들을 이단으로 만들고 자신을 추종하는 자들을 정통으로 추켜세운다.

시대마다 서로 다른 새 언약이 있었다는 이만희의 주장은 언뜻 들으면 그럴듯하게 들릴지도 모른다. 하나님이 아담과 노아, 아브라함 등 여러 사람들과 언약을 맺으신 것은 사실이며, 예수님을 통해 새로운

　　　　　　　　한 권으로 끝내는 신천지 비판

언약을 주신 것도 사실이고, 긴 세월 동안 여러 선지자들을 통해 이런 계시, 저런 계시도 주셨기 때문이다. 그러나 그의 주장은 하나님의 언약과 선지자들의 예언을 잘못 이해한 것이다.

하나님은 선지자들을 통해 여러 가지 예언을 하셨다. 그 예언에는 개인적인 내용도 있었고, 국가적·국제적인 내용도 있었다. 그래서 사건마다 서로 다른 예언들이 있는 것처럼 보인다. 그러나 여러 사람과 다양한 사건을 통해 주어졌음에도, 메시아와 관계된 예언은 제각기 다른 구원이 아니라 다양하게 표현된 동일한 구원의 약속이었다. 즉 그 예언들은 여자의 후손인 예수 그리스도와 관련된 하나의 언약이었다는 말이다.

이와 같은 사실은 성경에 나온 언약을 종류별로 나누어보면 쉽게 알 수 있다. 흔히 하나님의 언약은 행위언약과 구속언약, 그리고 은혜언약 등 세 가지로 나누거나, 구속언약을 은혜언약에 포함시켜 두 가지로 나눈다. 행위언약은 아담과 하와가 타락하기 이전에 단 한 번 그와 맺었던 조건부 언약으로서 선악과의 언약이고, 은혜언약은 타락 이후 주어진 여자의 후손(창 3:15)과 관련된 무조건적 언약으로 수많은 사람을 통해 다양한 형태로 여러 번 주어진 언약이다. 즉 은혜언약은 구약이든 신약이든 예수님을 증거하고 있다는 입장에서는 같은 것으로, 차이가 있다면 구약은 오실 예수님에 대한 것이고, 신약은 오신 예수 그리스도와 다시 오실 예수 그리스도에 관한 것이라는 사실이다. 퍼즐을 맞추면 하나의 그림이 완성되듯이 이처럼 여러 조각으로 이루어진 은혜언약은 단 하나의 언약을 구성하고 있다.

그런데 이만희는 이와 같은 하나의 언약을 비틀어버렸다. 그는 누군가를 통해 새로운 계시가 주어지고 언약이 맺어지면, 이전의 언약은 이단이 되어버리고 새로운 언약만이 효력을 갖는다고 주장한다. 이제 부터 그의 주장이 얼마나 비성경적인 것인지, 예수님의 가르침과 사도 들과 선지자들의 증언을 통해 살펴보자.

예수님의 가르침

예수님은 선지자들이 여러 형태의 예언을 했고, 하나님이 노아와 아브 라함 등 여러 사람과 언약을 맺으셨음에도 불구하고 "너희가 성경에서 영생을 얻는 줄 생각하고 성경을 상고하거니와 이 성경이 곧 내게 대 하여 증거하는 것이로다"(요 5:39)라고 말씀하셨다. 성경에서 영생을 얻 는 문제와 관련하여 여러 가지 길이나 방법이 있는 것이 아니라 단 한 길, 오직 예수님을 통한 길이 있음을 말씀하신 것이다.

예수님의 이 말씀은 어떤 의미를 가지는가? 이 말씀은 구약에 등장 하는 다양한 언약들이 새로운 언약에 의해 폐기처분되고 이단이 되는 것이 아니라, 노아 때의 언약이나 아브라함 때의 언약, 그리고 모세 때 의 언약 등 모든 언약이 다 정통이며 진리이고, 주님을 증거하고 있다 는 말씀이다. 그러므로 주님의 이 가르침은 한마디로 이만희의 주장을 "엉터리!"라고 꾸짖으시는 것이다.

또 예수님은 "너희 조상 아브라함은 나의 때 볼 것을 즐거워하다가 보고 기뻐하였느니라"(요 8:56)고 하셨다. 또한 "모세를 믿었더면 또 나 를 믿었으리니 이는 그가 내게 대하여 기록하였음이라"(요 5:46)고 하셨 다. 이만희의 주장대로라면 아브라함 때 맺었던 언약은 모세의 언약에

　　　　　　　　　한 권으로 끝내는 신천지 비판

의해 옛 언약이 되고 모세 때의 언약이 새 언약이 되었으며, 이 둘은 서로 달라야 한다. 그러나 성경은 그렇게 말씀하지 않는다. 아브라함이나 모세 둘 다 예수님과 관련이 있다고 말씀한다.

뿐만 아니라 예수님은 부활하신 후에 구약성경에 대한 유대인들의 전형적인 표현인 "모세의 율법과 선지자의 글과 시편"이라고 하시면서 구약성경에서 당신에 대해 예언하고 있었던 모든 것이 자신의 부활을 통하여 이루어졌다고 말씀하셨다.

모세의 율법과 선지자의 글과 시편에 나를 가리켜 기록된 모든 것이 이루어져야 하리라 한 말이 이것이라(눅 24:44).

이 말씀은 무슨 뜻일까? 보통 '율법서' 혹은 '모세의 율법'이라고 하면 창세기, 출애굽기, 레위기, 민수기, 신명기 등 다섯 권을 가리키는 것으로 흔히 모세오경이라고 한다. 이것은 모세가 이스라엘 백성을 애굽에서 가나안으로 인도하여 내는 과정 가운데 그 책들을 기록했기 때문이다. 이만희는 그 모세오경에 기록되어 있는 아담 언약과 노아 언약, 아브라함 언약과 모세 언약 등이 서로 다른 것이라고 한다. 그런데 예수님은 그 언약들이 비록 형태는 다르지만 모두 자신에 대해 기록하고 있는 단일한 언약이라고 말씀하시는 것이다.

더군다나 선지자의 글과 시편까지 언급하심으로써 구약성경 전체에서 말씀하고 있는 구원의 언약은 모두 다 하나이고, 시대마다 여러 명의 구원자를 증거하고 있는 것이 아니라 오직 자신만을 증거한다고 말씀하신다. 한마디로 말해 예수님이 이만희를 향해 "네가 틀렸다!"라고 선포하시는 것이다. 이만희의 주장, 즉 시대마다 새로운 언약들이 출현하고 그 언약들이 서로 다른 목자, 서로 다른 메시아를 증거하고 있다는 주장은 예수님의 가르침과는 달라도 너무 다르다.

선지자와 사도들의 증언

성경은 한 권의 책이지만 보통 신·구약성경으로 나눈다. 구약성경은 창세기부터 말라기까지 39권이고, 신약성경은 마태복음부터 요한계시록까지 27권이다. 이 둘을 합친 성경은 사실 66권의 책을 모은 것이지만, 주제와 내용에 있어서 서로 모순됨이 없이 오직 한 분 예수 그리스도를 증거하고 있다는 점에 있어서 통일되어 있기 때문에 한 권의 책으로 여겨진다. 그런데 이만희는 여기에 대해 이의를 제기한다. 그는 시대별 구원자를 제시하는 '목자론'을 펴고, '선천과 후천'을 언급하면서 새로운 목자가 와서 가르침을 주면 이전의 정통이던 것도 이단이 된다고 주장한다. 그러나 예레미야 선지자는 새 언약에 대해 예고하면서 다음과 같이 말하고 있다.

31여호와의 말씀이니라 보라 날이 이르리니 내가 이스라엘 집과 유다 집에 새 언약을 맺으리라 32이 언약은 내가 그들의 조상들의 손을 잡고 애굽 땅에서 인도하여내던 날에 맺은 것과 같지 아니할 것은 내가 그들의 남편이 되었어도 그들이 내 언약을 깨뜨렸음이라 여호와의 말씀이니라 33그러나 그날 후에 내가 이스라엘 집과 맺을 언약은 이러하니 곧 내가 나의 법을 그들의 속에 두며 그들의 마음에 기록하여 나는 그들의 하나님이 되고 그들은

     한 권으로 끝내는 신천지 비판

내 백성이 될 것이라 여호와의 말씀이니라 34그들이 다시는 각기 이웃과 형제를 가르쳐 이르기를 너는 여호와를 알라 하지 아니하리니 이는 작은 자로부터 큰 자까지 다 나를 알기 때문이라 내가 그들의 악행을 사하고 다시는 그 죄를 기억하지 아니하리라 여호와의 말씀이니라(렘 31:31-34).

예레미야의 새 언약에 대한 이 예고로 말미암아 옛 언약과 새 언약이란 말, 즉 구약과 신약이란 용어가 생겨나게 되었다. 그런데 선지자가 말한 이 예언 속의 두 언약은 서로 다른 것일까? 그렇지 않다. 이 언약들은 내용적으로 완벽하게 같은 언약이다. 다만 차이가 있다면 옛 언약이 애굽에서 나올 때 돌판 위에 기록해주신 외면적인 법이었다면, 새 언약은 사람들의 마음 판에 새겨주시는 내면적인 법이라는 사실이다. 외면적인 법은 사람을 완전히 변화시키지 못하고 실패할 수도 있지만, 내면적인 법은 하나님이 사람의 중심에 새겨주시기 때문에 효과나 능력에 있어서 절대로 실패하지 않고, 그 사람을 온전한 하나님의 백성이 되게 한다.

그런데 이만희는 옛 언약과 새 언약이 마치 내용에 있어서도 서로 다른 것처럼 주장하며, 그것을 근거로 예수님이 제자들에게 가르치시고 그 제자들이 또 다른 제자를 가르쳐 오늘에 이르게 된 복음을 또 다른 옛 언약으로 만들어버리고 자신이 받았다고 하는 악마적 계시를 새 언약, 정통이라고 하면서 정당화한다. 그러나 그것은 미혹하는 거짓말이며, 바울이 경고한 저주받을 **다른 복음**(갈 1:8)에 불과하다.

구약과 신약이, 혹은 옛 언약과 새 언약이 내용적인 면에서 완벽하게 서로 같다는 것은 신약의 증언을 통해서도 확인할 수 있다. 사도 요한은 다음과 같이 말한다.

> 7사랑하는 자들아 내가 새 계명을 너희에게 쓰는 것이 아니라 너희가 처음부터 가진 옛 계명이니 이 옛 계명은 너희가 들은 바 말씀이거니와 8다시 내가 너희에게 새 계명을 쓰노니 그에게와 너희에게도 참된 것이라 이는 어둠이 지나가고 참 빛이 벌써 비침이니라(요일 2:7-8).

이 말씀은 신천지의 이만희가 그렇게도 자주 언급하는 사도 요한이 쓴 것이다. 그는 새 계명을 쓰고 있는 것이 아니라 옛 계명을 쓴다고 하면서도 자기가 쓰고 있는 계명이 새 계명이라고 한다. 옛 계명과 새 계명이 같은 것이지만 어떤 측면에서는 서로 다르다고, 즉 앞에서 살펴본 것과 같이 내용은 같지만 효과나 능력에 있어서 다르다고 말하는 것이다.

아담 언약과 신천지

이만희는 반복적 언약론에서 출발하여 선천과 후천, 정통과 이단의 기준을 세우고 정통 기독교인들이 마치 예수님을 영접하지 않았던 유대인들과 같은 존재라고 매도한다. 또 그는 기독교인들을 영적 이스라엘이라고 하는 대신, 자기를 추종하는 신천지 신도들을 영적 새 이스라엘이라고 한다. 그 모든 주장의 이단성을 밝히기 위해 이제부터 그의 언약론이 얼마나 엉터리인지 구체적으로 살펴보자.

이만희는 "천지 창조주와 선민과의 언약"이라는 제목 아래 "천지창조주 하나님께서는 시대마다 목자를 택하고 언약하셨다. 그리고 언약을 지키면 헤아릴 수 없는 복을 주시고 어기면 그에 상응하는 벌을 내리겠다고 하셨다. 그 언약은 한마디로 조건부 약속이다. 시대마다 하나님과 선민과의 언약은 어떠하였는지 알아보자"고 하면서 하나님과 아담과의 언약을 설명한다.

> 아담을 창조하신 하나님께서 동방의 에덴에 동산을 창설하시고 각종 열매 맺는 나무도 나게 하시니, 동산 중앙에 생명나무와 선악나무도 있었다. 하나님께서는 아담에게 각종 나무 열매는 먹어도 좋으나, 선악과를 먹는 날에는 죽게 될 것이므로 그것만큼은 먹지 말라고 금지하셨다(창 2:16-17). 이것이 하나님과 아담과의 언약이었다.[6]

그는 이 언약에 대해 '하나님은 아담과 하와에게 선악과를 통해 조건부 언약을 체결하셨다. 그런데 그들이 그 언약을 어겼다. 그래서 죽게 되었다. 이상, 끝!'이라고 생각하는 것 같다. 그가 정말 몰라서 그러는 것인지, 알면서도 일부러 그러는 것인지는 알 길이 없지만, 지나치게 단순화시킨 해석이 아닐 수 없다.

본래 '아담'이란 말은 고유명사로 하면 아담 개인을 가리키는 것이지만, 보통명사로는 '사람'이라는 뜻이다. 그러기에 그는 모든 인간을 대표할 뿐만 아니라 모든 인간을 상징적으로 나타내기도 한다. 그래서 그의 범죄는 모든 사람의 범죄와 동일시되기도 한다(롬 5:12-17). 그

---

6) 『천지창조』, p.122.

러나 아담은 우리와 동일할 수 없는 것이 한 가지 있으니, 바로 죄성에 관한 부분이다. 오늘날 모든 인간들은 다 죽을 수밖에 없는 죄인이지만 최초의 인간 아담은 그렇지 않은 때가 있었다. 그래서 그의 위치는 특별하게 이중적이다. 그런데 이만희와 신천지는 이에 동의하지 않는다. 왜냐하면 그들은 아담 이전에도 많은 사람들이 있었고, 아담이 죄를 짓기 전에 이미 거짓된 교리와 죄가 있었다고 보기 때문이다. 그와 같은 비성경적인 견해로 인해 그들은 아담 언약을 제대로 이해하지 못하고 다른 언약과 동일시하는 우를 범하고 있다.

성경은 아담 이전에 어떤 사람도 없었다고 한다(창 3:20; 말 2:15; 행 17:26). 그런데 이만희는 아담 이전에 사람이 있었다고 한다.[7] 그의 주장에 따르면 창세기 1장에 나오는 해와 달과 별과 각종 나무와 채소, 각종 동물과 물고기들까지도 다 사람이다.[8] 또 창세기 1장 2절의 "땅이 혼돈하고 공허하며 흑암이 깊음 위에 있고"(창 1:2)라는 말씀 중 땅은 흙으로 된 '사람'이고, 혼돈하다는 것은 두 가지 이상의 교리가 섞여 사람들이 '혼란'스러워 하는 것을 의미하고, 공허하다는 것은 성전된 사람의 마음에 함께 계시던 하나님이 떠나가신 결과 '사람의 마음이 비어 있는 것'으로 해석하기도 한다.[9] 이는 『신탄』의 "아담 제단의 조직을 아담 한 사람의 신체 조직에 비추어볼 때 거기에는 수족과 같은 직분과 오장육부의 각 장기와 같은 직분 등이 있었다. 그중에서 갈빗대와 같은 직분의 중임자가 발탁되어 아담의 배필이 된다"는 황당한

---

7) 『천지창조』, pp.76-79.
8) 『천지창조』, pp.55-65.
9) 『천지창조』, p.55.

　　한 권으로 끝내는 신천지 비판

주장과도 맥이 통하는 것이다.[10]

그러나 성경에서 제사는 왜 등장하게 되었는가? 바로 죄의 해결을 위해서다. 죄가 없을 때에는 제사가 필요 없었고, 제사를 드리는 제단도 당연히 존재하지 않았다. 그런데 신천지는 아담과 하와가 타락하기 전에 제단이 있었다고 하면서 이미 죄가 있었다고 하는 것이다. 너무나 명백하게 비성경적인 주장이다. 로마서 5장 12절은 한 사람으로 말미암아 죄가 세상에 들어오게 되었다고 기록되어 있다. 여기에서 '한 사람'은 다름 아닌 아담을 가리키는 말이다(롬 5:12-19). 즉 아담이 죄를 짓기 이전에는 세상에 죄가 없었고, 아담이 죄를 지음으로 말미암아 세상에 죄가 들어오게 되었다는 말씀이다. 신천지와 이만희는 비성경적인 견해를 가지고 있기 때문에 아담의 위치를 제대로 파악하지 못하고, 결과적으로 아담에게 주어진 하나님의 언약도 바르게 이해하지 못하고 있다.

구원의 언약이 필요하게 된 아담

성경에 주로 등장하는 언약은 구원을 위한 언약이다. 이런 의미에 있어서 아담에게 주신 첫 번째 언약인 선악과 언약은 보통 언약들과는 다르다. 그것은 특별한 언약으로 다음과 같은 특징들을 가지고 있었다.

첫째, 선악과 언약은 구원을 위한 언약이 아니었다. 성경에서 말하는 언약은 주로 구원과 관련되어 있다. 구원이란 말은 주로 죽음으로부터의 구출을 의미한다. 아담과 하와가 타락하기 이전에는 그와 같은

---

10) 『신탄』, p.85.

구원이 필요하지 않았다. 왜냐하면 죽음이란 죄의 결과로 온 것으로 죄가 없던 그들은 가만히 있어도 죽지 않을 수 있었기 때문이다. 그러므로 그 언약은—비록 어기면 죽음의 위협이 가해지고, 어기지 않으면 선악과 곁에 있는 생명과를 통해 영생을 누리게 될 것이었지만—그들이 죽음의 구렁텅이 속에 있지는 않았기 때문에 구원을 위한 언약이라고 할 수는 없다. 그런데 이만희는 그와 같은 선악과 언약의 특징을 이해하지 못하고 선악과의 명령을 구원을 위한 언약으로 취급한다.

둘째, 선악과 언약은 하나님께서 인간의 위치를 기억하게 하신 언약이다. 아담과 하와에게 주신 금단의 명령은—그것을 어기는 경우에는 죽게 될 것이라는 경고가 주어지기는 했지만—그 열매를 볼 때마다 천지만물을 창조하시고 그 모든 것들을 누리게 하신 하나님을 알고, 그분의 말씀을 기억하며, 감사하면서 그 말씀에 순종하여 그분을 섬기는 **예배의 삶**을 살게 하기 위한 것이었다. 다른 말로 하면, 인간은 선악과 언약을 지킴으로써 인간으로서의 독특한 위치를 지킬 수 있었다.

셋째, 선악과 언약은 행위언약으로서 하나님의 명령대로 선악과를 따 먹지 않는 행위를 조건으로 한 언약이었다. 창조 당시에 아담과 하와는 아직 죄를 짓지 않은 상태로, 죄를 짓고자 하는 죄성 자체가 없었다. 죄의 영향을 받지 않고 자유의사에 따라 선택할 수 있는 능력이 있었다는 말이다. 그러므로 그들은 하나님이 제시하신 조건을 행할 수 있는 능력도 있었다. 그러나 그들이 선악과를 따 먹고 타락한 이후에는 그렇지가 않았다. 겉으로는 여전히 자유의사로 선악을 택할 수 있는 능력이 있는 것 같지만 실제적으로는 그렇지 않게 되었다.

물론, 이에 대해 많은 사람이 이의를 제기한다. 오늘날도 여전히 사

한 권으로 끝내는 신천지 비판

람들은 자유의지에 따라 선악을 선택한다는 것이다. 그러나 여기에서 말하는 선악의 개념은 도덕적·윤리적인 선악의 개념이 아니라 성경적인 개념이다. 즉 하나님과의 관계 속에서의 선악이며, 인간이란 공중 권세 잡은 자의 영향 아래 있어서 로레인 뵈트너(Loraine Boettner, 1901-1990)의 말처럼 "맛있는 뼈다귀 앞에 군침을 흘리고 참지 못하는 강아지처럼 죄를 짓게 된다"는 말이다. 그처럼 타락한 이후, 모든 인간은 죄의 종이 되어서 죄의 영향을 깊이 받게 되었다. 그래서 노아 시대에는 하나님이 "사람의 죄악이 세상에 가득함과 그의 마음으로 생각하는 모든 계획이 항상 악할 뿐임을 보시고 땅 위에 사람 지으셨음을 한탄하사 마음에 근심"(창 6:5-6)하실 지경이 되었다.

예수님도 바리새인들과 논쟁하시면서 "입으로 들어가는 것이 사람을 더럽게 하는 것이 아니라 입에서 나오는 그것이 사람을 더럽게 하는 것이니라"(마 15:11)고 하시며, 사람이 죄를 지어서 죄인이라기보다 죄인이기 때문에 죄를 지을 수밖에 없는 존재임을 말씀하셨다. 이에 대해 시편 기자도 "여호와께서 하늘에서 인생을 굽어살피사 지각이 있어 하나님을 찾는 자가 있는가 보려 하신즉 다 치우쳐 함께 더러운 자가 되고 선을 행하는 자가 없으니 하나도 없도다"(시 14:2-3)라고 노래하고, 바울도 의인은 없나니 하나도 없다고 선언한다(롬 3:10). 모든 인간은 아담과 하와가 타락한 이래 죄에 대해 자유롭지 못하고, 너무나 익숙하다보니 "구스인이 그의 피부를, 표범이 그의 반점을 변하게 할 수 있느냐 할 수 있을진대 악에 익숙한 너희도 선을 행할 수 있으리라"(렘 13:23)고 한 예레미야의 말씀처럼 선(영적 선)을 행할 수 없는 존재가 되고 만 것이다.

결론적으로 인간은 아담이 타락하기 이전에 가지고 있던 자유의지로 선을 행할 수 있는 능력을 상실했기 때문에, 어떠어떠한 일을 행하라, 그러면 살리라는 식의 조건적 언약, 즉 행위언약을 통해서는 구원받지 못한다. 갈라디아서는 이 사실을 분명히 하기 위해 어떤 율법을 지켜서 구원을 받게 된다고 주장하는 사람은 그리스도의 은혜를 훼손하여 "그리스도에게서 끊어지고 은혜에서 떨어진 자"(갈 2:16-21; 5:4)라고 하면서 강력하게 경고하고 있다. 성경은 이처럼 죄성에 물든 인간이 율법을 지켜도, 선을 행해도, 주일학교에서 부르는 복음성가의 가사처럼 돈 갖고도, 맘 착해도, 지식으로도, 어여뻐도, 행위나 어떤 조건으로는 하나님 나라에 들어가지 못한다는 사실을 분명히 하고 있다. 대신 오직 예수 그리스도를 믿음으로만 천국에 들어가게 된다고 하는데, 여기에서 말하고 있는 **믿음**이란 그 가사에서 암시하는 것과 같이 사람의 행위와 반대적인 개념에서의 믿음, 즉 하나님의 은혜로 말미암는 믿음이다. 그런데 이와 같은 사실은 이제 구원받아야 할 필요가 있게 된 아담과 하와에게 주신 하나님의 새로운 언약에 분명하게 나타난다.

하나님은 아담, 하와와 두 번의 언약을 맺으셨다. 첫 번째 언약은 앞에서 다룬 **행위언약**이다. 그러나 두 번째 언약은 그들이 타락해 오늘 우리와 같이 죄의 영향을 깊이 받고 있을 때 맺으신 언약으로, 지킬 수 없는 행위를 조건으로 한 조건적 언약이 아니라 행위와는 아무런 관계가 없는 무조건적인 **은혜의 언약**이었다. 그것은 바로 여자의 후손(창 3:15)에 관한 약속이다. 이 약속은 성경 전체의 핵심적 주제로서 성경에 등장하는 구원에 관한 모든 언약들이 바로 이 언약에 근거한다. 이 언약의 의미는 성경의 역사가 진행되면서 보다 더 범위가 좁혀지면서 점점 더 구체화되어, 마침내 동정녀 마리아를 통한 예수님의 탄생으로 이어진다. 바로 이런 점에서 약 36명에서 40명에 이르는 저자에 의해 구약 1,500년, 신약 100년, 도합 약 1,600년 동안에 걸쳐 기록된 성경의 중심 내용은 약속된 여자의 후손인 예수 그리스도로 통일되는 것이다. 그래서 신·구약, 혹은 66권으로 나누어진 성경은 하나의 책이 된다.

그런데 이만희의 언약론은 아담이 아직 죄를 짓지 않았을 때의 일시적 행위언약에 근거해서 모든 은혜언약을 조건부 행위언약으로 바꾸어버리고, 성경 전체를 아우르고 있는 하나님의 은혜언약은 아예 다루지도 않는다. 그는 아담 언약에 있어서 선악과 언약이 마치 구원에 관한 언약인 것처럼 주장하고, 훨씬 더 중요한 여자의 후손에 관한 구원의 언약을 배제하면서 일시적인 것을 전체적인 것으로 바꾸어버린 것이다

노아 언약

이만희는 『천지창조』에서 "정통과 이단에 대한 구분"을 다루면서 "이 땅에 있던 최초의 정통은 하나님께서 창조하신 아담이었다. 그러나 아담이 뱀의 말을 듣자 하나님께서는 아담을 떠나 노아에게 가셨다. 하나님께서 떠나가신 아담에게는 더 이상 하나님의 말씀이 나오지 않게 되었다"라고 주장한다.[11] 또 "노아와의 언약"이란 제목 아래 다음과 같이 주장하기도 한다.

---

11) 『천지창조』, pp.355-356.

하나님께서는 죄가 가득한 아담의 후손들을 홍수로 심판하시고, 노아와 세 아들을 중심으로 새로운 세계를 창조하셨다. 방주에서 나온 노아의 가족들에게 복 주시기를, 생육하고 번성하여 땅에 편만(遍滿 : 충만)하라고 하셨다. 그리고 모든 짐승과 새와 바다의 모든 고기를 그들의 손에 붙여주시고, 모든 살아 있는 동물을 식물(食物)로 주시되 피째 먹지는 말라고 하셨다. 또한 다시는 모든 생물을 홍수로 멸하지 않겠노라 언약하시며 그 증표(證票)로 무지개를 구름 사이에 두셨다(창 9:1-17). 또한 이 무지개는 범죄한 아담 세계를 기억하게 하는 것이었다. 훗날 노아의 둘째 아들 함이 이 언약의 무지개를 보고도 아담, 하와 같은 죄를 지어 저주를 받았으니 이는 언약을 보고도 지키지 못한 것이었다.[12)]

이만희의 이와 같은 주장은 하나님의 본래 의도를 나타내고 있는 성경과는 정반대의 주장이다. 이제부터 그의 주장이 왜 성경과는 정반대인지, 그 언약의 배경과 내용을 살펴보자.

먼저, 이만희는 아담이 범죄하자 하나님이 그를 떠나 노아에게로 가셨다고 한다. 이것은 사람들을 우롱하는 이야기다. 생각해보자. 아담과 노아는 어느 시대 사람인가? 둘이 비슷한 시대 사람인가? 아담과 노아가 같은 시대 사람이면 이쪽에서 범죄하니까 저쪽으로 간다는 말이 납득이 된다. 하지만 성경의 족보만 가지고 따져도 아담의 범죄 후 천 년 정도가 지나서 노아가 태어나게 되는데, 어떻게 하나님이 아담과 함께할 수 없어서 노아에게 가셨다고 하겠는가? 그 사이에 하나님

은 어디에 계셨을까? 이것은 고려의 왕건이 범죄하니까 하나님이 왕건을 버리시고 쉬시다가 대한민국의 박근혜 대통령에게 가셨다는 식의 이야기로, 웃기지도 않는 주장이다. 이만희는 성경에서 아담에 대한 기록에 이어서 노아가 등장하기에 사람들이 그 연대차를 실감하지 못하는 것을 이용하고 있다.

물론, 여기에 대해 하나님이 아담을 떠나가셨다는 것은 아담 개인을 떠나가신 것이 아니라 아담으로 대표되는 그의 후손의 세계에서 떠나가신 것이라고 변명할지도 모르겠다. 그러나 그렇게 억지로 꿰어 맞춘다 하더라도 노아는 아담의 후손이 아닌가? 그 논리대로라면 아담의 후손인 노아에게서도 하나님이 떠나가셔야 하지 않았겠는가? 더구나 성경은 다음과 같이 말씀한다.

21에녹은 육십오 세에 므두셀라를 낳았고 22므두셀라를 낳은 후 삼백 년을 하나님과 동행하며 자녀들을 낳았으며 23그는 삼백육십오 세를 살았더라 24에녹이 하나님과 동행하더니 하나님이 그를 데려가시므로 세상에 있지 아니하였더라(창 5:21-24).

이만희는 자신에게 필요한 부분만 가지고 성경을 해석한다. 그의 주장대로라면 하나님은 죄인과 함께하실 수 없어 떠나가시고, 그 죄인은 이단이 된다. 그러나 에녹은 분명히 범죄한 아담의 후손이고 노아 이전의 사람이었음에도 불구하고 하나님과 동행했다. 게다가 신약성경 히브리서 11장에서는 에녹뿐만 아니라 아담의 자식인 아벨도 믿음의 사람이라고 묘사한다.

다음으로 생각해볼 것은 노아와 가족의 의로움에 대한 문제다. 이 만희는 하나님이 홍수로 사람들을 멸하셨지만, 노아를 선택하시고 언약을 맺으신 이유에 대해 다음과 같이 주장한다.

하나님께서는 아담을 지으셨을 때 그에게 만물을 맡겨 다스리게 하시며 많은 복을 주셨다. 그러나 아담이 하나님의 말씀을 어기고 배도하였을 때에는 가차(假借) 없이 그를 떠나셨다. 그리고 아담의 후손 가운데 의로운 노아를 택하시고 부패한 아담의 후예들을 홍수로 멸하셨다.[13]

하나님께서 사람에게서 떠나가신 이유는 사람의 죄 때문이며, 죄인과 하나 되면 하나님도 죄와 하나 되기 때문에 떠나가셔야만 했던 것이다. 이후 하나님께서는 아담의 9대 손 노아에게 찾아가셨고, 노아의 여덟 식구를 구원하신 후 범죄한 아담의 세계를 홍수로 쓸어버리셨다. 이것이 아담 세계의 멸망이다. 하나님께서는 왜 창조한 그 많은 것을 쓸어버리셨을까? 그것은 그들의 죄와 더러움이 노아 가족에게 물들까 하여 없애신 것이다.[14]

이만희는 노아가 의로웠기 때문에 하나님이 그를 선택하시고 언약을 맺으셨으며, 그의 가족에게 죄악과 더러움이 물들까 봐 사람들을 멸망시키셨다고 한다. 사실, "이것이 노아의 족보니라 노아는 의인이요 당대에 완전한 자라 그는 하나님과 동행하였으며"(창 6:9)라는 말씀이 성

---

13) 『천지창조』, pp.153-154.
14) 『천지창조』, p.147.

　　　　　　　　　　　　　　한 권으로 끝내는 신천지 비판

경에 있기 때문에 그의 주장처럼 '노아가 의로웠기 때문에 선택되고 구원받았다'고 생각하기 쉽다. 그러나 그것은 하나님의 진정한 의도도 잘 모르고, 성경을 잘못 봐도 한참 잘못 본 것일 뿐만 아니라 아예 거꾸로 본 것이다. 왜냐하면 하나님이 노아와 언약을 맺으실 때의 배경에 대해 성경은 다음과 같이 말씀하고 있기 때문이다.

> 5여호와께서 사람의 죄악이 세상에 가득함과 그의 마음으로 생각하는 모든 계획이 항상 악할 뿐임을 보시고 6땅 위에 사람 지으셨음을 한탄하사 마음에 근심하시고 7이르시되 내가 창조한 사람을 내가 지면에서 쓸어버리되 사람으로부터 가축과 기는 것과 공중의 새까지 그리하리니 이는 내가 그것들을 지었음을 한탄함이니라 하시니라(창 6:5-7).

창세기 6장은 아담과 하와가 타락한 이후 그 죄의 결과가 온 인류에게 어떤 영향을 미치게 되었는지를 잘 보여주고 있다. 성경은 홍수 이전에 이미 죄에 물든 인간이 선을 행할 수 있는 능력을 가진 존재가 아니라는 사실을 분명히 하고 있다. 오죽하면 하나님이 사람의 죄악이 세상에 가득한 것과 사람의 모든 계획이 항상 악할 뿐임을 보시고 사람 지으셨음을 한탄하시기까지 했겠는가? 그런데 이것은 홍수 이후에도 마찬가지였다.

> 20노아가 여호와께 제단을 쌓고 모든 정결한 짐승과 모든 정결한 새 중에서 제물을 취하여 번제로 제단에 드렸더니 21여호와께서 그 향기를 받으시고 그 중심에 이르시되 내가 다시는 사람으로 말미암아 땅을 저주하지 아

니하리니 이는 사람의 마음이 계획하는 바가 어려서부터 악함이라 내가 전에 행한 것같이 모든 생물을 다시 멸하지 아니하리니 22땅이 있을 동안에는 심음과 거둠과 추위와 더위와 여름과 겨울과 낮과 밤이 쉬지 아니하리라(창 8:20-22).

이만희는 하나님이 아담의 후손들의 죄와 더러움이 노아의 가족들에게 물들까 봐 홍수로 그들을 다 쓸어버리셨다고 한다. 그의 주장대로 하자면 죄인들은 모두 죽었으니, 살아남은 노아와 가족들은 죄가 없었어야 한다. 그러나 성경은 그의 주장과는 다르게 홍수 직후, 노아와 그의 가족 중 아직 아무도 죄를 짓지 않았을 때, 즉 하나님이 그와 언약을 맺으시고 무지개를 증거로 주시기도 전에 사람의 마음이 계획하는 바가 어려서부터 악하다고 하시면서 언약을 체결하셨다. 세상에는 노아와 그의 가족밖에 없었는데, 사람이란 다 죄인이며 죄를 지을 수밖에 없는 존재라고 말씀하신 것이다. 이처럼 성경은 노아의 가족뿐만 아니라 노아까지도 다 죄인이라고 한다. 따라서 그들에게 죄가 없었기 때문에 그들이 사람들의 죄에 물들까 봐 사람들을 다 쓸어버렸다는 주장은 성경과는 아주 다른 것이다.

그렇다면 성경이 맞을까, 이만희가 맞을까? 노아와 그의 가족들 또한 멸망한 다른 사람들과 마찬가지로 여전히 죄인이었다면 노아가 의인이었기 때문에 구원받은 것이 아니라는 사실은 분명하다. 그렇다면 "노아는 의인이요 당대에 완전한 자라"는 창세기 6장 9절의 말씀이 무슨 뜻인지를 살펴보아야만 한다. 이만희가 바로 이 말씀에 근거해서 성도들을 미혹하고 있기 때문이다. 그런데 이 논의를 위해서는 먼저

한 권으로 끝내는 신천지 비판

행위구원과 관련된 큰 틀을 살펴보아야 한다.

행함과 믿음

우리가 성경을 해석할 때는 몇 가지 전제가 있다. 예를 들면, **성경은 인간의 언어로 기록된 하나님의 말씀이다**든가, **성경은 하나님의 말씀이기 때문에 무오하며, 비록 인간의 언어로 기록되었지만 죄와 부패에 물들어 있지 않다**는 것 등이다. 생각해보라. 성경이 하나님의 말씀이 아니라거나 오류투성이여서 여기저기 모순된 곳이 많이 있다면 해석할 가치가 있겠는가?

그런데 그와 같은 전제들은 또다시 성경을 해석할 때 필요한 몇 가지 원칙을 낳는다. 그것은 성경이 인간의 언어로 기록되었기에 어법에 맞게 해석해야 하고, 성경을 성경으로 해석하되 서로 모순되지 않게 해석해야 한다는 것이다. 사람이란 이랬다저랬다 변덕이 심하고, 과거에 했던 말도 잊어버려 나중에 딴소리를 한다. 그러나 하나님은 신실하시고 변치 않으시며, 시간의 제약도 받지 않으신다. 말씀하신 것을 잊어버리시거나 딴소리를 하시지도 않는다. 그러므로 어떤 말씀을 대할 때, 다른 본문과 모순되지 않게 해석해야 그 말씀의 분명한 의도를 발견할 수 있는 것이다.

단어는 문장의 상황 속에서 그 의미가 얼마든지 달라질 수 있다. 그러므로 단어는 문맥에 따라 해석해야 한다. 그러나 그 문맥도 더 큰 구조를 염두에 두고 해석해야 한다. 즉 성경의 내용을 전체적인 흐름 속에서 제각기 딴 소리가 나지 않도록 일관성 있게 해석해야 한다는 것이다. 그래서 이와 같은 원칙들은 또한 **서로 모순되게 보이는 내용은 보다 쉽고 명확하게 밝혀진 내용을 통해 해석해야 한다**는 원칙도 낳는다. 즉 **불명확한 것은 명확한 것을 통해서 해석한다**는 것이다. 이제 이와 같은 원칙들을 염두에 두고 믿음과 행위에 대해 살펴보자.

성경에 보면 "행하라! 그러면 살리라!"는 내용의 구절들이 많이 있다(레 18:5; 겔 18:9-22; 33:12-20; 눅 10:28; 롬 10:5). 그래서 이런 구절들만 놓고 보면 이만희의 주장과 같이 죄짓지 않고 착하게만 살고, 율법을 지키기만 하면 그 행위로 인해 구원받을 것 같다. 그러나 성경에는 믿음으로 구원받는다는 말씀도 많이 있다(합 2:4; 롬 1:17; 히 10:38). 이 두 종류의 말씀은 분명히 모순처럼 보인다. 이를 앞에서 살펴본 성경 해석의 원칙을 염두에 두고 생각해보자. 믿음과 행위를 동시에 다루고 있는 에베소서 2장이 도움이 될 것이다.

> 8너희는 그 은혜에 의하여 믿음으로 말미암아 구원을 받았으니 이것은 너희에게서 난 것이 아니요 하나님의 선물이라 9행위에서 난 것이 아니니 이는 누구든지 자랑하지 못하게 함이라 10우리는 그가 만드신 바라 그리스도 예수 안에서 선한 일을 위하여 지으심을 받은 자니 이 일은 하나님이 전에 예비하사 우리로 그 가운데서 행하게 하려 하심이니라(엡 2:8-10).

여기에서는 믿음과 행위 중 어느 것이 하나님의 구원의 방법인지가 분명히 드러나고 있다. 구원은 어떤 선한 행위를 통해서 얻는 것이 아니라 하나님의 은혜로 말미암는 믿음으로 얻게 된다는 것이다. 그런데 사실 성경에는 이와 같은 말씀들이 많이 있으며, 이는 신약시대뿐만 아니라 구약시대에도 동일했다.

23모든 사람이 죄를 범하였으매 하나님의 영광에 이르지 못하더니 24그리스도 예수 안에 있는 속량으로 말미암아 하나님의 은혜로 값없이 의롭다 하심을 얻은 자 되었느니라 25이 예수를 하나님이 그의 피로써 믿음으로 말미암는 화목제물로 세우셨으니 이는 하나님께서 길이 참으시는 중에 전에 지은 죄를 간과하심으로 자기의 의로우심을 나타내려 하심이니 또는 그의 피를 믿음으로 말미암는 화목제물로 세우셨으니 26곧 이 때에 자기의 의로우심을 나타내사 자기도 의로우시며 또한 예수 믿는 자를 의롭다 하려 하심이라 27그런즉 자랑할 데가 어디냐 있을 수가 없느니라 무슨 법으로냐 행위로냐 아니라 오직 믿음의 법으로니라 28그러므로 사람이 의롭다 하심을 얻는 것은 율법의 행위에 있지 않고 믿음으로 되는 줄 우리가 인정하노라(롬 3:23-28).

1그런즉 육신으로 우리 조상인 아브라함이 무엇을 얻었다 하리요 2만일 아브라함이 행위로써 의롭다 하심을 받았으면 자랑할 것이 있으려니와 하나님 앞에서는 없느니라 3성경이 무엇을 말하느냐 아브라함이 하나님을 믿으매 그것이 그에게 의로 여겨진 바 되었느니라 4일하는 자에게는 그 삯이 은혜로 여겨지지 아니하고 보수로 여겨지거니와 5일을 아니할지라도 경건하지 아니한 자를 의롭다 하시는 이를 믿는 자에게는 그의 믿음을 의로 여기시나니 6일한 것이 없이 하나님께 의로 여기심을 받는 사람의 복에 대하여 다윗이 말한 바 7불법이 사함을 받고 죄가 가리어짐을 받는 사람들은 복이 있고 8주께서 그 죄를 인정하지 아니하실 사람은 복이 있도다 함과 같으니라(롬 4:1-8).

이와 같은 말씀들은 믿음과 행위를 대조하면서 행위로 구원받는 것이
아니라 믿음으로 구원받는다는 사실을 분명히 하고 있다. 그러므로 구
원은 행위로 받는 것이 아니라 믿음으로 받는 것이다. 그런데 성경은
단순히 거기에서 멈추지 않는다.

6그리스도의 은혜로 너희를 부르신 이를 이같이 속히 떠나 다른 복음을 따
르는 것을 내가 이상하게 여기노라 7다른 복음은 없나니 다만 어떤 사람들
이 너희를 교란하여 그리스도의 복음을 변하게 하려 함이라 8그러나 우리
나 혹은 하늘로부터 온 천사라도 우리가 너희에게 전한 복음 외에 다른 복
음을 전하면 저주를 받을지어다 9우리가 전에 말하였거니와 내가 지금 다
시 말하노니 만일 누구든지 너희가 받은 것 외에 다른 복음을 전하면 저주
를 받을지어다(갈 1:6-9).

갈라디아서는 갈라디아 지역에 있는 교회들에게 보낸 바울의 편지다.
바울은 그곳에서 예수 그리스도를 믿음으로 구원받게 된다는 구원의
도리를 증거해 교회를 세운 후 그곳을 떠났다. 그런데 유대에서 온 어
떤 교사들이 그곳에 도착해 구원은 예수 그리스도를 믿음으로 얻지만
모세의 할례도 받아야 그 구원이 유지된다고 주장하기 시작했다. 즉
구원의 효력이 믿음에 있는 것이 아니라 실제적으로는 행위에 있다는
행위구원을 가르친 것이다.

그 소식을 들은 바울은 그런 가르침은 복음을 변질시키는 다른 복

음이라고 하면서 하늘에서 온 천사나 혹은 이전에 복음을 증거했던 자기나 그 누구라 해도 이미 증거되었던 복음 외에 다른 복음을 전하면 저주를 받게 될 것이라고 아주 무시무시한 경고를 한다. 여기에서 바울이 저주받을 **다른 복음**이라고 한 것은 이만희가 주장하는 것과 같은 행위구원론, 즉 율법을 지키며 의롭게 살아야만 그 의를 통하여 구원받는다고 하는 율법주의가 분명하다. 갈라디아서는 다음과 같이 율법주의에 대해서도 언급하고 있다.

> 사람이 의롭게 되는 것은 율법의 행위로 말미암음이 아니요 오직 예수 그리스도를 믿음으로 말미암는 줄 알므로 우리도 그리스도 예수를 믿나니 이는 우리가 율법의 행위로써가 아니고 그리스도를 믿음으로써 의롭다 함을 얻으려 함이라 율법의 행위로써는 의롭다 함을 얻을 육체가 없느니라(갈 2:16).

이만희가 언약론을 펴면서 주장한 행위구원론으로는 구원받을 자가 아무도 없다는 말씀이다. 바울은 이어서 율법주의, 즉 율법을 지켜야 구원받는다고 하는 행위구원이 왜 불가능한지에 대해 다음과 같이 말한다.

> 무릇 율법 행위에 속한 자들은 저주 아래에 있나니 기록된 바 누구든지 율법책에 기록된 대로 모든 일을 항상 행하지 아니하는 자는 저주 아래에 있는 자라 하였음이라(갈 3:10).

율법의 행위에 속한 자들, 즉 율법을 지켜야 구원받는다고 하는 자들은 모든 율법을, **항상** 지켜야 한다. 그렇지 않는 자는 "저주 아래에 있는 자"다. 야고보 또한 다음과 같이 말한다.

10누구든지 온 율법을 지키다가 그 하나를 범하면 모두 범한 자가 되나니 11간음하지 말라 하신 이가 또한 살인하지 말라 하셨은즉 네가 비록 간음하지 아니하여도 살인하면 율법을 범한 자가 되느니라(약 2:10-11).

모든 율법은 하나님이 주신 것이므로 단 한 가지만 어겨도 모든 율법을 어긴 것과 같다는 것이다. 어떻게 인간으로서 단 한 가지의 율법도 어기지 않고 다 지킬 수가 있겠는가? 그러므로 율법을 지켜야 구원받는다고 하는 자는 율법의 저주 아래에 있는 자로서 참으로 불쌍한 자다. 그런데 그렇게 생각하고 율법을 지키는 자는 자신만 구원받지 못하고 마는 것이 아니다. 다음의 말씀을 보자.

내가 하나님의 은혜를 폐하지 아니하노니 만일 의롭게 되는 것이 율법으로 말미암으면 그리스도께서 헛되이 죽으셨느니라(갈 2:21).

의롭게 되는 것, 즉 구원받는 것이 율법을 지켜서 얻게 되는 것이라면 그것은 하나님의 은혜를 폐하는 것이 되고, 그리스도가 죽을 이유가 없는데도 죽으신 것이 되게 함으로 그분의 죽음을 헛되게 만든다는 말씀이다. 사실, 예수 안 믿어도 착하게 살고 율법을 지켜서 구원을 받을 수 있다면, 하나님이 우리를 구원하기 위해 은혜를 베푸셔서 독생자 예수님을 보내시고 십자가에서 죽게 하셔야 할 이유가 어디에 있겠는가? 행위구원의 주장은 결국 하나님의 놀라운 은혜를 은혜되지 못하게 하고, 예수 그리스도의 죽음을 헛된 죽음으로 만들어버리는 짓이다. 그러니 그것이 얼마나 큰 죄에 해당하겠는가! 그래서 바울은 이만희와 같이 행위구원론을 주장하는 자들에 대해 다음과 같이 경고한다.

> 2보라 나 바울은 너희에게 말하노니 너희가 만일 할례를 받으면 그리스도께서 너희에게 아무 유익이 없으리라 3내가 할례를 받는 각 사람에게 다시 증언하노니 그는 율법 전체를 행할 의무를 가진 자라 4율법 안에서 의롭다 함을 얻으려 하는 너희는 그리스도에게서 끊어지고 은혜에서 떨어진 자로다(갈 5:2-4).

의인 노아

이만희는 하나님이 노아를 택하신 이유가 그의 의로움 때문이며, 착하고 선한 노아와 그의 가족이 죄악에 물들까 봐 아담의 후손들을 다 쓸어버리신 것이 홍수 심판이라고 한다. 그러나 앞에서 살펴본 대로 아담의 후손이자 타락한 인간은 죄짓지 않고 산다는 것 자체가 불가능하다고 성경은 말씀하고 있으며, 노아와 그의 가족은 언약 전에도 악한 존재로 묘사되고 있다.

창세기 6장에 기록되어 있는 인간의 타락된 모습은 이 세상에 죄가 들어와 모든 사람이 죄의 영향을 받게 된 결과를 보여준다. 그것은 노아와 그의 가족이라 해도 마찬가지였다. 노아와 그 가족이 모두 죄를 지을 수밖에 없는 죄인이었다는 사실은 홍수 후 그들의 행적에서도 잘 드러난다. 노아는 술이 취해 부끄러운 짓을 했고(창 10:20-21), 함은 그의 허물을 드러냈다(창 10:22). 그리고 셈과 야벳의 후손들도 타락한 죄인들이었음은 성경에 기록되어 있는 역사와 인류의 전쟁사를 통해 알 수 있다.

그러므로 아담과 하와가 타락한 이후 인간이 스스로 선을 행해 구원받을 수 있다는 것은 아예 불가능했다. 그렇다면 하나님은 노아와 그의 가족을 어떻게 구원하셨을까? 그리고 노아를 구원하기 전, 그를 의인이요, 당대에 완전한 자로 기록한 이유는 무엇일까?

하나님은 타락한 아담과 하와를 찾아오셨다. 그리고 그들에게 선악과의 언약과 같은 조건적 행위언약이 아닌 무조건적이며 은혜로우신 약속, 은혜언약을 주셨다. 그것이 바로 창세기 3장 15절의 '여자의 후손'에 관한 약속이다. 이 여자의 후손은 구약성경에서 아담 → 셋 → 노아 → 셈 → 아브라함 → 이삭 → 야곱 → 유다 → 다윗의 후손으로 오실 것이 예언되었고, 때가 되어 여자에게서 나셨으니(갈 4:4), 곧 동정녀 마리아를 통해서 이 땅에 오신 예수 그리스도시다(마 1:23). 하나님의 이 구원의 약속은 사람들의 죄악에도 불구하고 취소되거나 변경되지 않았다. 그것은 사람들이 죄인으로 태어나 죄를 지을 수밖에 없는 존재였기 때문에 예수님을 대속제물로 삼아 구원하신 하나님의 은혜로우신 약속이었다. 그래서 이 약속을 **은혜언약**이라고 한다. 그러므로 노아가 선택되고 구원받은 것은 바로 이 하나님의 은혜언약 때문이다.

이 세상에 있는 모든 죄인, 즉 노아와 그의 식구까지 포함한 지상의 모든 인간은 다 멸망해야 마땅했다. 그러나 하나님은 그렇게 하지 않으셨다. 그렇게 하시면 당신의 신실하신 약속인, 여자의 후손에 관한 언약이 이루어질 수 없기 때문이었다. 그래서 그분은 사람들의 죄악에도 불구하고 자신의 신실하신 약속을 이루시고자 한 사람에게 은혜를 입히시고 그 가정을 보존하셨으니, 바로 노아와 그의 가정인 것이다.

창세기 6장은 얼른 보면 이만희의 주장과 맞아떨어지는 것 같다. 거기에는 분명히 "노아는 의인이요 당대에 완전한 자"라는 말씀이 9절에 있기 때문이다. 그래서 노아가 의인이어서 선택된 것처럼 보인다. 그러나 9절 앞에 8절이 있다. 성경을 조금만 더 자세히 보라. 성경은 무엇이라고 이야기하는가?

5여호와께서 사람의 죄악이 세상에 가득함과 그의 마음으로 생각하는 모든 계획이 항상 악할 뿐임을 보시고 6땅 위에 사람 지으셨음을 한탄하사 마음에 근심하시고 7이르시되 내가 창조한 사람을 내가 지면에서 쓸어버리되 사람으로부터 가축과 기는 것과 공중의 새까지 그리하리니 이는 내가 그것들을 지었음을 한탄함이니라 하시니라 8그러나 노아는 여호와께 은혜를 입었더라 9이것이 노아의 족보니라 노아는 의인이요 당대에 완전한 자라 그는 하나님과 동행하였으며(창 6:5-9).

창세기 6장에 있어서의 키워드는 바로 8절에 있는 말씀이다. 아담과 하와가 타락한 이래 세상의 모든 사람은 다 죄의 영향 아래 죄인으로 태어났다. 그 결과를 보여주는 것이 창세기 6장으로 세상은 하나님이 사람 지으셨음을 한탄하실 정도로 악에 물든 모습이었다. 그러나 하나님은 그들을 다 쓸어버리지 않으셨다. 그분은 노아에게 은혜를 입히셨고, 그 은혜의 결과로 노아는 당시의 사람들과 구별된 자로 살 수 있었던 것이다.

이것은 오늘날 우리도 마찬가지다. 우리는 예수 믿기 이전, 즉 성령으로 거듭나기 전에는 "허물과 죄로 죽었던" 상태여서 하나님 보시기에 선을 행할 수가 없었다. 그러나 성령이 임하여 역사하신 결과 내 의지가 변화되어 주님을 섬기며 살게 된 것이다. 성경은 이와 같은 사실을 분명히 하기 위해 "이것이 노아의 족보니라 노아는 의인이요 당대에 완전한 자라"(창 6:9)는 말씀 바로 앞에 "그러나 노아는 여호와께 은혜를 입었더라"(창 6:8)고 말씀한다. 이와 같은 입장에서 볼 때, 구약시대의 노아라 할지라도 여자의 후손으로 오실 메시아, 즉 예수 그리스도 때문에 구원받았다고 할 수 있을 것이다.

반면 이만희가 노아 언약에 대해 가르치고 있는 것은 성경의 가르침과 정반대다. 다음을 보자.

하나님께서는 죄가 가득한 아담의 후손들을 홍수로 심판하시고, 노아와 세 아들을 중심으로 새로운 세계를 창조하셨다. 방주에서 나온 노아의 가족들에게 복 주시기를, 생육하고 번성하여 땅에 편만(遍滿 : 충만)하라고 하셨다. 그리고 모든 짐승과 새와 바다의 모든 고기를 그들의 손에 붙여주시고, 모든 살아 있는 동물을 식물(食物)로 주시되 피째 먹지는 말라고 하셨다. 또한 다시는 모든 생물을 홍수로 멸하지 않겠노라 언약하시며 그 증표(證票)로 무지개를 구름 사이에 두셨다(창 9:1-17). 또한 이 무지개는 범죄한 아담 세계를 기억하게 하는 것이었다. 훗날 노아의 둘째 아들 함이 이 언약의 무지개를 보고도 아담, 하와 같은 죄를 지어 저주를 받았으니 이는 언약을 보고

도 지키지 못한 것이었다.[15)

이만희의 주장을 요약하면 하나님이 언약을 맺으시고 그 증거로 무지개를 주셨는데, 그의 아들이 그 무지개를 보고도 죄를 지어 저주를 받았다는 것이다. 그러나 정말 그런가? 성경은 그의 주장과 다르게 다음과 같이 기록하고 있다.

20노아가 여호와께 제단을 쌓고 모든 정결한 짐승과 모든 정결한 새 중에서 제물을 취하여 번제로 제단에 드렸더니 21여호와께서 그 향기를 받으시고 그 중심에 이르시되 내가 다시는 사람으로 말미암아 땅을 저주하지 아니하리니 이는 사람의 마음이 계획하는 바가 어려서부터 악함이라 내가 전에 행한 것같이 모든 생물을 다시 멸하지 아니하리니 22땅이 있을 동안에는 심음과 거둠과 추위와 더위와 여름과 겨울과 낮과 밤이 쉬지 아니하리라 9:1하나님이 노아와 그 아들들에게 복을 주시며 그들에게 이르시되 생육하고 번성하여 땅에 충만하라 2땅의 모든 짐승과 공중의 모든 새와 땅에 기는 모든 것과 바다의 모든 물고기가 너희를 두려워하며 너희를 무서워하리니 이것들은 너희의 손에 붙였음이니라 3모든 산 동물은 너희의 먹을 것이 될지라 채소같이 내가 이것을 다 너희에게 주노라 4그러나 고기를 그 생명 되는 피째 먹지 말 것이니라 5내가 반드시 너희의 피 곧 너희의 생명의 피를 찾으리니 짐승이면 그 짐승에게서 사람이나 사람의 형제면 그에게서 그의 생명을 찾으리라 6다른 사람의 피를 흘리면 그 사람의 피도 흘릴

---

15) 『천지창조』, pp.122-123.

것이니 이는 하나님이 자기 형상대로 사람을 지으셨음이니라 7너희는 생육하고 번성하며 땅에 가득하여 그 중에서 번성하라 하셨더라 8하나님이 노아와 그와 함께 한 아들들에게 말씀하여 이르시되 9내가 내 언약을 너희와 너희 후손과 10너희와 함께한 모든 생물 곧 너희와 함께 한 새와 가축과 땅의 모든 생물에게 세우리니 방주에서 나온 모든 것 곧 땅의 모든 짐승에게니라 11내가 너희와 언약을 세우리니 다시는 모든 생물을 홍수로 멸하지 아니할 것이라 땅을 멸할 홍수가 다시 있지 아니하리라 12하나님이 이르시되 내가 나와 너희와 및 너희와 함께하는 모든 생물 사이에 대대로 영원히 세우는 언약의 증거는 이것이니라 13내가 내 무지개를 구름 속에 두었나니 이것이 나와 세상 사이의 언약의 증거니라 14내가 구름으로 땅을 덮을 때에 무지개가 구름 속에 나타나면 15내가 나와 너희와 및 육체를 가진 모든 생물 사이의 내 언약을 기억하리니 다시는 물이 모든 육체를 멸하는 홍수가 되지 아니할지라 16무지개가 구름 사이에 있으리니 내가 보고 나 하나님과 모든 육체를 가진 땅의 모든 생물 사이의 영원한 언약을 기억하리라 17하나님이 노아에게 또 이르시되 내가 나와 땅에 있는 모든 생물 사이에 세운 언약의 증거가 이것이라 하셨더라(창 8:20-9:17).

이만희의 주장과는 다르게 성경은 사람이란 어려서부터 생각하는 것과 계획하는 것이 악할 뿐이기 때문에 이전과 같이 죄를 지었다고 해서 멸망시켜버린다면 살아남을 자가 아무도 없을 것이므로 다시는 그와 같이 멸망시키지 않기 위해서 하나님이 은혜로 언약을 맺으시고, 그 증거로 무지개를 두셨다고 말씀한다.

여호수아 언약

신천지의 이만희가 다룬 언약은 상당히 많다. 아담과 노아의 언약 외에도 아브라함과 모세, 여호수아, 세례 요한, 예수님, 장막성전의 유재열, 그리고 자신이 받았다고 하는 계시로 인한 새 언약 등이 바로 그것들이다. 여기에서 그것들을 모두 살피기에는 지면과 시간이 허락되지 않으므로 여호수아 언약 하나만 더 살펴보도록 하자.

앞에서 아담 언약과 노아 언약을 살펴본 이유는 그 독특성 때문이다. 아담 언약은 하나가 아닌 두 가지가 있었는데, 이 둘의 차이점을 올바로 인식하기란 쉽지 않은 일이다. 또 노아 언약은 그를 '의인'으로 지칭하는 말씀으로 인해 이만희의 목자론에 미혹되기 쉬운 내용이다. 여기에서 여호수아 언약을 더 살펴보려고 하는 이유는 이만희의 교리가 얼마나 비성경적인가 하는 것을 보다 더 분명히 하기 위함이다.

이만희의 『천지창조』에는 "여호수아 때 선민과의 언약"이란 제목으로 다음의 내용이 기록되어 있다.

가나안 땅을 정복하고 하나님께서 이스라엘 민족에게 안식을 주신 지 오래 되었을 때, 여호수아는 자신의 죽음을 앞두고 이스라엘 모든 지파 사람을 세겜에 모아 하나님만 섬기겠다는 언약을 받았다.

여호수아는 자기 조상 아브라함 때부터 하나님께서 베푸신 은혜를 조목조목 나열한 후 "오직 주 여호와만 섬기라 만일 여호와를 섬기는 것이 너희에게 좋지 않게 보이거든 너희 섬길 자를 택하라", "만일 너희가 여호와를 버리고 이방 신들을 섬기면, 너희에게 복을 내리신 후에라도 돌이켜 너희에게 화를 내리시고 너희를 멸하시리라"고 했다(수 24:14-20). 이스라엘 자손은 "결단코 다른 신을 섬기지 않고 하나님을 섬기며 그 목소리를 청종 (聽從)하겠노라"고 약속하였다.

이 날 일을 여호수아는 하나님의 율법책에 기록하였다. 그리고 큰 돌을 취하여 여호와의 성소 곁에 있는 상수리나무 아래 세우고, "하나님께서 우리에게 하신 모든 말씀을 이 돌이 들었다. 너희가 하나님을 배반치 않도록 이 돌이 증거가 되리라" 하였다(수 24:22-28).[16]

여호수아 언약을 다루는 이 부분을 보면 웃음밖에 나오지 않는다. 왜냐하면 이것은 하나님이 맺으신 언약도 아니고, 지금까지 자기가 주장한 옛 언약과 새 언약 교리와도 완전히 모순되기 때문이다.

이만희가 주장하는 옛 언약과 새 언약 교리의 핵심은 하나님이 타락하고 부패한 죄인들과 함께하실 수 없으므로 그들을 떠나가셔서 새로운 목자와 언약을 맺는다는 것이다. 그러면 이전의 목자와 맺었던 언약은 옛 언약, 비진리, 이단이 되며 새로운 목자와 맺은 언약이 새 언약, 진리, 정통이 된다. 이런 틀에서 보면 언약은 목자와 맺는 것이므로 하나님이 여호수아와 언약을 맺는 것이 정상이다. 그러나 여호수아 때 맺었다고 하는 언약은 여호수아와의 언약이 아니라 '선민과의 언약'이다. 뿐만 아니라 여기에서 '선민'은 아브라함의 자손이거나 모세 당시의 사람들이어서는 안 된다. 그의 논리대로 하자면 그들은 다 하나님이 떠나신 자들로 정통이 아니라 옛 언약에 속한 자들이며, 이단

---

16) 『천지창조』, pp.128-129.

자들이기 때문이다. 그러나 이만희가 여호수아 당시의 언약의 당사자라고 한 사람들은 분명히 아브라함의 자손들이다. 일단 이것만 보아도 그의 주장에 문제가 있다는 사실을 알게 된다.

그런데 문제는 그것만이 아니다. 이 언약을 잘 살펴보면 여호수아는 이제 죽음을 앞둔 늙은이로서 자기의 사후 이스라엘 백성들이 염려스러워 그들을 세겜에 모은 다음, 그들에게 다짐을 받고 그들과 언약을 한다. 그러니까 이 언약은 하나님과 사람 사이의 언약이 아니라 사람과 사람, 즉 여호수아와 이스라엘 백성들 사이의 언약이라는 것이다.

1여호수아가 이스라엘 모든 지파를 세겜에 모으고 이스라엘 장로들과 그들의 수령들과 재판장들과 관리들을 부르매 그들이 하나님 앞에 나와 선지라 2여호수아가 모든 백성에게 이르되 이스라엘의 하나님 여호와께서 이같이 말씀하시기를 옛적에 너희의 조상들 곧 아브라함의 아버지, 나홀의 아버지 데라가 강 저쪽에 거주하여 다른 신들을 섬겼으나 3내가 너희의 조상 아브라함을 강 저쪽에서 이끌어내어 가나안 온 땅에 두루 행하게 하고 그의 씨를 번성하게 하려고 그에게 이삭을 주었으며(수 24:1-3).

여호수아 언약의 배경이 되는 이 말씀은 여호수아가 자기 민족의 유력한 자들을 불러놓고 여호와 하나님이 자기 조상들을 얼마나 사랑해주셨는지를 설명하는 내용이다. 이 내용은 13절까지 계속되는데, 거기에서 그는 출애굽과 광야 생활 등을 언급하면서 하나님이 그들로 하여금 가나안 땅에서 복된 삶을 누리게 하셨음을 밝힌다. 이 단락의 마지막은 다음과 같은 말씀으로 절정을 이룬다.

> 내가 또 너희가 수고하지 아니한 땅과 너희가 건설하지 아니한 성읍들을
> 너희에게 주었더니 너희가 그 가운데에 거주하며 너희는 또 너희가 심지
> 아니한 포도원과 감람원의 열매를 먹는다 하셨느니라(수 24:13).

자기들이 짓지도 않은 집에서 살게 하시고, 심지도 않은 과일나무의
열매를 맛보게 해주셨다는 것이다. 그래서 그 은혜가 얼마나 놀랍고
감사한지 그는 또한 다음과 같이 말한다.

> 14그러므로 이제는 여호와를 경외하며 온전함과 진실함으로 그를 섬기라
> 너희의 조상들이 강 저쪽과 애굽에서 섬기던 신들을 치워버리고 여호와만
> 섬기라 15만일 여호와를 섬기는 것이 너희에게 좋지 않게 보이거든 너희
> 조상들이 강 저쪽에서 섬기던 신들이든지 또는 너희가 거주하는 땅에 있는
> 아모리 족속의 신들이든지 너희가 섬길 자를 오늘 택하라 오직 나와 내 집
> 은 여호와를 섬기겠노라 하니(수 24:14-15).

여호수아는 아브라함을 포함한 조상들이 강 저편에서 우상을 숭배하
였으나 하나님이 아브라함을 사랑하시고 그를 갈대아 우르에서 이끌
어내셔서 번성하게 하셨고, 애굽에서도 우상을 숭배했지만 놀라운 은
혜와 사랑과 능력으로 구원해주셔서 마침내 가나안 땅으로 인도하여,
짓지도 않은 집에서 살게 하시고, 심지도 않은 과일나무의 열매를 맛
보며 살게 해주셨다고 말한다. 이어서 그는 '그러므로'라고 하면서 하
나님을 온전히 섬길 것을 요청하고 있다. 그리고 그는 백성들이 어떤
신을 선택하든지 자기는 조상들과 자기에게 은혜를 베풀어주신 그 여

　　　　　　　　　　　　한 권으로 끝내는 신천지 비판

호와 하나님만을 섬길 것을 선언한다. 그러자 이스라엘 백성들도 다음
과 같이 말한다.

> 백성이 대답하여 이르되 우리가 결단코 여호와를 버리고 다른 신들을 섬기
> 기를 하지 아니하오리니(수 24:16).

이처럼 이스라엘 백성들도 자기들을 구원해주신 여호와 하나님만을
섬기겠다고 대답한다. 결국 여호수아는 이스라엘 백성들과 하나님만
섬기겠다는 언약을 체결하고 그와 같은 사실을 분명히 하기 위해 그것
을 하나님의 율법책에 기록했다.

> 24 백성이 여호수아에게 말하되 우리 하나님 여호와를 우리가 섬기고 그의
> 목소리를 우리가 청종하리이다 하는지라 25 그날에 여호수아가 세겜에서 백
> 성과 더불어 언약을 맺고 그들을 위하여 율례와 법도를 제정하였더라 26 여
> 호수아가 이 모든 말씀을 하나님의 율법책에 기록하고 큰 돌을 가져다가 거
> 기 여호와의 성소 곁에 있는 상수리나무 아래에 세우고 27 모든 백성에게 이
> 르되 보라 이 돌이 우리에게 증거가 되리니 이는 여호와께서 우리에게 하신
> 모든 말씀을 이 돌이 들었음이니라 그런즉 너희가 너희의 하나님을 부인하
> 지 못하도록 이 돌이 증거가 되리라 하고 28 백성을 보내어 각기 기업으로
> 돌아가게 하였더라(수 24:24-28).

여기에서 말하고 있는 언약은 하나님이 여호수아를 약속한 목자라고
하는 해괴한 목자로 선택하시고, 그에게 구원의 방도를 가르쳐주기 위

해 세우신 하나님과 여호수아의 언약이 아니다. 그리고 하나님과 이스라엘 백성이 맺은 언약도 아니다. 이것은 단지 이스라엘 백성과 여호수아가 맺은 다짐의 서약으로서 사람과 사람 사이에 맺어진 언약이다. 그런데 이만희는 이것을 가지고 하나님의 언약이라고 주장한다.

혹 "성경은 하나님의 말씀"이라 하거나 "성경은 하나님의 언약서"라고 하니까 성경에 있는 언약은 하나님의 언약이 아니냐고 항변할지도 모르겠다. 그러나 그것은 말도 되지 않는 주장이다. 성경을 그런 식으로 보게 된다면 사탄이 예수님을 시험하면서 "만일 내게 엎드려 경배하면 이 모든 것을 네게 주리라"(마 4:9)고 했던 말도 하나님의 말씀이라고 하면서 마귀에게 경배하는 것이 하나님의 뜻이라고 하게 될 수도 있을 것이기 때문이다.

멸망 대신 은혜를 베푸신 하나님

이만희가 내세우는 여호수아 언약은 다음과 같은 주장들과 연결되어 있다.

하나님께서는 부패한 이전 시대를 끝내시고 새 시대를 창조하실 때마다 가장 우선적으로 새 목자를 선택하신다. 이 사실은 창세부터 지금까지 있었던 역사를 통해 확인할 수 있다.

하나님께서는 아담을 지으셨을 때 그에게 만물을 맡겨 다스리게 하시며 많은 복을 주셨다. 그러나 아담이 하나님의 말씀을 어기고 배도하였을 때에는 가차(假借) 없이 그를 떠나셨다. 그리고 아담의 후손 가운데 의로운 노아를 택하시고 부패한 아담의 후예들을 홍수로 멸하셨다. 아담으로 시작한 세계를 없어지는 처음 하늘(先天)이라고 한다면, 새롭게 창조한 노아의 세계는 새 하늘(後天)이라고 할 수 있다. 물론, 아담은 사명이 끝난 선천의 지도자이며 노아는 새 시대를 인도할 새 치리자다.

하나님께서 지으시고 함께하신 아담은 본래 하나님의 진리가 나오는 정통이었다. 그러나 그의 세계는 하나님께서 떠나신 후에 밤이 되고 낡은 전통이 되었다. 하나님께서 떠나가신 이상 이전(以前)의 정통은 더 이상 정통이 아니다.

아담 이후 사람들은 안일하게 먹고 마시고 장가들고 시집가면서 하나님을 떠나 있었다. 그들은 홍수도 나지 않는데 배를 만드는 노아를 이상하게 쳐다보며 조롱했을 것이다. 그러나 과연 누구의 말이 옳았는가? 하나님께서는 부패한 아담 세계의 모든 것을 물로 쓸어버리시고, 노아를 세워 다시 창조하고 번성케 하셨다.

그러나 그것도 잠시, 노아의 세계도 곧 흠이 나타났다. 노아는 술에 취해 하체를 드러냈고, 그의 둘째 아들 함은 아비의 수치를 형제들에게 알렸다. 함의 아들 가나안은 노아에게 저주를 받았으며, 가나안의 후예(後裔)는 후일 온갖 우상을 섬기는 족속이 되었다. 하나님께서는 노아의 혈통을 이어받은 사람 가운데 아브라함(노아의 맏아들 셈의 9대 손)의 후손인 모세와 여호수아를 택하여 가나안 땅을 멸하고 정복하셨다.

하나님께서 부패한 노아의 세계를 떠나 모세에게로 가신 결과, 선천 세계인 노아의 세계는 빛과 생명이 없는 밤이 되고, 후천 세계인 모세의 세계는 빛과 생명이 있는 낮이 되었다. 낡은 선천(先天)과 새로운 후천(後天) 중 어디가 정통이겠는가? 당연히 하나님께서 새로 창조하신 후천 세계다. 그러나 모세가 애굽에서 이끌어낸 이스라엘 자손들도 번번이 하나님의 말씀을 어겼다. 하나님께서는 불순종하는 이스라엘 세계를 떠나 예수님에게로 가셨다.[17]

하나님께서는 아담 때 이후 시대마다 선민과 언약을 해오셨으며, 백성이 언약을 어길 때마다 새로운 목자와 선민을 택하여 그들과 언약하셨다. 그 예로, 아담이 하나님과의 약속을 어겼을 때는 노아를 택하여 언약하셨다. 아담과의 언약이 첫 언약이라면 노아와의 언약은 새 언약이다. 그러나 하나님께서는 노아의 세계마저 부패한 것을 보시고 아브라함을 택하여 언약하셨으니, 아브라함과의 언약이 다시 새 언약이 되었다. 이러한 일은 모세, 여호수아를 거쳐 예수님 초림 때까지 되풀이되었다.[18]

신천지의 이만희는 하나님이 부패한 자들은 멸망시키시며, 구원을 위해 새로운 목자를 선택해 새로운 언약을 맺으셨다고 한다. 그러면 새로운 목자와 맺은 언약이 새 언약이 되고, 이전의 언약이 옛 언약이 되며, 이와 같은 과정은 반복된다는 것이다. 또 새로운 목자를 통해 새롭게 창조된 세계가 후천이며, 그 이전의 멸망한 세계가 선천이라고 한다. 마찬가지로 새로운 목자가 나타날 때마다 선천과 후천이 반복되고, 옛 언약에 속한 선천이 이단이 되며, 새 목자를 통해 새 언약을 가진 후천이 정통이 된다. 이 모든 주장의 중심에는 새로운 목자, 즉 약속한

---

17) 『천지창조』, pp.153-155.
18) 『천지창조』, p.177.

                                        한 권으로 끝내는 신천지 비판

목자라고 하는 가공의 존재가 있다. 이것은 두말할 것도 없이 여호와를 목자라 한 것(시 23편)과 예수님을 선한 목자(요 10:11)라고 한 성경의 이미지를 자신에게 적용시켜 자신을 약속한 목자, 최후의 구세주로 만들기 위한 조작이다.

신천지의 모든 교리는 바로 이와 같이 이만희를 중심으로, 그의 신격화를 위해 만들어진 것이다. 그리고 그것을 위해 배도와 멸망과 구원, 소위 '배멸구'가 고안되었다. 하나님이 '배도'한 아담의 후손들을 용서치 않고 '멸망'시키시고 또다시 '구원'하기 위하여 목자를 선택한다는 것이다. 그러나 과연 그럴까? 하나님은 범죄한 자들을 반드시 멸해버리셨을까? 아니다. 성경은 이만희의 주장과는 반대로 가르치고 있다.

> 1여호수아가 이스라엘 모든 지파를 세겜에 모으고 이스라엘 장로들과 그들의 수령들과 재판장들과 관리들을 부르매 그들이 하나님 앞에 나와 선지라 2여호수아가 모든 백성에게 이르되 이스라엘의 하나님 여호와께서 이같이 말씀하시기를 옛적에 너희의 조상들 곧 아브라함의 아버지, 나홀의 아버지 데라가 강 저쪽에 거주하여 다른 신들을 섬겼으나 3내가 너희의 조상 아브라함을 강 저쪽에서 이끌어내어 가나안 온 땅에 두루 행하게 하고 그의 씨를 번성하게 하려고 그에게 이삭을 주었으며(수 24:1-3).

이만희의 주장은 배도(범죄)하면 그들을 멸망시켜버리고 새로운 목자를 선택한다는 것이다. 그리고 그 새로운 목자라는 존재는 노아처럼 의로운 자라고 한다. 그러나 이 말씀은 어떤가? 이만희가 노아 다음에 내세운 존재는 아브라함이다. 그런데 성경은 아브라함이 결코 의로운 존재라고 말하지 않는다. 여호수아는 백성들 가운데 유력한 자들을 세 겜에 모아놓고 하나님의 은혜를 설명하는 가운데 아브라함을 포함한 자기 조상들이 우상을 섬겼으나 멸망한 것이 아니라 하나님이 은혜로 불러주셔서 번성하게 되었다고 고백한다. 그뿐만이 아니다.

> 14그러므로 이제는 여호와를 경외하며 온전함과 진실함으로 그를 섬기라 너희의 조상들이 강 저쪽과 애굽에서 섬기던 신들을 치워버리고 여호와만 섬기라 15만일 여호와를 섬기는 것이 너희에게 좋지 않게 보이거든 너희 조상들이 강 저쪽에서 섬기던 신들이든지 또는 너희가 거주하는 땅에 있는 아모리 족속의 신들이든지 너희가 섬길 자를 오늘 택하라 오직 나와 내 집은 여호와를 섬기겠노라(수 24:14-15).

여호수아는 이스라엘 백성에게 자기와 자기 가족은 여호와만 섬기겠다고 하면서 결단을 촉구하는 가운데 이스라엘 백성이 강 저편, 곧 갈대아 우르 지역에서 이방신을 섬겼을 뿐만 아니라 애굽에서도 다른 신들을 섬겼다고 한다. 그러나 그럼에도 불구하고 하나님은 이스라엘 백성을 사랑하셔서 모세를 통해 그들을 애굽에서 불러내 가나안 땅에 이르게 하셨다는 것이다. 그러면 성경의 이 가르침이 맞을까, 아니면 이만희의 '배멸구' 교리가 맞을까?

　이만희는 분명 '배멸구'의 노정을 주장하면서 하나님이 새로운 목자를 선택하시고 그와 언약을 맺으시며 범죄한 이전 세계를 멸망시킨다고 했다. 그와 같은 방식으로 옛 언약과 새 언약, 선천과 후천, 정통과 이단이 반복된다고 주장하는 것이다. 그러나 성경은 멸망이 마땅한

자리에서 멸망이 아닌 은혜를 베푸시는 하나님을 보여준다. 그 하나님
은 결국 독생자 예수 그리스도까지 보내주셔서 그분을 대속제물로 삼
아 죄인을 구원하셨다. 이것이 바로 성경이며, 하나님의 사랑이다. 성경
의 이와 같은 가르침이 진리인가, 아니면 이만희의 주장이 진리인가?

도둑이냐 강도냐

도둑과 강도의 차이점이 있다면 무엇일까? 주인에게 들킬까 봐 두려워
서 몰래몰래 훔쳐가는 사람이 도둑이라면 강도는 대놓고 눈을 부라리
며 칼이나 총을 들고 빼앗아가는 사람일 것이다. 도둑은 어느 정도 자
신의 잘못을 알고 있기에 미안해할 줄도 알고 부끄러워할 줄도 아는
사람이다. 그러나 강도는 미안해하지도 않고 부끄러워하지도 않으며
뻔뻔하게 공개적으로 못된 짓을 일삼는 파렴치한이다. 그런데 이만희
의 주장들을 보면 강도가 생각나는 이유가 무엇일까? 그가 "여호수아
때 선민과의 언약"에서 주장한 내용을 다시 한 번 보자.

가나안 땅을 정복하고 하나님께서 이스라엘 민족에게 안식을 주신 지 오래
되었을 때, 여호수아는 자신의 죽음을 앞두고 이스라엘 모든 지파 사람을
세겜에 모아 하나님만 섬기겠다는 언약을 받았다.

여호수아는 자기 조상 아브라함 때부터 하나님께서 베푸신 은혜를 조
목조목 나열한 후 "오직 주 여호와만 섬기라 만일 여호와를 섬기는 것이 너
희에게 좋지 않게 보이거든 너희 섬길 자를 택하라", "만일 너희가 여호와
를 버리고 이방 신들을 섬기면, 너희에게 복을 내리신 후에라도 돌이켜 너

희에게 화를 내리시고 너희를 멸하시리라"고 했다(수 24:14-20).

이만희는 하나님이 시대마다 새로운 목자를 선택하시고 그와 새로운 언약을 맺으셨다고 한다. 그렇다면 여호수아 시대에는 하나님과 여호수아가 맺은 언약이 등장해야 한다. 그러나 성경에는 그가 여호수아의 언약이라고 할 만한 것이 없다. 그래서 그런지 그는 여호수아와 백성들에게서 다짐을 받고 언약한 것을 "여호수아 때 선민과의 언약"이라고 하지만, 그것이 마치 하나님과 여호수아가 맺은 언약인 것처럼 슬그머니 내비치고 있다. 아주 치졸하고 비열한 수법이다. 그런데 그것만이 아니다. 그는 뻔뻔스럽게도 다음과 같이 말한다.

여호수아는 자기 조상 아브라함 때부터 **하나님께서 베푸신 은혜를 조목조목 나열한 후** "오직 주 여호와만 섬기라 만일 여호와를 섬기는 것이 너희에게 좋지 않게 보이거든 너희 섬길 자를 택하라"….

그가 주장하는 것은 배도와 멸망과 구원이다. 다시 말해 배도한 자는 반드시 멸망시키시고 그 다음에 새로운 목자를 선택해서 구원하신다는 것이다. 그래서 그의 언약론은 아담 → 노아 → 아브라함 → 모세 → 여호수아 이런 식으로 진행된다. 그의 주장대로 하자면, 아브라함 시대나 모세 시대의 사람들은 어떻게 되어야 하는가? 모세 시대에는 아브라함 시대 사람들이 다 멸망해야 하고, 여호수아 시대에는 모세 시대의 사람들이 다 멸망해야 한다. 번성하는 것은 꿈도 못 꿀 일이다. 또 갈대아 우르에서 우상을 숭배하며 배도한 아브라함은 아예 부름을

한 권으로 끝내는 신천지 비판

받지도 못하고, 선택되지도 않아야 하며, 애굽에서 우상 숭배한 이스라엘 백성들 또한 부름을 받지도, 선택되지도 않아야 한다.

그러나 성경의 기록은 그의 주장과는 반대로 하나님이 은혜를 베풀어서 우상숭배하며 배도한 아브라함도 사랑하여 은혜로 부르셨고, 애굽에서 우상숭배하고 있었던 모세 시대의 사람들도 사랑으로 부르셨으며, 마침내 가나안에 들어가게 하셔서 짓지도 않은 집에 거하게 하시고 심지도 않은 과실나무의 과일을 맛보며 살게 하셨다. 이만희의 주장과는 정반대다.

여호수아 24장 13-15절에서 여호수아는 현재 자신들이 누리는 하나님의 은혜를 설명하며 그들의 열조가 무슨 짓을 했는지 증언하고 있다. 그들은 우상숭배, 이만희의 표현대로 하자면 '배도'했다는 것이다. 그러나 이만희의 주장과는 다르게 하나님은 그들을 '멸망'시키신 것이 아니라, 말로 다할 수 없는 은혜와 사랑을 베풀어주셔서 그 후손인 자기들이 복된 삶을 누리고 있다는 것이다. 그래서 그는 자기와 자기 가족은 그 은혜를 배반하지 않을 것이라고 하면서 이스라엘 백성에게 결단을 촉구하고 있는 것이다. 이러니 이만희를 생각하면 강도가 떠오른다고 하는 이유를 이해할 수 있을 것이다.

어떻게 이럴 수 있을까? 그는 지금까지의 주장과는 다르게 "하나님께서 베푸신 은혜를 조목조목 나열한 후"라고 하면서 양심의 가책도 느끼지 않을까? 그는 철면피가 아니라면 도저히 할 수 없는 짓을 뻔뻔하게 하고 있다. 여호와의 증인에서는 "태초에 말씀이 계시니라 이 말씀이 하나님과 함께 계셨으니 이 말씀은 곧 하나님이시니라"(요 1:1)는 말씀을 가지고 예수님은 하나님이 아니라고 하며, 다미선교회의 이장

림은 "그러나 그 날과 그 때는 아무도 모르나니 하늘의 천사들도, 아들도 모르고 오직 아버지만 아시느니라"(마 24:36)는 말씀을 가지고 그 날을 안다고 하면서 1992년 10월 28일 밤 12시에 예수님이 재림하신다고 했다. 그러니까 그들은 "하나님이다"라는 말씀을 가지고 "하나님이 아니다"라는 주장을 하며, "모른다"는 말씀을 가지고 "안다"고 했던 것이다. 그런데 이만희도 그와 똑같은 짓을 하고 있는 것이다.

이만희의 주장은 분명히 배도자는 멸망시킨다는 것이다. 그는 그 주장이 얼마나 성경적인가 하는 것을 입증하기 위해 반복적 언약론을 주장했고, 그 주장 가운데 하나가 바로 여호수아의 언약이다. 그러므로 그가 여호수아의 언약이라는 것을 주장할 때에는 최소한 '은혜'란 말을 등장시켜서는 안 된다. 은혜란 어떠어떠한 삶을 산 결과, 즉 착하게 살거나, 의롭게 살거나, 굉장한 업적을 쌓거나, 큰 공을 세우거나 해서 주어지는 것이 아니라 아무것도 한 일이 없음에도 불구하고, 혹은 범죄했음에도 불구하고 용서해주시고 구원해주신, 값없이 베풀어주신 하나님의 호의를 의미하는 것이기 때문이다. 그런데 그는 뻔뻔스럽게 '배멸구'를 외치면서 자신의 주장과는 맞지 않는 '은혜'란 말을 버젓이 쓰는 것이다. 그는 자신의 견해와는 모순적인 구절이 등장함으로 자신의 주장이 무너지게 될까 봐 두려워하는, 그래서 들킬까 봐 조심하는 최소한의 양심을 가진 도둑과 같은 존재가 아니라, 정반대의 내용을 들이대고도 자신의 주장을 내세우는 강도와 같은 방법을 사용하기로 한 모양이다. 그러니 그의 주장을 볼 때 어찌 강도가 생각나지 않겠는가!

정통과 이단

신천지의 짝 교리는 '창조와 재창조', '옛 언약과 새 언약', '정통과 이단', '선천과 후천', '첫째 장막과 둘째 장막' 등 여러 가지 형태를 가지고 있다. 그런데 이 모든 것들은 다 노정 교리의 핵심인 목자라는 존재를 중심으로 이루어진다. 그래서 하나를 이해하고 나면 나머지도 어떤 뜻인지 짐작할 수 있다. 그런데 이것들은 비슷하면서도 강조점이 다르다. 옛 언약과 새 언약은 언약의 문제를, 그리고 선천과 후천은 천국과 관련된 주제를, 첫째 장막과 둘째 장막은 성막과 관련된 주제를 다룬다.

이제 신천지에서 짝 교리 형식을 빌려 주장하는 '정통과 이단'에 대해 살펴보자. 이만희는 예수님이 이 세상에 오셨을 때 정통이라고 했던 이스라엘 백성이 그분을 영접하지 않고 그분을 이단으로 정죄한 것처럼 재림 때도 그렇다고 하면서 자신 또한 그분과 같이 고난을 당한다고 한다. 그는 정통과 이단의 개념을 통해 자신을 변호하며 정당화하고 있는 것이다.

정통과 이단의 문제는 교인들에게 상당히 민감한 문제다. 어떤 교인도 정통이 아닌 이단에 몸담고 싶지 않을 것이다. 그런데 이만희는 예수님 당시에 유대인들이 예수님을 이단이라 했다고 해서 그분이 이단이 된 것은 아니라고 하면서 정통이었던 그들이 오히려 이단이 되고, 반면에 이단이라고 했던 예수님이 정통이 된 것처럼 기성 교회가 이단이며, 자신이 오히려 정통이라고 한다.[1] 과연 그럴까?

우선 정통과 이단에 대한 신천지의 개념부터 알아보자.

정통(正統)과 이단(異端)은 어떻게 다른가? 사람들이 이단이라고 하면 이단이 되고 정통이라고 하면 정통이 되는 것은 아니다. 성경에서 말하는 정통과 이단은 무엇인가? 정통은 하나님과 하나 된 자요 이단은 마귀와 하나 된 자다.…이 땅에 있던 최초의 정통은 하나님께서 창조하신 아담이었다. 그러나 아담이 뱀의 말을 듣자 하나님께서는 아담을 떠나 노아에게 가셨다. 하나님께서 떠나가신 아담에게는 더 이상 하나님의 말씀이 나오지 않게 되었으므로, 더 이상 정통이 아니었다. 정통이었던 아담이 이단인 뱀과 하나가 된 것은 선이 악이 되고, 생명나무가 선악나무가 되고, 극상품 포도나무가 들포도나무가 된 것과 같다(사 5:2-7; 렘 2:21). 한편, 하나님의 말씀을 받은 노아는 새로운 정통이 되었다. 그러나 노아의 세계에도 흠이 드러났고…하나님께서 찾아가시고 하나님의 말씀이 있는 곳, 그리고 하나님과 하나 된 자는 정통이요, 하나님께서 떠나시고 하나님의 말씀이 없는 곳, 그리고 사탄과 하나 된 자는 이단이다.[2]

---

1) 『천지창조』, pp.354-361.

 한 권으로 끝내는 신천지 비판

이만희가 주장한 정통과 이단은 하나님이 함께하시는가에 따라 결정되며, 하나님이 함께하시는가의 여부는 하나님의 말씀이 있느냐에 의해 결정된다. 결국 하나님의 말씀과 함께하면 정통이고 그렇지 않으면 이단이 된다는 것이다. 이 주장은 아무리 정통이었다 하더라도 죄를 지으면, 믿음과 상관없이 이단이 되어버린다는 엉터리 주장이 아닐 수 없다. 그는 왜 이와 같은 엉터리 주장을 하는 것일까? 두말할 것도 없이 자신이 계시를 받아 하나님의 말씀을 증거하고 있으므로 자신이 정통이란 말을 하고 싶어서일 것이다.

이만희의 주장이 엉터리라는 것은 정통이 무엇이고 이단이 무엇인지 우리말 사전만 찾아보아도 쉽게 알 수 있다. 국어사전을 보면 정통(正統)에 대해서는 "바른 계통"으로 나와 있고, 이단(異端)에 대해서는 "자기가 믿는 이외의 도(道)", "옳지 아니한 도", "전통이나 권위에 반항하는 설" 등으로 나와 있다. 이중에 종교와 관련된 의미는 두 번째의 "옳지 아니한 도"다. 정리하자면 정통이란 예수님이 제자들에게 가르치시고 그 제자들이 또 다른 제자들에게 가르쳐서 오늘에 이르게 된 바른 계통의 복음을 말하는 것이며, 이단은 그 바른 계통에서 벗어난 것으로 옳지 않은 가르침을 의미한다.

이만희는 성경이 2천 년 동안 봉함되어 있었다는 '봉함 교리'를 주장한다. 성경이 봉함되어 있었기 때문에 그것을 가르친 기성 교회는 하나님의 뜻이 아닌 사람의 생각을 가르친 것이고, 그런 의미에서 그는 기성 교회의 가르침을 '사람의 계명'이라 하며, 거기에 반해 자기는

---

2) 『천지창조』, pp.354-357.

봉함되어 있었던 것을 하나님의 계시에 의해 세상 최초로 가르치고 있으니 자신이 정통이라고 한다. 그러나 '세상 최초'는 어떤 계통도 없다는 뜻이다. '봉함', '사람의 계명' 운운하면서 자신의 교리를 정통이라고 하지만, 결국 자신에게 정통성이 없다는 것을 스스로 자인하는 꼴이다.

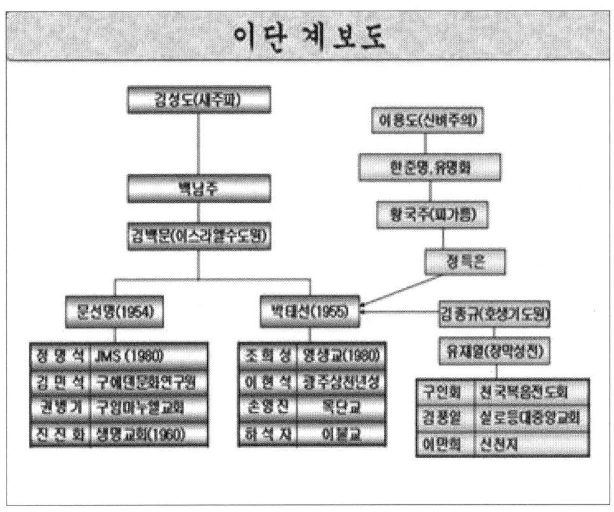

우리나라의 이단 계보도[3]

어떻게 보면 그에게도 계통이 있기는 하다. 그는 성경의 98퍼센트가 가짜라 하고, 자신을 하나님이라 하며, 예수님을 욕하는 설교집을 썼던 박태선의 밑에서 10년이나 있으면서 거기서 배운 '가인의 표'나 '동방

---

3) 〈http://knw1022.blog.me/10041341640?Redirect=Log&from=postView〉(2013. 6. 10).

　　　　　　　　　한 권으로 끝내는 신천지 비판

교리', '이긴 자' 등을 내세우고 있으니 이단자 박태선의 계통이요, 시한부 종말론을 외치다 불발로 그치자 광란의 삶을 살아 종교정화위원회에 걸렸던 장막성전의 유재열 밑에서 배웠으니 사이비 유재열의 계통이다. 그러므로 신천지는 예수님이 제자들에게 가르치시고 그 제자들이 또 다른 제자들에게 가르쳐서 오늘에 이르게 된 바른 계통인 정통이 아니라, 박태선과 유재열의 옳지 않은 도를 배운 '사이비 이단의 계통'이라 할 수 있을 것이다.

사람의 계명

성경에는 "사람의 계명"이란 말이 있어서(사 29:13; 마 15:9; 막 7:7), 교회에 오래 다닌 웬만한 성도라면 그 말을 많이 들어보았을 것이다. 이만희도 이사야 29장 13절에 있는 "사람의 계명"이란 말을 인용하면서 자신의 주장을 펼치기 때문에 미혹되기 쉽다. 사람의 계명에 대한 이만희의 해석에 어떤 문제가 있는지 살펴보자.

> 일곱 인으로 봉한 하나님의 책(계 5장)은 계시될 때까지는 그 누구도 그 내용과 실체를 알 수 없다. 하나님께서 봉해놓고 열어주시지 않는데 그 책을 어느 누가 펼칠 수 있으랴! 그러므로 봉한 책이 열리기 전에는 누구나 사람의 계명으로 가르치고 배울 수밖에 없다(사 29:9-13). 그러나 봉할 때가 있으면 열 때도 있는 법! 하나님께서는 때가 되면 반드시 묵시의 말씀을 열어서 우리에게 풀어주신다.
>
> 그러면 사람의 계명만으로 배운 사람들의 신앙 상태는 어떠하겠는가?

하나님께서는 "이 백성이 입으로는 나를 가까이하며 입술로는 나를 존경하나, 그 마음은 내게서 멀리 떠났나니, 그들이 나를 경외함은 사람의 계명으로 가르침을 받았을 뿐이라"(사 29:13)고 하셨다. 사람의 계명은 사람의 생각에서 나온 것이므로, 하나님의 마음에 흡족할 수도 일치할 수도 없다. 하나님의 계시가 아닌, 사람의 가르침을 배우면 배울수록 점점 하나님과 멀어질 수밖에 없다. 사람의 교훈으로 가득 찬 신앙인이 아무리 하나님을 부르며 찾아도 사람의 교법으로 드리는 기도와 제물은 헛될 뿐이다(사 1:10-15; 16:12 참고).[4]

이만희는 성경은 봉해져 있는데, 기성 교회가 그것을 해석해서 가르치니 그것은 하나님의 뜻이 아닌 사람의 생각에 의해서 가르치게 된 "사람의 계명"이라고 한다. 그러나 그가 인용하고 있는 이사야 29장 9-13절은 그런 뜻이 아니다.

9너희는 놀라고 놀라라 너희는 맹인이 되고 맹인이 되라 그들의 취함이 포도주로 말미암음이 아니며 그들의 비틀거림이 독주로 말미암음이 아니니라 10대저 여호와께서 깊이 잠들게 하는 영을 너희에게 부어주사 너희의 눈을 감기셨음이니 그가 선지자들과 너희의 지도자인 선견자들을 덮으셨음이라 11그러므로 모든 계시가 너희에게는 봉한 책의 말처럼 되었으니 그것을 글 아는 자에게 주며 이르기를 그대에게 청하노니 이를 읽으라 하면 그가 대답하기를 그것이 봉해졌으니 나는 못 읽겠노라 할 것이요 12또 그

---

4) 『천지창조』, pp.25-26.

한 권으로 끝내는 신천지 비판

책을 글 모르는 자에게 주며 이르기를 그대에게 청하노니 이를 읽으라 하면 그가 대답하기를 나는 글을 모른다 할 것이니라 13주께서 이르시되 이 백성이 입으로는 나를 가까이 하며 입술로는 나를 공경하나 그들의 마음은 내게서 멀리 떠났나니 그들이 나를 경외함은 사람의 계명으로 가르침을 받았을 뿐이라(사 29:9-13).

여기에 나온 "너희에게는 봉한 책의 말처럼 되었으니"라는 말씀은 실제적으로 봉해져 있다는 뜻이 아니다. 이 말씀은 이사야 당시의 타락한 이스라엘 백성이 자신들의 죄성으로 인해 하나님의 말씀에 대해 귀를 막고 눈을 감아 어떤 말도 들으려 하지 않던 특수한 상황 속에서 선포된 말씀이다. 그 결과 하나님이 그들에게 혼미한 심령을 주시자 그들은 더욱더 못된 짓을 일삼아서 그들에게는 하나님의 말씀이 마치 봉한 책과 같았다는 것, 즉 있으나 마나 한 것이었다는 뜻이지 그것이 실제로 봉해져 있었다는 뜻이 아니다. 그들의 평계대로 그 책이 봉해진 것이 사실이라면 그것을 주며 읽으라고 하는 것 자체가 말이 되지 않을 뿐만 아니라 "봉한 책의 말처럼"(〈개역한글〉에서는 "마치 봉한 책의 말이라")이라는 표현을 사용하지도 않았을 것이다. 그 책이 봉해진 것이 아니라는 사실은 이사야서를 계속해서 읽어보면 더욱 분명해진다.

이사야서는 우상과 하나님을 대조하며 우상은 사람이 만든 헛것이라 화를 주거나 복을 주지 못하고 장래사도 예고하지 못하지만, 여호와는 전능하시고 살아 계신 하나님이시기 때문에 그렇게 하실 수가 있다고 하면서, 예언을 통하여 하나님의 하나님 되심을 확인해보라고 도전한다. 성경의 계시가 봉해져 있어서 그 의미를 아무도 알 수 없는 것이 아니라 누구든지 쉽게 알 수 있는 것이기 때문에 그 성취를 통하여 하나님을 확인하라는 것이다. 그래서 하나님은 선지자를 통하여 유다를 침공한 앗수르 왕 산헤립이 고국에 돌아가 칼에 죽게 될 것이라 하셨고, 바벨론에 의한 유다의 멸망도 예언하셨으며, 이스라엘 백성이 당시에 태어나지도 않았던 바사 왕 고레스를 통해 장차 바벨론 포로에서 귀환하게 될 것까지도 말씀하셨다.

그러므로 이사야 29장의 말씀은 이만희의 주장과 같이 성경이 봉해져 있어서 알 수 없다는 의미가 아니다. 그것은 오히려 그의 주장과는 반대로 **알 수 있도록 열려 있는 것**이므로 읽고 회개하라는 뜻이다. 그런데 당시의 타락하고 부패한 백성들은 그런 하나님의 말씀에 귀를 막고 눈을 감았으며, 읽는 것조차도 거부해서 그들에게 성경은 봉한 책의 말처럼 되었다는 것이다. 그런데 이만희는 이 말씀을 근거로 예언이 봉해져 있다, 한걸음 더 나아가 성경 자체가 봉해져 있다고 하니 참으로 한심하다.

사람의 계명도 마찬가지다. 이만희는 하나님만 아시고 사람은 알 수 없도록 봉해져 있는 것을 사람이 풀었으니 그것이 사람의 계명이라고 한다. 그러나 사람의 계명은 그런 뜻이 아니다. 이사야 29장 13절에서 말씀하고 있는 사람의 계명은 본문 자체만 봐도 이만희의 주장과는 다르다. 그것은 하나님의 말씀의 참뜻에서 떠나 입술로만 존경하고 마음으로는 멀어진 상태, 즉 형식적이고 외식적인 교훈을 의미한다.

예수님이 이 개념을 자세하게 말씀하시는 다음 구절을 살펴보자.

1그때에 바리새인과 서기관들이 예루살렘으로부터 예수께 나아와 이르되

 한 권으로 끝내는 신천지 비판

2당신의 제자들이 어찌하여 장로들의 전통을 범하나이까 떡 먹을 때에 손을 씻지 아니하나이다 3대답하여 이르시되 너희는 어찌하여 너희의 전통으로 하나님의 계명을 범하느냐 4하나님이 이르셨으되 네 부모를 공경하라 하시고 또 아버지나 어머니를 비방하는 자는 반드시 죽임을 당하리라 하셨거늘 5너희는 이르되 누구든지 아버지에게나 어머니에게 말하기를 내가 드려 유익하게 할 것이 하나님께 드림이 되었다고 하기만 하면 6그 부모를 공경할 것이 없다 하여 너희의 전통으로 하나님의 말씀을 폐하는도다 7외식하는 자들아 이사야가 너희에 관하여 잘 예언하였도다 일렀으되 8이 백성이 입술로는 나를 공경하되 마음은 내게서 멀도다 9사람의 계명으로 교훈을 삼아 가르치니 나를 헛되이 경배하는도다 하였느니라 하시고(마 15:1-9).

이사야 29장을 인용하고 있는 본문은 왜 당시의 교권자들이었던 바리새인과 서기관들이 예수님과 다투었는지를 구체적으로 보여주고 있다. 이만희는 예수님 당시에 유대인들이 예수님을 이단이라 했다고 해서 그분이 이단이 된 것은 아니며, 정통이었던 그들이 오히려 이단이 되었고, 반면에 이단이라고 했던 예수님이 정통이 되었다고 하면서 유대인들과 예수님과의 충돌을 정통과 이단에 관한 논쟁으로 끌고 갔다.[5] 그러나 그들의 논쟁은 정통과 이단에 관한 논쟁이 아니라 '전통'에 관한 논쟁이었다.

바리새인들과 서기관들은 예수님께 "당신의 제자들이 어찌하여 장

---

5) 『천지창조』, pp.354-361.

로들의 전통을 범하나이까"라고 물으며 자신들이 지키던 장로들의 전통을 가지고 시비를 걸었다. 그러자 주님은 거기에 대해 "너희는 어찌하여 너희 전통으로 하나님의 계명을 범하느냐"라고 반문하시면서 이사야서를 인용해 정통적인 가르침인 율법은 어기면서 변질된 장로들의 전통에 집착하고 있는 그들을 책망하시며 그들의 가르침을 "사람의 계명"이라고 하셨던 것이다. 즉 주님은―이만희의 주장과 같이 성경이 봉함되어 있기 때문에 알 수 없는 것인데 그것을 풀어 가르치니 사람의 계명이라고 하신 것이 아니라―자신들의 잘못된 전통을 지키기 위해 하나님을 잘못 섬기거나 형식적으로 섬긴 것에 대해 책망하신 것이다.

은밀한 재림

이제 신천지에서 정통과 이단 교리를 어떻게 적용하며 세뇌하는지 구체적으로 살펴보자.

> 하나님은 구약성경에 메시아 한 분을 증거하셨고 그 약속대로 예수님은 오셨지만 구약 예언에 무지한 유대인들은 예수님을 발견하지 못하고 십자가에 못 박은 것처럼 우리도 신약 예언에 무지하고 깨닫지 못한다면 현대판 유대인이 되어 예수님을 두 번째 십자가에 못 박는 자가 될 수 있기에 이제는 예언의 말씀에 관심을 기울이도록 합시다.[6]

---

6) 「베드로 지파 선교방 교재」, p.45.

이런 말을 들은 사람들은 정신이 번쩍 들어 '그래, 우리도 그럴 수가 있으니 열심히 공부하자'라고 생각하면서 그들의 '성경 공부'에 몰입하게 된다. 같은 책 제5과 "신약의 예언을 이루실 예수님"의 교육 목표는 "하나님과 예수님을 믿는 선민이 되었지만 예언이 이루어지는 시대를 사는 우리가 예언을 깨닫지 못하면 현대판 유대인이 될 수 있음을 깨우친다"라고 되어 있다.[7] 이어지는 교육 유도 노트에는 "히 6:6에 예수님을 두 번째 못 박는 사람들이 있다고 한 내용 아십니까? 2000년 전 유대인들은 구약성경대로 오신 예수님을 알아보지 못하고 무지의 열심 속에서 십자가에 못 박았지만 예수님을 두 번째 못 박는 사람들이 있다는 말씀은 생소하죠?"라고 하면서 다음과 같이 기록하고 있다.

> 계 1:7에 다시 오시는 예수님은 구름 타고 오신다고 하셨고, 살후 1:7에는 불꽃 중에 나타나신다고 하십니다. 과연 어떻게 오실까요? 또 마 24:31에는 구름 타고 오시는 것을 땅의 모든 족속들이 보리라고 말씀하셨지만 그 반대로 눅 17:22 인자의 날 하루를 보고자 하여도 보지 못한다는 말씀도 하셨는데, 그럼 볼 수 있게 오신다는 것입니까, 볼 수 없게 오신다는 것입니까?[8]

이것은 기성교인들은 알지 못하는 내용을 자신들은 잘 안다는 것처럼 이야기하면서 예수님은 볼 수 없는 모습으로 재림하신다는 것을 암시하고, 예수님은 이미 재림하셨는데 그 재림 예수가 바로 이만희라는

---

7) 「베드로 지파 선교방 교재」, p.38.
8) 「베드로 지파 선교방 교재」, p.39.

교리로 이끌어가기 위한 질문이다. 이와 같은 사실은 이만희가 자신에게 예수의 영이 임했다고 하면서 책을 출판할 때마다 '보혜사 이만희 저'라고 하며, 자신을 보혜사라고 하는 것과 신천지에서 오늘날을 '재림 시대'라고 하는 것 등을 통해 확인할 수 있다.

그런데 재미있는 것은 이만희는 자신이 재림 예수가 아니라고 한사코 부인하고 있다는 사실이다. 그러나 그것은 눈 가리고 아웅하는 것이며 아주 비겁한 처사다. A = B이고 B = C이면 A = C가 되는 것은 당연하다. 그런 객관적인 증거들이 모두 다 있는데도 직접적으로는 A = C라는 것을 부인하는 것이다. 앞의 내용을 연결해보라. "초림 때 예수님이 오셨지만 유대인들이 알아보지 못하고 핍박한 것처럼, 그분은 보이지 않는 가운데 이미 오셨는데, 사람들이 그것을 알아보지 못하고 과거의 유대인들처럼 핍박하고 있다"는 이야기가 도대체 누구에 관한 이야기이겠는가?

신천지의 이런 주장의 모순점을 살펴보자. 먼저 신천지는 예수님의 초림과 재림은 구약과 신약이 대칭을 이루며 짝을 이루듯 판박이로 재판(再版)된다고 한다. 그러나 주님의 초림과 재림은 그와 같이 재판되지 않는다. 예수님의 초림은 그분이 "근본 하나님의 본체시나"(빌 2:5-8), 당신의 백성들의 죄 값을 대신 치르고 죽기 위해 사람의 몸을 입고 오신 것이다(마 20:28; 막 10:45). 그래서 사람들이 그분을 십자가에 못 박아 죽일 수 있었다. 그러나 재림은 다르다. 주님의 재림은 그분의 초림과 같이 인간으로서 죽기 위해 오시는 것이 아니라, 만왕의 왕, 만주의 주이신 하나님으로서(딤전 6:15; 계 17:14; 19:16), 그리고 심판주로서 오시는 것이다(고후 5:10; 딤후 4:1). 그러므로 아무도 그분을 이단으로 몰거나 핍박하거나 십자가에 못 박아 죽일 수 없다. 누가 감히 전능하신 하나님으로, 그리고 심판주로 오셔서 산 자와 죽은 자를 심판하실 그분을 핍박할 수 있다는 말인가? 그러므로 말씀을 몰라서 다시 오시는 주님을 다시 십자가에 못 박을 수도 있다는 것은 말이 되지 않는다.

다음으로, 예수님의 재림은 은밀한 것이 아니다. 예수님이 세상에 초림하셨을 때에는 이 세상의 삶에 특별한 변화가 있었던 것은 아니다. 사람들은 여전히 시집가며 장가가고, 먹고 마시며 살았고, 이 세상에는 그분이 오신 사실을 인식하는 사람들도 거의 없었다. 겨우 지구의 한쪽 모퉁이인 팔레스타인 지역의 마리아나 요셉, 몇 명의 목자들, 그리고 외국에서 온 동방박사 정도가 고작이었다. 그러나 부활·승천하신 이후 그분이 이 세상에 다시 오실 때에는 상황이 달라진다. 그분이 다시 오시면 의인과 악인을 심판하는 최후의 심판이 이루어질 뿐만 아니라 오늘날과 같은 역사는 끝장이 나서 종말을 고하게 된다. 이 세상에 살고 있는 모든 사람들과 심지어 죽은 자들까지도 다 살아나서 주님의 심판대 앞에 서게 된다. 그러므로 그분의 재림에 대해서 모르는 사람은 아무도 없을 것이다.

그 일은 모든 사람이 주님의 심판대 앞에 서서 자기의 죄상이 다 낱낱이 파헤쳐지게 되어 영원한 천국 아니면 영원한 지옥으로 가게 될 것이기 때문에 성경을 알든 모르든 상관없이 이루어지게 될 것이다. 즉 자신의 죄상이나 주님의 재림에 대해 모르는 사람이 아무도 없게 된다는 말이다. 그러므로 이 세상에 아무런 변화도 없지만 그분이 재림하셨다는 이야기는 성경과 다른 주장으로, 영적 사기일 뿐이다.

물론, 여기에 대해 신천지는 누가복음 17장 22절에 있는 "때가 이르리니 너희가 인자의 날 하루를 보고자 하되 보지 못하리라"는 말씀을 인용하며 예수님이 다시 오실 때에는 "보고자 하여도 보지 못하는 방법"으로 오신다고 항변할 것이다. 앞에서 살펴본 복음방 교재는 이 말씀을 이용하여 예수님이 볼 수 없는 방법으로 재림하실 수 있다는 뉘앙스를 풍기고 있다. 아무래도 예수님이 재림하실 때에는 모든 사람들이 다 알게 된다는 말씀들이 너무나 많기 때문에, 예수님이 비밀리에 이미 재림하셨다고 하면 자신들의 정체가 드러나니, 처음부터 공개적으로는 그렇게 가르치지 못하고 일단 운을 떼며 초석을 까는 것으로 보인다.

그러나 주머니 속의 송곳이 언젠가는 드러날 수밖에 없듯, 그들은 결국 예수의 영이 이만희에게 임했다고 하면서 오늘날을 '재림 시대'라고 한다. 예수님이 비밀스럽게 재림했다고 주장하는 것이 명백하다. 그러나 미안하게도 누가복음 17장 22절은 그런 뜻이 전혀 아니다. 문맥을 살펴보자.

11 예수께서 예루살렘으로 가실 때에 사마리아와 갈릴리 사이로 지나가시다가 12 한 마을에 들어가시니 나병환자 열 명이 예수를 만나 멀리 서서 13 소리를 높여 이르되 예수 선생님이여 우리를 불쌍히 여기소서 하거늘 14 보시고 이르시되 가서 제사장들에게 너희 몸을 보이라 하셨더니 그들이 가다가 깨끗함을 받은지라 15 그중의 한 사람이 자기가 나은 것을 보고 큰 소리로 하나님께 영광을 돌리며 돌아와 16 예수의 발 아래에 엎드리어 감사하니 그는 사마리아 사람이라 17 예수께서 대답하여 이르시되 열 사람이 다 깨끗함을 받지 아니하였느냐 그 아홉은 어디 있느냐 18 이 이방인 외에는 하나님께

영광을 돌리러 돌아온 자가 없느냐 하시고 19그에게 이르시되 일어나 가라 네 믿음이 너를 구원하였느니라 하시더라 20바리새인들이 하나님의 나라가 어느 때에 임하나이까 묻거늘 예수께서 대답하여 이르시되 하나님의 나라는 볼 수 있게 임하는 것이 아니요 21또 여기 있다 저기 있다고도 못하리니 하나님의 나라는 너희 안에 있느니라 22또 제자들에게 이르시되 때가 이르리니 너희가 인자의 날 하루를 보고자 하되 보지 못하리라 23사람이 너희에게 말하되 보라 저기 있다 보라 여기 있다 하리라 그러나 너희는 가지도 말고 따르지도 말라 24번개가 하늘 아래 이쪽에서 번쩍이어 하늘 아래 저쪽까지 비침같이 인자도 자기 날에 그러하리라 25그러나 그가 먼저 많은 고난을 받으며 이 세대에게 버린 바 되어야 할지니라 26노아의 때에 된 것과 같이 인자의 때에도 그러하리라 27노아가 방주에 들어가던 날까지 사람들이 먹고 마시고 장가들고 시집가더니 홍수가 나서 그들을 다 멸망시켰으며 28또 롯의 때와 같으리니 사람들이 먹고 마시고 사고 팔고 심고 집을 짓더니 29롯이 소돔에서 나가던 날에 하늘로부터 불과 유황이 비 오듯 하여 그들을 멸망시켰느니라 30인자가 나타나는 날에도 이러하리라(눅 17:11-30).

22절 앞의 내용은 주님의 재림에 관한 것이 아니다. 유대인들은 하나님의 나라가 현세적인 모습으로 올 것을 기대하고 있었다. 그들은 메시아가 이 세상에 오시면 정치적·군사적인 모습으로 오셔서 우지끈뚝딱하게 로마를 쳐부수고 유대인들을 통하여 새로운 왕국을 세우실 것이라고 생각했다. 그래서 그들은 "하나님의 나라가 어느 때에 임하나이까"(눅 17:20)라고 물었다. 언제 메시아가 와서 그와 같은 일을 해줄 것이냐는 말이다. 그러자 예수님은 거기에 대한 답변으로 하나님의 나라는 볼 수 있게 임하는 것이 아니라고 하시면서 그 나라는 이미 "너희 안에 있다"고 하셨다. 즉 메시아의 강림(초림)으로 세워질 그 나라가 그들의 기대와는 다르게 눈에 보이지 않는 영적인 모습으로 이미 임하였으며, 그 메시아가 바로 자신이라고 말씀하신 것이다.

누가는 예수님이 열 사람의 나병환자를 고쳐주셨을 때, 유대인들이 무시하고 멸시하며 이방인으로 여기던 사마리아인 한 사람만 돌아와 감사하는 것을 보시고 "네 믿음이 너를 구원하였느니라"(눅 17:19)고 하신 사건을 통하여 그것이 바로 '메시아의 구원 사건'임을 나타내면서 예수님이 메시아이고, 하나님의 나라가 유대인들의 기대와는 다른 것임을 분명히 한다. 하나님의 나라는 유대인들만을 위한 것이 아닌, 혈통을 초월하여 이방인들까지 포함하는 나라다. 그러므로 "하나님의 나라는 볼 수 있게 임하는 것이 아니요"(눅 17:20)라는 말씀은 하나님 나라의 시작과 주님의 초림에 관한 것이다. 그런데 신천지는 초림에 관한 말씀을 가지고 마치 재림에 관한 말씀인 것처럼 미혹하려고 한다.

22절부터 뒤이어 나오는 말씀은 인자의 날에 관한 것, 즉 주님의 재림에 관한 것이 맞다. 그런데 주님은 번개가 번쩍일 때 모든 사람들이 그것을 보는 것과 같이, 노아 시대의 대홍수와 같이, 하늘에서 불과 유황이 내려 소돔과 고모라를 멸망시켰듯이 "인자가 나타나는 날에도 이러하리라"고 하셨다. 즉 재림 때에도 그와 같은 대심판이 있게 될 것이기 때문에 모르는 사람이 없을 것이라는 말씀이다. 그렇다면 주님의 재림을 의미하는 '인자의 날 하루'를 보지 못하는 자들은 누구인가? 답은 너무 쉽다. 예수님이 '너희'라고 부르신 예수님의 제자들이다. 제자들은 영광스러운 주님의 재림을 보기 전에 이미 죽고 없을 것이기 때문에 그날을 보지 못할 것이다. 예수님은 그런 제자들에게 사람들이 "보라 저기 있다 보라 여기 있다" 하면서 미혹해도 가지도 말고 따르지도 말라고 경고하셨다. '은밀한 재림'이 저기 있다, 여기 있다 해도 미혹당하지 말라는 것이다.

재림 시대와 신천지 시대

예수님의 초림은 "인자가 온 것은 섬김을 받으려 함이 아니라 도리어 섬기려 하고 자기 목숨을 많은 사람의 대속물로 주려 함이니라"(마 20:28; 막 10:45)고 하신 말씀과 같이 죄인들의 죄 값을 대신 치르시고 죽기 위함이었다. 그래서 그분은 "주는 그리스도시요 살아 계신 하나님의 아들이시니이다"(마 16:16)라는 고백을 베드로가 했을 때 칭찬하시고, 그때부터 "자기가 예루살렘에 올라가 장로들과 대제사장들과 서기관들에게 많은 고난을 받고 죽임을 당하고 제삼일에 살아나야 할 것"(마 16:21)을 제자들에게 공개적으로 가르치기 시작하셨다. 예수님은 그 의미를 알지 못했던 베드로가 반대하고 나서자 그를 '사탄'이라고 부르시며 엄청난 책망을 하셨다(마 16:23). 하나님이 주신 사명, 곧 대속적 죽음을 통해 죄인들을 구원하고자 하는 당신의 일을 인간적인 생각으로 가로막았기 때문이다.

이처럼 주님의 초림은 그 목적 때문에 유대인들의 핍박이나 고난이 있을 수 있었다. 예수님은 심지어 십자가에서 죽임을 당하셨다. 그러나 그분의 재림은 승귀(昇貴)의 신분, 곧 만왕의 왕으로, 만주의 주로, 그리고 심판의 주로서 영광스럽게 오시는 것이다. 신천지의 주장과 같은 그런 일은 결코 일어날 수가 없다.

그런데 신천지는 예수님이 이미 보이지 않게 영으로 재림하셔서 핍박을 받고 있다고 하면서 오늘날을 '재림 시대'라고 한다. 그들이 그렇게 주장하는 근거 중 하나는 요한복음에 있는 예수님의 성령에 관한 예고다.

> 16내가 아버지께 구하겠으니 그가 또 다른 보혜사를 너희에게 주사 영원토록 너희와 함께 있게 하리니 17그는 진리의 영이라 세상은 능히 그를 받지 못하나니 이는 그를 보지도 못하고 알지도 못함이라 그러나 너희는 그를 아나니 그는 너희와 함께 거하심이요 또 너희 속에 계시겠음이라 18내가 너희를 고아와 같이 버려두지 아니하고 너희에게로 오리라(요 14:16-18).

신천지는 여기에서 말하는 '다른 보혜사'가 이만희라고 한다. 진리의 영, 곧 예수의 영이 이만희에게 임하여 그가 다른 보혜사가 되었다는 것이다. 그래서 이만희는 책을 출판할 때마다 '보혜사 이만희 저'라고 저자를 밝힌다. 그러나 신천지의 주장대로라면 이만희는 예수님 당시의 열두 제자 등과 함께 그분의 제자였어야 하므로 나이가 2천 살쯤 되어야 한다. 왜냐하면 예수님이 다른 보혜사를 약속하셨을 때, 그 약속은 과거 2천 년 전에, '너희'라는 당시의 제자들에게 하신 말씀이었기 때문이다. 그러나 이만희가 예수님의 제자 중 한 사람이었는가? 그가 당시 거기에 있었으며, 2천 살도 더 되었는가?

  한 권으로 끝내는 신천지 비판

　　신천지의 정통과 이단 교리는 "구약성경이 예수 그리스도에 대해 증거하고 있는 것처럼(요 5:39) 신약성경도 약속한 목자를 알리고 있다"라는 짝 교리에 근거한다.[9] 그리고 거기에서 발전한 "구약의 예언을 구약에서 약속한 목자인 예수님이 신약에서 이루신 것처럼, 신약의 예언 또한 신약에서 약속한 목자인 이만희가 이룬다"라는 주장과 연결되어 있다. 즉 "예수님이 이 세상에 오셨을 때 정통이라고 했던 이스라엘 백성들이 그분을 영접하지 않고 이단으로 정죄한 것처럼 재림 때도 그러하다"는 주장을 통해 이만희를 재림 예수로 만든다.[10] 그들의 논리는 다음의 표에 잘 나타나 있다.

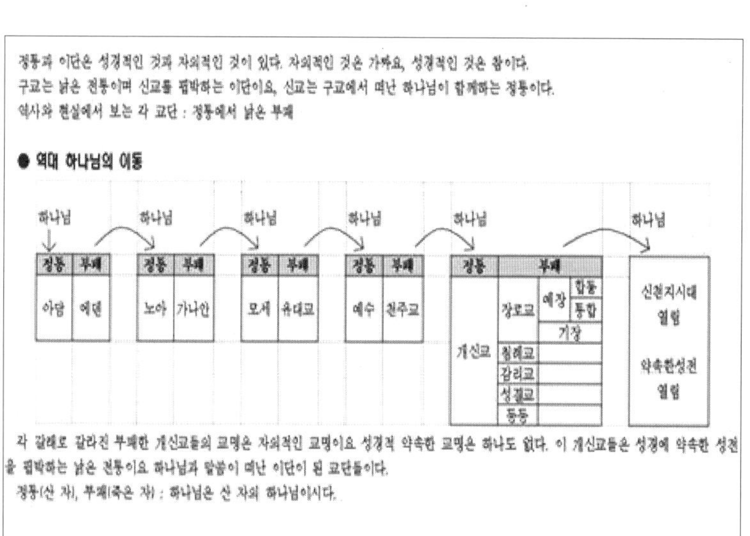

정통과 이단에 대한 도표

---

9) 『천지창조』, p.100.
10) 『천지창조』, pp.354-361.

앞의 도표는 신천지의 신학원 초등교재 46페이지에 나오는 것인데, 다음과 같은 이만희의 가르침에 근거를 둔 것이다.

하나님께서는 아담을 지으셨을 때 그에게 만물을 맡겨 다스리게 하시며 많은 복을 주셨다. 그러나 아담이 하나님의 말씀을 어기고 배도하였을 때에는 가차(假借) 없이 그를 떠나셨다. 그리고 아담의 후손 가운데 의로운 노아를 택하시고 부패한 아담의 후예들을 홍수로 멸하셨다.…하나님께서 지으시고 함께하신 아담은 본래 하나님의 진리가 나오는 정통이었다. 그러나 그의 세계는 하나님께서 떠나신 후에 밤이 되고 낡은 전통이 되었다. 하나님께서 떠나가신 이상 이전(以前)의 정통은 더 이상 정통이 아니다.…하나님께서 부패한 노아의 세계를 떠나 모세에게로 가신 결과, 선천 세계인 노아의 세계는 빛과 생명이 없는 밤이 되고, 후천 세계인 모세의 세계는 빛과 생명이 있는 낮이 되었다. 낡은 선천(先天)과 새로운 후천(後天) 중 어디가 정통이겠는가? 당연히 하나님께서 새로 창조하신 후천 세계다. 그러나 모세가 애굽에서 이끌어낸 이스라엘 자손들도 번번이 하나님의 말씀을 어겼다. 하나님께서는 불순종하는 이스라엘 세계를 떠나 예수님에게로 가셨다.…그 후 지금까지 목자들은 예수님께서 알려주신 복음을 전해왔다. 예수님께서는 이 하늘 복음이 땅 끝까지 전파될 때 영으로(마 24:27 참고) 오셔서 약속한 한 목자와 함께하신다. 구약성경에 하나님께서 보내시기로 한 언약의 사자 예수님이 예언되어 있듯이(말 3:1; 시 2:6-7; 사 61:1-3; 렘 31:22 등), 신약성경에는 예수님이 보내는 이 약속한 목자에 관해 예언되어 있다 (요 14:16-17, 26; 요 15:26; 16:13-15; 계 1:1-3; 22:8, 16 등).

오늘날 일반 목자들은 유대 제사장들이 예수님께 그러했듯이, 신약에

　　　　　　　　　한 권으로 끝내는 신천지 비판

약속한 목자를 이단이라고 할 것이다. 그러나 하나님께서 함께하신 예수님을 이단이라고 하는 것은 결과적으로 하나님을 이단이라고 하는 것과 같고(요 15장 참고), 예수님께서 함께하시는 약속한 목자를 핍박하는 것은 예수님을 핍박하는 것과 다름없다.…우리 신천지에는 주께서 약속하신 목자가 있다. 그는 예수님께서 펼치신 책에 기록된 말씀으로(계 10장) 새 하늘과 새 땅을 창조하고 있다(계 21장). 예수님께서 하늘의 씨를 뿌린 지 2천 년이 되는 오늘날, 영적 이스라엘은 이미 끝이 났다. 지금은 알곡 성도를 추수하여 하나님 나라를 이 땅에 창조하고 하나님을 모시고 영육이 함께 사는 영적 새 이스라엘 즉 신천지 시대다.[11]

이만희는 하나님이 아담에게서 노아로, 노아에게서 모세로, 모세에게서 예수로, 예수에게서 개신교로, 개신교에서 신천지로 이동하셨다고 하면서 이전 시대들은 다 타락하고 부패한 시대로서 이단이고, 오늘날은 신천지 시대로서 자기들만이 정통이라고 한다. 이 얼마나 비성경적이고 악마적인 주장인가?

이만희는 예수님이 "영으로(마 24:27 참고) 오셔서 약속한 한 목자와 함께하신다"고 한다. 구약성경과 마찬가지로 신약성경에도 약속한 목자에 대한 예언이 있다는 것이다. 그뿐 아니라 이미 그 약속한 목자에게 예수님이 영으로 재림하셨다고 주장한다. 그가 참고 구절로 써놓은 마태복음 24장 27절 "번개가 동편에서 나서 서편까지 번쩍임같이 인자의 임함도 그러하리라"는 말씀이 예수님의 은밀한 영적 재림을 의

---

11) 『천지창조』, pp.153-157.

미하는 것이 아니라는 사실은 차치하더라도, 그가 말하는 재림 예수가 임했다고 하는 '약속한 목자'는 누구란 말인가?

이만희는 "우리 신천지에는 주께서 약속하신 목자가 있다"고 하면서 자신을 약속한 목자로 내세워 신격화한다.[12] 또 그는 예수님이 영으로 약속한 목자에게 재림했다고 하면서 자신을 재림 예수의 위치에 두고, 약속한 목자로부터 하나님의 말씀이 나오기 때문에 그가 있는 신천지가 정통이고, 그가 없는 기성 교회가 이단이라고 한다. 그러고는 자신을 핍박하면서 이단이라고 하는 것은 예수님을 핍박하고 이단이라 하는 것과 같다고 보호막을 친다. 이처럼 정통과 이단 교리는 이만희의 신격화를 보호하는 역할을 한다. 그러나 이것은 성령 강림에 대한 예고를 예수님의 재림에 대한 언급으로 호도하면서 '다른 예수'를 믿게 함으로 결국 멸망으로 잡아끄는 악한 주장에 불과할 뿐이다.

복음과 원수

이만희는 하나님이 죄인과 함께할 수 없으며, 사람이 죄를 지으면 가차 없이 버리신다고 한다.[13] 죄인과 함께하면 하나님 또한 죄를 가진 존재가 되기 때문이라고 한다.[14] 그는 이 주장을 위해 아담이 범죄했을 때 하나님이 그를 떠나셨고, 노아나 모세의 경우도 그렇게 하셨다고 한다. 어떻게 생각하면 하나님은 아담을 에덴동산에서 쫓아내기도 하

---

12) 『천지창조』, p.157.

13) 『천지창조』, pp.153-154.

14) 『천지창조』, p.456.

셨고(창 3장), 노아 시대에는 사람들의 범죄 때문에 한탄하시고 홍수로 쓸어버리기도 하셨으며, 모세의 율법을 통하여 죄를 얼마나 미워하고 싫어하시는가도 알려주셨다.

그러나 신천지의 주장은 가장 반성경적인, 복음의 원수와 같은 것이다. 왜냐하면 하나님은 아담의 범죄에도 불구하고 그와 그의 후손들을 떠나지 않으셨기 때문이다. 하나님은 아벨의 제사를 받으셨고(창 4:4), 가인 손에 죽은 아벨 대신 셋을 주셨으며(창 4:25), 아담의 후손 에녹은 300년 동안이나 하나님과 동행하다가 죽음을 맛보지도 않고 하나님의 부르심을 받았다(창 5:21-24). 어디 그뿐인가? 아브라함은 하나님의 부름을 받았지만 하나님보다 이방 왕을 더 두려워하는 불신의 모습으로 두 번이나 아내를 팔아먹는 파렴치한 짓을 하였다(창 12:10-20; 20:1-18). 그러나 하나님은 그를 버리신 것이 아니라 믿음의 조상이 되게 하셨다. 이삭이나 야곱도 마찬가지다(창 26:1-11; 27:9). 르우벤은 아버지의 아내와 간통하는 천인공노할 죄를 저질렀다(창 35:22). 그러나 하나님은 그를 버리지 않으셨다. 하나님은 또한 요셉의 꿈을 방해할 목적으로 그를 구덩이에 던져버린 그의 형들을 버리거나 떠나가지 않으셨다(창 37-45장).

이는 신약성경에서도 마찬가지다. 베드로는 "사탄아 내 뒤로 물러가라"(마 16:23)는 엄청난 책망을 받았고, 세 번이나 주님을 모른다고 부인했다(마 26:69-75; 막 14:66-72; 눅 22:54-62). 그러나 성경 그 어디에도 주님이 그와 함께할 수 없어서 그를 버리셨다고 하지 않는다. 오히려 그는 주님께 쓰임 받는 사도가 되었다. 사도 바울도 마찬가지다. 그는 예수 믿는 자들을 잡아 죽이는 데 앞장섰던 사람이었다(행 7:54-60). 그래서 그는 자신이 "죄인 중에 괴수"(딤전 1:15)라고 고백한다. 이만희의 주장대로라면 그는 절대로 하나님이 함께할 수 없는 사람이었을 것이다. 그러나 부활하신 주님은 그를 만나주셨고, 그는 신약성경의 절반 정도를 기록한 위대한 사도가 되었다. 성경은 죄인을 버리거나 이단이라고 하기는커녕 바로 그런 죄인들을 사랑하셔서 하나님이 독생자 예수 그리스도를 보내주셨다고 한다. 로마서 5장의 말씀이다.

> 6우리가 아직 연약할 때에 기약대로 그리스도께서 경건하지 않은 자를 위하여 죽으셨도다 7의인을 위하여 죽는 자가 쉽지 않고 선인을 위하여 용감히 죽는 자가 혹 있거니와 8우리가 아직 죄인 되었을 때에 그리스도께서 우리를 위하여 죽으심으로 하나님께서 우리에 대한 자기의 사랑을 확증하셨느니라(롬 5:6-8).

우리가 아직 죄인 되었을 때—이만희의 주장대로라면 하나님이 함께할 수 없는 이단이었을 때—하나님은 그리스도를 보내주셔서 우리를 구원하심으로 당신의 사랑을 확실히 증거해주셨다.

이와 같은 모든 사실은 무엇을 의미하는가? 한마디로 그것은 이만희의 정통과 이단에 관한 주장은 하나님의 은혜와 사랑을 훼손하는 반성경적인 복음의 원수라는 것이다. 그의 주장은 죄가 무엇인지, 성령이 누구신지, 하나님의 구원의 성격이 어떤 것인지 등에 대한 무지에서 나온다. 죄란 창조주 하나님과 피조물과의 관계 속에서 생겨난다. 피조물이 하나님의 뜻을 어기거나 불순종하는 것이 죄이지, 죄가 하나님께 옮겨갈 수는 없다. 그런데 이만희는 그것을 모르고 하나님도 죄인과

                     한 권으로 끝내는 신천지 비판

함께하면 죄를 가진 존재가 된다고 하니 우스울 뿐이다.

이만희가 주장하는 정통과 이단 교리는 약속한 목자라는 존재를 중심으로 한 반복적인 창조와 재창조, 옛 언약과 새 언약, 선천과 후천, 그리고 첫째 장막과 둘째 장막 교리 등과 연결되어 있다. 신천지 이만희의 주장에 따르면 새로운 목자가 오면 이전의 언약은 옛 언약이 되고, 이전의 정통은 이단이 된다. 여기에는 예외가 없다. 그렇다면 그가 '과거에 약속한 목자'라고 주장한 아담, 노아, 아브라함, 모세, 여호수아, 세례 요한, 예수님은 어떻게 되는가? 그의 논리에 따르면 예수님을 포함해 그들 모두는 다 이단자가 되며, 하나님이 그들과 맺으셨던 언약도 이단이 되고, 결과적으로 이만희 이전의 모든 성경의 내용도 다 이단적인 내용이 되고 말 것이다.

신천지는 자신들이 성경에 통달했다고, 진리의 말씀을 자기들만 안다고 설레발치고 있다. 하지만 이는 참 모순적인 모습이 아닐 수 없다. 왜냐하면 그들은 구약부터 신약까지 등장하고 있는 수많은 사람들을 한때의 '약속한 목자'라고 하면서 그 시대에 주어진 말씀들도 다 옛 언약, 이단이라고 하기 때문이다. 그렇다면 성경도 이단에 관한 말씀인데, 이단에 통달해서 무엇을 하자는 말인가? 그래서 사실, 그들의 그런 주장은 성경과는 상관이 없는, 이만희가 받았다는 엉터리 새 언약만 믿겠다는 소리나 다름없다. 신천지는 성경을 제대로 알아야 한다며 교인들을 미혹하고 있지만, 이는 성경을 무력화시키고, 성경에서 말씀하는 복음이 아닌 자기가 받았다고 하는 엉터리 계시인 저주받을 '다른 복음'을 가르치기 위한 얄팍한 술수일 뿐이다.

10장
선천과 후천

선천과 후천 교리 또한 성경에는 짝이 있다는 전제에서 출발한 전형적
인 짝 교리다. 신천지에서는 성경의 역사가 선천과 후천으로 반복된다
고 하며, 최후의 후천이 신천지라고 한다. '신천지'(新天地)는 성경에 나
오는 '새 하늘과 새 땅'을 한자로 표현한 것이다. 여기에서 우리는 '선
천과 후천'이 성경에 나타난 천국에 대한 예표들과 관련된 교리라는
것을 알 수 있다. 이만희는 다음과 같이 주장한다.

하나님께서는 아담을 지으셨을 때 그에게 만물을 맡겨 다스리게 하시며 많
은 복을 주셨다. 그러나 아담이 하나님의 말씀을 어기고 배도하였을 때에
는 가차(假借) 없이 그를 떠나셨다. 그리고 아담의 후손 가운데 의로운 노
아를 택하시고 부패한 아담의 후예들을 홍수로 멸하셨다. 아담으로 시작한
세계를 없어지는 처음 하늘(先天)이라고 한다면, 새롭게 창조한 노아의 세
계는 새 하늘(後天)이라고 할 수 있다. 물론, 아담은 사명이 끝난 선천의 지

도자이며 노아는 새 시대를 인도할 새 치리자다.…하나님께서 부패한 노아의 세계를 떠나 모세에게로 가신 결과, 선천 세계인 노아의 세계는 빛과 생명이 없는 밤이 되고, 후천 세계인 모세의 세계는 빛과 생명이 있는 낮이 되었다. 낡은 선천(先天)과 새로운 후천(後天) 중 어디가 정통이겠는가? 당연히 하나님께서 새로 창조하신 후천 세계다. 그러나 모세가 애굽에서 이끌어낸 이스라엘 자손들도 번번이 하나님의 말씀을 어겼다. 하나님께서는 불순종하는 이스라엘 세계를 떠나 예수님에게로 가셨다.

이스라엘 자손들은 모세가 받아온 율법의 근본 뜻보다 그 형식에 치우쳤으며, 변질된 장로의 유전(遺傳)을 준수하는 자신들이 정통이라고 주장하면서 예수님을 이단이라 핍박하였다(행 24:5). 그러나 참 정통은 하나님께서 함께하신 예수님이셨다. 예수님을 비난한 이스라엘 자손들은 낡은 전통일 뿐이다.

모세로부터 세례 요한 때까지는 부패한 선천이요, 예수님 때부터가 새로운 후천이다. 예수님 초림 때 선천(先天)인 육적 이스라엘은 종말을 맞고 후천(後天)인 영적 이스라엘이 시작되었다. 그 후 지금까지 목자들은 예수님께서 알려주신 복음을 전해왔다. 예수님께서는 이 하늘 복음이 땅 끝까지 전파될 때 영으로(마 24:27 참고) 오셔서 약속한 한 목자와 함께하신다.…한 시대(선천)가 가고 새로운 한 시대(후천)가 올 때마다 이전 세계 목자들은 자신들이 정통이라고 주장하면서 새 시대의 목자와 성도들을 이단이라고 하며 핍박했다. 이전의 모든 것을 끝내는 주 재림 때는 신약에 약속한 목자와 일반 목자 중 누가 정통이겠는가? 또 빛과 생명이신 예수님의 말씀은 어느 목자에게 있겠는가?[1]

                          한 권으로 끝내는 신천지 비판

성경은 창세기부터 시작해서 요한계시록에 이르기까지 오직 한 분, 예수 그리스도로 말미암아 천국이 이루어져 간다는 통일된 역사를 보여준다. 그런데 신천지는 하나님이 아담부터 시작해서 여러 '약속한 목자'들을 내세워 천국을 이루어보려 하셨으나, 실패를 반복하며 역사가 진행되었다는 방식으로 성경을 이해한다. 그들은 성경이 보여주는 역사의 점진적 완성을 인정하지 않고, 선천과 후천이라는 개념을 통해 역사를 여러 개로 분리한다. 앞에서 살펴본 '창조와 재창조', '정통과 이단' 교리와 더불어 선천과 후천 개념까지 넣어 단절된 역사로 만들고 있는 것이다.

그 결과 그들은 하나님이 타락한 아담과 하와에게 여자의 후손에 관한 약속을 주셨고, 그 약속을 예수 그리스도의 초림을 통하여 성취하셨으며, 재림을 통하여 완성하실 것이라는 성경의 중심적인 역사를 왜곡한다. 또한 성경의 통일된 역사를 여러 토막으로 가르면서 하나님을 실패자로 만들며, 약속한 목자라는 존재들을 통해 실제적으로는 여러 명의 구세주가 있었다고 하는 셈이 되어, 예수 그리스도의 유일성도 훼손한다.

사실, '선천과 후천'이란 말은 전도관과 쌍둥이 형제라 할 수 있는 통일교에서 쓰는 용어다. '약속한 목자'라는 용어도 그들이 쓰는 '시대별 중심인물론'의 또 다른 표현이다. 이만희는 전도관의 제자답게 선천과 후천이란 용어를 차용하여 거기에다 정통과 이단이라는 개념을 넣음으로, 서로 연결되는 단 하나의 역사를 완전히 단절되고 대적되는

---

1) 『천지창조』, pp.153-156.

역사들로 왜곡해놓은 것이다.

천국, 즉 하나님의 나라에 대한 개념 정리가 어느 정도 되어 있는 사람에게는 이러한 그들의 문제점이 한눈에 들어온다. 그러나 천국에 대해 겨우 '죽으면 가는 곳'이라고 하거나 저 하늘 어딘가에 있을 '하늘나라' 정도로만 알고 있는 성도들은, 그들이 천국에 관한 예표의 이미지들을 통해 선천과 후천 교리를 만들었기 때문에 미혹되기 쉽다. 천국에 대한 무지가 큰 문제가 되는 것이다.

그런데 무지 외에도 또 다른 미혹의 요소가 있다. 그것은 한국교회에 잘못된 세대주의 사상이 광범위하게 퍼져 있어서 그와 같은 이단 사설들이 설 자리를 마련해주고 있다는 것이다. 율법시대, 교회시대, 성령시대 등과 같은 용어들은 세대주의의 용어다. 그런데 우리는 정상적인 교회 안에서 얼마든지 이와 같은 용어들을 들을 수 있다. 어떻게 보면 새로운 구원관이나 새로운 메시아가 출현한다 해도 얼마든지 환영할 만한 환경이 조성되어 있는 것이다. 그러므로 신천지의 선천과 후천 교리를 극복하기 위해서는 반드시 천국에 관한 성경의 흐름을 바로 이해하고 있어야 하며, 천국에 관한 바른 개념도 가지고 있어야 한다.

성경에는 여자의 후손에 대한 예언(창 3:15)을 비롯한 메시아의 예언들이 여러 부분에 여러 모양으로 등장하고 있으며, 메시아의 예언과 관련된 새 하늘과 새 땅, 천국의 예표도 많이 등장한다. 그런데 신천지는 바로 그와 같은 이미지를 사용하여 선천과 후천 교리를 주장한다. 이제부터 천국에 관한 예표들, 성전과 천국의 관계, 그리고 교회와 천국의 관계를 알아봄으로써 신천지의 선천과 후천 교리를 논파해보도록 하자.

　　　　　　　　　　　　한 권으로 끝내는 신천지 비판

천국에 관한 예표들

메시아이신 예수 그리스도로 말미암아 구원하시겠다는 구속사를 보여주는 성경에는 요한계시록 21장에서 말씀하고 있는 장차 이루어질 완성된 천국이 여러 가지로 예표되어 있다. 그런데 신천지는 그 예표들을 오용해 선천과 후천이라는 괴상한 주장을 편다. 먼저 노아 시대 홍수 후의 새 하늘과 새 땅을 보자.

홍수 후 세상 사람들이 다 죽고 노아와 가족이 탄 구원의 방주가 아라랏 산에서 멈추었을 때, 무지개가 나타난 당시의 모습은 천국인 새 하늘과 새 땅을 연상하게 한다. 방주를 지은 노아에게서도 구세주가 연상된다. 그러나 노아는 구원자, 즉 메시아가 아니다. 그가 만약 메시아였다면 예수님이 "내가 곧 길이요 진리요 생명이니 나로 말미암지 않고는 아버지께로 올 자가 없느니라"(요 14:6)고 하신 말씀이 잘못된 것이며, "다른 이로써는 구원을 받을 수 없나니 천하 사람 중에 구원을 받을 만한 다른 이름을 우리에게 주신 일이 없음이라"(행 4:12)고 한 성경의 증언도 거짓이라고 해야 할 것이다. 노아는 단지 새 세상의 머리이신 예수 그리스도의 예표였을 뿐이다. 노아가 약속한 목자라고 하는 존재로서 예수님과 동격인 구원자였던 것은 아니며, 노아 앞에 펼쳐졌던 새 세상도 장차 예수 그리스도 안에서 이루어질 새 하늘과 새 땅, 즉 천국에 대한 희미한 그림자였지 그것 자체가 천국은 아니었다.

천국에 관한 또 다른 예표는 출애굽한 이스라엘 백성이 들어가게 된 가나안 땅이다. 신천지는 가나안을 "노아 후의 후천", "아브라함 후의 모세와 함께한 후천"이라고 한다. 그러나 여기에는 모순이 있다. 그들의 논리대로 하자면 아브라함과 모세는 둘 다 약속한 목자들이기 때문에 아브라함 시대가 선천이고 이단이며 모세의 시대가 후천과 정통이어야 한다. 그런데 가나안은 아브라함에게도 약속된 땅이고, 모세 시대의 이스라엘에게도 약속된, 젖과 꿀이 흐르는 땅이다. 그렇다면 모세에게 있어서 가나안은 선천이면서 동시에 후천도 된다. 신천지가 자신들의 교리적 틀로 성경을 재단하려고 하니, 이런 오류가 발생하는 것이다.

가나안은 단일한 역사 가운데 예수 그리스도로 말미암아 구원받은 하나님의 백성이 들어가게 될 **궁극적인 천국의 예표**다. 누가복음 9장 31절은 예수 그리스도의 죽음(별세)을 '출애굽'을 지칭하는 단어인 '엑소도스'(ἔξοδος)로 표현한다. 출애굽은 유월절 양의 피흘림을 통하여 이루어졌다(출 12:1-13:16). 그런데 그것은 바로 예수 그리스도의 죽음을 나타내며(고전 5:7), 그의 죽음을 통한 구원이 바로 진정한 출애굽이라는 말씀이다. 이처럼 애굽에서 나와 젖과 꿀이 흐르는 가나안에 들어간 것은 예수 그리스도로 말미암아 구원받은 백성이 들어가게 될 영원한 천국의 모습을 희미하게 보여준다.

이스라엘 백성은 자신의 힘과 능력으로 애굽에서 나오지 않았다. 무슨 선한 일을 하거나 어떤 굉장한 업적을 남겨서 구원받은 것도 아니었다. 성경은 이 사실을 분명히 하기 위해 그들이 애굽에서 구원받기 전에 음란하게 숫염소를 섬기던 자들이었고(레 17:7), 광야의 여정 내내 불평과 불만이 가득했음을 숨김없이 기록해놓았다. 이는 의인이 하나도 없다(롬 3:10)는 성경의 선언과 같이 모든 사람은 대속이 필요한 죄인임을 보여준다. 하나님은 그와 같은 죄인들을 구원하기 위해 여자의 후손을 약속하셨고(창 3:15), 그 약속대로 예수 그리스도의 대속적인 죽음으로 진정한 구원을 이루셨으며, 장차 천국으로 인도하실 것이다. 애굽이 멸망할 이 세상을 상징한다면 출애굽은 바로 예수 그리스도로 말미암는 구원을 나타내며, 젖과 꿀이 흐르는 가나안은 예수님으로 말미암아 구원받은 백성이 들어가게 될 영원한 천국을 예표한다. 아브라함은 약속된 천국을 실제적으로 받은 것은 아니었지만, 가나안에 거한 것은 그가 하나님이 계획하시고 지으실 터가 있는 성을 바랐기 때문이었다(히 11:10).

성경에는 이 외에도 천국의 또 다른 표현인 **하나님의 나라**에 관한 예표들이 많이 있다. 그리스도를 의미하는 기름부음 받은 자로서, 골리앗을 물리친 다윗이 중심이 되어 세워진 다윗 왕국이나, 포로가 된 이스라엘 백성이 바벨론에서 귀환하여 세울 나라 등이 그것이다. 다윗 왕국은 다윗의 범죄와 나라의 분열, 그리고 백성의 죄악으로 인해 바벨론에 패망하여 불완전했음이 드러난다. 그러나 성경은 다윗과 그의 자손에게 항상 등불을 주겠다고 하신 하나님의 약속을 기록한다(왕상 11:36; 왕하 8:19; 대하 21:7). 또 메시아에 대해서는 이새의 줄기에서 한 싹이 나며(사 11:1), 다윗에게 뿔이 나게 할 것이고(시 132:17), 다윗에게 한 의로운 가지를 일으키고(렘 23:5), 다윗의 왕위는 영원히 여호와 앞에서 견고히 서리라고(왕상 2:45) 하는 등 다윗과 관련지어 예언하고 있다. 예레미야 30장 9절에서는 아예 "내가 그들을 위하여 세울 그들의 왕 다윗을 섬기리라"고 하며, 호세아서에서도 백성이 다윗을 찾을 것이라고 한다(호 3:5).

성경의 이러한 증언은 다윗이 예수 그리스도의 예표적인 인물이요, 그의 나라가 메시아 왕국의 그림자였음을 분명히 한 것이다. 이사야 선지자는 바벨론에서의 귀환으로 세워질 나라를 바라보면서 "그때에 이리가 어린 양과 함께 살며 표범이 어린 염소와 함께 누우며 송아지와 어린 사자와 살진 짐승이 함께 있어 어린 아이에게 끌리며 암소와 곰이 함께 먹으며 그것들의 새끼가 함께 엎드리며 사자가 소처럼 풀을 먹을 것이며 젖 먹는 아이가 독사의 구멍에서 장난하며 젖 뗀 어린 아이가 독사의 굴에 손을 넣을 것이라"(사 11:6-8)고 예언하였다. 그가 바라본 나라는 분명히 전쟁과 미움, 다툼과 슬픔이 없는 평화로운 나라로서 요한계시록 21장에서 말씀하고 있는 궁극적인 천국을 예시하고 있음이 틀림없다.

성경에는 구원자의 예표가 여러 명 등장하지만 진정한 구원자는 오직 예수 그리스도 한 분뿐이시다. 이것은 천국도 마찬가지다. 그런데 이만희는 많은 성도가 성경에 있는 구원자와 천국의 예표에 대해 무지한 점을 이용하여 그 예표들이 서로 척을 지며 대적하는 듯한 선천과 후천을 주장하고 있다. 또 예수님의 예표인 아담, 노아, 아브라함 등을 약속한 목자라고 하면서 예수님과 동격의 구원자로 만들고는 황당하게도 자신이 최후의 구원자, 약속한 목자라고 한다. 결국 이만희는 예수님은 실패자이고 자신만이 유일한 구원의 성공자로서 새 하늘과 새 땅인 천국, 즉 '신천지'를 이루게 하는 자라는 사교(邪敎)적 주장을 하고 있는 것이다.

성전과 천국

신천지의 선천과 후천을 제대로 분쇄하려면 천국뿐 아니라 '성전'의 개

  한 권으로 끝내는 신천지 비판

넘에 대해서도 바로 이해하고 있어야 한다. 하나님의 성전과 신천지, 그리고 천국은 떼려야 뗄 수 없는 관계 속에 있기 때문이다. 신천지는 요한계시록 15장에 있는 "또 이 일 후에 내가 보니 하늘에 증거 장막의 성전이 열리며"(계 15:5)라는 말씀 중 '증거 장막의 성전'과, 천국과 관련된 요한계시록 21장에 있는 "또 내가 새 하늘과 새 땅을 보니 처음 하늘과 처음 땅이 없어졌고 바다도 다시 있지 않더라 또 내가 보매 거룩한 성 새 예루살렘이 하나님께로부터 하늘에서 내려오니 그 준비한 것이 신부가 남편을 위하여 단장한 것 같더라"(계 21:1-2)는 말씀 중 '새 하늘과 새 땅'을 가져다가 자기들의 이름으로 사용한다. 또한 그들은 이단 집단이었던 유재열의 '장막성전'이 기독교를 대표하는 마지막 세계이고, 거기에서 일어났던 사건들이 바로 성경의 예언이 실현된 것이라고 주장한다.

그러나 성경에서 말씀하고 있는 것은 그들의 주장과는 완전히 다르다. 이는 성경에서 성전의 의미와 그 역사를 살펴보면 확실하게 알 수 있다. 먼저 성전이 등장하게 되는 성경의 역사를 생각해보자. 창세기는 영광스런 창조로 시작되지만 죄로 얼룩진 죽음으로 끝난다. 그러나 그 죽음은 아담과 하와에게 약속되었고 아브라함 때에 보다 더 구체적으로 나타난 여자의 후손에 대한 소망스러운 언약 아래에서의 죽음이었다. 창세기의 마지막 부분이다.

24요셉이 그의 형제들에게 이르되 나는 죽을 것이나 하나님이 당신들을 돌보시고 당신들을 이 땅에서 인도하여 내사 아브라함과 이삭과 야곱에게 맹세하신 땅에 이르게 하시리라 하고 25요셉이 또 이스라엘 자손에게 맹세시

커 이르기를 하나님이 반드시 당신들을 돌보시리니 당신들은 여기서 내 해골을 메고 올라가겠다 하라 하였더라 26 요셉이 백십 세에 죽으매 그들이 그의 몸에 향 재료를 넣고 애굽에서 입관하였더라(창 50:24-26).

요셉은 자기 형제들에게 하나님이 아브라함과 이삭과 야곱에게 맹세하신 그 땅에 이르게 할 때에 자기의 해골을 메고 거기로 가겠다는 약속을 하게 했다. 요셉의 유언은 아담, 노아, 아브라함, 모세를 단절시키는 신천지의 성경 이해를 무색하게 한다. 요셉의 유언대로 모세 시대의 출애굽의 근거는 바로 하나님이 아브라함에게 하신 약속이었으며, 아브라함의 자손들은 그 약속을 믿는 삶을 살았고, 모세 또한 아브라함의 자손으로서 그 언약 아래에서 살았기 때문이다. 이처럼 창세기는 단순한 죽음으로 끝나지 않으며 아브라함과 이삭과 야곱에게 하신 하나님의 언약을 기억하는 것으로 끝난다.

그리고 출애굽기가 이어진다. 그런데—우리말 성경에는 나타나지 않지만—출애굽기는 '그리고'라고 해석되는 '와우 계속법'으로 시작한다. 이는 창세기와 출애굽기가 서로 다른 책이 아니라 상호 연결되어 있으며, 죽음이 끝이 아니라 구원을 위한 새로운 출발점인 것을 나타낸다. 출애굽기가 다루고 있는 중요한 사건은 유월절 양의 죽음을 통한 구원의 경험과 십계명을 비롯한 율법을 통한 하나님과 언약 체결이다. 이 두 사건의 관계를 살펴보면 율법을 지켜야 구원받는 것이 아니라, 이미 구원받아 하나님의 백성이 된 자들에게 율법을 주심을 알 수 있다. 이처럼 율법은 하나님의 은혜와 사랑과 그분이 베풀어주신 구원의 의미를 기억하면서 그 은혜에 감사하며 그분의 자녀답게 사는 법을 가르친다.

출애굽기 앞부분에서 놀라운 구원의 능력을 보여주신 하나님은 25 장에서 당신이 보여주는 식양대로 '거할 성소'를 지으라고 명령하신다 (출 25:8-9). 이스라엘 백성이 그 명령에 순종하여 성막의 작은 기구들 까지 다 만들어 정해진 위치에 놓고, 마지막으로 뜰에 포장을 치고 뜰 문의 휘장을 달자 구름이 회막에 덮이며 여호와의 영광이 충만히 임했 다(출 40:33-38). 이것이 출애굽기의 마지막 장면이다. 그리고 성경은 하 나님을 섬기는 법을 가르치는 레위기로 이어진다.

창세기에서 출애굽기를 거쳐 레위기로 이어지는 흐름은 구원이 어 떻게 이루어지는지를 잘 보여준다. 하나님의 영광스런 창조 세계에 죄 가 들어오고 죽음이 뒤따랐지만, 하나님은 죽을 수밖에 없는 인생들에 게 구원을 약속하셨다. 그 구원은 이스라엘 백성이 유월절 양의 죽음 을 통하여 애굽에서 나올 수 있었던 것과 같이 예수 그리스도의 희생 을 통하여 이루어진다. 또한 성막이 완성됨을 통하여 하나님의 영광이 충만하게 드러난 것처럼, 장차 하나님의 나라가 영광 가운데 완성될 것이다. 이는 성경의 역사가 예수님이 없어도 구원이 가능한 선천과 후천의 반복이라고 주장하며, 목자에 따라 정통과 이단이 계속되었다 고 하는 신천지가 얼마나 엉터리인지를 잘 밝혀준다. 성경은 처음부터 구원이 오직 유일하신 예수 그리스도를 통하여 이루어지고, 하나님이 약속하신 천국 또한 단 하나의 천국이 있을 뿐임을 보여주는 것이다.

성경의 관점은 이스라엘 백성이 가나안에 정착한 이후의 역사에서 도 동일하다. 성막은 광야에서 만든 이동식 천막이었지만 솔로몬이 지 은 성전은 고정형 건물이었다. 성전은 성막과 마찬가지로 예루살렘에 오직 하나만 있어야 했으며, 성막의 명맥을 이어 제사와 관련된 기능을 했다. 이스라엘의 제사는 죄인이 살려면 누군가 대신 죽어야 한다는 전제를 가진 것으로, 예수님의 대속적인 죽음의 예표였다. 바로 그 이유 때문에 세례 요한이 예수님을 보자마자 "보라 세상 죄를 지고 가는 하나님의 어린 양이로다"(요 1:29)라고 한 것이었다.

이스라엘은 솔로몬 이후 남·북 왕국으로 나누어진다. 북왕국 이스라엘은 주전 722년에 앗수르에 의해, 남왕국 유다는 주전 586년에 바벨론의 느부갓네살에 의해 패망했는데, 그때 솔로몬의 성전도 완전히 파괴된다. 그러나 그것이 끝이 아니었다. 이스라엘이 망하기에 앞서 바벨론에 끌려갔던 에스겔은 포로생활 가운데 예루살렘이 함락되었다는 소식을 듣게 되지만, 하나님이 보여주신 놀라운 환상을 접한다. 하나님은 에스겔에게 골짜기에 흩어져 있는 마른 뼈들이 살아나서 큰 군대를 이루는 장면과 장차 세워질 성전과 관련하여 벌어지는 놀라운 일들을 보여주신 것이다(겔 37:1-47:12).

그때는 나라가 망하고, 성전이 파괴되었으며, 바벨론에 포로로 끌려온 이스라엘 백성에게는 아무런 소망도 없던 때였다. 그런데 하나님은 바로 그때, 그와 같은 환상 속에서, 이스라엘이 고국 땅으로 돌아가 회복될 것을 말씀하셨다(겔 37:11-14). 나아가 다윗이 목자가 되고 영원한 왕이 되어 그들을 다스릴 것이며(겔 37:24-25), 하나님이 그들과 화평의 언약을 맺고 성소를 세워 영원히 그들과 함께할 것이라는 약속도 해주셨다(겔 37:26-28). 그때 에스겔에게 보여주신 성전에서는 물이 흘러나오면서 발목에 차고, 무릎에 차고, 허리에 이르렀다가 헤엄치지 않고는 건너지 못할 강을 이루었고, 그 강물이 이르는 곳마다 번성하고 소성하는 역사가 나타났다(겔 47:1-12).

역사적으로 이 성전은 이미 무너진 솔로몬 성전을 대신해 장차 세워질 스룹바벨 성전을 의미한 것이었다. 그런데 그 성전에 대해서는 다음과 같은 예고의 말씀이 있었다.

1대제사장 여호수아는 여호와의 천사 앞에 섰고 사탄은 그의 오른쪽에 서서 그를 대적하는 것을 여호와께서 내게 보이시니라 2여호와께서 사탄에게 이르시되 사탄아 여호와께서 너를 책망하노라 예루살렘을 택한 여호와께서 너를 책망하노라 이는 불에서 꺼낸 그슬린 나무가 아니냐 하실 때에 3여호수아가 더러운 옷을 입고 천사 앞에 서 있는지라 4여호와께서 자기 앞에 선 자들에게 명령하사 그 더러운 옷을 벗기라 하시고 또 여호수아에게 이르시되 내가 네 죄악을 제거하여버렸으니 네게 아름다운 옷을 입히리라 하시기로 5내가 말하되 정결한 관을 그의 머리에 씌우소서 하매 곧 정결한 관을 그 머리에 씌우며 옷을 입히고 여호와의 천사는 곁에 섰더라(슥 3:1-5).

이 말씀을 기록한 스가랴는 바벨론에서 태어났으며, 주전 538년의 포로귀환 당시 스룹바벨과 여호수아의 성전 재건을 도왔던 선지자다(대하 36:22-23; 슥 1:1-4). 여호수아는 당시의 대제사장이었는데 스가랴가 이상 가운데서 본 여호수아는 더러운 옷을 입고 있었다. 하나님은 네 죄악을 제거해버렸다고 하시며 그 더러운 옷 대신 아름다운 옷을 입히고 정결한 관을 씌우셨다. 이것은 분명히 상징적인 의미를 가지고 있다. 왜냐하면 바로 이어서 나오는 말씀 중 스가랴의 이상 가운데 나타난 사람들에 대해 "이들은 예표의 사람들"(슥 3:8)이라고 하기 때문이다.

대제사장 여호수아는 예수 그리스도를 가리킨다. 여호수아의 헬라식 이름이 바로 '예수'일 뿐 아니라 대제사장이란 직분 자체가 주님을 나타낸다(히 3:1; 4:14; 6:20). 또 스가랴에 나온 메시아 예언, 즉 "여호와의 말씀에 시온의 딸아 노래하고 기뻐하라 이는 내가 와서 네 가운데에 머물 것임이라"(슥 2:10)는 말씀과 "시온의 딸아 크게 기뻐할지어다 예루살렘의 딸아 즐거이 부를지어다 보라 네 왕이 네게 임하시나니 그는 공의로우시며 구원을 베푸시며 겸손하여서 나귀를 타시나니 나귀의 작은 것 곧 나귀 새끼니라"(슥 9:9)라는 말씀은 예수님을 통해 성취되었다(마 21:5; 요 12:15). 그러므로 대제사장 여호수아는 십자가를 지시고 죄인들을 위하여 죽으셨지만, 부활·승천하시어 "영광과 존귀로 관을 쓰신 예수"(히 2:9) 그리스도를 예표하고 있는 것이 분명하다.

그렇다면 에스겔이 성전 문지방에서부터 흘러나온 물을 본 환상의 의미도 분명해 보인다. 그것은 예수 그리스도로 말미암아 쏟아져 나올 보혈의 은총, 성령으로 말미암는 생명수를 나타내는 것이다. 성전의 문지방에서부터 물이 흘러나와 첫 번째 건널 때 물이 발목에 오르고, 두 번째는 무릎에, 세 번째는 허리에 이르렀고, 그 다음에 다시 측량했을 때에는 헤엄치지 않고는 건너지 못할 강이 되며, 그 강물이 이르는 곳마다 번성하고 소성한 것은, 대제사장 여호수아로 상징된 예수님이 십자가에 못 박히시고 옆구리에 창을 받으심으로 말미암아 물과 피를 다 흘리기까지 하셔서 그 보혈의 은총으로 말미암아 살아나는 역사, 즉 측량할 수 없는 하나님의 은혜로 말미암는 구원의 사건을 나타낸다.

이처럼 성전이 예수 그리스도를 통한 구원을 상징한다는 사실은 이후 이어지는 성전의 변천사와 그 의미를 보면 더욱 분명해진다. 에스겔이 이상 가운데 성전을 본 후, 스룹바벨 성전이 세워지게 되고, 예수님 당시에는 스룹바벨 성전을 증축한 헤롯 성전이 존재했다. 이 성전들은 솔로몬 성전과 같은 역할을 했다. 그런데 예수님은 헤롯 성전을 보시고 "너희가 이 성전을 헐라 내가 사흘 동안에 일으키리라"(요 2:19)고 말씀하셨다. 헤롯 성전은 주전 19년에 짓기 시작하여 주후 64년에 완성되었고 예수님 당시에는 46년 동안이나 공사가 계속되고 있을 정도로 상당한 규모의 성전이었다. 그런데 예수님은 그런 성전을 사흘 만에 다시 짓겠다고 하신 것이다. 어떻게 보면 유대인들이 그 말씀의 의미를 깨닫지 못한 것은 당연한 일이었다.

그런데 그 말씀의 의미를 잘 알지 못했던 것은 제자들도 마찬가지였다. 그들은 주님이 부활하신 이후에야 그 말씀의 의미가 무엇인지 알게 되었다. 그 말씀은 다름 아닌 **성전된 예수님의 육체에 관한 것이**었다. 예수님은 죽으신 지 사흘 만에 부활하셨고, 부활하신 예수님을 만난 제자들은 비로소 성전이 바로 예수님의 몸을 가리켰다는 사실을 알게 되었다. 우리는 이와 같은 신약의 증언을 통해 에스겔이 환상 가운데 보았던 성전과 그 성전에서 흘러나왔던 물이 예수님 자신과 십자가의 보혈을 의미한다는 사실을 알 수 있다.

하늘에 있는 성전

성전의 의미는 여기에 멈추지 않는다. 하나님은 모세에게 "내가 그들 중에 거할 성소를 그들이 나를 위하여 짓되"(출 25:8)라고 하시면서 성막을 짓게 하셨다. 즉 성전은 기본적으로 하나님이 거하시는 곳이었다.

그런데 하나님의 구원의 계시가 역사 속에서 점진적으로 전개되는 과정 가운데 성전의 개념이 더 이상 눈에 보이는 건물이나 장소가 아닐 것임이 예고되었고, 그 예고와 같이 이 세상에 오신 예수님은 자신의 몸이 성전이라고 하셨다(요 2:19-22). 제사를 통해 죄인이 하나님께 나아갈 수 있는 통로 역할을 했던 성전은 예수 그리스도의 십자가 사건을 보여주려는 의도 속에서 만들어진 것이었으며, 바로 그와 같은 관점에서 성전이 예수님과 동일시되는 것이다.

그런데 바울은 여기에서 한 걸음 더 나아간다. 그는 고린도전서 3장 16절에서 "너희가 하나님의 성전인 것과 하나님의 성령이 너희 안에 계시는 것을 알지 못하느냐"라고 물으며 성도들 각자의 몸이 바로 하나님의 성령이 거하는 성전이라고 하였다. 또 그는 에베소 교인들에게 그리스도의 피가 유대인과 이방인의 담장을 허물고 원수된 것도 십자가로 소멸하셔서서 한 새 사람을 지어 화평하게 하신다고 하면서 다음과 같이 말했다.

20너희는 사도들과 선지자들의 터 위에 세우심을 입은 자라 그리스도 예수께서 친히 모퉁잇돌이 되셨느니라 21그의 안에서 건물마다 서로 연결하여 주 안에서 성전이 되어가고 22너희도 성령 안에서 하나님이 거하실 처소가 되기 위하여 그리스도 예수 안에서 함께 지어져 가느니라(엡 2:20-22).

이처럼 하나님의 계시가 점점 더 확실하게 드러나는 가운데 성전의 개념이 성막에서 성전으로, 성전에서 예수님의 몸으로, 또 예수님의 몸에서 성도의 몸으로, 그리고 또다시 모든 선지자들과 사도들의 가

　　　　　　　　　　　　　한 권으로 끝내는 신천지 비판

르침을 기초로 하고 예수님을 중심으로 하여 하나님이 거하실 처소가 되기 위하여 지어져 가고 있는 거대한 성전—성도의 연합—으로 확장되고 있다.

여기에는 다음과 같은 중대한 의미들이 있다. 첫째, 창세기에 뒤이어 출애굽기부터 시작된 성전은 오직 하나이며 이제는 더 이상 눈에 보이는 성전의 출현은 없다. 둘째, 성전이 사도들과 선지자들의 터 위에 세워지기 때문에 처음부터 끝까지 초대교회의 사도들과 선지자들이 외쳤던 구원의 복음, 즉 오직 예수 그리스도를 믿음으로 말미암아 얻게 되는 구원의 복음 외에 다른 복음이 있다고 하면 그것은 가짜다. 셋째, 하나님이 거하시는 처소로서 성전은 하나님이 거하며 다스리시는 천국과 떼려야 뗄 수 없는 깊은 관계를 가지고 있다. 넷째, 사도들과 선지자들의 터 위에 세워지는, 그리스도를 머리로 한 성도의 연합이라는 거대한 성전 외에는 더 이상 다른 성전이 있을 수 없으므로, 신천지증거장막성전의 최종적 권위를 주장하는 신천지는 틀렸다.

사실 솔로몬은 성전을 짓고 봉헌하면서도 "하나님이 참으로 사람과 함께 땅에 계시리이까 보소서 하늘과 하늘들의 하늘이라도 주를 용납하지 못하겠거든 하물며 내가 건축한 이 성전이오리이까"(대하 6:18)라고 하였다. 하나님을 세상에 있는 성전 안에 가둘 수는 없다. 하나님은 눈에 보이는 성전을 통하여 예수 그리스도의 구속사역을 보여주시고, 이어서 성도로 말미암아 지어지는 성전에 머물기를 원하셨던 것이다. 그런데 신천지는 요한계시록에 있는 "또 이 일 후에 내가 보니 하늘에 증거 장막의 성전이 열리며"(계 15:5)라는 말씀을 근거로 신천지증거장막성전이 바로 그 증거 장막의 성전이라고 하며, 그 증거 장막의 성전이 대한민국 경기도 과천에 출현했다고 한다.

신천지의 그런 주장은 터무니없는 주장이다. 이는 앞에서 살펴본 대로 더 이상 눈에 보이는 성전의 출현이 필요 없다는 성경 전체의 증언뿐만 아니라 요한계시록 자체의 증언을 통해서도 알 수가 있다. 요한계시록 21장 22절을 보자.

> 성 안에서 내가 성전을 보지 못하였으니 이는 주 하나님 곧 전능하신 이와 및 어린 양이 그 성전이심이라(계 21:22).

히브리서 기자는 성막에 대해 "그들이 섬기는 것은 하늘에 있는 것의 모형과 그림자라 모세가 장막을 지으려 할 때에 지시하심을 얻음과 같으니 이르시되 삼가 모든 것을 산에서 네게 보이던 본을 따라 지으라 하셨느니라"(히 8:5)고 기록하고 있다. 또 요한계시록 15장 5절과 8절 말씀은 하늘에 있는 성전을 이야기한다. 그러나 요한계시록 21장에서는 천국에는 성전이 없다고 하면서 전능하신 하나님과 어린 양이 바로 성전이라고 말씀하는 것이다.

성전은 하나님이 거하시는 곳이며 그분의 임재를 상징한다. 그런데 하늘은 하나님이 직접 좌정하신 곳이므로 그분의 임재의 상징인 성전이 있어야 할 이유가 없다. 그러므로 이 땅의 성전은 실체가 아니라 "하늘에 있는 것의 모형과 그림자"(히 8:5)에 불과하다. 모세는 하늘의 그 놀라운 은혜의 광경을 보고 그것을 나타내는 성막을 지었으며, 사도 요한 또한 예수 그리스도로 말미암아 지어진 성전에 하나님이 함께 계신 모습을 보았던 것이다. 이와 같은 사실을 알고 보면 이만희가 선

    한 권으로 끝내는 신천지 비판

천과 후천 운운하며 최후의 후천이 신천지라 하고, 자신들을 '신천지 예수교증거장막성전'이라고 하면서 또 다른 성전의 출현을 주장하는 것이 얼마나 우스운 주장인지 알게 된다.

교회와 천국, 그리고 선천과 후천

이만희는 사이비 단체였던 유재열의 장막성전이 종말의 기독교 세계를 대표하고, 그 장막성전에 있었던 일곱 명의 직분자가 요한계시록에 등장하는 일곱 교회의 '실상'이며, 그들이 장막성전을 이탈한 사건이 '배도 사건'이라고 하면서 그런 내용이 바로 요한계시록의 세 가지 비밀 중 하나인 '배도의 비밀'이라고 한다.[2] 시한부 종말론으로 세상의 지탄을 받은 사교 집단을 기독교 세계의 대표라고 한 것도 그렇지만 어떤 개인을 가리켜 교회라고 한 것은 참 우습다. 교회란 **하나님으로 부터 부름 받은 자들의 모임**으로서 최소 두 명 이상은 모여야 교회라고 부를 수 있기 때문이다. 그 일곱 명을 가리켜 하나의 교회라고 하면 일단 말이나 되겠지만, 개인 하나 하나를 가리켜 교회라고 하면서 성경의 일곱 교회를 갖다 붙인 작태는 비웃음을 살 만하다. 신천지는 성경에서 말씀하고 있는 교회에 대해 무지하거나 성경을 존중하지 않기 때문에 '일곱 교회의 실상'과 같은 주장을 하는 것이 분명하다.

그렇다면 성경적인 교회의 개념은 무엇일까? 먼저 구약성경에서는 교회를 말할 때 '카할'이라는 단어와 '에다'라는 두 단어를 사용한다.

---

2) 『천국 비밀 요한계시록의 실상』, p.62.

카할은 '부르다'라는 의미이며, 에다는 '지정된 장소에 모인다'라는 의미인데, 이 두 단어는 종종 함께 쓰이며 동의어적으로 **회중의 모임을** 의미한다(출 12:6; 민 14:5; 렘 26:17). 히브리어와 일부 아람어로 쓰인 구약성경을 헬라어로 번역한 70인역에서는 카할을 일반적으로 '에클레시아'로 번역하였으며, 에다는 회당을 의미하는 '쉬나고게'로 번역했다. 70인역의 영향을 받은 신약성경도 교회를 말할 때는 주로 에클레시아를 사용하면서 하나님의 부르심을 입은 성도들의 모임을 의미했다. 신학에서는 교회를 무형교회와 유형교회, 승리적 교회와 전투적 교회, 천상교회와 지상교회, 유기체로서의 교회와 조직체로서의 교회 등 여러 형태로 나누기도 한다. 그러나 그것은 논의의 편의를 위해 특성을 따라 구분하는 것일 뿐, 진정한 교회는 과거와 현재와 미래 혹은 신·구약을 통틀어 단 하나만 존재한다.

이와 같은 사실은 하나님이 아브라함을 부르시고 그에게 "너를 축복하는 자에게는 내가 복을 내리고 너를 저주하는 자에게는 내가 저주하리니 **땅의 모든 족속**이 너로 말미암아 복을 얻을 것이라"(창 12:3)고 하신 예언적 말씀 가운데 잘 나타나 있다. 유대인이 먼저 하나님의 부르심을 받은 것은 사실이지만, 하나님은 유대인만을 선택하신 것이 아니라 땅의 모든 족속, 즉 세상에 있는 모든 사람들 가운데서 당신의 백성을 선택하고자 하셨다. 이를 깨달은 바울은 그 말씀을 인용할 때 "땅의 모든 족속"이란 부분을—자동적으로 포함되는 유대인을 빼고—"모든 이방인"으로 바꾸어서 해석적으로 인용했다(갈 3:8).

그뿐만이 아니다. 신천지는 '육적 선민'인 이스라엘 백성이 버림을 당했다고 주장하지만, 바울은 로마 교인들에게 "하나님이 자기 백성을 버리셨느냐 그럴 수 없느니라"(롬 11:1)고 하면서 그렇지 않았음을 분명히 하고 있다. 이처럼 구약부터 신약까지 부름을 받았고 또 부름 받게 될 하나님의 모든 백성의 모임인 교회는 단 하나뿐인 것이다.

그런데 이와 같은 사실은 교회에 대한 또 다른 표현들인 다음과 같은 몇 가지 용어들을 통해서도 확인할 수가 있다.

• **그리스도의 몸**―교회를 그리스도의 몸이라 한 것은 지역교회를 포함하여 과거와 현재, 천상과 지상의 모든 교회들에 사용되었다. 성경은 다음과 같이 말씀한다.

12몸은 하나인데 많은 지체가 있고 몸의 지체가 많으나 한 몸임과 같이 그리스도도 그러하니라 13우리가 유대인이나 헬라인이나 종이나 자유인이나 다 한 성령으로 세례를 받아 한 몸이 되었고 또 다 한 성령을 마시게 하셨느니라 14몸은 한 지체뿐만 아니요 여럿이니 15만일 발이 이르되 나는 손이 아니니 몸에 붙지 아니하였다 할지라도 이로써 몸에 붙지 아니한 것이 아니요 16또 귀가 이르되 나는 눈이 아니니 몸에 붙지 아니하였다 할지라도 이로써 몸에 붙지 아니한 것이 아니니 17만일 온 몸이 눈이면 듣는 곳은 어디며 온 몸이 듣는 곳이면 냄새 맡는 곳은 어디냐 18그러나 이제 하나님이 그 원하시는 대로 지체를 각각 몸에 두셨으니 19만일 다 한 지체뿐이면 몸은 어디냐 20이제 지체는 많으나 몸은 하나라 21눈이 손더러 내가 너를 쓸 데가 없다 하거나 또한 머리가 발더러 내가 너를 쓸 데가 없다 하지 못하리라 22그뿐 아니라 더 약하게 보이는 몸의 지체가 도리어 요긴하고 23우리가 몸의 덜 귀히 여기는 그것들을 더욱 귀한 것들로 입혀주며 우리의 아름답지 못한 지체는 더욱 아름다운 것을 얻느니라 그런즉 24우리의 아름다운 지체는 그럴 필요가 없느니라 오직 하나님이 몸을 고르게 하여 부족한 지체에게 귀중함을 더하사 25몸 가운데서 분쟁이 없고 오직 여러 지체가 서로 같이 돌보게 하셨느니라 26만일 한 지체가 고통을 받으면 모든 지체가 함께 고통을 받고 한 지체가 영광을 얻으면 모든 지체가 함께 즐거워하느니라 27너희는 그리스도의 몸이요 지체의 각 부분이라 28하나님이 교회 중에 몇을 세우셨으니 첫째는 사도요 둘째는 선지자요 셋째는 교사요 그 다음은 능력을 행하는 자요 그 다음은 병 고치는 은사와 서로 돕는 것과 다스리는 것과 각종 방언을 말하는 것이라 29다 사도이겠느냐 다 선지자이겠느냐 다 교사이겠느냐 다 능력을 행하는 자이겠느냐(고전 12:12-29).

4몸이 하나요 성령도 한 분이시니 이와 같이 너희가 부르심의 한 소망 안에서 부르심을 받았느니라 5주도 한 분이시요 믿음도 하나요 세례도 하나요 6하나님도 한 분이시니 곧 만유의 아버지시라 만유 위에 계시고 만유를 통일하시고 만유 가운데 계시도다 7우리 각 사람에게 그리스도의 선물의 분량대로 은혜를 주셨나니 8그러므로 이르기를 그가 위로 올라가실 때에 사로잡혔던 자들을 사로잡으시고 사람들에게 선물을 주셨다 하였도다 9올라가셨다 하였은즉 땅 아래 낮은 곳으로 내리셨던 것이 아니면 무엇이냐 10내리셨던 그가 곧 모든 하늘 위에 오르신 자니 이는 만물을 충만하게 하려 하심이라 11그가 어떤 사람은 사도로, 어떤 사람은 선지자로, 어떤 사람은 복음 전하는 자로, 어떤 사람은 목사와 교사로 삼으셨으니 12이는 성도를 온전하게 하여 봉사의 일을 하게 하며 그리스도의 몸을 세우려 하심이라 13우리가 다 하나님의 아들을 믿는 것과 아는 일에 하나가 되어 온전한

 한 권으로 끝내는 신천지 비판

사람을 이루어 그리스도의 장성한 분량이 충만한 데까지 이르리니 14이는 우리가 이제부터 어린 아이가 되지 아니하여 사람의 속임수와 간사한 유혹에 빠져 온갖 교훈의 풍조에 밀려 요동하지 않게 하려 함이라 15오직 사랑 안에서 참된 것을 하여 범사에 그에게까지 자랄지라 그는 머리니 곧 그리스도라 16그에게서 온 몸이 각 마디를 통하여 도움을 받음으로 연결되고 결합되어 각 지체의 분량대로 역사하여 그 몸을 자라게 하며 사랑 안에서 스스로 세우느니라(엡 4:4-16).

이런 구절들은 분명히 한 지역교회뿐만 아니라 구약과 신약의 교회, 그리고 앞으로 세워질 교회도 다 그리스도의 몸으로 비유하며 하나라고 말씀한다. "몸이 하나요 성령도 한 분이시니"라는 말씀이나 "믿음도 하나"라는 말씀, 그리고 "주도 한 분이시요 하나님도 한 분이시니"라는 말씀 등이 바로 그 증거다. 이와 같은 말씀들을 근거로 보았을 때, 신천지처럼 선천과 후천, 정통과 이단, 그리고 특이한 구원의 방도를 내세우며 다른 믿음을 주장하는 것은 마치 스스로 "나는 그리스도의 몸인 교회가 아닙니다"라고 고백하는 것과 같다.

• **진리의 기둥과 터**—디모데전서 3장 15절의 말씀을 보자.

만일 내가 지체하면 너로 하여금 하나님의 집에서 어떻게 행하여야 할지를 알게 하려 함이니 이 집은 살아 계신 하나님의 교회요 진리의 기둥과 터니라(딤전 3:15).

역사상 수많은 교회가 있었고, 지금도 있으며, 앞으로도 있을 것이지만 그 모든 교회는 다 그리스도 안에서 유기적으로 연합되어 있기 때문에 진정한 교회는 단 하나다. 그런데 성경은 이 교회에 대하여 "진리의 기둥과 터"라고 한다. 이는 교회가 집을 짓는 것과 같은 과정으로 형성되어왔음을 이야기하는 것이다. 생각해보자. 이미 터를 닦아 그 위에 집이 지어져 가고 있는데, 다시 터를 닦을 수 있겠는가? 이미 지어져 가고 있는 집의 기둥을 빼서 바꾸어도 되겠는가? 이 진리의 기둥과 터라는 개념은 복음이 절대 변할 수 없다는 것을 가르쳐주고 있다. 지금까지 선포된 것과는 다른 복음을 주장하면서 이만희를 재림 예수화하는 신천지는 이와 같은 말씀으로 인해 설 자리를 잃는다.

• 위에 있는 예루살렘─성경은 천국을 '위에 있는 예루살렘', '하늘의 예루살렘', '새 예루살렘'으로 나타내기도 한다. 갈라디아서에는 다음과 같은 말씀이 기록되어 있다.

22기록된 바 아브라함에게 두 아들이 있으니 하나는 여종에게서, 하나는 자유 있는 여자에게서 났다 하였으며 23여종에게서는 육체를 따라 났고 자유 있는 여자에게서는 약속으로 말미암았느니라 24이것은 비유니 이 여자들은 두 언약이라 하나는 시내 산으로부터 종을 낳은 자니 곧 하갈이라 25이 하갈은 아라비아에 있는 시내 산으로서 지금 있는 예루살렘과 같은 곳이니 그가 그 자녀들과 더불어 종노릇하고 26오직 위에 있는 예루살렘은 자유자니 곧 우리 어머니라 27기록된 바 잉태하지 못한 자여 즐거워하라 산고를 모르는 자여 소리 질러 외치라 이는 홀로 사는 자의 자녀가 남편 있는 자의 자녀보다 많음이라 하였으니 28 형제들아 너희는 이삭과 같이 약속의 자녀라 29 그러나 그때에 육체를 따라 난 자가 성령을 따라 난 자를 박해한 것같이 이제도 그러하도다 30 그러나 성경이 무엇을 말하느냐 여종과 그 아들을 내쫓으라 여종의 아들이 자유 있는 여자의 아들과 더불어 유업을 얻지 못하리라 하였느니라 31 그런즉 형제들아 우리는 여종의 자녀가 아니요 자유 있는 여자의 자녀니라(갈 4:22-31).

여기에는 아브라함의 대비되는 두 아들을 언급하고 있다. 하나는 여종이었던 하갈에게서 난 이스마엘이고, 또 하나는 하갈의 주인으로서 자유자인 사라에게서 난 이삭이다. 이삭은 약속의 자녀였던 반면 이스마엘은 육체의 자녀, 즉 그 약속을 인간적인 방법으로 성취하려고 해서 먼저 얻은 아들이었다. 바울은 갈라디아 교인들에게 이 둘의 관계를 비유로 들어, 과거에 육체를 따라 난 자가 성령을 따라 난 자를 괴롭혔던 것과 같이, 율법을 지켜야 구원받는다고 하는 자들, 즉 예루살렘을 중심으로 한 유대주의자들이 위에 있는 예루살렘의 자녀이자 이삭처럼 성령으로 난 성도들을 핍박한다고 이야기한다. 구약과 신약을 동일한 하나의 역사로 보면서 하나님의 부르심을 받은 자들이 그렇지 않은 자들의 박해를 받는 모습을 보여주고 있는 것이다. 또 다른 말씀을 살펴보자.

13 이 사람들은 다 믿음을 따라 죽었으며 약속을 받지 못하였으되 그것들을 멀리서 보고 환영하며 또 땅에서는 외국인과 나그네임을 증언하였으니 14 그들이 이같이 말하는 것은 자기들이 본향 찾는 자임을 나타냄이라 15 그들이

나온 바 본향을 생각하였더라면 돌아갈 기회가 있었으려니와 16그들이 이
제는 더 나은 본향을 사모하니 곧 하늘에 있는 것이라 이러므로 하나님이
그들의 하나님이라 일컬음 받으심을 부끄러워하지 아니하시고 그들을 위하
여 한 성을 예비하셨느니라(히 11:13-16).

이 말씀은 천국의 예표에 대해 알아보던 가운데 이미 살펴보았던 내
용이다. 아브라함은 약속의 땅 가나안을 보면서 "하나님이 계획하시고
지으실 터가 있는 성"(히 11:10)을 바랐다. 그리고 하나님은 약속을 믿
은 자들을 위하여 한 성을 예비하셨다. 그런데 히브리서 기자는 그 성
에 대해 "살아 계신 하나님의 도성인 하늘의 예루살렘"(히 12:22)이라고
하였으므로 그것이 곧 천국임을 알 수 있다. 마지막으로 요한계시록의
말씀을 살펴보자.

1또 내가 새 하늘과 새 땅을 보니 처음 하늘과 처음 땅이 없어졌고 바다도
다시 있지 않더라 2또 내가 보매 거룩한 성 새 예루살렘이 하나님께로부
터 하늘에서 내려오니 그 준비한 것이 신부가 남편을 위하여 단장한 것 같
더라 3내가 들으니 보좌에서 큰 음성이 나서 이르되 보라 하나님의 장막이
사람들과 함께 있으매 하나님이 그들과 함께 계시리니 그들은 하나님의 백
성이 되고 하나님은 친히 그들과 함께 계셔서 4모든 눈물을 그 눈에서 닦
아 주시니 다시는 사망이 없고 애통하는 것이나 곡하는 것이나 아픈 것이
다시 있지 아니하리니 처음 것들이 다 지나갔음이러라(계 21:1-4).

여기에 있는 하늘에서 내려오는 새 예루살렘도 분명히 천국을 나타낸

   한 권으로 끝내는 신천지 비판

다. 왜냐하면 이 성은 하나님이 함께하시기 때문에 죽음도, 눈물도, 한숨도, 고통도, 아픈 것도 없는 곳일 뿐만 아니라 신부가 남편을 위해 단장한 것같이 아름답다고 하기 때문이다. 그런데 조금 더 읽어보면 다음과 같은 말씀이 뒤따르고 있다.

> 9일곱 대접을 가지고 마지막 일곱 재앙을 담은 일곱 천사 중 하나가 나아와서 내게 말하여 이르되 이리 오라 내가 신부 곧 어린 양의 아내를 네게 보이리라 하고 10성령으로 나를 데리고 크고 높은 산으로 올라가 하나님께로부터 하늘에서 내려오는 거룩한 성 예루살렘을 보이니 11하나님의 영광이 있어 그 성의 빛이 지극히 귀한 보석 같고 벽옥과 수정같이 맑더라 12크고 높은 성곽이 있고 열두 문이 있는데 문에 열두 천사가 있고 그 문들 위에 이름을 썼으니 이스라엘 자손 열두 지파의 이름들이라 13동쪽에 세 문, 북쪽에 세 문, 남쪽에 세 문, 서쪽에 세 문이니 14그 성의 성곽에는 열두 기초석이 있고 그 위에는 어린 양의 열두 사도의 열두 이름이 있더라(계 21:9-14).

여기에 등장하는 거룩한 성이 천국을 가리킴은 분명하다. 그런데 사실 이 성에 관한 말씀은 근본적으로 신부, 곧 어린 양의 아내에 관한 말씀이다. 그렇다면 이것은 무엇을 의미할까? 성경은 주님과 성도의 관계를 신랑과 신부의 관계로 나타낸다(마 25:1-13; 요 3:29; 엡 5:22-32). 따라서 그 연합체인 '위에 있는 예루살렘', '새 예루살렘', '하늘의 예루살렘' 등이 바로 진정한 교회인 천상교회, 즉 그리스도를 통해 유기적 연합의 관계를 형성하고 있는 유기체적 교회, 무형교회라는 사실을 알 수 있다. 즉 **참된 교회가 바로 천국과 같다**는 것이다. 여기에서 우리는 신천지가 주장하고 있는 선천과 후천이라는 개념이 성경의 개념과는 거리가 멀다는 사실을 확인할 수 있다. 성경에는 선천과 후천이라는 것이 아예 없으며, 성경에 등장하는 믿음의 인물들이 정통과 이단이란 방식으로 서로 척을 지고 단절된 것이 아니라, 모두 진정한 교회로서의 동일한 천국을 지향하고 있음을 알아야 한다.

천국의 과거와 현재와 미래

신천지가 주장한 선천과 후천이 왜 미혹성이 있으며, 과연 성경적으로 옳은가 하는 것을 천국에 관한 예표들과 성전과 천국, 천국과 교회의 관계를 통해 살펴보았다. 그들은 단 하나뿐인 천국에 대한 예표들을 여러 조각으로 자른 다음 그것을 가지고 선천과 후천이라는 교리를 만들어냈다. 그러나 천국과 교회의 관련성과 각 시대마다 **부르심을 받은 성도들이 교회**라는 입장에서 보았을 때, 교회는—과거뿐만 아니라 미래에 수많은 교회들이 있을지라도—시대를 초월하여 주님도 한 분, 성령도 한 분, 몸이 하나, 믿음도 하나인 것과 같이 단 하나밖에 없다. 신천지의 주장은 단 하나밖에 없는 그리스도의 몸인 교회를 찢어 여러 토막으로 만들어버린 것과 같다.

　많은 사람들은 천국에 대해 '미래에 가는 나라', '죽어서 가는 나라', '저 하늘 어디엔가 있는 나라'라고 생각하며, 어딘가에 있을 장소로만 생각한다. 그러나 그것은 너무 단순한 생각이다. 천국(天國)이란 말은 **하나님의 나라**를 뜻하는 한자어로 '하나님이 다스리시는 나라'라는 뜻이다. 사실 많은 학자들이 하나님의 나라를 다룰 때 제일 먼저

'에덴에 계시된 하나님의 나라'부터 시작할 정도로 하나님의 나라는 성경 전체의 주제이기도 하다. 여기에서는 그 모든 범위를 다룰 수는 없고, 대신 천국과 교회와 성전이라는 틀 안에서 천국의 과거와 현재와 미래에 대해 알아보자. 다음은 하나님이 모세에게 하신 말씀이다.

> 2하나님이 모세에게 말씀하여 이르시되 나는 여호와이니라 3내가 아브라함과 이삭과 야곱에게 전능의 하나님으로 나타났으나 나의 이름을 여호와로는 그들에게 알리지 아니하였고 4가나안 땅 곧 그들이 거류하는 땅을 그들에게 주기로 그들과 언약하였더니 5이제 애굽 사람이 종으로 삼은 이스라엘 자손의 신음 소리를 내가 듣고 나의 언약을 기억하노라 6그러므로 이스라엘 자손에게 말하기를 나는 여호와라 내가 애굽 사람의 무거운 짐 밑에서 너희를 빼내며 그들의 노역에서 너희를 건지며 편 팔과 여러 큰 심판들로써 너희를 속량하여 7너희를 내 백성으로 삼고 나는 너희의 하나님이 되리니 나는 애굽 사람의 무거운 짐 밑에서 너희를 빼낸 너희의 하나님 여호와인 줄 너희가 알지라(출 6:2-7).

하나님은 아브라함과 이삭과 야곱에게 약속하신 대로 이스라엘 백성을 애굽에서 구원하여 그들에게 가나안 땅을 주고 자기 백성으로 삼겠다고 하셨다. 하나님은 그들을 다스리는 왕이 되셔서 하나님의 나라, 즉 천국을 이 지상에 세우겠다고 하신 것이다. 그런데 이와 같은 표현들은 구약성경에 심심찮게 등장한다(출 19:6; 렘 7:23; 11:4; 24:7; 30:22; 31:1, 33; 겔 11:20). 또 신약에 이르러서는 세례 요한이 "회개하라 천국이 가까이 왔느니라"(마 3:2)고 외쳤으며, 예수님은 천국이 이미 임하였다고 말씀하셨다.

> 22그때에 귀신 들려 눈멀고 말 못하는 사람을 데리고 왔거늘 예수께서 고쳐주시매 그 말 못하는 사람이 말하며 보게 된지라 23무리가 다 놀라 이르되 이는 다윗의 자손이 아니냐 하니 24바리새인들은 듣고 이르되 이가 귀신의 왕 바알세불을 힘입지 않고는 귀신을 쫓아내지 못하느니라 하거늘 25예수께서 그들의 생각을 아시고 이르시되 스스로 분쟁하는 나라마다 황폐하여질 것이요 스스로 분쟁하는 동네나 집마다 서지 못하리라 26만일 사탄이 사탄을 쫓아내면 스스로 분쟁하는 것이니 그리하고야 어떻게 그의 나라가 서겠느냐 27또 내가 바알세불을 힘입어 귀신을 쫓아내면 너희의 아들들은 누구를 힘입어 쫓아내느냐 그러므로 그들이 너희의 재판관이 되리라 28그러나 내가 하나님의 성령을 힘입어 귀신을 쫓아내는 것이면 하나님의 나라가 이미 너희에게 임하였느니라(마 12:22-28).

그런데 예수님은 천국이 이미 임하였다고만 말씀하지 않으셨다. 주님은 죽음을 앞두고 제자들에게 "너희는 마음에 근심하지 말라 하나님을 믿으니 또 나를 믿으라 또는 믿고 내 아버지 집에 거할 곳이 많도다 그렇지 않으면 너희에게 일렀으리라 내가 너희를 위하여 거처를 예비하러 가노니 가서 너희를 위하여 거처를 예비하면 내가 다시 와서 너희를 내게로 영접하여 나 있는 곳에 너희도 있게 하리라"(요 14:1-3)고 하시면서 천국이 아직 임하지 않은 것처럼 말씀하기도 하셨다. 이처럼 천국은 이미 임한 것이기도 하고 또한 아직 임하지 않은, '이미'와 '아직'이 공존하는 실재인 것이다. 또 천국은 장소성(마 8:11; 18:3; 요 14:1-3)

과 비장소성(눅 17:21)으로 언급되기도 하며, 죽어서 가는 곳이기도 하고(고후 5:1-7) 이미 이 세상에 있을 때 들어가 있는 곳이기도 하다(엡 2:1-7, 특히 6절). 그리고 요한계시록에서는 마침내 온갖 보석으로 만들어진 아름다운 새 예루살렘이 하늘에서 내려온다. 이런 천국의 난해한 성격을 어떻게 이해해야 할까?

우리는 **아직** 장소적으로 천국에 들어가 있지는 않다. 우리는 아직 죽지 않았고, 예수님은 아직 재림하지 않으셨기 때문이다. 그러나 우리는 하나님의 택함을 받아 부름 받은 주의 백성으로서 주님의 몸된 교회의 일원이 되어 그분의 다스림을 받고 있기 때문에 **이미** 그 천국에 들어가 있다. 예수님은 만왕의 왕으로서 교회의 머리이시고, 성도들은 그분의 몸 된 교회다. 머리와 몸이 서로 분리될 수 없는 것과 같이 그분과 성도들은 분리될 수 없으며, 온 몸의 지체들이 머리의 다스림을 받아 움직이는 것처럼 모든 성도들 또한 그분의 말씀에 의해 다스림을 받고 있는 그분의 나라다. 보통 나라(국가)라고 하면 영토와 국민과 주권 등 3요소가 있어야 한다. 그중 어느 것 하나라도 없으면 온전한 국가라 할 수 없다. 그러나 영토 안에 머무르지 않아도 국가의 존재를 확인할 수는 있다. 예를 들면, 미국 대사가 우리나라의 영토 안에 있더라도 미국의 시민권을 가졌기 때문에 미국의 다스림을 받고 있는 미국 사람인 것과 같다. 예수님은 바로 이와 같은 이유 때문에, 즉 주님의 제자들이 당신의 말씀에 의해 다스림을 받고 있다는 측면에서 하나님의 나라가 이미 임하였다고 하셨다(마 12:28; 눅 17:21; 빌 3:20 참고). 또한 성경은 성도들이 그분의 몸으로서 그분과 떼려야 뗄 수 없는 신비적 연합의 관계에 있기 때문에 "함께 하늘에 앉히시니"(엡 2:6)라면서 이미 천국에 들어가 있는 것처럼 기록했다.

천국의 장소성과 비장소성에 대해 모두 이해하는 것은 매우 중요하다. 많은 교인들이 '천국' 하면 '죽어서 가는 곳'이라고 생각하면서 순진하게 장소적인 의미만 떠올린다. 그런데 신천지 등 사이비 집단들은 그렇지 않은 부분들을 언급하면서 "기성 교회에서 이런 말은 들어보지도 못했지?"라고 하며 자기들은 성경 전체를 꿰뚫어 통달하고 있다는 식으로 미혹하고, 성경 구절들을 제시하면서 순진한 성도들을 공략하기 때문이다. 천국은 하나님의 나라로서 말씀에 의한 그분의 다스리심인 주권과 그 말씀에 의해 다스림을 받는 국민인 성도, 그리고 영토인 공간이 있어야 하기 때문에 기본적으로 '장소적'이다. 그러나 바로 앞에서 '이미'와 '아직'을 통해 살펴본 것과 같이 그분의 주권을 중심으로 생각할 때는 장소적 한계를 벗어나기도 한다. 따라서 천국은 성전·교회와 동일한 선상에서 비장소적인 의미로 사용되기도 한다.

성전은 하나님이 이스라엘 백성을 위해 정하신 예배 처소였고 자기 백성과 함께 거하셨던 장소였다. 이스라엘 백성은 거기서 하나님과 만나며 사귈 수 있었다. 그러나 성전의 개념이 점진적인 계시의 전개 과정 가운데 확실하게 드러나면서 장소적인 의미만이 아닌 또 다른 의미들이 나타나기 시작했다. 성전은 단순한 건물이나 장소가 아니라 그리스도의 몸이며(요 2:21), 하나님의 성령이 거하는 성도의 몸이고(고전 6:19), 하나님의 거하실 처소가 되기 위하여 유대인과 이방인들과 모든 원수들까지라도 그리스도의 보혈로 말미암아 막힌 담을 허시고, 그분을 모퉁잇돌로 하여 성도들이 마치 벽돌이나 되기라도 하듯 성도들로 말미암아 한 새 사람으로 지어져 가고 있는 성전(엡 2:12-22)으로 나타난 것이다. 그래서 모세가 성막을 지을 때 비록 하늘에 있는 성전의 모습을 보고 지시하신 그대로 지었다고 하더라도(히 8:5), 요한계시록에서는 "성 안에서 내가 성전을 보지 못하였으니 이는 주 하나님 곧 전능하신 이와 및 어린 양이 그 성전이심이라"(계 21:22)고 말씀하는 것이다. 또한 요한계시록은 역사의 종말에 새 예루살렘이 하늘에서 내려와 각종 보석으로 꾸며진 아름다운 모습을 보여줄 것을 기록하고 있지만, "신부 곧 어린 양의 아내를 네게 보이리라"(계 21:9-22:5)는 말씀을 통해 그것이 바로 성도들의 공동체임을 분명히 하고 있다. 그래서 성경의 맨 마지막 책인 요한계시록은 "아멘 주 예수여 오시옵소서"(계 22:20)라고 주님의 재림을 고대하며 끝을 맺고 있다. 예수님이 재림하실 때, 주님을 모퉁잇돌로 하여 한 새 사람으로 지어져 가던 성전, 즉 주님의 신부인 성도들의 공동체가 비로소 천국으로 완성될 것이기 때문이다.

그런데 사실 이와 같은 사실은 요한복음 1장 14절에서 다음과 같이 예고되었다.

말씀이 육신이 되어 우리 가운데 거하시매…(요 1:14).

이 말씀은 원래 "말씀은 육신이 되셨고 우리 중에 장막을 치셨다"는 뜻이다. 즉 이것은 이스라엘 백성이 하나님과 사귈 수 있었던 장소인 성막이 예수 그리스도 안에서 임한 것을 의미한다. 또 이 말씀의 완전한 성취는 요한계시록 21장 3절의 "보라 하나님의 장막이 사람들과 함께 있으매"라는 말씀에서 보게 된다. 이것이 바로 성막이 예표하는 것, 곧 하나님과 그 백성의 완전한 사귐으로서의 새 예루살렘이고, 하나님이 거하시기 위하여 지어진 성전으로서의 천국을 의미하는 것이다.

성전이 비장소적인 의미보다 장소적인 의미가 더 강하다면 교회는 장소적인 의미보다 비장소적인 의미가 더 강하다. 교회는 하나님의 부름을 받은 자들의 모임으로서 본질적으로 공동체다. 그런데 이 교회 또한 천국과 깊은 관계가 있다. 예수님은 다음과 같이 말씀하셨다.

1너희는 마음에 근심하지 말라 하나님을 믿으니 또 나를 믿으라 2내 아버지 집에 거할 곳이 많도다 그렇지 않으면 너희에게 일렀으리라 내가 너희를 위하여 거처를 예비하러 가노니 3가서 너희를 위하여 거처를 예비하면 내가 다시 와서 너희를 내게로 영접하여 나 있는 곳에 너희도 있게 하리라 (요 14:1-3).

요한복음 14장에 있는 이 말씀은 전통적으로 장소적인 천국에 관한 말씀으로 알려져 있다. 그렇다. 이 말씀은 분명히 장소적인 천국에 관한 말씀이다. 이 천국은 이미 주 안에서 죽은 자들이 가 있는 곳이며, 부활·승천하신 우리 주님께서 가 계신 곳이기 때문이다. 그래서 많은 사람들은 이 구절을 근거로 해서 천국은 장소적인 곳이라고만 생각한다. 그러나 천국은 그런 의미만 있는 것이 아니다. 천국이 단지 어떤 장소라면 천지 만물을 엿새 만에 창조하신 하나님이 처소(천국)를 준비하시겠다고 한 지 2천 년이 되어가는 현실을 어떻게 이해한단 말인가?

20너희는 사도들과 선지자들의 터 위에 세우심을 입은 자라 그리스도 예수께서 친히 모퉁잇돌이 되셨느니라 21그의 안에서 건물마다 서로 연결하여

주 안에서 성전이 되어 가고 22너희도 성령 안에서 하나님이 거하실 처소가 되기 위하여 그리스도 예수 안에서 함께 지어져 가느니라(엡 2:20-22).

이 말씀은 '건물', '성전', '처소'라는 장소를 나타내는 단어들을 다 쓰면서도 실제적인 장소가 아니라 그리스도의 몸된 성전으로서의 교회를 전제한다. 그런데 이 말씀에는 교회를 나타내는 그 새 사람이 완성되면 자연스럽게 하나님의 구원의 역사가 마무리되고, 그와 함께 종말이 임할 것이 암시되고 있다. 이것은 성전에 대한 예수님과 제자들의 대화에서도 확인할 수 있다. 예수님이 성전을 바라보시고 "돌 하나도 돌 위에 남지 않고 다 무너뜨려지리라"(마 24:2)는 말씀을 하시자 제자들은 "어느 때에 이런 일이 있겠사오며 또 주의 임하심과 세상 끝에는 무슨 징조가 있사오리이까"(마 24:3)라고 물었다. 이에 예수님은 여러 가지 징조를 말씀하신 다음, 마지막으로 "이 천국 복음이 모든 민족에게 증언되기 위하여 온 세상에 전파되리니 그제야 끝이 오리라"(마 24:14)고 말씀하셨다. 결국 예수님이 건설하실 천국은 모퉁잇돌이 되신 주님 안에서 성도들로 말미암아 지어지는 참된 교회임을 말씀하신 것이다.

14만 4천과 예루살렘

신천지나 안상홍 증인회 등 대부분의 이단들은 요한계시록에 나오는 14만 4천이 실제 숫자로서 자기 단체에 속해 있는 자들이 거기에 해당한다고 주장한다. 그래서 거기에 미혹당한 많은 사람들이 그 숫자 안에 들기 위해 가정도, 정상적인 삶도 버린 채 이단의 가르침에 빠져들고 있다. 그런데 역설적이게도 그 이단들은 대부분 성경을 영해한다. 즉 그들은 성경의 아주 중요한 부분들이 비유로 되어 있다고 주장하면서 성경의 뜻을 상징적으로 해석하는 것이다. 그러나 그들은 정작 정말 상징적인 용어는 문자적으로 보는 경우가 있다. 바로 14만 4천이 그렇다.

언젠가 신천지인과 14만 4천에 대해 토론한 적이 있었다. 그에게 "신천지는 14만 4천이 차면 하늘에 있는 순교자의 영혼 14만 4천이 내려와 지상에 있는 14만 4천에게 들어가 합체되면서 구원이 이루어진다고 하는데, 당신의 육체 하나에 당신의 영혼과 하늘에서 내려온 순교자의 영혼이 동거하며 한 육체에 두 영혼이 함께 사는 것이 구원이냐?"고 물었더니 "그렇다"고 했다. 그들이 생각하는 구원은 도대체 어떤 것일까? 나는 이어서 "그러면 그 사람의 이름은 뭐냐?"고 물었다. 인간이란 영혼만이 아니며, 육체만 가지고 있어도 안 되는데, 순교자도 본래의 이름이 있을 것이고 순교자의 영혼이 들어간 그 육체에도 본래 이름이 있을 것이니, 그 문제를 어떻게 해결할지 궁금했던 것이다. 또 이어서 "그것은 마치 귀신이 들린 것과 같지 않냐?"고 따져 물으니 잘 대답하지 못했다. 또 "지금까지 무수하게 수많은 순교자들의 영혼이 있었을 텐데 그 14만 4천의 숫자는 아담 때부터 변하지도 않았느냐?"라는 질문에도 잘 대답하지 못했다.

그런데 그가 대답을 한 질문이 있었다. "당신이 14만 4천이 차기 전에 죽는다고 하자. 내가 보기에 당신은 지옥에 가겠지만, 당신 말대로 천국에 갔다고 치면, 하늘에는 이미 14만 4천이 차 있기 때문에 당신의 영혼은 14만 4천에 들지 못할 텐데, 당신의 영혼은 육체도 입지 않고 영생하느냐?" 그는 이 질문에 대해서 "그렇다"고 대답했다. 불쌍한 생각이 들어 "성경 어디에 최종적인 구원이 육체도 없이 영혼만 영생한다고 되어 있느냐?"고 물었더니 거기에 대해서는 대답하지 않고 "제가 맞는지 당신이 맞는지 몇 년 지나보면 안다"고 했다. 그리고 "이만희가 세상을 떠나면 그때는 거짓말인 줄 알고 나오겠다"고 말했다. 참 가슴 아픈 일이었다.

요한계시록에 나온 14만 4천은 상징적인 숫자로서 하늘에서 내려오는 예루살렘을 가리키는 것이며, 이 예루살렘은 이미 살펴본 것과 같이 천국으로서의 교회를 의미하는 것이다. 요한계시록 7장과 14장에 나온 14만 4천은 이스라엘의 열두 지파에 1만 2천을 곱한 값이다. 이 숫자가 상징적인 의미를 갖는 이유는 다음과 같다.

첫째, 14만 4천은 짐승의 수인 666에 대비되는 숫자다. 이 666은 "어린 양의 생명책에 창세 이후로 이름이 기록되지 못하고 이 땅에 사는 자들은 다 그 짐승에게 경배하리라"(계 13:8)는 말씀 이후에 나온 것으로 특별한 시대의 배교자뿐만 아니라 모든 시대의 믿지 않는 자와 배교자를 다 포함하고 있는 상징적인 숫자다. 666이 "창세 이후로"라는 표현으로 포괄적인 의미를 갖는 것처럼, 14만 4천 또한 모든 시대의 믿는 자를 다 포함한다고 보는 것이 자연스럽다.

둘째, 14만 4천에 대해 "땅에서 속량함을 받은"이라고 표현하는데(계 14:3), 이는 666에 대해 "이름이 기록되지 못하고 이 땅에 사는 자들"이라고 한 것과 대구를 이룬다. 즉 14만 4천은 이 세상에서 구원받았고 또 구원받을 자들의 총합을 의미하고 있는 것이다.

셋째, 14만 4천을 소개한 후 바로 등장하는 "각 나라와 족속과 백
성과 방언에서 아무도 능히 셀 수 없는 큰 무리"(계 7:9)는 "큰 환난에
서 나오는 자들"(계 7:14)로 다름 아닌 14만 4천을 다른 각도에서 바라
본 모습이다. 즉 14만 4천은 셀 수 있는 무리가 아니라 아무라도 능히
셀 수 없는 큰 무리임이 분명하다.

넷째, 야고보서는 기독교인들을 "흩어져 있는 열두 지파"(약 1:1)로
지칭한다. 일반적인 이스라엘 지파의 구분과는 다른—단과 에브라임
이 제외된—열두 지파에서 1만 2천씩 인침을 받은 자가 모인 14만 4천
은 다름 아닌 영적 이스라엘, 즉 하나님의 부르심을 받은 자들의 모임
인 교회를 말하고 있음이 분명하다. 신천지의 주장대로 14만 4천이 실
제 14만 4천이라면 신천지의 각 지파도 1만 2천씩이 되어야 할 것이
며, 신천지인들은 모두 유대인의 자손이어야 할 것이다. 유대인이 아닌
자신들을 열두 지파라 하고, 각 지파별로는 1만 2천을 따지지 않으면
서 총합인 14만 4천만 문자적으로 보는 신천지의 주장은 말도 되지 않
는다.

이뿐 아니라 요한계시록은 곳곳에서 상징적인 기법을 사용하고 있
다. 요한계시록 21장에서 거룩한 성 새 예루살렘은 "어린 양의 아내
를 네게 보이리라"(계 21:9)고 하신 말씀에 이어 나타난다. 그런데 성경
에 나타난 것은 암양이나, 보통 '아내'가 되는 여성이 아니라 예루살렘
성, 즉 건물이었다. 그리고 각종 보석으로 만들어진 그 성은 열두 지
파, 1만 2천, 14만 4천을 연상시키는 수많은 숫자로 묘사된다. 그 성에
는 열두 문이 있고, 그 문들 위에는 열두 지파의 이름이 있으며, 그 성
곽에는 열두 기초석이 있고, 그 위에는 열두 사도의 열두 이름이 있다.

 한 권으로 끝내는 신천지 비판

그 성을 측량하니 길이와 넓이와 높이가 다 1만 2천 스다디온이고, 그 성곽을 측량하니 144규빗이었다. 이것은 무엇을 의미하는가? 이런 엄연한 상징성 앞에서도 신천지처럼 이것저것 끌어다 붙이며 성경을 왜곡할 것인가? 어린 양의 아내, 즉 어린 양의 신부인 예루살렘 성은 엄연히 교회를 상징한다.

천국은 예수님이 부활·승천하셔서 가 계신 곳으로 스데반이 보았던 곳이며(행 7:55), 과거에 그리스도 안에서 죽은 자들이 이미 들어가 있는 곳이다. 그러므로 이런 입장에서 천국은 지상적이 아니라 천상적이며, 미래적이고, 장소적이다. 그러나 천국에는 그런 개념만 있는 것이 아니라 지상적인 개념도 있으며, 현재적인 개념도 있고, 비장소적인 개념도 있다. 예수님이 병자를 고쳐주시며 하나님의 나라가 이미 임하였다고 말씀하신 것처럼(마 12:28), 예수님의 통치권이 드러날 때 우리는 장소를 뛰어넘는 주권적 천국을 경험하는 것이다.

그런데 성경은 천국의 모습에 대해서 또 다른 측면을 이야기하기도 한다. 그것은 바로 천국의 미래적·완성적 모습이다. 마태복음 19장 28절은 인자가 자기 영광의 보좌에 앉는 때를 세상이 새롭게 되는 때로 묘사한다. 또 이것은 사도행전 3장 21절에서 "만물을 회복하실 때"로 나타난다. 히브리서 12장 27절은 "이 또 한 번이라 하심은 진동하지 아니하는 것을 영존하게 하기 위하여 진동할 것들 곧 만드신 것들이 변동될 것을 나타내심이라"고 말씀한다. 하나님의 날에 대하여 베드로후서 3장 12-13절은 "그날에 하늘이 불에 타서 풀어지고 물질이 뜨거운 불에 녹아지려니와 우리는 그의 약속대로 의가 있는 곳인 새 하늘과 새 땅을 바라보도다"라고 말씀한다. 마지막으로 요한계시록 21

장 1-4절 말씀을 다시 한 번 보자.

1또 내가 새 하늘과 새 땅을 보니 처음 하늘과 처음 땅이 없어졌고 바다도 다시 있지 않더라 2또 내가 보매 거룩한 성 새 예루살렘이 하나님께로부터 하늘에서 내려오니 그 준비한 것이 신부가 남편을 위하여 단장한 것 같더라 3내가 들으니 보좌에서 큰 음성이 나서 이르되 보라 하나님의 장막이 사람들과 함께 있으매 하나님이 그들과 함께 계시리니 그들은 하나님의 백성이 되고 하나님은 친히 그들과 함께 계셔서 4모든 눈물을 그 눈에서 닦아 주시니 다시는 사망이 없고 애통하는 것이나 곡하는 것이나 아픈 것이 다시 있지 아니하리니 처음 것들이 다 지나갔음이러라(계 21:1-4).

이처럼 최종적인 천국은 결국 주님의 재림과 더불어 이 세상에 임하게 될 것이며, 이 세상은 변화되어 죽음도 없고 슬픔도 없는 천국으로 변화될 것이다.

성경은 천국의 과거와 현재와 미래의 모습을 보여주고 있다. 천국은 과거에 그리스도 안에서 죽은 자들이 이미 들어가 있는 하늘에 있는 곳이고 부활·승천하신 우리 주님이 계신 곳이다. 하지만 천국은 현재도 이 세상에서 그리스도 안에서 계속해서 건설되어가고 있는 것으로서 하나님은 사람이 타락하고 부패하였을지라도 버리거나 새로운 인류를 창조하시는 것이 아니라, 예수 그리스도를 통하여 성령으로 말미암아 새롭게 거듭나게 하셔서 천국 백성으로 삼아주신다. 또 장차 예수님이 다시 오실 때 성도들의 육체는 부활의 첫 열매가 되신 예수님처럼 변화될 것이고 저주받아 가시와 엉겅퀴를 내었던 이 세상도 변화되어 바로 이 지상에 천국이 도래하게 될 것이다.

지금까지 살펴본 모든 사실들은 여러 명의 '약속한 목자'를 중심으로 배도와 멸망과 구원이 반복되면서 정통과 이단이 반복되고 선천과 후천이 반복되었다는 신천지의 주장이 얼마나 잘못된 것인가를 한눈에 알게 한다.

11장
첫째 장막과 둘째 장막

신천지의 장막 교리 또한 앞의 다른 교리들과 마찬가지로 짝 교리의 한 형태다. 이는 "하나님이 영계와 육계를 창조하시고 그 둘이 하나가 되는 구원을 이루려 하시지만, 선택한 목자가 배도하면, 새로운 목자를 세워 새로운 장막을 창조하고, 새 언약을 통해 다시 구원을 이루려 하신다"는 신천지 교리의 한 요소를 이루고 있다. 신천지는 배도-멸망-구원의 노정이 반복됨에 따라 장막 창조도 반복되었다고 하는데, 여기에서 장막은 일종의 '새로운 세계', 혹은 '새로운 나라'의 의미를 가진다.

신천지에서 12지파를 만들고 '신천기'라는 연호를 사용하며 '개국'을 선포하고, 사이비 집단이었던 유재열의 장막성전을 기독교 세계의 마지막 대표라고 하는 이유는 무엇일까? 기독교에서 교회를 가리켜 가시적인 '하나님의 나라'라고 하듯이, 그들은 장막성전이나 신천지를 일종의 하나님의 나라로 생각한다. 즉 기독교 세계의 마지막 대표 단체였던 유재열의 장막성전에 이은 '둘째 장막' 신천지증거장막성전이 궁극적인 장막이자 하나님의 나라라는 주장을 펼치는 것이다.

'신천지예수교증거장막성전'이라는 신천지의 공식적인 명칭은 히브리서에 근거한다고 할 수 있다. 이만희는 유재열의 장막성전이 히브리서 8-9장에 나오는 첫째 장막의 역사이고, 신천지가 그 첫째 장막성전에서 벌어졌던 일들을 증거해야 할 사명을 가진 자들이기 때문에 신천지증거장막성전이라는 둘째 장막이라고 한다.[1] 첫째 장막과 둘째 장막에 관한 이 같은 견해는 이만희가 저술한 거의 모든 책과 신천지의 초창기 교리집인 『신탄』 등에서 공통적으로 발견된다. 이 견해를 비교적 자세히 드러낸 『신탄』의 내용은 다음과 같다.

> 증거 장막은 장막성전을 말하는 것이 아니다. 장막성전은 처음 하늘과 처음 땅으로 멸망자에게 삼키운 바 되어 이미 그 이름은 사라지고 없다. 지금은 대한예수교장로회의 간판 아래서 목사들로부터 말씀 양육을 받고 있는 실정이다. 처음 하늘과 처음 땅이 없어지고 새 하늘과 새 땅이 나타난다. 즉 하늘 문이 열리고 이 땅에 신천지증거장막성전이 나타나니 이는 둘째 장막이다(계 15:5). 첫째 장막은 바울이 말한 것처럼 모든 것이 그 안에 다 있으나 그것이 세상에 속하여 결국은 없어져 가는 것이다.

> 첫 언약이 무흠하였더면 둘째 것을 요구할 일이 없었으려니와…새 언약이라 말씀하셨으매 첫 것은 낡아지게 하신 것이니 낡아지고 쇠하는

---

1) 『신탄』, p.321,
  『천지창조』, pp.233-235.

것은 없어져 가는 것이니라(히 8:7-13).

첫 언약에도 섬기는 예법과 세상에 속한 성소가 있더라 예비한 첫 장막
이 있고 그 안에 등대와 상과 진설병이 있으니 이는 성소라 일컫고 또
둘째 휘장 뒤에 있는 장막을 지성소라 일컫나니…성령이 이로써 보이
신 것은 첫 장막이 서 있을 동안에 성소에 들어가는 길이 아직 나타나
지 아니한 것이라 이 장막은 현재까지의 비유니 이에 의지하여 드리는
예물과 제사가 섬기는 자(천사)로 그 양심상으로 온전케 할 수 없나니
이런 것은 먹고 마시는 것과 여러 가지 씻는 것과 함께 육체의 예법만
되어 개혁할 때까지 맡겨둔 것이니라(히 9:1-10).

위의 성구는 두 장막에 대해 상세히 밝혀준다. 처음 언약에 흠이 없었다면
새 언약을 세울 필요가 없게 된다. 첫 장막인 장막성전이 배도하지 아니하
였다면 둘째 장막이 따로 설 필요가 없다는 말이다. 그러므로 첫 장막은 배
도로 말미암아 멸망자의 손으로 넘어가 없어지게 되고 불가불 둘째 장막이
서게 되는 것이다. 또한 히브리서 9장의 기사를 살펴보면 놀라운 비밀을 발
견하게 된다. 휘장을 가운데 두고 전후로 두 개의 장막이 나타난다. 첫 장
막은 세상에 속하여 즉 이방에게 붙인 바 된 성소가 있을 뿐이므로 그 장막
의 섬기는 자들 곧 천사들의 양심으로 보아서는 결코 온전해질 수가 없다.
모세가 세운 장막 둘은 결국 장차 이 땅에 나타날 두 장막을 비유한 것임을
바울은 분명히 밝히면서 휘장 뒤에 있는 둘째 장막 안에 아론의 싹난 지팡
이와 언약의 비석과 영광의 그룹이 있어 구원의 역사가 그곳에서 이루어짐
을 가르친다. 다만, 첫 장막이 서 있는 것은 육체의 예법으로서 둘째 장막이

나타날 때에 모두 개혁될 것으로 맡겨둔 것뿐이라고 말한다. 그러므로 모세가 만든 두 장막은 비유로서 첫 장막인 성소는 세상에 속하여 쇠하여 없어져 버리는 장막성전을 나타낸다. 그리고 휘장 뒤에 있는 둘째 장막은 지성소다. 멸망자에 의하여 성소인 첫 장막이 멸망 받아 없어진 후에 하늘 문이 열리면서 장막이 나타난다. 이 장막이 신천지증거장막이다. 이 증거장막의 제사장은 예수 그리스도시다.

> 그리스도께서 장래 좋은 일의 대제사장으로 오사 손으로 짓지 아니한 곧 이 창조에 속하지 아니한 더 크고 온전한 장막으로 말미암아 염소와 송아지의 피로 아니하고 오직 자기 피로 영원한 속죄를 이루사 단번에 성소에 들어가셨느니라(히 9:11-12).

예수는 그의 피로써 영원한 속죄를 이루시고 둘째 장막으로 들어가셨기 때문에 새로 열린 증거 장막은 구원의 실상을 나타내는 것이다. 장막성전은 세상에 속한 예비 장막이고 그 뒤에 나타나는 신천지증거장막은 예비 장막에서 벌어진 모든 일을 증거하기 위하여 창설된 구원의 제단임을 잊어서는 안 될 것이다. 예수께서 십자가상에서 운명하실 때 성소의 휘장이 찢어졌던 것은 첫 장막과 둘째 장막을 막고 있는 휘장을 찢고 지성소인 둘째 장막으로 들어가신 것이다.

> 이에 성소 휘장이 위로부터 아래까지 찢어져 둘이 되고(마 27:51).

이상의 말씀을 통하여 장막성전이 무너진 후에 또 하나의 증거 장막이 나타나야 할 이유를 살펴보았다. 하나님은 첫 장막을 세워 언약하시고 구원자의 길을 예비한 후 둘째 장막을 보이시고 구원하신다는 원칙을 교훈해주신 것이다. 이제 새로 열린 신천지증거장막에 두 증인이 서게 되고 그 둘이 영적 부모의 입장에서 나타난 실상을 보고 증거한다는 사실도 아울러 새겨두자.[2]

이러한 신천지의 주장은—요한계시록 15장 5절과 마태복음 27장 51절을 언급하기는 하지만—히브리서 8장과 9장의 해석이 중심을 이룬다. 그들은 히브리서에 나오는 성소와 지성소의 두 장막을 유재열의 장막성전과 증거장막성전이라는 신천지에 대입한다. 성소는 첫째 장막으로서 세상에 속하여 쇠하여 없어져 버릴 유재열의 장막성전을 나타내고 둘째 장막은 지성소로서 멸망한 장막성전에서 있었던 사건을 증거할 사명을 가진 신천지를 가리킨다는 것이다. 그러나 신천지의 이러한 주장은 히브리서 8-9장의 본래 의미와는 아무런 상관이 없는 것으로서, 성경을 조작하고 왜곡하여 억지로 자신들과 관련시킨, 성경의 가르침과 정반대되는 주장일 뿐이다.

장막 교리의 문제점

신천지의 장막 교리는 '문제 백화점'이라고 할 만큼 온갖 오류로 가득 차 있다. 그 문제점들을 정리하면 대략 다음과 같다.

첫째, 신천지의 교리에서 '장막'은 '약속한 목자'와 함께 이미 여러

---

2) 『신탄』, pp.320-322.

번 나타났다. 아담부터 시작해서 노아, 아브라함, 모세, 여호수아 등 이만희가 주장하는 '약속한 목자'들은 구약성경만 해도 5명이나 되고, 신약성경에도 세례 요한과 예수님을 합쳐 2명이며, 성경 외에도 유재열과 이만희까지 총 9명이나 된다. 그렇다면 장막 창조도 최소 9번이 있었다는 말이기 때문에 유재열의 장막성전을 '첫째', 신천지를 '둘째' 장막이라고 하는 것부터 오류다.

둘째, 모세의 성막은 두 장막이 아니라 울타리와 뜰, 그리고 성소와 지성소로 구분되지만 유기적으로 연결된 하나의 장막이었다. 그러므로 히브리서에서 말씀하고 있는 장막은 성막을 가리키는 것이지 유재열의 장막성전이나 신천지를 가리키는 것이 아니다.

셋째, 모세는 첫째 장막을 지은 후, 어떤 문제가 생겨서 두 번째 장막을 만든 것이 아니다. 모세는 하나님이 지시하신 대로 본래부터 하나의 성막을 만들고 단지 휘장으로 공간을 구분했을 뿐이다. 그러므로 "첫 장막인 장막성전이 배도하지 아니하였다면 둘째 장막이 따로 설 필요가 없다는 말이다. 그러므로 첫 장막은 배도로 말미암아 멸망자의 손으로 넘어가 없어지게 되고 불가불 둘째 장막이 서게 되는 것이다" 라는 주장은 말도 되지 않는 것이다.

넷째, 구약성경에서 성막과 성전은 하나님의 임재를 나타내는 상징적인 장소였다. '장막'을 '나라'나 '세계'로 보면서 어떤 집단과 동일시하는 신천지의 해석은 잘못된 것이다.

다섯째, 성막은 제사를 지내는 곳으로, 대속제물이 되신 예수 그리스도로 말미암은 구원의 도리, 즉 '누군가의 피 값으로 죄인이 살게 된다'는 것을 보여준 상징적인 장소였다. 그러므로 첫째 장막이 범죄했다거나 둘째 장막이 첫 장막의 배도를 증거한다고 주장하는 신천지의 관점은 말도 되지 않는다.

여섯째, 신천지에서 장막성전이 배도했다는 근거로 제시한 히브리서 8장 7절의 '흠'은 율법의 흠, 즉 짐승으로 드린 제사 제도의 흠을 의미하는 것이지 사람들이 배도했기 때문에 흠이 생겼다는 뜻이 아니다. 그러므로 히브리서 8장 7절을 장막성전의 배도와 연결시킨 것은 성경을 엉터리로 해석한 무지한 주장이다.

일곱째, 예수님이 십자가에서 운명하실 때 성소의 휘장이 찢어진 사건은 초림하셨던 예수님의 몸이 찢기심으로 하나님께 나아가는 길이 열렸다는 것, 즉 중보자이신 주님의 죽으심을 통해서 죄인이 하나님 앞에 나아갈 수 있게 되었다는 것을 의미한다(히 10:20). 이것을 가지고 유재열의 장막성전이 무너지면서 신천지라는 증거장막이 나타나게 되었다고 해석한 것은 그리스도의 사역을 모독하는 너무나 자의적인 접근이다.

여덟째, 예수님의 몸이 찢기신 것은 그분의 초림 때 있었던 사건이다. 그러므로 그분의 몸이 찢기심을 다루면서 재림 운운하고, 재림 시대에 증거장막성전이라고 하는 신천지가 나타나게 되었다고 하는 주장은 엄청난 비약이다.

아홉째, 2천 년 전에 초림하신 예수님의 몸이 찢기심으로, 즉 그분의 대속적인 죽음으로 세워진 것은 그리스도의 피로 사신 교회다(행 20:28). 신천지가 세워진 것이 아니다.

열째, 초림하셨던 예수님은 친히 대속제물이 되셔서 당신의 몸이 찢기심으로 막혔던 담을 헐고 아버지께 나아가는 길을 여는 영원한 제사장이 되셨다. 따라서 사람들이 죄를 지으면 짐승을 끌고 와 머리에 손을 얹고 자기 죄를 고백하고 짐승을 잡아 속죄 제사를 지냈을 때 죄의 용서가 선포되었던 것처럼, 예수님의 속죄 사역은 2천 년 전이나 지금이나 영원한 효력을 가지고 있다. 이제 와서 예수님이 신천지의 대제사장이 되었다고 하는 것은 넌센스다.

이 모든 것을 통해 생각해 볼 때, 신천지의 장막 교리는 비성경적·반성경적인 주장, 한마디로 말해 거짓말이다.

히브리서를 통해 본 장막 교리

신천지에서는 "저 첫 언약이 무흠하였더라면 둘째 것을 요구할 일이 없었으려니와"라는 히브리서 8장 7절의 말씀을 가지고 "처음 언약에 흠이 없었다면 새 언약을 세울 필요가 없게 된다. 첫 장막인 장막성전이 배도하지 않았다면 둘째 장막이 따로 설 필요가 없다는 말이다"라는 주장을 펼친다. 이 주장은 그들이 사활을 걸 만큼 중요하다. 왜냐하면 그들은 무흠의 '흠'을 '배도'로 해석하면서 그 배도가 바로 신천지가 존재하게 된 이유라고 말하기 때문이다.

장막 교리는 신천지의 짝 교리 중 성막에 초점이 맞추어져 있는 교리로서, 성막과 제사를 다루면서 예수님의 제사장직을 논하는 히브리서를 중심으로 전개된다. 우리도 히브리서를 중심으로 신천지의 장막 교리가 어떻게 잘못되었는지 알아보자.

히브리서의 기록 연대는 대략 주후 64-67년경으로 짐작할 수 있지만, 저자에 관련해서는 바울, 바라바, 아볼로, 혹은 제3의 인물이라는 다양한 견해가 있다. 오리겐(Oregenes, 185?-254?)의 말대로 히브리서의 정확한 저자는 하나님만이 아실 일이다. 그러나 히브리서의 저자가 유대교 출신의 기독교인들과 구약성경을 잘 아는 교회의 지도자들에게 예수님이 메시아임을 강력하게 증거할 정도로 구약성경과 이스라엘의 역사, 성막·성전의 제사에 대한 해박한 지식을 가지고 있음은 명확한 사실이다. 히브리서의 주요 독자는 유대교에서 기독교로 개종한 유대인 성도였다. 그래서 이 히브리서에는 **유대인들에 대한 기독교의 변증서**라는 별명이 붙어 있다.

당시 유대인들은 모세의 율법에 익숙해져 있는 사람들로서 율법을 따라 속죄 제사를 드리고 제사장을 통해 죄 사함의 선언을 듣기도 했다. 그런데 그들 중 일부가 복음을 듣고 율법이 아니라 하나님이 열어 주신 구원의 길, 예수 그리스도를 믿음으로 말미암아 구원받게 된다는 사실과 성경이 그리스도를 증거하고 있다는 사실을 깨닫고 기독교로 개종하게 되었다. 그들은 유대인들에게 박해를 받고 배신자라는 낙인이 찍혀 집단 따돌림을 당할 수밖에 없었다. 그런데 그것만이 문제가 아니었다. 그들을 가장 괴롭게 한 것은 현재 믿고 있는 믿음에 대해 흔들리는 자신들의 마음이었다. "내가 과연 잘 하고 있는 것인가? 정말 율법과 선지자가 예수를 하나님의 아들 그리스도로 증거하고 있나? 내가 믿고 있는 이 믿음은 정말 후회하지 않을 성경적인 믿음인가?" 이런 물음들이 그들을 끊임없이 괴롭히고 있었다. 그래서 히브리서 기자는 흔들리는 그들의 믿음을 굳게 하고 구원의 확신 가운데 든든히 서서 예수 그리스도를 따르도록 격려하기 위해 편지를 쓴 것이다. 히브리서는 다음과 같이 시작된다.

1옛적에 선지자들을 통하여 여러 부분과 여러 모양으로 우리 조상들에게 말씀하신 하나님이 2이 모든 날 마지막에는 아들을 통하여 우리에게 말씀하셨으니 이 아들을 만유의 상속자로 세우시고 또 그로 말미암아 모든 세계를 지으셨느니라(히 1:1-2).

이만희는 역사 속에 약속한 목자라는 존재를 중심으로 구원을 위한 서로 다른 수많은 언약이 있었다고 주장하며, 거기에 정통과 이단의 개념을 적용하여 서로 척을 지게 한다. 그래서 그들은 정통 교회의 가르침에 아무런 변질이 없었음에도 바벨론 교리라고 하면서 대적한다. 그러나 히브리서는 하나님이 이전의 선지자들을 통하여 우리 조상들에게 구원에 관해 여러 부분과 여러 모양으로 가르치셨고 마지막으로 초림하신 예수님을 통하여 말씀하셨다고 한다.

쉽게 말하면 하나님의 구원 계시는 마치 퍼즐의 조각들이 하나의 그림을 그리는 것과 같아서 2천 년 전에 이 땅에 오신 예수님이 마지막 조각을 맞추셨을 때, 구원의 계시가 확실하게 드러났다는 것이다. 그래서 성경은 예수님의 초림과 그분의 가르침에 대해 "이 모든 날 마지막에는 아들을 통하여 우리에게 말씀"하셨다고 한다. 여기에서 '우리'는 예수님의 가르침을 받아 그 가르침을 전했던 사도들과 그 사도들의 가르침을 받던 사람들을 말하기 때문에 그 복음과 다른 복음은 있을 수 없다. 히브리서 기자는 그 사실을 분명히 하면서 그 아들이 누구신지, 그분이 왜 사람이 되셨으며, 오셔서 무슨 일을 하셨고, 그분이 하실 일에 대해서 구약성경이 무엇을 기록하고 있는지, 구약의 성도들은 무엇을 믿었고, 성도들은 앞으로 어떻게 살아가야 할지를 기록하기 시작한다.

히브리서는 먼저 예수님이 어떤 분인지를 밝힌다. 예수님은 하나님의 아들이시다. **하나님의 아들**이라는 말은 권위나 능력에 있어서 열등하다는 말이 아니다. 히브리인들에게 그 말은 질적으로 하나님과 같다는 뜻이다. 그래서 그분이 자신을 하나님의 아들이라 했을 때 유대인들은 그에게 참람한 말을 한다고 하면서 돌로 치려고 했다. 그러므로 여기에서 그분이 하나님의 아들이란 말은 그분이 바로 하나님이란 뜻이다. 이와 같은 사실은 그가 이 세상을 창조하셨다는 1장 2절 말씀이나 "이는 하나님의 영광의 광채시요 그 본체의 형상"이란 3절, 그리고 "아들에 관하여는 하나님이여 주의 보좌는 영영하며"라는 8절 말씀이 뒷받침하고 있다.

그러면 히브리서 기자는 왜 예수님의 하나님 되심을 밝히면서 히브리서를 시작하고 있을까? 그것은 두말할 것도 없이 예수님의 비천한 신분과 그분의 구원이 하나님의 은혜 때문임을 분명히 하기 위해서다. 예수님은 베들레헴의 말구유에서 태어나셨고 공적 생애를 사시기 전에는 나사렛 촌 동네에서 자라 목수일을 하셨다. 그러니 적대적 관계에 있는 유대인들은 복음으로 상징되는 그분을 우습게 보고 반대로 율법을 대표하는 모세의 우월성을 강조했을 것이다. 그래서 히브리서 기자는 예수님이 근본적으로 하나님이시며(히 1:2-13), 율법을 전해준 천사보다 우월하시고(히 1:13-14), 모세보다 뛰어나다고 하면서(히 3:1-6), 천사가 전해준 율법을 범해도 상당한 보응을 받았는데 하나님의 아들이 직접 전해준 구원의 복음을 가볍게 여기면 어떻게 하나님의 심판을 피할 수 있겠느냐고 꾸짖는다(히 2:2-3).

예수님은 왜 사람이 되셔서 십자가에서 죽으시고 잠깐 동안이기는 하지만 천사보다 못한 존재가 되셨을까? 히브리서는 그 이유가 "하나님의 은혜로 말미암아 모든 사람을 위하여 죽음을 맛보려 하심"(히 2:9)이라고 밝힌다. 그뿐만이 아니다. 히브리서 2장 14-18절을 보자.

> 14자녀들은 혈과 육에 속하였으매 그도 또한 같은 모양으로 혈과 육을 함께 지니심은 죽음을 통하여 죽음의 세력을 잡은 자 곧 마귀를 멸하시며 15또 죽기를 무서워하므로 한평생 매여 종노릇하는 모든 자들을 놓아주려 하심이니 16이는 확실히 천사들을 붙들어주려 하심이 아니요 오직 아브라함의 자손을 붙들어주려 하심이라 17그러므로 그가 범사에 형제들과 같이 되심이 마땅하도다 이는 하나님의 일에 자비하고 신실한 대제사장이 되어 백성의 죄를 속량하려 하심이라 18그가 시험을 받아 고난을 당하셨은즉 시험 받는 자들을 능히 도우실 수 있느니라(히 2:14-18).

하나님의 아들이신 예수 그리스도가 사람의 몸을 입고 십자가를 지신 이유는 첫째, 마귀를 없애기 위함—마귀를 죽여서 아예 없애버린다는 말이 아니라 그의 정죄를 무력화시킴—이었고, 둘째는 사망의 위협으로부터 구원해주기 위해서였으며, 셋째는 아브라함의 자손들—믿음의 후손들—을 구원하기 위해서였고, 넷째는 대제사장이 되어 백성의 죄를 구속하기 위해서였으며, 다섯째는 친히 고난을 겪으심으로 고난당하는 자의 고통을 알고 그 고난당하는 자를 돕기 위해서였다.

히브리서 기자는 이처럼 예수님이 세상에 오신 성육신의 의미를 밝히면서 이제는 그렇게 은혜를 베풀어주신 "믿는 도리의 사도이시며 대제사장이신 예수를 깊이 생각하라"(히 3:1)고 권면한다. 모세는 하나님의 온 집에서 종으로서 신실하였지만(히 3:5) 그리스도는 집을 맡은 아들로서 신실하였다(히 3:6). 모세의 지도를 받았던 조상들은 과거에 광야에서 순종하지 않고 믿음으로 따르지 않아서 하나님의 안식—천국을 상징하는 가나안—에 들어가지 못했다(히 3:8-4:2). 그리고 다윗이 다른 날을 말한 것으로 보았을 때 하나님의 백성에게 참된 안식이 아직 남아 있다(히 4:4-9). 그래서 히브리서 기자는 이미 그 안식에 들어간—믿음으로 미리 참된 안식을 맛보는—자는 하나님이 자기 일을 쉬시고 안식하심과 같이 자기 일을 쉬고 안식을 누리며 저 안식에 들어가기를 힘쓰라고 하는데, 그 이유는 누구든지 저들처럼 순종하지 아니하는 본에 빠지지 않게 하기 위해서라고 한다(히 4:10-11). 여기까지만 보면 안식에 들어가고 들어가지 못하는 것이 마치 그 사람의 순종 여부에 달린 것처럼 보일 수 있다. 그래서 히브리서 기자는 다음과 같은 두 가지 사실을 언급한다.

11그러므로 우리가 저 안식에 들어가기를 힘쓸지니 이는 누구든지 저 순종하지 아니하는 본에 빠지지 않게 하려 함이라 12하나님의 말씀은 살아 있고 활력이 있어 좌우에 날선 어떤 검보다도 예리하여 혼과 영과 및 관절과 골수를 찔러 쪼개기까지 하며 또 마음의 생각과 뜻을 판단하나니 13지으신 것이 하나도 그 앞에 나타나지 않음이 없고 우리의 결산을 받으실 이의 눈 앞에 만물이 벌거벗은 것같이 드러나느니라 14그러므로 우리에게 큰 대제사장이 계시니 승천하신 이 곧 하나님의 아들 예수시라 우리가 믿는 도리를 굳게 잡을지어다 15우리에게 있는 대제사장은 우리의 연약함을 동정하지 못하실 이가 아니요 모든 일에 우리와 똑같이 시험을 받으신 이로되 죄는 없으시니라 16그러므로 우리는 긍휼하심을 받고 때를 따라 돕는 은혜를 얻기 위하여 은혜의 보좌 앞에 담대히 나아갈 것이니라(히 4:11-16).

11절과 13절의 말씀은 사람이 겉으로 믿고 순종하는 것처럼 연기를 해도, 하나님은 인간의 모든 부분을 다 아시고 감찰하시며, 만물도 그분 앞에 다 드러나기 때문에 그분 앞에는 아무것도 숨길 수가 없다는 사실을 알려준다. 그리고 이어지는 14절부터는 누가 감히 그분 앞에 설 수 있으며 죄 없다고 할 수 있겠는가를 물으며 하나님의 은혜에 초점을 맞추기 시작한다. 죄인인 인간은 아무도 하나님 앞에 설 수 없으며, 이 세상의 모든 사람들은 다 하나님 앞에서 죄인이다(롬 3:10). 그러므로 행위로 구원받을 자가 이 세상에 아무도 없기 때문에 우리에게는 죄 없으신 대제사장, 예수 그리스도가 필요하다. 그분은 우리를 구원하기 위하여 연약한 인간의 몸을 입고 이 땅에 오셔서 시험을 받아 고난을 당하셨기에 기꺼이 우리를 도우실 것이다(히 2:18; 4:15). "그러므로 우리는 긍휼하심을 받고 때를 따라 돕는 은혜를 얻기 위하여 은혜의 보좌 앞에 담대히 나아갈 것이니라"(히 4:16). 즉 죄 없으신 그분이 우리 죄를 대신 지시고 친히 대속제물과 대제사장이 되셔서 우리에게 하나님의 은혜를 베풀어주시기 때문에 우리가 담대하게 둘째 장막이자 지성소인 하나님의 은혜의 보좌 앞에 나아갈 수 있게 된다는 말이다. 이런 배경에서 히브리서 5장부터는 모세의 율법과 선지자들의 글들을 통해서 제사와 제사장직, 그리고 그 제사장직의 변천을 설명하면서 하나님의 은혜의 보좌인 지성소로 나아가는 길이 어떻게 예수 그리스도를 통해서 열리게 되었는지를 가르쳐준다. 이 과정에서 첫째 장막과 둘째 장막, 첫 언약과 둘째 언약, 그리고 율법과 복음과의 관계가 드러나고 '흠'이라는 말도 등장한다.

1대제사장마다 사람 가운데서 택한 자이므로 하나님께 속한 일에 사람을 위하여 예물과 속죄하는 제사를 드리게 하나니 2그가 무식하고 미혹된 자를 능히 용납할 수 있는 것은 자기도 연약에 휩싸여 있음이라 3그러므로 백성을 위하여 속죄제를 드림과 같이 또한 자신을 위하여도 드리는 것이 마땅하니라 4이 존귀는 아무도 스스로 취하지 못하고 오직 아론과 같이 하나님의 부르심을 받은 자라야 할 것이니라 5또한 이와 같이 그리스도께서 대제사장 되심도 스스로 영광을 취하심이 아니요 오직 말씀하신 이가 그에게 이르시되 너는 내 아들이니 내가 오늘 너를 낳았다 하셨고 6또한 이와 같이 다른 데서 말씀하시되 네가 영원히 멜기세덱의 반차를 따르는 제사장이라 하셨으니 7그는 육체에 계실 때에 자기를 죽음에서 능히 구원하실 이에게 심한 통곡과 눈물로 간구와 소원을 올렸고 그의 경건하심으로 말미암아 들으심을 얻었느니라 8그가 아들이시면서도 받으신 고난으로 순종함을 배워서 9온전하게 되셨은즉 자기에게 순종하는 모든 자에게 영원한 구원의 근원이 되시고 10하나님께 멜기세덱의 반차를 따른 대제사장이라 칭하심을 받으셨느니라(히 5:1-10).

히브리서 기자는 거룩하신 하나님과 죄인 사이에서 중간자 역할을 하던 대제사장도 여전히 죄인이었음을 지적한다. 대제사장도 하나님께 죄 용서함을 받으려면 다른 죄인들과 마찬가지로 속죄제를 드려야 했기 때문에 자기와 같은 입장에 처해 있는 인간들을 용납할 수 있었다. 예수님은 비록 죄인은 아니시지만 인성을 입어 인간이 되셨고, 이 세상에 계시는 동안 심한 통곡과 눈물로 간구와 소원을 올리셨다. 그래서 주님은 연약한 자의 고통을 아시고 그들의 기도를 들어주시어 순종하는 모든 자에게 영원한 구원의 근원이 되신다.

그런데 대제사장은 아무나 되고 싶다고 되는 것이 아니라 하나님이 선택하신 자만 될 수 있었다. 예수님은 비록 아론 계통은 아니었지만 시편 110편에 예언된 것과 같이 멜기세덱의 계통으로 오셨다. 그래서 히브리서 기자는 멜기세덱과 예수 그리스도와의 관계를 통해서 본격적으로 예수 그리스도의 대제사장직을 통한 하나님의 구원을 설명하기 시작한다. 다음은 조금 더 이해하기 쉬운 〈쉬운성경〉의 번역이다.

11멜기세덱에 대해서는 할 말이 많지만, 여러분이 깨닫는 것이 둔하기 때문에 설명하기가 어렵습니다. 12여러분은 믿은 지 오래되었기 때문에 마땅히 선생이 되어야 했습니다. 그러나 여러분은 아직 하나님의 말씀에 대한 기초를 누군가에게 다시 배워야 할 것 같습니다. 여러분은 단단한 음식을 먹을 준비가 되어 있지 않아서 아직은 젖을 먹어야 할 것 같습니다. 13젖을 먹는 자는 아직 어리기 때문에 옳은 말씀에 대해서 알지 못합니다. 14단단한 음식은 어른을 위한 것입니다. 그들은 훈련을 통해 선과 악을 구별할 줄 압니다. 6:1그러므로 훌륭하게 자란 어른이 됩시다. 처음 그리스도에 대해 배우던 때로 되돌아가서는 안 됩니다. 그때는 죽음에 이르게 하는 행위에서 막 돌아서서 회개하던 때이며, 하나님에 대한 신앙의 기초를 닦던 때였습니다. 2세례와 안수와 죽은 자의 부활과 영원한 심판에 관한 기초를 다시 닦지는 마십시오. 3하나님께서 허락하시면 우리는 어른으로 성장할 수 있습니다(히 5:11-6:3).

멜기세덱은 모세가 율법을 받기 전인 아브라함 시대의 왕이면서 하나님의 제사장이었다고 기록되어 있다(창 14:17-24). 그런데 그로부터 약 500여 년 이후에 모세가 율법을 받게 되었고 그 율법에 의해 레위 지파 중 아론의 후손만이 제사장에 임명되었다. 그러나 그로부터 또한 약 500여 년이 지난 후에 다윗은 "여호와께서 내 주에게 말씀하시기를 내가 네 원수들로 네 발판이 되게 하기까지 너는 내 오른쪽에 앉아 있으라 하셨도다…여호와는 맹세하고 변하지 아니하시리라 이르시기를 너는 멜기세덱의 서열을 따라 영원한 제사장이라 하셨도다"(시 110:1-4)라고 예언했다. 이 예언대로 예수님은 멜기세덱의 계통을 따라 영원한 제사장의 직분을 감당하기 위해 이 땅에 오신 것이다.

이것은 아론의 자손만이 제사장이 될 수 있도록 규정한 제사 제도의 변화, 곧 율법의 변화를 의미한다. 그래서 히브리서 기자는 예수 그리스도가 구세주이시며 그를 믿으면 구원을 받는다는 복음에 대한 확신이 흔들리고 있는 성도들에게 멜기세덱의 이야기를 하면서 어린 신앙과 율법에로의 회귀를 경고하는 것이다. 히브리서의 기자는 흔들리고 있는 성도들을 책망하며 지각을 가지라고 권면한다. "죽은 행실을 회개함과 하나님께 대한 신앙과 세례들과 안수와 죽은 자의 부활과 영원한 심판에 관한 교훈의 터를 다시 닦지 말고 완전한 데로 나아갈지니라"(히 6:1-2). 이만희는 "예언은 비유로 봉함되어 있어 실상으로 응하기 전에는 알 수가 없는데, 실상이 임하기 전에 기성 교회에서 가르친 모든 가르침들은 사람의 계명으로, 배우면 배울수록 점점 더 하나님과 멀어질 수밖에 없고 구원도 없다"고 하면서 과거 교회의 가르침을 부정하지만,[3] 히브리서는 이미 가르친 것이 구원에 대한 바른 도리이므로 그것 외에 다시 다른 터를 닦지 말라고 말씀한 것이다. 그러면서 다음과 같이 경고한다.

> 4한 번 빛을 받고 하늘의 은사를 맛보고 성령에 참여한 바 되고 5하나님의 선한 말씀과 내세의 능력을 맛보고도 6타락한 자들은 다시 새롭게 하여 회개하게 할 수 없나니 이는 그들이 하나님의 아들을 다시 십자가에 못 박아 드러내놓고 욕되게 함이라 7땅이 그 위에 자주 내리는 비를 흡수하여 밭 가는 자들이 쓰기에 합당한 채소를 내면 하나님께 복을 받고 8만일 가시와 엉경퀴를 내면 버림을 당하고 저주함에 가까워 그 마지막은 불사름이 되리라(히 6:4-8).

이 말씀은 상당히 논란이 많은 구절이다. 어떤 사람들은 이 말씀을 근거로 예수 믿다가 한번 타락하게 되면 다시 기회가 없고, 회개해도 소용없이 지옥에 가게 된다고 생각한다. 그러나 이 구절은 그런 의미가 아니다. 우리가 하나님을 신뢰하고 믿을 수 있는 것은 그분이 사람이 아니시니 거짓말을 하지 않으시고 인생이 아니시니 후회가 없으시기 때문이다(민 23:19). 생각해보라. 여기서는 이렇게 말하고 저기에서는 저렇게 말하는 사람이 있다면 우리는 그 사람을 어떻게 믿고 그 사

---

3) 『천지창조』, pp.25-29.

　　　　　　　　　　　　　한 권으로 끝내는 신천지 비판

람의 말 또한 어떻게 신뢰할 수가 있겠는가! 하나님은 그렇지 않으시기 때문에 우리는 그분의 말씀을 자연스럽게 신뢰할 수 있다. 이 사실은 우리가 성경을 해석함에 있어서 하나의 원칙을 제공해준다. 모순처럼 보이는 말씀도 거기에는 다른 이유가 있을 것이므로 모순되게 해석해서는 안 된다는 것이다. 하나님의 말씀은 일관성이 있기 때문이다.

히브리서 6장 4-8절 말씀이 아무리 구원받은 사람이라도 타락하거나 배도했을 때는 다시 새롭게 되지 못하고 회개하려 해도 기회가 주어지지 않아 결국 지옥에 가고 만다는 뜻이라면, 적어도 성경에는 명백하게 배도했거나 타락했음에도 불구하고 구원받은 예가 있어서는 안 될 것이다. 그렇게 되면 성경에서 모순이 발견되기 때문이다. 베드로를 생각해보자. 베드로는 예수님을 세 번이나 모른다고 부인했다. 마지막에는 내 말이 거짓이면 손에 장을 지지겠다는 식의 표현을 쓰면서까지 예수님을 배반했다. 신천지의 관점에서 명백하게 '배도'한 것이다. 그러나 그에게 회개의 기회가 주어지지 않았는가? 베드로는 결국 용서받지 못하고 지옥에 가고 말았는가? 아니다. 그는 주님의 사랑을 받았을 뿐만 아니라 사도로 쓰임을 받았다. 히브리서 6장 4-8절은 그런 뜻이 아님이 분명하다. 그런데 사실 히브리서를 조금만 주의 깊게 살펴보아도 그런 극단적인 해석을 피할 수 있다. 왜냐하면 다음부터 이어지고 있는 말씀들이 그 사실을 분명히 하고 있기 때문이다.

13하나님이 아브라함에게 약속하실 때에 가리켜 맹세할 자가 자기보다 더 큰 이가 없으므로 자기를 가리켜 맹세하여 14이르시되 내가 반드시 너에게 복 주고 복 주며 너를 번성하게 하고 번성하게 하리라 하셨더니 15그가 이

같이 오래 참아 약속을 받았느니라 16사람들은 자기보다 더 큰 자를 가리
켜 맹세하나니 맹세는 그들이 다투는 모든 일의 최후 확정이니라 17하나님
은 약속을 기업으로 받는 자들에게 그 뜻이 변하지 아니함을 충분히 나타
내시려고 그 일을 맹세로 보증하셨나니 18이는 하나님이 거짓말을 하실 수
없는 이 두 가지 변하지 못할 사실로 말미암아 앞에 있는 소망을 얻으려고
피난처를 찾은 우리에게 큰 안위를 받게 하려 하심이라 19우리가 이 소망
을 가지고 있는 것은 영혼의 닻 같아서 튼튼하고 견고하여 휘장 안에 들어
가나니 20그리로 앞서 가신 예수께서 멜기세덱의 반차를 따라 영원히 대제
사장이 되어 우리를 위하여 들어가셨느니라(히 6:13-20).

이 말씀은 논란이 되고 있는 히브리서 6장 4-8절의 바로 뒤를 이어
"사랑하는 여러분, 우리가 비록 이렇게 말하고 있지만 여러분이 구원
을 누리게 될 것을 확신합니다"(〈쉬운성경〉 히 6:9)라고 하면서 구원에 대
해 설명하고 있다. 여기에서 히브리서 기자는 하나님이 아브라함에게
약속을 주셨다고 한다. 이 약속은 두말할 것도 없이 구원의 약속이며,
천국에 관한 약속이다. 왜냐하면 히브리서 11장 8-16절에서 이 약속을
하늘에 있는 도성으로 구체화시키고 있기 때문이다.

8믿음으로 아브라함은 부르심을 받았을 때에 순종하여 장래의 유업으로
받을 땅에 나아갈새 갈 바를 알지 못하고 나아갔으며 9믿음으로 그가 이방
의 땅에 있는 것같이 약속의 땅에 거류하여 동일한 약속을 유업으로 함께
받은 이삭 및 야곱과 더불어 장막에 거하였으니 10이는 그가 하나님이 계
획하시고 지으실 터가 있는 성을 바랐음이라 11믿음으로 사라 자신도 나

 한 권으로 끝내는 신천지 비판

이가 많아 단산하였으나 잉태할 수 있는 힘을 얻었으니 이는 약속하신 이를 미쁘신 줄 알았음이라 12이러므로 죽은 자와 같은 한 사람으로 말미암아 하늘의 허다한 별과 또 해변의 무수한 모래와 같이 많은 후손이 생육하였느니라 13이 사람들은 다 믿음을 따라 죽었으며 약속을 받지 못하였으되 그것들을 멀리서 보고 환영하며 또 땅에서는 외국인과 나그네임을 증언하였으니 14그들이 이같이 말하는 것은 자기들이 본향 찾는 자임을 나타냄이라 15그들이 나온 바 본향을 생각하였더라면 돌아갈 기회가 있었으려니와 16그들이 이제는 **더 나은 본향을 사모하니 곧 하늘에 있는 것이라** 이러므로 하나님이 그들의 하나님이라 일컬음 받으심을 부끄러워하지 아니하시고 그들을 위하여 한 성을 예비하셨느니라(히 11:8-16).

그런데 히브리서 기자는 그 약속, 즉 그 구원에 관해 하나님이 자기보다 더 크신 이가 없기 때문에 당신의 이름을 걸고 맹세하며 보증하셨음을 지적한다. 그렇기에 그 구원의 소망은 마치 영혼의 닻 같아서 튼튼하고 견고하여 하나님이 계신 휘장 안—신천지식으로 둘째 장막 안—지성소에 들어갈 수 있게 해준다. 바로 그 일을 위하여 멜기세덱의 계통을 따라 이 세상에 오신 예수님이 대제사장으로서 먼저 거기로 들어가셨다. 그런데 어떻게 바로 앞에 있는 히브리서 6장 4-8절을 그와는 정반대로 해석하여 구원이 취소될 수 있다고 할 수 있겠는가?

그렇다면 히브리서 6장 4-8절의 성경적 의미는 무엇일까? 답은 의외로 쉽다. 왜냐하면 그 구절이 근본적으로 "의의 말씀을 경험하지 못한 사람"(히 5:13)에 대한 경고로 주어졌기 때문이다. 그러므로 그 말씀은 교회를 다니기는 다녀도, 믿음 생활을 하기는 해도, 겉으로 보기에는 신자 같아서 어느 정도 말씀도 알고 믿는 자같이 보여도, 근본적으로 의의 말씀을 경험해보지 못한 사람, 즉 참된 신자가 아닌 자에 대한 말씀이지 진짜 예수 믿는 사람을 대상으로 하는 말씀이 아닌 것이다.

이런 사실은 히브리서 6장 4-8절 자체 내에서도 확인할 수 있다. 그런데 앞뒤의 문맥이나 배경을 보지 않고 "한 번 빛을 받고"라는 구절에 착안해 지속적인 성령의 역사가 아닌 일시적인 성령의 역사이기 때문에 구원받은 자가 아니었다고 우기거나, "드러내놓고 욕되게 함이라"는 말에 착안해 고의적으로 배도한 자이기 때문에 구원받은 자가 아니라고 주장하는 것은 억지스러운 해석이다. 왜냐하면 일시적이거나 지속적이거나 성령의 역사는 성령의 역사이고, 고의로 주님을 부인했던 베드로도 구원받았기 때문이다.

문제 해결의 열쇠는 7절과 8절에 있다. 7절과 8절은 그 사람의 믿음의 실체를 보여주고 있다. 채소의 씨앗이 가시와 엉겅퀴를 내는 것이 아니고 엉겅퀴와 가시의 씨앗이 채소를 내는 것이 아니다. 콩 심은 데 콩 나고 팥 심은 데 팥 난다. 그러므로 7절과 8절은 멸망하는 자의 근본이 가시와 엉겅퀴였기 때문에, 즉 알곡이 아니라 가라지와 같은 자이기 때문에 멸망한다는 뜻이지, 참된 신자가 멸망한다는 뜻은 아니다. 이와 같이 히브리서 6장 4-8절은 진짜 예수 믿는 자도 멸망할 수 있다는 뜻이 아니므로 그런 의미로 사용해서는 안 된다. 오히려 히브리서 기자는 하나님이 율법과 선지자들을 통해 구원을 위한 어떤 약속을 하셨으며, 그 약속대로 예수님이 어떻게 대제사장이 되셨는가 하는 것을 밝힘으로써 성도들에게 믿음의 확신을 주고 있다.

　　　　　　　　　　한 권으로 끝내는 신천지 비판

멜기세덱 계통의 제사장

히브리서 기자는 7장부터 예수 그리스도의 대제사장직에 대하여 더욱 자세하게 설명한다.

> 1이 멜기세덱은 살렘 왕이요 지극히 높으신 하나님의 제사장이라 여러 왕을 쳐서 죽이고 돌아오는 아브라함을 만나 복을 빈 자라 2아브라함이 모든 것의 십분의 일을 그에게 나누어 주니라 그 이름을 해석하면 먼저는 의의 왕이요 그 다음은 살렘 왕이니 곧 평강의 왕이요 3아버지도 없고 어머니도 없고 족보도 없고 시작한 날도 없고 생명의 끝도 없어 하나님의 아들과 닮아서 항상 제사장으로 있느니라(히 7:1-3).

여기에 있는 말씀 중 "아버지, 어머니도 없고"라는 말씀이나 "시작한 날도, 생명의 끝도 없다"는 말씀 때문에 그리스·로마 신화를 떠올리는 사람들이 있다. 그러나 이 말씀은 그런 뜻이 아니라 멜기세덱에 대한 성경의 기록에 대해 이야기하는 것이다. 율법에 의하면 제사장은 레위 지파의 후손, 그중에서도 오직 아론의 후손만이 될 수 있었다. 그래서 족보에 언제 누구의 자손으로 태어났는지가 확실하지 않으면 제사장으로 세울 수 없었다. 그러나 멜기세덱은 그런 제도가 성립되기 이전의 인물이었고 유대인도 아니었으니 당연히 제사장 족보에 그의 출생에 관한 기록도 없고 그의 죽음에 대한 기록도 없다. 뿐만 아니라 그의 이름의 뜻은 '나의 왕은 의롭다'이고, 그의 신분은 살렘 왕이었는데, 살렘의 뜻은 '평화' 혹은 '평강'이었다. 그러므로 그는 의의 왕, 평강의 왕이었으며 제사장 족보에 들지 않았고, 시작한 날도 없고 끝도 없었다는 점이 만왕의 왕이신 예수 그리스도와 흡사했다는 것이다. 그런데 멜기세덱은 그런 측면에서만 예수 그리스도의 모형이 아니었다. 히브리서의 기자는 또한 다음과 같이 말한다.

> 4이 사람이 얼마나 높은가를 생각해보라 조상 아브라함도 노략물 중 십분의 일을 그에게 주었느니라 5레위의 아들들 가운데 제사장의 직분을 받은 자들은 율법을 따라 아브라함의 허리에서 난 자라도 자기 형제인 백성에게서 십분의 일을 취하라는 명령을 받았으나 6레위 족보에 들지 아니한 멜기세덱은 아브라함에게서 십분의 일을 취하고 약속을 받은 그를 위하여 복을 빌었나니 7논란의 여지없이 낮은 자가 높은 자에게서 축복을 받느니라 8또 여기는 죽을 자들이 십분의 일을 받으나 저기는 산다고 증거를 얻은 자가 받았느니라 9또한 십분의 일을 받는 레위도 아브라함으로 말미암아 십분의 일을 바쳤다고 할 수 있나니 10이는 멜기세덱이 아브라함을 만날 때에 레위는 이미 자기 조상의 허리에 있었음이라(히 7:4-10).

이스라엘 백성은 자기들의 형제인 레위인들에게 십일조를 바쳤다. 그런데 멜기세덱은 레위인도 아니면서 아브라함에게 십일조를 받고 축복해주었다. 그때 당시 레위는 태어나기도 전이었는데 그의 조상인 아브라함이 멜기세덱에게 십일조를 바쳤다는 것은 결국 레위도 아브라함 안에서 그에게 바쳤다는 것이므로 멜기세덱은 특별한 제사장이라고 할 수 있다. 그리고 대개 높은 사람이 낮은 사람에게 축복해주기 때문에 멜기세덱은 이스라엘의 조상인 아브라함보다 더 위대한 존재로

 한 권으로 끝내는 신천지 비판

하나님의 아들의 모형이 된다.

히브리서 기자는 여기에 멈추지 않고 예수님이 메시아라는 사실에 대해서 아직도 뭔가 찜찜한 마음을 갖고 있는 유대인 성도들에게 다음과 같이 말한다.

11 레위 계통의 제사 직분으로 말미암아 온전함을 얻을 수 있었으면 (백성이 그 아래에서 율법을 받았으니) 어찌하여 아론의 반차를 따르지 않고 멜기세덱의 반차를 따르는 다른 한 제사장을 세울 필요가 있느냐 12 제사 직분이 바꾸어졌은즉 율법도 반드시 바꾸어지리니 13 이것은 한 사람도 제단 일을 받들지 않는 다른 지파에 속한 자를 가리켜 말한 것이라 14 우리 주께서는 유다로부터 나신 것이 분명하도다 이 지파에는 모세가 제사장들에 관하여 말한 것이 하나도 없고 15 멜기세덱과 같은 별다른 한 제사장이 일어난 것을 보니 더욱 분명하도다 16 그는 육신에 속한 한 계명의 법을 따르지 아니하고 오직 불멸의 생명의 능력을 따라 되었으니 17 증언하기를 네가 영원히 멜기세덱의 반차를 따르는 제사장이라 하였도다 18 전에 있던 계명은 연약하고 무익하므로 폐하고 19 (율법은 아무 것도 온전하게 못할지라) 이에 더 좋은 소망이 생기니 이것으로 우리가 하나님께 가까이 가느니라 20 또 예수께서 제사장이 되신 것은 맹세 없이 된 것이 아니니 21 (그들은 맹세 없이 제사장이 되었으되 오직 예수는 자기에게 말씀하신 이로 말미암아 맹세로 되신 것이라 주께서 맹세하시고 뉘우치지 아니하시리니 네가 영원히 제사장이라 하셨도다) 22 이와 같이 예수는 더 좋은 언약의 보증이 되셨느니라 23 제사장 된 그들의 수효가 많은 것은 죽음으로 말미암아 항상 있지 못함이로되 24 예수는 영원히 계시므로 그 제사장 직분도 갈리지 아니하느니라 25 그러므로 자기

를 힘입어 하나님께 나아가는 자들을 온전히 구원하실 수 있으니 이는 그
가 항상 살아 계셔서 그들을 위하여 간구하심이라 26 이러한 대제사장은 우
리에게 합당하니 거룩하고 악이 없고 더러움이 없고 죄인에게서 떠나 계시
고 하늘보다 높이 되신 이라 27 그는 저 대제사장들이 먼저 자기 죄를 위하
고 다음에 백성의 죄를 위하여 날마다 제사 드리는 것과 같이 할 필요가 없
으니 이는 그가 단번에 자기를 드려 이루셨음이라 28 율법은 약점을 가진
사람들을 제사장으로 세웠거니와 율법 후에 하신 맹세의 말씀은 영원히 온
전하게 되신 아들을 세우셨느니라(히 7:11-28).

모세의 율법에 의하면 제사장은 레위 자손, 그중에서도 아론의 후손만
이 될 수 있었다. 그런데 하나님이 장차 오실 메시아를 레위 계통이 아
니라 멜기세덱 계통의 제사장으로 보내신다는 것은 첫 언약에 의한 그
제사 제도 자체가 완전하지 못하고 흠이 있다는 것이다. 제사 제도가
흠이 없고 완전한 것이라면 율법대로 레위 계통에서 제사장이 나와야
하는데, 율법과는 다르게 왜 다른 지파 사람을 제사장으로 세워야 했
을까? 그러므로 메시아가 멜기세덱의 계통을 좇아 올 것이라는 예언
은 제사 직분의 변역을 예고한 것이고, 그것은 율법 또한 바뀌게 될 것
과, 제사 직분도 완전하지 못하여 흠이 있다는 것을 의미한다. 그래서
히브리서 기자는 "레위 계통의 제사 직분으로 말미암아 온전함을 얻을
수 있었으면…"(히 7:11)이라고 가정법을 사용해 현실은 그렇지 않았다
고 이야기하면서, 한 사람도 제단 일을 받들지 않는 다른 지파에 속한
자를 제사장으로 세운다고 한 것을 보았을 때, 한 사람도 제사장이 없
었던 유다 지파로 오신 예수님이야말로 메시아가 틀림없다고 확언한

 한 권으로 끝내는 신천지 비판

다. 더구나 보통 제사장을 세울 때에는 하나님의 맹세가 없었지만 멜기세덱의 계통을 따라 오게 될 제사장에 대해서는 "여호와는 맹세하고 변하지 아니하시리라 이르시기를 너는 멜기세덱의 서열을 따라 영원한 제사장이라 하셨도다"(시 110:4)라고 맹세하셨기 때문에, 그분은 보통 제사장보다 더 위대하신 분이다.

사실, 레위 계통의 제사장은 죄인이기 때문에 죽을 수밖에 없는 인간이라는 한계를 가지고 있다. 그래서 그 자신도 하나님 앞에 나아가거나 중보의 직무인 제사장직을 수행하기 위해서는 따로 제사를 지내야 했고, 제사장은 여러 사람이어야 했다. 그러나 예수님은 죄 없으신 하나님의 아들로서 자신을 단번에 드리셨고, 영원히 살아 계시기 때문에 제사장의 직무를 중단됨이 없이 영원히 계속하실 수 있음으로 하나님께 나아오는 자들을 온전히 구원하실 수 있다. 한마디로 말해 첫 번째 언약인 율법은 온전하지 못하고 흠이 있으므로(히 7:11), 즉 "전에 있던 계명은 연약하고 무익하므로 폐하고"(히 7:18), 더 좋은 언약의 중보와 보증으로 대제사장이신 예수님이 세워지셨기 때문에 믿음의 확신을 가지라는 것이며, 예수님이야말로 멜기세덱의 계통으로 오신 대제사장이라는 것이다. 그래서 히브리서 기자는 다음과 같이 말한다.

1지금 우리가 하는 말의 요점은 이러한 대제사장이 우리에게 있다는 것이**라** 그는 하늘에서 지극히 크신 이의 보좌 우편에 앉으셨으니 **2**성소와 참장막에서 섬기는 이시라 이 장막은 주께서 세우신 것이요 사람이 세운 것이 아니니라 **3**대제사장마다 예물과 제사 드림을 위하여 세운 자니 그러므로 그도 무엇인가 드릴 것이 있어야 할지니라(히 8:1-3).

예수님은 이 세상에 오셔서 자신을 대속제물로 단번에 드리심으로 구속제사를 이루시고(히 7:27), 부활·승천하심으로 하늘 보좌 우편에 앉으셔서 영원히 제사장직을 수행하고 계시는데, 바로 그런 대제사장이 우리에게 계시니 그 예수 그리스도를 의심하지 말고 구원의 확신을 갖고 믿음생활 잘 하라는 말씀이다. 이와 같은 히브리서의 가르침은 이만희와 신천지의 주장이 얼마나 엉터리인지를 여지없이 폭로해준다. 이만희는 예수님이 휘장을 지나 들어가신 지성소가 둘째 장막으로서 신천지이며 예수님이 부활·승천 하신 후 2천 년이나 지난 오늘날 신천지의 제사장이 되었다고 하고, 그분이 제사장이 되신 것이 그분의 재림 후 사건이라고 하지만, 앞의 말씀에서는 2천 년 전에 이미 예수님이 제사장이심을 밝히고 있다. 더욱이 예수님은 히브리서가 기록되던 당시의 성도들을 포함한 '우리'의 대제사장이시다.

'흠'은 배도가 아니다

신천지의 주장이 엉터리임은 히브리서 8장 7절의 '흠'을 '배도'라 하고, 그것에 근거한 주장을 신천지의 출생논리로 삼은 것에서 결정적으로 드러난다.

> 4예수께서 만일 땅에 계셨더라면 제사장이 되지 아니하셨을 것이니 이는 율법을 따라 예물을 드리는 제사장이 있음이라 5그들이 섬기는 것은 하늘에 있는 것의 모형과 그림자라 모세가 장막을 지으려 할 때에 지시하심을 얻음과 같으니 이르시되 삼가 모든 것을 산에서 네게 보이던 본을 따라 지

 한 권으로 끝내는 신천지 비판

으라 하셨느니라 6 그러나 이제 그는 더 아름다운 직분을 얻으셨으니 그는
더 좋은 약속으로 세우신 더 좋은 언약의 중보자시라(히 8:4-6).

이만희는 성막의 성소를 첫째 장막이라 하면서 유재열의 장막성전이
라 하고, 거기에서 있었던 사건들을 배도와 멸망의 사건이라고 한다.
또 지성소를 둘째 장막이라 하면서 배도와 멸망의 사건을 증거하기 위
해 나타나야만 했던 것이 증거장막으로서의 신천지라고 주장한다. 그
리고 성경적인 근거로 제시한 것이 히브리서 8장 7절의 '흠'이다. 그는
흠을 배도로 해석해서 유재열의 장막성전이 배도했기 때문에 둘째 장
막인 신천지가 탄생하게 되었다는 것이다. 그러나 히브리서 8장의 '흠'
은 사람들의 '배도'가 아니다. 히브리서 8장 7절은 "저 첫 언약이 무흠
하였더면 둘째 것을 요구할 일이 없었으려니와"라고 하면서 언약에 흠
이 있었다고 말씀한다. 하나님이 주신 언약에 흠이 있다는 것은 무슨
뜻일까? 하나님이 썩어서 먹을 수 없는 음식과 같은 그런 문제 있는
언약을 이스라엘 백성에게 주신 것일까? 아니다. 우리는 이스라엘을
계속해서 품으신 하나님의 사랑을 의심할 수 없다.

히브리서 8장 7절의 흠은 갑자기 나온 말이 아니라 히브리서 기자
가 계속해서 언급하고 있었던 제사 제도, 즉 아담과 하와가 타락한 이
후부터 지켜졌고 모세 때 성문화되어 지키게 하셨던 제사 제도의 변천
을 통해 예수님의 제사장 되심을 설명하는 가운데 나온 것이다. 예수
님이 이 땅에 살아 계실 때에는 제사장이 될 수 없었고 제사장도 아니
셨다. 이 땅에는 첫 번째 언약인 모세의 율법에 의해 성막에서 예물을
드리던 제사장들이 이미 있었기 때문이다(히 8:4). 그런데 성막과 제사

제도는 모두 모형과 그림자로서(히 8:5) 더 아름다운 직분이며 더 좋은 약속으로 세우신 예수님의 제사장직과 비교해볼 때 흠이 있었다는 것이다(히 8:6). 즉 히브리서 8장 7절의 흠은 배도가 아니며, 예수님이 자신의 몸을 단번에 드림으로 세워질 새 언약에 비해 첫째 언약인 모세의 율법이 상대적으로 열등하다는 입장에서의 흠이다. 첫 언약 자체로는 흠이 없었지만, 그것은 본래부터 예수님의 피로 세워질 새 언약을 지향하고 있다는 태생적 한계를 가지고 있었다. 이와 같은 사실은 이어지는 구절들을 계속해서 살펴보면 더욱 분명해진다.

> 7저 첫 언약이 무흠하였더라면 둘째 것을 요구할 일이 없었으려니와 8그들의 잘못을 지적하여 말씀하시되 주께서 이르시되 볼지어다 날이 이르리니 내가 이스라엘 집과 유다 집과 더불어 새 언약을 맺으리라 9또 주께서 이르시기를 이 언약은 내가 그들의 열조의 손을 잡고 애굽 땅에서 인도하여 내던 날에 그들과 맺은 언약과 같지 아니하도다 그들은 내 언약 안에 머물러 있지 아니하므로 내가 그들을 돌보지 아니하였노라(히 8:7-9).

첫 번째 언약은 장막성전의 유인구가 받았다고 하는 "언약을 지키면 3년 반 만에 모든 것을 다 이루어주겠다"는 엉터리 계시나, 소위 천사나 제자장이라고 하는 자들이 동맥을 자르고 피를 흘려 맺었다는 언약이 아니라 "내가 그들의 열조의 손을 잡고 애굽 땅에서 인도하여내던 날에 그들과 맺은 언약"이라고 분명히 언급하는 것과 같이 모세의 율법을 가리킨다. 어떻게 모세가 이스라엘 백성을 애굽에서 이끌고 나올 때 시내 산에서 받은 언약과 대한민국 과천 막계리 청계산에서 받거나

한 권으로 끝내는 신천지 비판

맺었다고 하는 엉터리 언약이 같은 것일 수 있겠는가? 시기나 내용, 대상이나 장소도 다 다른데 정신병자가 아닌 다음에야 어떻게 그것을 같은 것이라 할 수 있을까? 히브리서 8장을 유재열의 장막성전에서 있었던 '계시'와 '언약'에 연결시키는 신천지의 정신상태가 의심스럽다.

첫 언약은 '율법'으로 모세가 시내 산에서 두 돌판에 받은 십계명으로 대표되는 외면적 언약이었다. 그리고 그 율법을 받았다는 사실 자체가 황송하고 망극한 것이었다. 세상에 어느 민족이 하나님의 율법을 받아보았는가? 모세가 율법을 받을 당시 이스라엘 백성은 율법을 받은 것 자체만으로도 감사해서 마음과 뜻과 성품을 다하여 주 하나님을 사랑하고 이웃을 사랑하며 살아가고자 결단했다. 그러나 역사 속에서 그들은 실제로 그렇게 살지는 못했다. 그래서 히브리서 8장 8절 말씀과 같이, 하나님은 그들의 잘못을 책망하셨다. 신천지가 주로 사용하는 〈개역한글〉은 이 부분을 "저희를 허물하여"라고 번역하고 있다. 신천지는 이것을 가지고 유재열의 장막성전에서 있었던 언약에 대한 배신이 허물이며, 이스라엘 민족이 범죄했기 때문에 그들이 멸망한 것처럼 허물이 있는 장막성전이 멸망한 것이라고 주장한다.

히브리서 8장 8절의 말씀은 문맥을 보지 않으면 "배도하면 버리고 또 선택한다"는 노정교리와 비슷하게 보인다. 그러나 그것은 오히려 하나님의 은혜를 나타내는 말이다. 비슷한 내용을 담고 있는 로마서 11장 30-31절을 〈쉬운성경〉으로 살펴보자.

30전에 하나님께 불순종하던 여러분이 이제 이스라엘이 불순종한 것 때문에 자비를 얻게 되었듯이, 31현재 이스라엘이 불순종하는 것은 여러분에게 내린 하나님의 자비하심을 그들도 받기 위해서입니다(〈쉬운성경〉 롬 11:30-31).

복음이 이방 사람들에게 전파되어 그들이 하나님의 긍휼—불쌍히 여기심, 즉 자비—을 받아 구원받게 된 것은 그들이 잘나고 착해서, 즉 하나님의 말씀에 순종하고 복종해서 된 것이 아니라 이스라엘 백성이 불순종했기 때문이었다. 그러나 복음이 이방에 전파된 것은 하나님의 율법도 모르고 간악하게 살던 이방 사람들이 순전히 하나님의 긍휼로 인해 구원받게 된 것처럼 다시 이스라엘 백성에게도 복음이 전파되어 그들 또한 하나님의 긍휼하심을 통해 구원받게 하기 위함이라는 말씀이다. 히브리서 8장 8절의 "저희를 허물하여"라는 말씀은 정확히 로마서 11장 30-31절의 말씀과 같은 의미의 말씀이다. 그래서 다음 문맥을 보면 이스라엘 백성에게 허물이 많아서 그들을 멸망시켜버렸다는 입장에서 새 언약이 등장하고 있는 것이 아니라, 어떤 민족에게도 주지 않았던 율법을 가지고도 그들이 범죄하며 살았기 때문에 이번에는 특단의 조치를 취해 다시는 그런 일이 벌어지지 않도록 더 놀라운 새 언약을 주겠다는 것이다. 그렇다면 그 언약은 어떤 것일까?

10또 주께서 이르시되 그날 후에 내가 이스라엘 집과 맺을 언약은 이것이니 내 법을 그들의 생각에 두고 그들의 마음에 이것을 기록하리라 나는 그들에게 하나님이 되고 그들은 내게 백성이 되리라 11또 각각 자기 나라 사람과 각각 자기 형제를 가르쳐 이르기를 주를 알라 하지 아니할 것은 그들이 작은 자로부터 큰 자까지 다 나를 앎이라(히 8:10-11).

히브리서 8장 10절은 그 언약을 잘 설명해주고 있다. 여기에서 말하는 '그들'은 신천지에서 말하는 것처럼 새로 선택한 자들이 아니라 8절에서 책망을 받았던 자들이다. 모세의 언약에 실패한 그들에게 새로운 언약, 즉 내용은 동일하지만 마음과 생각이라는 내면에 새겨지는 언약을 주시겠다는 말씀이다. "소를 억지로 물가로 끌고 갈 수는 있지만 물을 마시게 할 수는 없다"는 말이 있다. 눈에 보이게 억지로 강제할 수는 있지만 속마음을 바꾸지 못하면 뜻한 바를 이루지 못한다는 말이다. 하나님은 어떤 민족도 받아보지 못한 놀라운 언약을 돌판에 새겨주심으로써 이스라엘 백성과 언약을 맺으셨다. 그러나 그 백성이 계속해서 죄를 짓자 하나님은 그 언약과 비교할 수 없는 언약을 사람들의 마음 판에 새기심으로 그들을 자기 백성으로 삼고야 말겠다는 의지를 나타내신다. 이것이 바로 히브리서 8장 7절부터 10절까지의 정확한 의미다.

이처럼 히브리서 8장의 새 언약은 신천지의 새 언약과는 전혀 다르다. 이런 차이를 알게 될수록 우리는 이만희와 신천지의 주장이 비성경적이며, 신천지의 출생논리 자체가 근거 없는 조작이라는 사실을 분명하게 알 수 있다. 하나님은 타락하고 범죄한 당신의 백성을 신천지의 주장과 같이 버리고 멸망시키신 것이 아니라, 오히려 첫 번째 언약인 모세 언약보다 더 놀라운 언약을 주실 것을 이미 구약시대에 예레미야를 통해서 약속해주셨다(렘 31:31-34). 히브리서 기자는 바로 그 예레미야의 예언을 인용하면서 첫 번째 언약인 율법과 두 번째 언약인 복음을 설명하고 있다. 그래서 두 번째 언약인 복음을 받은 자들은 이만희의 주장처럼 성경이 봉함되어 있어서 그 내용을 모르고 있었던 것이 아니라, 그 언약이 얼마나 놀라운 언약인지, 초대교회 당시부터 "작은 자로부터 큰 자까지" 다 주님을 알게 되어서 주를 알라고 가르칠 필요조차 없었다.

그러면 하나님은 왜 타락하고 범죄한 자들에게 그렇게 놀라운 언약을 주시고 구원해주시는가? 그 이유는 바로 12절의 "내가 그들의 불의를 긍휼히 여기고 그들의 죄를 다시 기억하지 아니하리라"는 말씀처럼 하나님의 긍휼 때문이다. 하나님은 당신의 그 무한하신 자비와 긍휼로 죄인들을 구원하신다.

대속죄일의 규례

히브리서에 등장한 첫 언약과 둘째 언약, 그리고 첫 장막과 둘째 장막은 모세의 율법에 나타난 대속죄일의 규례를 통하여 주님의 제사장직에 관해 말씀하고 있다.

하나님은 모세로 하여금 당신이 거할 성소를 당신이 보이시는 모양대로 짓게 하셨다(출 25:8-9). 그 성막은 전체적으로 보면 내부 중간에 휘장이 있어서 속에서는 두 부분이지만 겉으로 보기에는 울타리 안에 세마포와 염소털, 수양과 물개 가죽 등 네 겹의 덮개로 덮여 있는 하나의 천막으로 되어 있었다. 그래서 그 성막은 크게는 울타리와 뜰을 첫 번째 부분으로, 그리고 지성소를 포함한 성소를 두 번째 부분으로 보며, 조금 더 세분하면 성소를 중간의 휘장을 중심으로 성소와 지성소로 나누어서 보기도 한다. 그런데 히브리서 기자는 울타리와 그 안에 있었던 번제단과 물두멍을 제외하고 성소 부분만을 놓고 휘장으

　　　　　　　　한 권으로 끝내는 신천지 비판

성막의 전경[4)]

로 가로막혀 있었던 두 부분을 첫째 장막과 둘째 장막이라 하면서 거기에서 행했던 제사장들의 예법을 통해서 첫 언약과 두 번째 언약을 설명한다.

13새 언약이라 말씀하셨으매 첫 것은 낡아지게 하신 것이니 낡아지고 쇠하는 것은 없어져 가는 것이니라 9:1첫 언약에도 섬기는 예법과 세상에 속한 성소가 있더라 2예비한 첫 장막이 있고 그 안에 등잔대와 상과 진설병이 있으니 이는 성소라 일컫고 3또 둘째 휘장 뒤에 있는 장막을 지성소라 일컫나니 4금 향로와 사면을 금으로 싼 언약궤가 있고 그 안에 만나를 담은 금 항아리와 아론의 싹난 지팡이와 언약의 돌판들이 있고 5그 위에 속죄소를 덮는 영광의 그룹들이 있으니 이것들에 관하여는 이제 낱낱이 말할 수 없노라 6이 모든 것을 이같이 예비하였으니 제사장들이 항상 첫 장막에

---

4) 〈http://melekmediahouse.wordpress.com/2013/04/24/mishkaneh-bosm-the-smoke-and-cloud-of-the-hebrew-tabernacle-pt-2/〉(2013. 5. 15).

들어가 섬기는 예식을 행하고 7오직 둘째 장막은 대제사장이 홀로 일 년에 한 번 들어가되 자기와 백성의 허물을 위하여 드리는 피 없이는 아니하나니 8성령이 이로써 보이신 것은 첫 장막이 서 있을 동안에는 성소에 들어가는 길이 아직 나타나지 아니한 것이라 9이 장막은 현재까지의 비유니 이에 따라 드리는 예물과 제사는 섬기는 자를 그 양심상 온전하게 할 수 없나니 10이런 것은 먹고 마시는 것과 여러 가지 씻는 것과 함께 육체의 예법일 뿐이며 개혁할 때까지 맡겨둔 것이니라(히 8:13-9:10).

옛 언약인 율법은 레위 지파인 아론의 후손들을 제사장으로 세워 제사를 집례하게 했다. 그러나 새 언약은 예수 그리스도의 피로 맺은 언약으로서 아론의 후손이 아니라 유다 지파인 주님께서 친히 제물과 제사장이 되시기 때문에 율법의 제사 제도는 낡아지며 쇠하여질 수밖에 없는 것이었다.

사실, 제사 제도는 그림자로서 실체를 지향한다. 그래서 그것은 본래부터 실체가 와서 그 예법이 개혁될 때까지만 있어야 할 것으로 임시적인 것이었다. 그런 의미에서 첫 언약은 흠이 있었는데, 첫 장막과 둘째 장막은 바로 이 첫 언약 하에서 대제사장의 대속죄일 규례에 등장한다. 그러므로 첫째 장막과 둘째 장막은 초림하셔서 자신의 몸을 대속제물로 드리고, 몸이 찢겨 아버지께 나아가는 길이 되신 예수님이 부활·승천하사 영원한 대제사장이 되셨다는 사실을 보여주는 것이지 장막성전과 신천지에 관한 것이 아니다. 이와 같은 사실은 대속죄일의 규례를 설명하고 있는 히브리서 9장을 보면 분명해진다.

첫 언약에도 섬기는 예법과 세상에 속한 성소가 있더라(히 9:1).

첫 장막과 둘째 장막은 근본적으로 첫 언약의 섬기는 예법, 즉 율법의 가르침이었다. 그래서 히브리서 기자는 "첫 언약에도 섬기는 예법과 세상에 속한 성소가 있었다"고 하면서 성소 내부의 성물과 지성소 내부의 성물을 언급하며 그 규례와 의미를 설명한다(히 9:2-7). 본래 첫째 장막인 성소에는 등대와 진설병상, 그리고 향단이 있었고(출 40:22-27), 둘째 장막인 지성소에는 오직 언약궤만 있었다(출 26:33). 그런데 이곳 히브리서 9장에서는 성소에 등대와 떡상과 그 위의 진설병(떡)이 있었다고 하면서 지성소에 언약궤 외에도 금향로, 곧 향단이 있었다고 한다. 히브리서 기자가 구약성경에 대해 무지해서 성소에 있다고 해야 할 금향로가 지성소에 있었다고 잘못 말하고 있는 것인가? 아니다. 평소에는 금향로가 성소에 있었다. 그러나 1년 중에 오직 대속죄일에는 대제사장이 뜰에 있는 번제단에서 자기의 죄와 백성의 죄를 위하여 잡은 짐승의 피를 가지고 지성소에 들어가서 그 피를 속죄소 위와 앞에 뿌려야 했는데, 바로 그때 성소에 있던 금향로를 함께 가지고 지성소에 들어갔던 것이다.

이와 같은 사실을 알고 보면 신천지에서 첫째 장막을 유재열의 장막성전이라 하고, 장막성전이 배도해서 그 장막성전에 있었던 사건을 증거하는 증거장막성전인 신천지가 생겼다고 하며, 예수님이 초림 2천 년 후에 재림하여 둘째 장막인 신천지의 제사장이 되었다는 이만희와 신천지의 주장이 얼마나 우스운 것인지 알게 된다.

제3부

신천지의
실제 교리 체계

이만희의 창조론에는 구원론이 포함되어 있다. 그는 하나님이 영계와 육계를 창조하셔서 영계의 영들이 육계에 속한 사람들의 몸속에 들어가 그 둘이 하나가 되어 살게 하셨다고 한다. 그러나 아담이 배도함으로 그 구원을 이루지 못하자 시대마다 새로운 약속한 목자들을 통하여 창조와 재창조를 반복하셨다고 한다. 그리고 이제 그 구원은 하나님과 사람이 하나가 되는 것, 더 정확히 말하면 하늘에 있는 순교자의 영혼 14만 4천이 이 세상에 내려와 신천지인 속에 들어가 하나가 됨으로 이루어지는 것이라고 한다.

이와 같은 내용은 그의 책 『천국 비밀 계시록의 실상』에 자세하게 나온다. 그는 "그날에 죄와 더러움을 씻는 샘이 다윗의 족속과 예루살렘 주민을 위하여 열리리라"는 스가랴 13장 1절을 해설하면서 다음과 같이 주장한다.

그날은 주의 강림이 이루어질 끝 날을 말하며 죄와 더러움을 씻는 샘은 진리의 말씀으로 성전(성도)을 정결케 하는 둘째 장막 곧 증거 장막의 성전이 열림을 말한다(계 15:5). 증거의 말씀을 듣고 모든 성도가 정결하게 씻김을 받아 세마포 옷을 입는다. 신부로서의 단장을 하게 되는 것이다. 이렇게 하여 신부 단장을 한 성도의 수가 십사만 사천이 차야 하고 그렇게 수가 차면 하늘의 성령이요, 신랑이신 순교자의 영혼들이 주와 함께 임하여 실로 창세 이후 최초로 혼인 잔치가 이루어진다. 이들이 첫째 부활에 참예하는 처음 익은 열매다. 이것이 창조의 완성이며 성경의 가장 큰 비밀을 이루는 새 일이다.[1]

신천지의 창조론은 인간이 신이 되어야 완성된다는 것이며, 구원 또한 인간이 신이 되어야 이루어진다는 것이다. 그래서 『신탄』에서는 아예 "하나님께서 당초에 인간을 창조하신 목적은 인간 속에 하나님의 성령이 임재할 수 있는 성전으로 만들어 영생하는 신의 나라를 건설하고자 함에 있었다",[2] "언약한 백성의 끊임없는 배도와 멸망의 소용돌이로부터 인류를 해방시켜 새 생명의 나라를 개국하기 위해 오셨으니 그분이 바로 이만희 선생이시다"라고 하면서 이만희를 통해 그 일이 이루어진다고 드러내놓고 주장했다.[3]

이만희는 성경이 항상 "① 목자 선택, ② 나라 창조, ③ 선민과의 언약, ④ 선민 언약 배도, ⑤ 이방에 의한 선민 멸망, ⑥ 새 목자 선택,

---

1) 『천국 비밀 계시록의 실상』, p.214.
2) 『신탄』, p.304.
3) 『신탄』, pp.43-44.

   한 권으로 끝내는 신천지 비판

⑦ 배도자와 멸망자 심판, ⑧ 구원, ⑨ 새 나라 창조, ⑩ 새 언약과 안식의 노정으로 이루어진다"고 한다.[4] 그는 하나님이 이와 같은 방식으로 창조와 재창조를 거듭하시다가 마침내 자신을 통하여 구원을 이루신다고 주장하는 것이다. 여기에서 그가 주장한 열 가지 항목 중 첫 번째 항목에 '목자 선택'이 있다. 사실 신천지의 창조와 재창조, 옛 언약과 새 언약 등 수많은 짝 교리와 이외의 많은 교리들이 있을지라도 그것들은 모두 '약속한 목자론'을 위하여 주장되는 것이라고 해도 과언이 아니다. 그만큼 약속한 목자론은 이만희 신격화를 위한 핵심적 교리라고 할 수 있다. 그러나 그의 약속한 목자론은 문제투성이 교리로 도저히 용납할 수 없는 악마적·비성경적 교리다. 그의 목자론의 문제가 무엇인지 차근차근 살펴보자.

아담과 진화론

이만희는 자신의 구원론과 창조론을 위해 아담도 '목자'였다고 주장한다. 영계와 육계를 창조하신 하나님이 그 둘이 하나가 되는 구원을 이루시려고 아담을 목자로 선택하셨으나 아담의 배도로 이루어지지 않았고, 이후의 역사는 그와 같은 일이 반복되면서 진행되었다는 것이다.

이런 주장을 하기 위해서는 몇 가지 전제가 필요하다. 첫째, 아담 이전이나 동시대에 수많은 사람이 있어야 한다. 둘째, 아담과 하와가 선악과를 따 먹고 죄를 범하기도 전에 이미 세상에 죄가 있어야 한다.

---

4) 『천지창조』, p.71.

셋째, 순교자의 영혼도 14만 4천이나 있어야 한다. 왜냐하면 이 세상에 죄도 없고, 사람도 없고, 순교자의 영혼 14만 4천도 없는데 아담을 목자로 세워 그와 언약을 맺고 순교자의 영혼 14만 4천과 이 세상에 살고 있는 14만 4천의 성도가 합체되어 창조가 완성되고 구원이 완성된다는 것은 있을 수 없는 일이기 때문이다. 그러므로 아담 창조 이전의 인간의 존재 유무나 죄의 유무, 그리고 순교자의 영혼 14만 4천의 존재 유무는 신천지의 목자론은 물론 그들의 교리 전체의 존립도 좌우하게 된다.

사실 이 세상에 사람이라고는 아무도 없었을 때 최초로 창조된 인간을 보고 목자라고 한다면 그것은 정말 우스운 일일 것이다. 짐승을 단 한 마리도 가져본 적이 없는 사람을 목자라고 하는 것과 같기 때문이다. 그래서 그런지 이만희는 아담 이전에 수많은 사람들이 이미 있었다고 주장한다. 그런데 아담 이전에 이미 많은 사람들이 존재했다고 한 사람들은 의외로 많다. 그런 이론을 '이중 아담론'이라고 하는데, 이중 아담론을 주장하는 사람들은 대부분 이단이거나 사이비다. 이만희는 다음과 같은 근거로 이중 아담론을 정당화한다.

그가 제시하는 첫 번째 근거는 진화론과 맞지 않다는 것이다.

아담을 하나님께서 가장 먼저 만드신 사람이라고 간주하고 성경에 기록된 계보로 연대를 계산하면, 인류 역사는 고작 6천 년밖에 되지 않는다. 그러나 지질학자들과 생물학자들은 각종 화석과 유물을 근거로 추정하기를, 지구 위에 생물이 존재한 지가 수억만 년이 넘는다고 한다. 일부 학자들의 말에 따르면 최초로 생명체가 탄생한 것은 약 38억 년 전이며, 원시 인류의 기원은 대략 5백만 년 전이라고 한다.

창세기 2-3장을 문자 그대로 보고 인류의 시작을 아담으로 잡는다면, 학자들의 이러한 연구와 고증(考證)은 엄청난 거짓이 되고 만다. 세계 곳곳에서 발견된 고대 문명의 유적만 보더라도, 세월을 추정할 수 없을 만큼 오래 전에 인류의 역사와 문명이 이루어진 것으로 밝혀지고 있다. 그러면 과학과 성경 사이에 크게 차이 나는 이 시간은 어떻게 해명해야 하는가? 그것은 아담이 최초의 사람이 아니라는 것을 밝힘으로 해결된다. 진화론을 주장하는 사람들은 인류가 원숭이와 같은 모습에서 오늘날과 같이 변화했다고 말한다.[5]

성경에서 말하는 역사, 즉 인류 창조의 역사는 고작 6천 년밖에 되지 않지만 과학적으로 증명된 지구의 역사는 훨씬 더 길기 때문에 아담을 최초의 인간으로 볼 수 없다는 것이다. 그러나 이것은 이만희의 불신과 무지를 드러낸 것에 불과할 뿐이다. 그는 성경의 가르침을 믿지 않고 진화론에 기초한 과학자들의 이론을 더 믿고 있다. 그리고 그는 성경에 나타난 족보의 특징도 잘 모르는 것 같다.

중세에 제임스 어셔(James Ussher, 1581-1656) 주교는 족보를 가지고 구약의 기간을 4,004년으로 보았다. 그래서 수많은 사람들이 구약의 역사를 약 4천 년, 신약은 예수님 이후 오늘까지를 대략 2천 년, 이렇게 해서 인류의 역사가 약 6천 년 정도 된다고 믿고 있다. 그러나 성경의 족보들은 연대 계산용으로 빠짐없이 기록한 것이 아니라 특별한 목

---

5) 『천지창조』, pp.75-76.

적을 위해 기록된 것이다. 따라서 그것을 근거로 연대를 계산하면 안 된다. 이는 실제적으로 성경의 족보들을 비교·대조하여 연구해보면 알 수 있다.

성경의 족보

여기에서 잠깐 성경의 족보로 연대 계산을 하면 왜 안 되는지, 성경의 족보들의 의미가 무엇인지 알아보자. 아브라함 이후부터는 어느 정도 연대 계산이 가능하다. 그러나 그것은 성경뿐만 아니라 세속의 여러 문헌들까지 참조했을 때에 그런 것이지 성경의 족보만을 가지고 계산이 가능하다는 말은 아니다. 성경의 족보를 조사해보면 족보의 특성상 도저히 빠질 수 없는 요소들도 빠진 경우가 있기 때문이다. 따라서 아브라함 이전의 시대, 즉 세속의 정확한 기록을 거의 찾아볼 수 없는 홍수 이전 시대의 연대 계산은 전혀 불가능하다고 봐야 한다. 그 이유는 다음과 같다.

• **정확한 대수를 기록했어도 빠져 있다**—마태복음의 족보에서는 아브라함 이후부터 예수님까지를 14대씩 세 번으로 나누어 기록하고 있다. 그처럼 대수까지 다 기록되어 있기 때문에 누군가 누락되어 있다는 것을 상상하기 어렵다. 그러나 요람과 웃시야 사이에 아하시야, 요아스, 아마샤가 빠졌으며, 요시야 다음에 여호아하스, 여호야김(엘리야김)도 빠져 있다.

• **몇 대 손이라 하면서도 빠져 있다**—구약성경 에스라 7장 1절부터 5절에 보면 누구는 누구의 몇 대 손이요, 누구는 누구의 몇 대 손이라는 식으로 기록되어 있다. 상식적으로는 그 사이에 누가 누락되었으리라고 생각하기 어려운 구조다. 그러나 역대상 6장에 있는 족보와 비교해 보면 여기에도 빠진 사람들이 있다.

1이 일 후에 바사 왕 아닥사스다가 왕위에 있을 때에 에스라라 하는 자가 있으니라 그는 스라야의 아들이요 아사랴의 손자요 힐기야의 증손이요 2살룸의 현손이요 사독의 오대 손이요 아히둡의 육대 손이요 3아마랴의 칠대 손이요 아사랴의 팔대 손이요 므라욧의 구대 손이요 4스라히야의 십대 손이요 웃시엘의 십일대 손이요 북기의 십이대 손이요 5아비수아의 십삼대 손이요 비느하스의 십사대 손이요 엘르아살의 십오대 손이요 대제사장 아론의 십육대 손이라(스 7:1-5).

3아므람의 자녀는 아론과 모세와 미리암이요 아론의 자녀는 나답과 아비후와 엘르아살과 이다말이며 4엘르아살은 비느하스를 낳고 비느하스는 아비수아를 낳고 5아비수아는 북기를 낳고 북기는 웃시를 낳고 6웃시는 스라히야를 낳고 스라히야는 므라욧을 낳고 7므라욧은 아마랴를 낳고 아마랴는 아히둡을 낳고 8아히둡은 사독을 낳고 사독은 아히마아스를 낳고 9아히마아스는 아사랴를 낳고 아사랴는 요하난을 낳고 10요하난은 아사랴를 낳았으니 이 아사랴는 솔로몬이 예루살렘에 세운 성전에서 제사장의 직분을 행한 자이며 11아사랴는 아마랴를 낳고 아마랴는 아히둡을 낳고 12아히둡은 사독을 낳고 사독은 살룸을 낳고 13살룸은 힐기야를 낳고 힐기야는 아사라를 낳고 14아사라는 스라야를 낳고 스라야는 여호사닥을 낳았으며 15 여호와께서 느부갓네살의 손으로 유다와 예루살렘 백성을 옮기실 때에 여호사닥도 가니라(대상 6:3-15).

에스라 7장에는 므라욧부터 아사랴 사이에 아마랴, 아히둡, 사독, 아히마아스, 아사랴, 그리고 요하난까지 무려 여섯 대가 누락된 것이다. 이처럼 누락이 빈번한 성경의 족보를 가지고 연대를 계산한다면 정확한 결과를 기대할 수 없을 것이다.

• **상식적으로 이해하기 어려운 기록이 있다**—역대상 26장 24절을 보면 "모세의 아들 게르솜의 자손 스브엘은 곳간을 맡았고"라는 말씀이 나온다. 이 구절만 놓고 보면 별 문제가 없어 보인다. 모세의 아들 게르솜의 '자손'이 스브엘이라고 되어 있기 때문이다. 그러나 조금 더 거슬러 올라가면 23장 16절에 "게르솜의 아들 중에 스브엘이 우두머리가 되었고"라는 기록이 있다. 스브엘이 게르솜의 아들이었다는 뜻이다.

역대상 23장, 26장의 배경은 다윗이 이스라엘의 왕이 되었을 때다. 그때 다윗은 게르솜의 아들 스브엘에게 곳간을 맡겼다. 요즘 식으로 하자면 다윗이 스브엘을 경제부장관의 자리에 앉힌 것이다. 문제는 스브엘의 나이다. 게르솜은 다윗보다 얼마쯤 전의 사람이었을까? 광야생활 40년(신 8:2), 사사들이 통치했던 기간 450년(행 13:19), 사울의 통치기간 40년(행 13:21)을 합치면 게르솜은 다윗보다 적어도 5백 년 전의 사람이었다. 그런데 다윗은 그 사람의 아들에게 장관 자리를 맡긴 것이다. 이것은 조선의 개국공신이었던 정도전의 아들을 박근혜 대통령이 집권하면서 경제부장관으로 삼았다는 말과 같다. 이런 일이 가능할까?

이보다 더한 것도 있다. 역대상 2장 6절에 보면 "세라의 아들은 시므리와 에단과 헤만과 갈골과 다라니 모두 다섯 사람이요"라고 되어 있다. 세라는 야곱이 애굽으로 이주할 때 기록되어 있는 70명의 가족 명단에 나오는 이름이다. 그런데 세라의 아들로 기록된 시므리와 에단과 헤만과 갈골과 다라는 솔로몬 시대의 사람들이다. 이들 간에는 적어도 9백 년의 간격이 있다. 이와 같은 사실들은 성경의 족보를 가지고 연대를 계산하면 큰 오차가 생길 수 있다는 점을 알게 해준다.

● **나이가 기록되어 있는데도 공백이 있다**—성경의 족보를 가지고 연대를 계산할 수 없는 가장 확실한 이유는, 나이가 기록되어 있는데도 공백이 있다는 사실이다. 모세의 족보를 보면 '레위-고핫-아므람-모세' 이렇게 4대가 기록되어 있다. 그런데 모세의 어머니 요게벳에 대해서 출애굽기 6장 20절에서는 "아므람은 그들의 아버지의 누이 요게벳을 아내로 맞이하였고 그는 아론과 모세를 낳았으며"라고 하며, 민수기 26장 59절에서는 "아므람의 처의 이름은 요게벳이니 레위의 딸이요 애굽에서 레위에게서 난 자라"고 되어 있다. 어머니 쪽으로 계산하면 모세는 레위의 손자가 되는 셈이다.

그런데 성경에는 이들의 나이가 기록되어 있다. 고핫은 133세를 살았으며(출 6:18), 아므람은 137세를 살았다(출 6:20). 그리고 모세는 80세 때 부름을 받았다. 이스라엘 백성이 애굽에 430년 있었다는 기록과 비교해보면 여기에는 217년의 공백이 생기게 된다. 이에 대해 어떤 주석은 모세의 부친 아므람과 고핫 사이에 6-7대의 간격이 있을 수 있다고 하고, 윌리엄 헨리 그린(William Henry Green, 1825-1900)은 지금으로부터 약 140년 전, 그의 창세기의 연대에 관한 연구 논문에서 "아므람과 요게벳이 아론과 모세의 직계 부모가 아니라 조상들이었다"라고 했다.[6) 이처럼 성경의 족보를 가지고 인류 창조의 정확한 연대를 계산한다는 것은 어려운 일이다.

성경에 나타난 족보들로 정확한 연대를 계산해낼 수 없다는 것을 살펴보았다. 그렇다면 성경의 족보는 어떤 의미를 가질까? 성경의 족보들은 연대 계산용으로 기록된 것이 아니라, 다음과 같은 특별한 목적들을 가지고 기록되었다.

• **인류의 두 계보**—성경의 맨 처음에 나온 족보는 가인의 족보다(창 4:16-24). 그리고 바로 이어서 나온 족보는 "아담이 다시 자기 아내와 동침하매 그가 아들을 낳아 그의 이름을 셋이라 하였으니 이는 하나님이 내게 가인이 죽인 아벨 대신에 다른 씨를 주셨다 함이며 셋도 아들을 낳고 그의 이름을 에노스라 하였으며 그때에 사람들이 비로소 여호와의 이름을 불렀더라"(창 4:25-26)는 말씀으로 이어지는 아담의 족보다(창 5:1-32). 이 두 족보는 명백하게 비교·대조를 위한 것이다. 신약성경이 가인과 아벨을 비교·대조하고 있기도 하지만, 두 족보 자체가 비슷한 구성을 가지고 있기 때문이다. 두 족보에서는 7대손이 두드러져 보인다. 가인의 족보에서는 성경에 나타난 두 번째 살인자요, 최초의 일

---

6) 윌리엄 헨리 그린, 『구약신학논문집』 vol. I, 윤영탁 역, 성광문화사, 1979. p.41.

부다처주의자로서 악한 자인 라멕(창 4:23-24)이 7대손으로 등장한다. 반면 아벨의 뒤를 이은 셋의 족보에서는 3백 년 동안 하나님과 동행하다가 죽음을 맛보지 않고 승천한 에녹이 7대손으로 기록되어 있다.

그러므로 성경에 나타난 맨 처음의 두 족보는 역사적 인물들을 통해 크게 두 종류의 길을 걸어갈 사람들을 계시해주고 있다. 하나는 가인의 길로 가는 사람들로서 하나님의 은혜 밖에 있어서 라멕처럼 타락의 극치로 갈 수밖에 없는 사람들이며, 다른 하나는 하나님의 은혜 안에 있던 에녹처럼 하나님과 동행하면서 궁극적으로는 죽음을 맛보지 않고 구원을 경험할 사람들이다. 그래서 이 두 족보는 서로 짝을 이루어 축약된 인류사를 암시하고 있다.

한편 창세기 5장에 나온 족보는 "…세를 살고 죽었더라"는 말이 반복되면서 하나님이 "반드시 죽으리라"(창 2:17)고 선언하신 대로 죽을 수밖에 없는 인간의 운명을 보여준다.

• **타락한 인간**—이어지는 창세기 6장은 하나님의 아들들이 사람의 딸들의 아름다움을 보고 취하여 극도로 타락해가는 모습을 보여준다. 가인의 후손들과 셋의 후손들이 통혼하면서 결국 홍수 심판으로 멸망한 것이다. 홍수로 불경건한 자들이 다 죽고 당대의 의인이었던 노아의 가족이 남았지만, 그 후손들 또한 급속도로 타락하기 시작한다.

이때 등장하는 창세기 10장의 족보들은 창세기 4-5장에 나오는 족보와 다른 의도와 배경을 가지고 있다. 창세기 4-5장의 족보가 선택받지 못한 자들의 불경건과 선택받은 자들의 경건한 모습을 비교·대조하는 것이라면, 노아의 후손들의 계보를 알려주는 창세기 10장의 족보는

하나님이 "사람의 마음이 계획하는 바가 어려서부터 악함이라"(창 8:21)
고 평가하신 대로 인간이 얼마나 죄에 물들었는지를 보여준다. 창세기
11장의 바벨탑 사건은 바로 그 점을 상징적으로 보여준 사건이었다.

• **구원의 새 지평**—창세기 11장의 족보에는 창세기 5장의 족보에 '죽
었다'라는 말이 반복되는 것과는 다르게 '낳았다'라는 말이 반복된다.
이것은 누군가 역사 무대 위에 등장할 것이라는 기대감을 주는데, 과
연 구원 계시의 새 지평을 열고 믿음의 조상이 될 아브라함이 등장하
게 된다. "교회 음악의 아버지는 세바스찬 바흐"라고 하듯이 '무엇의
아버지'라는 관용어는 없었던 것을 새로 있게 했다는 의미가 아니라
이미 있던 무엇의 새로운 지평을 열었다는 의미다. 그와 같이 믿음으
로 구원받는다는 구원의 도리는 이미 이전부터 계시되어 있었지만, **믿
음의 조상** 아브라함이 등장함으로 본격적인 구원의 계시가 세계사 위
에 펼쳐지게 된다.

그런데 이 족보는 노아의 후손들이 범죄한 바벨탑 사건에 이어서
나온다. 즉 이 족보는 사람들의 범죄에도 불구하고 하나님이 메시아의
약속을 이루시고자 아브라함을 등장시키시는 은혜의 족보임을 알 수
있다.

• **소망의 족보**—역대상에 등장하는 족보에는 이해하기 어려운 것들이
많이 있다. 앞에서 보았듯이 다윗이 왕이 되었을 때 모세의 손자가 경
제부장관이 된 듯한 기록이 그런 경우다. 그럼에도 이스라엘은 이 말
씀을 하나님의 말씀으로 인정했다. 그 이유는 이스라엘 백성에게 있어

서 '자손'이나 '아들'은 같은 뜻이기 때문이다. 역대상 기자는 번성했던 다윗 왕가를 회상하며 다윗에게 하신 하나님의 언약이 끊어지지 않고 이루어질 것을 고대하면서 사람들에게 소망을 주기 위해서 그런 기록 기법을 사용한 것이었다. 그런 의도를 깨닫지 못하고 연대 계산에만 몰두하는 것은 문헌 연구의 기본 법칙을 무시하는 행위다.

• **성취의 족보**—마태복음에 나온 족보는 아브라함으로부터 다윗과 요셉, 그리고 예수님으로 이어진 하향식 족보다. 그런데 마태복음에 나오는 14대, 14대, 14대는 분명 많은 부분이 생략된 의도적인 기록이다. 왜 마태는 14대씩 나누어서 예수님의 족보를 기록했을까?

마태복음의 족보는 왕이신 예수 그리스도를 예표한 다윗과 관련이 있다. 다윗 이전에는 왕정시대가 아니어서 왕이 아닌 족장들이 기록되었고, 나라가 망해버린 후에는 왕이 없었기 때문에 왕이 아닌 사람들이 기록되었다. 그러나 다윗 이후 나라가 망하기 전까지는 모두 왕이었음에도 불구하고 오직 다윗에게만 왕이란 칭호가 주어진다. 다윗이 바로 만왕의 왕이요 진정한 왕이신 주님의 예표였다는 것이다.

14대라는 말도 바로 이와 관련하여 나온 것으로 보인다. 사도 요한의 제자였던 속사도 교부 파피아스(Papias, 70?-156?)는 마태복음이 본래 히브리어로 기록되었다고 했다. 히브리어로 기록된 것이 헬라어로 번역되어 전파되었다는 말이다. 그렇다면 원래 마태복음의 '14'는 아라비아 숫자가 아닌 히브리어 숫자로 기록되었을 것이다. 그런데 히브리어는 따로 숫자가 없고 알파벳 첫 번째에서 열 번째까지가 1부터 10까지의 수치를 나타내고, 그 다음 알파벳부터는 20, 30을 나타내는 방법으로 수를 표현한다. 그래서 중요한 단어들은 숫자로 인식하기도 했는데, 다윗(דוד)이란 단어는 히브리어의 네 번째, 여섯 번째, 그리고 다시 네 번째의 알파벳으로 되어 있어 14의 값을 갖게 된다.

이런 이유 때문에 14대, 14대, 14대란 말은 다윗, 다윗, 다윗이란 말도 된다. 즉 마태는 구약성경에서 오리라 한 다윗(겔 34:23-24; 37:24-25)이 바로 예수님이며, 예수님이야말로 만왕의 왕이라는 것을 보여주기 위해 의도적으로 그와 같이 기록한 것이다. 한편 누가복음은 또 다른 다윗의 후손인 마리아의 족보를 상향식으로 기록했다. 이는 다윗의 후손이었던 요셉이 예수님의 실제적인 아버지가 아니었기 때문에 생겨날 수 있는 의혹을 해결하는 역할을 할 수 있다.

창세기와 진화론

성경의 족보를 가지고 연대 계산을 할 수 없다는 것을 살펴보고, 겸하여 족보의 의미들에 대해서도 살펴보았다. 그러나 문제가 다 해결된 것은 아니다. 왜냐하면 성경의 족보가 그와 같은 하나님의 뜻을 나타내고 있다 하더라도 성경의 연대를 무한정 늘려서 생각할 수는 없기 때문이다. 아무리 길게 잡아도 성경의 역사는 불과 1-2만 년에 불과하다. 이것이 어떻게 과학자들의 밝혀낸 수십억 년의 우주 역사와 조화될 수 있느냐 하는 문제는 여전히 남아있다.

이 문제를 해결하기에 앞서 먼저 창세기를 왜 진화론적 입장에서 해석해서는 안 되는지부터 살펴보자. 창세기는 성경 66권 중 첫 번째 책으로서 성경 전체의 기초가 되는 책이다. '창세기'를 나타내는 영어 'Genesis'는 성경의 첫 단어인 '태초'를 의미하는 헬라어 게네시스 (γένεσις)에서 유래한 것으로 '시작' 혹은 '기원'(Origin)이란 뜻이다. 이 이름이 말해주듯이 창세기는 '기원의 책'(The Book of Origin) 혹은 '시작의 책'으로서 우주의 기원에서부터 만물, 생명, 인간, 죄와 죽음, 복과 저주, 구원, 믿음, 언어, 민족, 문화 등 모든 것들의 기원에 대해 기록하고 있다. 따라서 창세기는 이 세상과 인생의 근원을 밝혀주고, 인간의 불행과 복된 삶에 대한 가르침을 준다.

인류는 예전부터 '인간이란 무엇인가?', '어떤 삶이 참 행복한 삶인가?', '인간은 왜 죽고, 죽으면 어떻게 되는가?'라는 실존적인 질문을 끊임없이 해왔다. 그리고 이런 문제의 해답을 얻으려는 과정에서 이 우주와 만물은 어떻게 존재하게 되었으며, 어디로 향해 가고 있는가 하는 근본적인 문제들도 탐구하지 않을 수 없었다. 오랜 기간 동안 인류는 이런 질문들에 대한 종교적 대답으로 만족하고 살았다.

그러나 19세기 이후 많은 사람들이 받아들이고 있는 견해는 다윈 (Charles Darwin, 1809-1882)이 체계화한 진화론이다. 진화론은 원시대기에 있던 탄소, 수소, 산소 등이 합성되어 아미노산이 되고, 아미노산이 모여 단백질을 형성하고, 이 단백질에서 생명체가 탄생되어 단세포인 미생물에서 오늘날과 같은 동식물로 진화·발전했다는 이론이다. 그러나 이와 같은 견해는 근본적인 문제에 대한 해답이 될 수 없다. 탄소, 수소, 산소 등 기본 물질이 어떻게 생겨났는지, 생명이 어떻게 생겨났는지의 문제는 여전히 신비의 영역으로 남아 있기 때문이다.

무기물에서 어떻게 생명체가 생겨났는가? 단일 원소에서 이 세상에 존재하는 약 120만 종류나 되는 갖가지 동식물이 생겨날 수 있는가? 게다가 인간을 관찰해보라. 인간은 파스칼의 말대로 생각하는 갈대요, 칸트가 말한 대로 마음에 도덕률을 가진 자유와 양심의 존재다. 기뻐하고, 슬퍼하고, 사랑하고, 즐거워하는 희비애락의 존재요, 지성과 감성과 의지를 가진 신비한 인격체다. 이런 인간의 양심과 영혼과 인격이 어떻게 무기물이나 아메바에서 생겨날 수 있겠는가?

그리스도인들은 기본적으로 진화론이 성경과 다르기 때문에 받아들일 수 없다는 입장을 취한다. 하지만 그렇지 않더라도 극히 적은 가능성에 바탕을 둔 가설에 불과한 진화론으로 우주 만물의 근본이나 생명의 신비를 설명하려는 시도는 받아들이기가 쉽지 않다. 여기에서 말하는 극히 적은 가능성이란 어느 정도 될까? 어떤 사람은 이렇게 말한다. "큰 운동장에 고철더미가 잔뜩 쌓여 있는데 그 고철더미에 바람이 한번 휙 불 때 그 바람의 힘에 의해 최신 제트비행기가 만들어질 확률이다." 그러나 그것조차도 무기물에서 생명이 탄생할 확률에 비하면 높다고 한다. 이렇게 보면 진화론이 사실 하나의 종교적 믿음과 같다는 것을 알게 된다.

창세기 1장 1절은 우주만물의 근원에 대해 명쾌한 해답을 준다. "태초에 하나님이 천지를 창조하시니라." 이것은 범신론이나 유물론, 진화론 등 모든 이론을 폐하는 **대 선언**이다. 그리스도인이라고 하면서 진화론을 믿을 수 있을까? 그것은 불가능하다. 만약 진화론을 수용한다면, 성경이 말하는 천지 만물의 존재의 근거도, 인간의 기원이나 타락도, 죄의 시작과 죽음의 시작도 다 꾸며진 이야기가 되고, 결과적으로 예수 그리스도의 구속사역도 쓸데없는 것이 되기 때문이다. 그런데 이만희는 창세기의 중요한 기록들이 실제적 사실이 아니라 비유로서 꾸며진 이야기라고 주장한다. 예수님의 죽음을 헛된 죽음으로 만들고, 하나님을 거짓말쟁이로 만드는 것이다.

사람들은 과학에서 말한 수십억 년의 세월과 성경의 족보를 통해 계산해 낸 '6천 년'의 부조화 때문에 괴상한 이론들을 많이 만들어 냈다. 언젠가 어떤 목사님이 설교 중 성도들에게 이런 질문을 하셨다. "여러분, 닭이 먼저입니까? 계란이 먼저입니까?" 성도들이 가만히 있자 그분은 놀랍게도 계란이 먼저라고 가르치셨다. 닭이 계란을 낳은 것이 아니라, 닭이란 것은 없었는데 어떤 알이 닭이 되었다는 것이다. 우리는 이런 주장을 받아들일 수 없다. 왜냐하면 성경은 분명히 하나님이 "종류대로 만드셨다"(창 1:20-25)고 선언하기 때문이다. 창조론적 입장에서 보면 계란이 먼저가 아니라 닭이 먼저다. 이와 같이 진화론의 공격에 대응하여 수많은 사람들이 타협적으로, 혹은 또 다른 어떤 목적에서 성경의 창조에 대해 다음과 같은 수많은 견해들을 만들어냈다.

• **원창조설**—원창조설은 일종의 갭 이론으로 두 가지 형태가 있다. 하나는 창세기 1장 1절의 훨씬 이전에 원창조(original creation)가 있었는데 얼마만큼의 세월이 지났는지는 모르지만 무수한 세월이 지난 어느 날 하나님이 태초에 천지를 창조하셨다는 것이다. 또 하나는 창세기 1장 1절을 2절과 분리하여 원창조라고 하는 것이다. 그러므로 첫째 날 빛을 창조하심부터 역사가 6천 년이 흘렀다 하더라도 앞에 있는 기간과 합치면 그 기간이 얼마쯤 될지 모르므로 진화론을 믿는 과학자들이 발표한 우주, 혹은 지구의 나이와 충돌하지 않게 된다.

그러나 이 학설은 출애굽기 20장의 안식일 계명과 충돌한다.

8안식일을 기억하여 거룩하게 지키라 9엿새 동안은 힘써 네 모든 일을 행할 것이나 10일곱째 날은 네 하나님 여호와의 안식일인즉 너나 네 아들이나 네 딸이나 네 남종이나 네 여종이나 네 가축이나 네 문 안에 머무는 객이라도 아무 일도 하지 말라 11이는 엿새 동안에 나 여호와가 하늘과 땅과 바다와 그 가운데 모든 것을 만들고 일곱째 날에 쉬었음이라 그러므로 나 여호와가 안식일을 복되게 하여 그날을 거룩하게 하였느니라(출 20:8-11).

여기에서는 분명히 천지간에 있는 모든 것들이 엿새 동안에 창조되었다고 말씀한다. 이 말씀에 비추어보면 원창조설은 설 자리가 없게 된다.

• **중조설**(중건설), **혹은 재창조설, 복구설**—이 학설 또한 일종의 갭 이론으로, 창세기 1장 2절의 "땅이 혼돈하고 공허하며"를 예레미야 4장 23절의 "내가 땅을 본즉 혼돈하고 공허하며"와 관련시켜 창조 직후에 사탄의 타락으로 말미암아 일종의 '혼돈시대'가 있었다고 보는 것이다. 그래서 창세기 1장 1절과 2절 사이에는 얼마만큼의 세월이 지났는지 모르며, 사탄이 반역을 일으킴으로 말미암아 폐허화되어 혼돈하고 공허하게 된 세상을 하나님이 재창조하셨다는 이론이다.

이 이론의 현대 시조는 토마스 찰머스(Thomas Chalmers, 1780-1847)라는 사람이다. 이 이론에서는 창세기 1장 2절과 예레미야 4장 23절이 표현과 철자에서 일치한다고 한다. 그는 예레미야 선지자가 이스라엘이 범죄함으로 인하여 하나님의 심판을 받아 황폐해질 것을 예언할 때, 옛날 천지창조 후에 천사들이 범죄함으로 땅을 "혼돈하게 하고 공허하게" 했던 그것을 연상하게 한다고 주장한다.

 한 권으로 끝내는 신천지 비판

그러나 창세기 1장 2절에서 '…하고 …하며'로 번역된 술어는 '되었다'(become)는 의미가 아니라 상태를 그대로 묘사하는 의미를 가질 뿐이다. 즉 성경은 하나님이 지으신 땅이 사탄의 범죄로 혼돈하게 '되었다'고 말씀하지 않는다는 것이다. 더구나 이 이론도 안식일 계명과 상충한다.

• **한 시대 학설, 지질학적 1일설, 장기 연대론**—이 학설은 창세기 1장 5, 8, 13절의 "저녁이 되고 아침이 되니"를 하나의 상징으로 보아 한 시대의 종말과 다른 한 시대의 시작을 의미한다고 보는 해석으로 베드로후서 3장 8절의 "사랑하는 자들아 주께는 하루가 천 년 같고 천 년이 하루 같다는 이 한 가지를 잊지 말라"는 말씀과, 시편 90편 4절의 "주의 목전에는 천 년이 지나간 어제 같으며 밤의 한 순간 같을 뿐임이니이다"라는 말씀을 근거로 삼는다. 그러나 베드로후서나 시편이 말하는 의미는 하나님이 시간의 제약을 받지 않는다는 것이다.

그리고 이 학설 또한 안식일 계명과 상충한다. 출애굽기 20장 8-11절의 안식일 계명은 창세기 1장의 주석이다. 그래서 만약 창세기의 '날'이 현실적인 '날'이 아니라면 제7일의 안식일도 그렇게 보아야 한다. 안식일 계명은 창조시의 안식일을 분명히 오늘날과 같은 24시간의 날로 본다. 그렇다면 나머지 6일도 오늘날과 같은 6일로 보아야 하기 때문에 이 학설 또한 받아들일 수 없다.

• **태양 창조 이전의 날은 시대라는 학설**—이 이론은 하나님이 태양을 창조하신 넷째 날부터 오늘날과 같은 하루를 계산할 수 있으므로 그

전의 하루들은 오늘날과 같은 하루가 아니라 길이를 알 수 없는 어떤 시대라고 한다. 하나님은 태양을 지으실 때에야 비로소 "계절과 날과 해를 이루게 하라"고 말씀하셨다. 그리고 원문을 보면 "저녁이 되고 아침이 되니"라는 말씀은 "저녁도 있었고 아침도 있었다"라는 뜻이므로 그 시간은 길이를 알 수 없다는 것이다. 이 학설은 유명한 개혁주의 신학자 헤르만 바빙크(Herman Bavinck, 1854-1921)도 동의한 학설이지만 이 또한 안식일 계명과 맞지 않는 한계를 가지고 있다.

• **문자적인 해석**—히브리어의 '날'을 의미하는 욤(םוי)은 일차적으로 24시간을 의미한다. 그러므로 "저녁이 되고 아침이 되니"를 한 시대로 보는 것은 무리다. 또한 안식일과 같이 다른 6일도 24시간의 날이 아닐 수 없다. 6일 중 최후의 3일은 분명히 오늘날의 3일과 다를 바 없다. 그 날들은 오늘날과 같이 태양의 움직임으로 구분되는 날들이기 때문이다. 그렇다면 최초의 3일도 같아야 한다. 저명한 조직신학자 벌코프 (Louis Berkhof, 1874-1957) 등이 이 관점을 주창했다.

• **성숙창조론**—이 학설은 창세기의 문자적인 해석을 그대로 받아들이면서 하나님이 성숙한 우주, 혹은 성숙한 지구를 창조하셨다고 주장한다. 하나님은 아담과 하와를 오늘날과 같이 창조하지 않으셨다. 지금은 한 사람이 태어나면 그 사람은 갓난아이로 태어나서 대소변도 가리지 못하다가 어른이 되려면 적어도 20여 년은 지나야 한다. 그러나 아담과 하와는 그렇지 않았다. 그들은 태어나면서부터 어른이었다.

예수님은 가나의 혼인 잔치에서 물이 포도주가 되게 하셨다(요 2:1-

11). 물이 화학적인 작용으로 포도주가 되는 것도 불가능하지만 좋은 포도주가 되려면 상당한 기간 발효의 과정을 거쳐야 한다. 그러나 예수님은 시간의 장벽을 허물고 그분의 놀라운 능력으로 물이 변하여 포도주가 되게 하셨다.

그와 같이 하나님이 인간에게 살기 좋은 환경, 자원이 풍부한 환경을 만들어주시려고 성숙한 지구를 만들어주시지 않았겠느냐는 것이다. 이 학설은 헨리 모리스(Henry M. Morris, 1918-2006) 같은 분들이 주장한 이론이다. 이와 같은 이론 정도만 알고 있어도 진화론에서 이 세상이 몇십억 년이 아니라 몇백억 년이 되었다고 해도 아무런 문제가 될 수 없는 것이다.

기독교인은 하나님의 말씀을 진리로 믿는 사람이다. 그러므로 이유야 어떻든 성경이 진화론과 다르다고 해서 성경이 틀렸다고 한다면, 그것은 신자의 자세가 아니며 하나님의 말씀에 대한 불신을 보여주는 것으로서 "나는 신자가 아니다"라고 고백하는 것과 같다. 그런데 이만희가 바로 그런 경우에 해당한다.

물론, 이런 지적에 대하여 이만희는 자신을 합리화하며 이런저런 변명을 늘어놓을지도 모르겠다. 실제적으로 그는 성경의 이곳저곳을 끌어들여 자신의 주장을 관철하려고 한다. 그러나 그렇다면 그는 애초에 진화론을 들먹이며 진화론이 옳기 때문에 성경을 다르게 봐야 한다는 식으로 이야기하지 말았어야 한다.

최초의 사람

이만희가 아담이 맨 처음의 사람이 아니라고 주장하는 근거 중 하나는 창세기 4장에 나오는 '가인의 표'다. 그는 다음과 같이 주장한다.

> 아담이 인류의 조상이라면 그의 첫째 아들 가인은 세 번째 사람이고 둘째 아들 아벨은 네 번째 사람이다. 그런데 하나님께서는 가인이 동생 아벨을 죽이자, 가인을 그가 살던 땅에서 쫓아내셨다. 그 후 가인의 행적에서 몇 가지 의문이 드는 사실을 발견할 수 있다. 가인은 쫓겨난 자신이 사람들로부터 죽임을 당할 것이라고 두려워하였다. 하나님께서는 불안해하는 가인에게 어떠한 사람도 그를 죽이지 못하도록 표를 주셨다. 덕분에 가인은 무사히 에덴 동편 놋 땅에 가서 아내를 얻고 자식을 낳았다. 만약, 아담이 최초의 사람이라면 가인이 쫓겨나던 당시 이 땅에는 아벨이 죽고 세 사람밖에 없었을 텐데, 가인이 자신을 죽일지도 모른다고 한 그 사람들은 누구인가? 그리고 가인과 결혼한 아내는 누구인가?[7]

이 주장은 어느 정도 그럴듯하게 들린다. 그런데 이 주장은 이만희가 처음 한 것이 아니다. 그것은 이미 잘못되었다고 판명이 나서 배척되고 쓰레기통에 처박힌 쓸모없는 이론이다. 그런데 그는 그것을 알지 못하고 용감하게 다시 주워다 쓰고 있으니 한심하기 그지없다.

정통 교회는 그럴듯한 이 이론을 왜 비성경적이라고 버렸을까? 첫

---

7) 『천지창조』, p.77.

째, 성경은 하나님이 인류를 한 혈통으로 창조하셨다고 말씀한다(행 17:26). 인류가 한 혈통으로 창조되었다는 것은 이 세상에 있는 모든 사람들이 다 공통된 부모로 말미암아 유래했다는 것이다. 그러므로 아담과 하와 이외에 다른 사람이 이미 존재했다는 이만희의 주장은 성립되지 않는다. 둘째, 하와라는 이름은 '생명을 주는 자'라는 뜻이다. 이것은 그로 말미암지 않고는 사람이 태어날 수 없었다는 것을 의미한다. 성경에는 분명히 하와에 대해 "모든 산 자의 어머니"(창 3:20)라고 하는데, 어떻게 아담과 하와 이전에 다른 사람이 존재할 수 있었겠는가? 셋째, 성경에서는 아담이 이 세상에 있었던 모든 사람들 가운데 가장 처음에 존재했던 사람이라고 못을 박고 있다. 고린도전서 15장의 기록이다.

45 기록된바 첫 사람 아담은 생령이 되었다 함과 같이 마지막 아담은 살려 주는 영이 되었나니 46 그러나 먼저는 신령한 사람이 아니요 육의 사람이요 그 다음에 신령한 사람이니라 47 첫 사람은 땅에서 났으니 흙에 속한 자이거니와 둘째 사람은 하늘에서 나셨느니라(고전 15:45-47).

아담이 첫 사람, 즉 첫 번째 사람이라는 것이다. 대부분 영어 성경도 'The first man Adam'이라고 기록하고 있다. 그러니 어떻게 아담과 하와 이전에 다른 사람들이 존재했다고 주장할 수 있겠는가? 물론, 여기에 대해서도 이만희는 변명을 늘어놓는다.

아담 이전에도 사람이 존재했으나, 하나님께서 아담을 최초의 '사람'으로 인정하신 이유는 아담에게 생기를 주시어 그가 생령이 되었기 때문이다.

하나님께서 보시기에 육체만 있고 하나님의 생기가 없는 사람은 그저 흙덩어리일 뿐 사람이 아니다.[8]

아담 이전에도 많은 사람들이 있었지만 그들은 하나님의 생기가 없었기 때문에 그냥 육체만 있는 흙덩어리에 불과했다는 것이다. 참으로 기가 막힌 설명이다. 다음의 주장도 보자.

그러면 하나님께서 아담에게 불어넣었다는, 살리는 기운 곧 생기는 무엇인가? 그것은 하나님의 말씀이다. 하나님의 말씀이 없는 사람은 생령이 없는 흙덩어리인 육체에 지나지 않으므로 하나님을 알지 못한다. 하나님을 모르는 육체는 짐승과 같을 뿐이다(시 73:22; 잠 12:1; 잠 30:2-3).

이런 시각에서 볼 때 아담은 영이 산 사람으로, 하나님께서 인정하신 최초의 '사람'이다. 아담 전에도 많은 육체가 있었으나 그들은 하나님을 아는 영도, 하나님의 말씀도 없었으므로 짐승과 다를 게 없었다. 하나님께서 보시기에는 하나님과 또 하나님의 말씀을 아는 자만이 사람이고, 모르는 사람은 짐승이다. 예수님께서 자신을 사람의 아들 즉 인자(人子)라고 하신 것도 이러한 것과 관련이 있다.[9]

이만희는 사람이 짐승과 다를 게 없다는 말씀을 인용하면서 아담이 최초로 하나님의 말씀을 받았다는 전제에서 아담이 최초의 사람이라고

---

8) 『천지창조』, p.78.
9) 『천지창조』, p.80.

 한 권으로 끝내는 신천지 비판

주장한다. 그러나 이것은 성경의 해석도, 인용도, 적용도 다 엉터리일 뿐만 아니라 자신의 주장과도 모순된다. 일일이 반증하자면 한이 없으니 그의 모순점만 살펴보자.

> 셋째 날 땅에서 난 풀과 각종 씨 맺는 채소와 열매 맺는 나무는 각종 성도들을 가리킨다. 이사야 40장 6-8절에서는 모든 육체를 풀과 같다고 하였으며, 신명기 32장 2절에서는 하나님의 교훈을 받는 사람들을 풀 또는 채소로 비유하였다.…넷째 날에 만든 해, 달, 별은 야곱의 가족과 같은 하나님의 선민을 가리킨다(창 37:9-11 참고). 선민을 해, 달, 별로 비유하는 이유는 세상과 구별된 하늘에 속한 백성이기 때문이다.…본문 다섯째 날의 물은 하나님의 말씀이요(암 8:11), 물고기는 성도이며(합 1:14; 마 4:18-22; 마 13:47-50), 새는 하나님께 속한 영들이다(마 3:16; 마 3:32 참고).[10]

그는 웃기지도 않게 온갖 성구들을 근거로 아담 이전에 창조된 각종 풀과 채소와 나무가 성도이고, 해와 달, 별들도 선민이며, 물속에 사는 물고기들도 다 하나님의 말씀을 받은 성도라고 한다. 그러나 이만희의 이 주장은 최초로 하나님의 말씀을 받은 아담이 최초의 사람이라고 한 자신의 주장을 스스로 무너뜨리고 있다.

성경을 근거로 결론을 맺자면, 모든 산 자의 어미가 하와였고, 인류가 한 혈통으로 창조되었으며, 아담이 첫 번째 사람이었기 때문에, 아담 이전에 다른 사람이 존재했다는 주장은 말이 되지 않는다. 따라서

---

10) 『천지창조』, pp.60-64.

가인이 두려워했던 사람들이나 가인의 아내도 다 아담과 하와의 후손임이 분명하다. 하나님이 아벨이 죽은 후 아담과 하와에게 셋을 주셨을 때 그들의 나이는 130세였다. 그러므로 가인과 아벨 이외에 그들이 130년 동안 낳은 다른 자식들과, 그 자식들의 후손이 있었다고 보는 것이 합리적이다.

'이중 아담론'을 주장하기 위해 내어놓는 이만희의 또 다른 근거는 아담에게 부모가 있었다는 것이다. 그는 다음과 같이 주장한다.

> 아담에게는 부모가 있었다. 하나님께서는 아담에게 그를 낳은 부모를 떠나 아내와 한 몸을 이루라고 하셨다(창 2:24). 만약 아담이 하나님께서 창조하신 최초의 인간이라면 어찌 그 부모가 있을 수 있겠는가? 이것은 아담이 최초의 사람이 아니라는 것을 증명하는 결정적인 단서다.[11]

그는 아담에게 부모가 있었다고 하며, 그것이 아담과 하와가 최초의 인간이 아니었다는 결정적인 단서라고 한다. 그 근거로 창세기 2장 24절을 제시한다. 그러나 이것은 명백하게 자기의 목적에 따라 성경의 내용을 왜곡한 것이다. 왜냐하면 성경에는 그 어디에도 아담에게 부모가 있었다고 하지 않기 때문이다. 성경을 정확히 읽어보자.

> 이러므로 남자가 부모를 떠나 그의 아내와 합하여 둘이 한 몸을 이룰지로다(창 2:24).

---

11) 『천지창조』, p.78.

 한 권으로 끝내는 신천지 비판

창세기 2장 24절은 **남자가** 부모를 떠나라고 되어 있지 아담이 부모를 떠났다는 말이 아니다. 그런데 이만희는 야바위꾼처럼 남자라는 말을 아담으로 바꿔치기해버렸다. 이것은 원문에서도 분명하게 나타난다. 원문에서 아담에 대해서는 그냥 '아담'(אָדָם)이란 단어를 쓴다. 그러나 여기에서는 그냥 한 남자를 뜻하는 '이쉬'(אִישׁ)가 사용되었다. 그러므로 이것은 원리적으로 남자가 부모를 떠나 아내와 하나가 되어 가정을 이루라는 말이지 아담이 부모를 떠났다는 사실의 기록이 아니다.

순교자의 영혼 14만 4천

이만희는 아담이 약속한 목자로 선택을 받았지만 배도함으로 하나님의 구원 계획이 헝클어져 버렸다고 주장한다.

유일하신 하나님께서는 영의 세계(영계)를 창조하시고 육의 세계(육계)도 그와 같은 모습으로 만드셨다(창 1:26-27; 마 6:10 참고). 이 모든 창조는 말씀으로 이루어졌다(요 1:1-4).

영은 육계의 피조물을 움직일 수 있으나, 육계의 존재는 영들을 움직일 수 없다. 영은 사람에게 나타나기도 하고 사람을 감동시켜 대화를 나누기도 한다. 그러나 육신의 한계를 가진 사람은 다만 영들이 감동을 줄 때만 그렇게 할 수 있다. 하나님께서는 창조하신 이 두 세계를 궁극적으로 하나가 되게 하신다.

다시 말해, 하나님께 속한 영들이 하나님을 믿는 육계의 사람들에게 들어가 살게 하신다. 하나님의 영들과 육체들이 하나가 되어 사는 것이 하나

님께서 이루고자 하시는 최종 목표다.[12]

하나님께서 당초에 인간을 창조하신 목적은 인간 속에 하나님의 성령이 임재할 수 있는 성전으로 만들어 영생하는 신의 나라를 건설하고자 함에 있었다.[13]

아담 세계의 사람들은 하나님의 영들과 더불어 살았다. 그러나 천지를 창조하실 때부터 사람과 함께 살기를 원하셨던 하나님의 꿈은 아담의 배도로 무너지고 말았다. 그리하여 하나님의 영은 사람을 떠나가야 했다. 그 후 하나님께서는 사람과 하나 되어 살기 위해 시대마다 끊임없이 재창조의 역사를 해오셨다.[14]

그 예비된 처소가 영계의 거룩한 성 새 예루살렘이다. 하늘에서 이룬 것과 같이, 오늘날 이 땅에서도 영적 새 이스라엘 열두 지파 14만 4천 명이 계시록 7장과 14장의 예언대로 창조된다. 이때 하늘에 있는 순교한 영들이 이 땅에 창조된 열두 지파 성도들에게 내려와 하나가 된다. 즉 영육 합일체가 된다.[15]

신천지의 이와 같은 주장은 헤아릴 수 없이 많은 문제를 일으킨다. 첫

---

12) 『천지창조』, p.48.
13) 『신탄』, p.304.
14) 『천지창조』, p.52.
15) 『천지창조』, p.335.

　　　　　　　　　　한 권으로 끝내는 신천지 비판

째, 아담이 아직 창조가 되기도 전에 순교자의 영혼 14만 4천이 있었다는 것은 아담이 선악과를 따 먹고 죄를 짓기도 전에 이미 인간 세상에 죄가 있었다는 뜻이다. 그러나 성경은 다음과 같이 말씀한다.

> 그러므로 한 사람으로 말미암아 죄가 세상에 들어오고 죄로 말미암아 사망이 들어왔나니 이와 같이 모든 사람이 죄를 지었으므로 사망이 모든 사람에게 이르렀느니라(롬 5:12).

성경은 한 사람 아담으로 말미암아 죄가 세상에 들어왔다고 한다. 그러니까 아담이 죄 짓기 이전에는 인간 세상에 죄가 없었으며, 그러므로 순교자의 영혼 14만 4천도 있을 수가 없다.

둘째, 신천지는 하나님이 아담이 배도한 이후 노아, 아브라함, 모세 등의 약속한 목자라는 존재들과 심지어 예수님을 통해 순교자의 영혼 14만 4천과 지상에 있는 사람 14만 4천명을 하나로 합체시켜 구원하려 하셨으나, 모두 다 실패했기에 이제 마지막으로 이만희를 통하여 그 일을 이룬다고 주장한다. 그렇다면 이것은 아담이 창조되기 전부터 시작해서 이 세상의 종말 때까지 순교자의 숫자가 전혀 변동이 없다는 말인가? 그러나 구약성경에 보면 아벨로부터 시작해서 수많은 순교자들이 있었으며, 신약에도 예수님의 제자들과 스데반 같은 순교자도 있었다. 그들은 진짜 순교자가 아니라고 발뺌할 것인가? 신천지는 처음에 순교자의 영혼 14만 4천이 있었던 것이 아니라 다른 성령들, 즉 천사들이 그 수를 채우고 있었다고 변명할지도 모른다. 그러나 천사들은 분명히 순교자의 영혼이 아니다.

사실, 신천지는 인간에게 영이 없다고 주장한다. 그러므로 영이 없는 인간에게 하나님의 성령들인 순교자의 영혼들이 내려와서 성도들과 하나가 되어야 온전한 인간이 되고 구원받게 된다는 논리다. 그래서 『신탄』에서는 고린도전서 3장 16-17절을 인용한 다음 "우리 인간의 육체가 하나님의 성령을 모시어 들일 거룩한 전이다. 언젠가 때가되면 반드시 하나님의 성령, 즉 하나님의 본체 신과 그에게 속한 모든 영들이 임재하게 될 그릇이라는 말이다"라고 하며,[16] 인간의 구조에 대해서도 다음과 같이 주장했다.

생명의 내부 구조라고 하면 약간 생소한 말일 것이다. 성경에서 생명을 어떻게 파악하고 있는지를 검토하여 생명의 내부 구조를 알아보기로 하자.

하나님의 말씀은 살았고 운동력이 있어 좌우에 날선 어떤 검보다도 예리하여 혼과 영과 및 관절과 골수를 찔러 쪼개기까지 하며 또 마음의 생각과 뜻을 감찰하시나니(히 4:12).

너희 온 영과 혼과 몸이 우리 주 예수 그리스도 강림하실 때에 흠 없게 보전되기를 원하노라(살전 5:23).

바울은 우리 인간의 생명을 영과 혼과 몸(관절과 골수)으로 구분하여 말하고 있다. 이 혼과 영과 육이 어떻게 연합하여 하나의 생명체로 살아가는지

---

16) 『신탄』, p.327.

의 내면을 살펴보는 것이 그 구조의 파악이다.

흙으로 사람을 지으시고 생기를 그 코에 불어넣으시니 사람이 생령이 된지라(창 2:7).

나의 신이 영원히 사람과 함께하지 아니하리니 이는 그들이 육체가 됨이라(창 6:30).

저희는 육체뿐이라 가고 다시 오지 못하는 바람임을 기억하셨음이로다(시 78:39).

주의 영을 보내어 저희를 창조하사 지면을 새롭게 하시나이다(시 104:30).

패역한 딸아 네가 어느 때까지 방황하겠느냐 여호와가 새 일을 세상에 창조하였나니 곧 여자가 남자를 안으리라(렘 31:22).

이상의 말씀을 차례로 살펴보자. 하나님은 육체인 아담에게 그의 생기를 주어 생령으로 만들었다. 그러나 불행히도 아담은 스스로 생기를 버리고 육체 인간으로 돌아갔다. 따라서 하나님의 신은 떠나가고 그는 흙으로 돌아가 끝내 영육간의 죽음을 맞이한다. 하나님은 육체뿐인 인간들에게 그의 성령을 보내주시어 인간의 심령을 다시 창조하여 새로운 인간으로 만드신다. 다시 말하면 성령이 함께하지 아니하는 우리 인간의 육체는 혼과 몸으로 구성되어 있고 이 혼, 육이 하나 되어 하나님의 성령을 받아들인다. 이렇게 되면 생명 그 자체인 하나님과 일체가 되고 영과 혼과 육이 하나의 자리를 가지고 변화체로 온전히 체화(體化)한다. 이것이 참 생명의 실상이요 또 그 본질이다.

육신이 혼과 결합하여 호흡하는 상태가 현세 인간이며, 이 인간이 하나님의 성령과 결합할 때 새 차원의 인간으로 격상된다. 즉 혼과 육과 영이 하나의 삶을 이루며 이 셋이 하나의 생명에 내재하여 그 내부 구조를 이루게 된다.[17]

여기에 있는 신천지의 주장은 너무나 오류가 많아서 이것만 다루어도 책 한 권 정도는 너끈히 될 것이다. 우선 그들은 히브리서 4장 12절의 말씀을 인간에게 영이 없다는 증거로 이용하고 있다. 하지만 그것은 오히려 영혼이 존재하고 있음을 가르치고 있는 것이다. 그리고 신천지에서는 하나님의 영이 함께하셔서 이루어지는 구원, 소위 '신탄'이라는 것이 이만희로부터 이루어지고 그 이전에는 계속해서 실패만 하여서 영이 없다고 한다. 그렇다면 순교자의 영혼 14만 4천은 어떻게 설명할 것인가? 게다가 그들의 구원은 일종의 빙의(憑依) 같은 것이다. 그것은 성경에서 말씀하고 있는 중생이나 성령 하나님의 내주와는 아무런 상관이 없고, 오히려 무속적인 강신이나 접신에 가깝다. 어떻게 이런 주장을 성경적인 진짜 구원이라고 하면서 따를 수 있다는 말인가?

흔히 사람들이 하는 말 가운데 "개나 줘라!" 하는 말이 있다. 화가

---

17) 『신탄』, pp.395-397.

나서 하는 말이기도 하지만 그만큼 가치가 없는 것을 이르기도 하다. 신천지에서 말하는 구원이 정확히 그렇다. 무협지를 보면 마공을 익힌 사람들이 악랄하게 자기의 영혼을 다른 사람의 몸에 집어넣어서 그 사람을 차지하려고 한다. 그러면 그 사람은 자기의 육체를 빼앗기지 않으려고 필사적으로 저항한다. 그런데 참 이상하다. 신천지에 빠진 사람들은 그와 같이 다른 사람의 영혼이 내 육체에 들어와 자리를 잡는 개도 안 물어갈 그런 구원을 얻으려고 자기의 가정도 남편도 아내도 내팽개쳐버린 사람들이 많으니 말이다. 참 기가 막힌 일이다. 그러나 성경에서 말씀하고 있는 구원은 그런 구원이 아니다. 성경에서 말씀하고 있는 구원은 내 영과 육체가 모두 구원받는 전인적인 구원이다.

부끄러운 성경 해석

약속한 목자론을 떠받치고 있는 신천지의 구원론에는 너무나 많은 오류가 있지만 그중에서 가장 압권은 다음과 같은 엉터리 성경 해석이다.

마지막 나팔 소리가 나며, 하나님 품에 잠들어 있던 성도의 영이 신령한 몸으로 다시 살게 된다고 한다. 그러나 이미 죽고 없어진 육체가 살아나는 것은 아니다. 왜냐하면 혈과 육만으로는 하나님 나라를 유업으로 받을 수 없고, 썩을 것이 썩지 아니할 것을 유업으로 받을 수는 없기 때문이다. 한편, 육신을 가진 채 살아 있는 성도들은 변화를 받아 썩지 아니하고 죽지 아니함을 입게 된다고 한다.

하나님께 속한 영과 육은 합쳐 하나가 된다. 즉 죽은 성도의 신령한 영

은 변화 받은 산 자의 몸을 얻어 부활하고, 산 자는 신령한 영을 받고 변화
되어 영원토록 그리스도와 함께 살게 된다. 이로써 "사망이 생명에게 삼킴
받고, 하나님과 예수님을 믿는 자는 죽어도 살고, 살아서 믿는 자는 영원히
죽음을 맛보지 않는다"는 복음(사 25:6-8; 계 21:1-4; 요 11:25-27)이 이루어
진다.[18]

그들은 복음의 핵심적 요소인 육체의 부활을 부인한다. 대신 죽은 성
도의 영이 자신과는 전혀 다른 산 자의 몸을 얻어 영원히 사는 부활을
믿는다. 그들은 그 근거로 요한계시록 21장 1-4절을 제시하고 있지만
이것은 바로 앞에 있는 20장 4절에 대한 해석의 오류에 기초하고 있
다. 요한계시록 20장을 해석하면서 이 부분을 보다 직접적으로 언급하
고 있는 내용을 보자.

예수의 증거와 하나님의 말씀을 인하여 목 베임 당한 순교자들은 하나님
안에 거하는 성령들이다. 19장에서 해설한 바와 같이 이 성령들이 신랑이
다. 그리고 짐승과 그의 우상에게 경배하지도 아니하고 표를 받지도 아니
한 자들은 곧 짐승과 싸워서 이기고 세마포 옷을 입은 거룩한 무리들이다.
인치는 주의 제단에 동참한 십사만 사천의 신부들이다. 거룩한 성령이요
신랑인 십사만 사천의 영들과 이 땅의 거룩한 자 십사만 사천의 육신을 가
진 신부들이 각기 한 쌍을 이루어 혼인 일체가 된다.[19]

---

18) 『천지창조』, pp.218-219.
19) 『계시록의 진상』, p.301.

 한 권으로 끝내는 신천지 비판

요한계시록 20장 4절이 〈개역한글〉에는 "또 내가 보좌들을 보니 거기 앉은 자들이 있어 심판하는 권세를 받았더라 또 내가 보니 ① **예수의 증거와 하나님의 말씀을 인하여 목 베임을 받은 자의 영혼들과 또 ② 짐승과 그의 우상에게 경배하지도 아니하고 이마와 손에 그의 표를 받지도 아니한 자들**이 살아서 그리스도로 더불어 천 년 동안 왕 노릇 하니"라고 되어 있어서 주의를 기울이지 않으면 ①과 ②를 서로 다른 사람으로 오해할 수 있다. 그러나 이 둘은 서로 다른 사람들이 아니다. 이는 다른 번역본에서 확인할 수 있다.

나는 또 많은 높은 좌석과 그 위에 앉아 있는 사람들을 보았습니다. 그들은 심판할 권한을 받은 사람들이었습니다. 또 예수께서 계시하신 진리와 하느님의 말씀을 전파했다고 해서 목을 잘리운 사람들의 영혼을 보았습니다. 그들은 그 짐승이나 그의 우상에게 절을 하지 않고 이마와 손에 낙인을 받지 않은 사람들입니다. 그들은 살아나서 그리스도와 함께 천 년 동안 왕 노릇을 하였습니다(〈공동번역〉 계 20:4).

또 나는 몇 개의 보좌에 앉은 사람들을 보았습니다. 그들은 심판하는 권세를 받은 자들이었습니다. 그들 앞에는 예수님을 증언하고, 하나님의 말씀을 전하다가 죽은 영혼들이 서 있었습니다. 이 영혼들은 짐승과 우상에게 절하지 아니하고, 이마나 손에 짐승의 표를 받지 않은 자들이었습니다. 이들은 다시 살아나서 그리스도와 함께 천 년 동안, 다스릴 것입니다(〈쉬운성경〉 계 20:4).

이처럼 하늘에 있는 순교자의 영혼이 신천지인에게 내려와 합체가 되는 것이 신천지가 주장한 구원론의 실체다. 도저히 용납할 수 없는 가치 없는 구원론이다. 그런데 그나마도 성경을 엉터리로 해석한 결과임은 너무나 분명하다. 정작 성경의 내용은, 그들이 순교자의 영혼이라고 한 자와 세상에 살아 있는 자는 서로 다른 자가 아니라 같은 사람이며, 살아 있다고 한 자도 실제는 죽어 있는 순교자이기 때문이다.

13장
선악과 교리

신천지의 선악과 교리는 에덴동산에 있었던 선악과나무가 실제 나무가 아니라 사람들이며, 악마의 제단으로서 악마의 조직이고, 하와를 유혹했던 뱀도 사탄이 역사한 실제 뱀이 아니라 사람으로서 거짓 선지자였다는 내용으로 구성된다. 이것은 JMS에서 "여호수아가 태양을 멈추었다고 하지만, 태양이 어떻게 멈출 수가 있겠느냐"고 하면서 미혹하는 것과 비슷하다. 신천지는 "파충류인 뱀이 어떻게 말을 할 수가 있겠느냐"고 하면서, 아담 이전에 이미 사람과 죄, 심지어 순교자의 영혼 14만 4천도 존재하고 있었다고 주장하여 약속한 목자론을 성립시키고, 나아가서는 이만희를 신격화하려고 한다.

선악과 교리의 배경과 개요

신천지의 선악과 교리는 창세기 1장 26절에 있는 '우리'의 해석에서 시작한다. 이만희는 하나님이 영계와 육계를 창조하신 이래 이 두 세계가 하나 되게 하시려고 지금도 일하고 계신다고 주장한다. 그는 하나님이 세상을 창조하실 때 "우리의 모양대로 우리가 사람을 만들자"고 하셨으니 하나님의 창조에 동참한 자들이 있었다는 것을 나타내는 것이며, 그것 자체가 하나님의 영계에 속한 조직 계열을 나타내는 것이라고 본다. 또 창세기 3장 22절에 나오는 "우리 중 하나"는 누구인가라고 물으며, 그가 바로 하와를 미혹한 뱀에게 들어간 사탄의 영으로, 범죄한 천사 '누시엘'이라고 가르친다. 바로 그가 하나님을 배반하고 악마 조직을 만들었으니 그것이 곧 선악과나무라는 것이다.

이와 같은 주장의 근거로 신천지는 에스겔 28장과 이사야 14장, 그리고 다니엘 4장을 제시한다. 그들은 에스겔 28장이 하나님의 성조직 '우리' 안에 있는 한 인물을 나타내고 있는데, 그가 바로 누시엘 천사이고, 그것을 이사야 14장이 뒷받침한다고 한다. 그리고는 다니엘 4장을 해석하는 틀을 가져와 선악과나무가 악마의 조직이라는 주장을 펼친다. 다니엘 4장에서 바벨론의 느부갓네살은 꿈속에서 나무 하나를 본다. 그런데 그 나무는 키가 크고 견고하며 땅의 중앙에 있었다. 신천지는 그 높이가 하늘에 닿을 만큼 되었으니, 에스겔 28장의 두로 왕과 이사야 14장의 아침의 아들 계명성이 사탄을 나타낸 것처럼, 느부갓네살도 교만하여 하나님과 같이 높아지려고 한 것이며, 나무 아래 있던 짐승들도 느부갓네살을 따르던 휘하의 인간을 의미하는 것이라고 주장한다.

그런데 신천지는 '땅의 중앙에' 있는 이 나무가 '에덴동산의 중앙에' 있는 선악과나무와 유사성을 갖는다고 주장한다. 그리고 거기서

　　　　　　　　　　　　한 권으로 끝내는 신천지 비판

논리를 비약시켜 아담과 하와를 유혹한 뱀이 들짐승의 무리 중에 있었을 것이라고 하면서 그 짐승들이 느부갓네살의 꿈에 나온 짐승들과 같은 짐승들이기에 창세기 1장에 나오는 짐승들도 하나의 조직이고, 사람이며, 그 뱀도 사람인 거짓 선지자라고 본다. 뿐만 아니다. 그들은 바로 그와 같은 논리 전개를 통해 그 뱀이 하와를 유혹하기 위해 선악과나무 아래 있었을 것이고, 그 뱀이 들짐승들 가운데 있었을 것이기 때문에 들짐승들도 자연히 선악과나무 아래에 있었을 것이라고 하면서―느부갓네살을 나타내는 나무 아래의 많은 짐승들이 조직을 이룬 것처럼―선악과나무 또한 조직이고, 뱀과 같은 사람이 속한 조직이므로 악마의 조직이라고 설명한다.

정말 기가 막힌 논리 전개가 아닐 수 없다. 신천지에서 창세기 1장의 '우리'라는 단어 하나를 가지고 그것과는 전혀 상관없는 다니엘 4장의 '땅의 중앙'이란 말을 '동산 중앙'에 연결시켜 한 편의 소설을 쓰고 있는 것이다. 그러나 그와 같은 논리는 예전에 아이들이 "원숭이 똥구멍은 빨개, 빨가면 사과, 사과는 맛있어, 맛있으면 바나나,…비행기는 높아, 높으면 백두산"이라고 하면서 고무줄놀이를 하던 것과 같은 언어유희일 뿐이다. 그들이 이런 무리수를 두는 이유는 자신들의 창조론·구원론과 말을 맞추기 위해서다. 그래서 이 선악과 교리 안에는 까고 까도 껍질이 계속 있는 양파처럼 수많은 교리들이 얽혀 있다. 이제부터 실제적인 증거와 함께 이 교리를 간추린 다음, 그 문제점을 하나씩 살펴보자.

'우리'로 시작된 '영계의 조직'

이만희는 자신의 책 『천지창조』에서 "유일하신 하나님께서는 영의 세계(영계)를 창조하시고 육의 세계(육계)도 그와 같은 모습으로 만드셨다"고 하면서 "하나님께서는 지으신 영들과 함께 육계의 모든 것을 창조하셨다"고 한다.[1] 이 둘을 종합하면 하나님은 먼저 영계를 창조하시고, 그 영계에 있는 존재들과 더불어 이 세상을 창조하셨다는 것이다. 이와 같은 주장의 중심에는 바로 창세기 1장 26절의 '우리'에 대한 해석이 있다. 그는 '우리'가 천사를 포함할 뿐 아니라 '영계의 조직'을 나타낸다고 한다.

> 하나님께서 "우리가 우리의 모양대로 사람을 만들자"(창 1:26)고 하신 것을 보면, 사람을 창조하실 때 '우리'라고 하는 존재가 있었음을 알 수 있다. 하나님의 창조에 동참한 그들은 과연 누구일까? 그들은 하나님께 속한 영계의 조직 계열들이다.[2]

> 하나님께서 지적하신 우리 중 '하나'는 누구인가? 그는 바로 하와를 미혹한 뱀에게 들어간 사탄의 영이며, 범죄한 천사다. 하나님께서는 사람을 만드실 때 "우리가 우리의 형상을 따라 우리의 모양대로 만들자"고 하셨다(창 1:26). 사람을 창조하기 전 하나님의 소속 안에 있던 '우리'란, 하나님과 또

---

1) 『천지창조』, pp.48-50.
2) 『천지창조』, p.66.

　　　　　　　　　　한 권으로 끝내는 신천지 비판

하나님께서 사람보다 먼저 지으신 천사들을 가리킨다.[3]

하나님께서는 천지를 창조하실 때 "우리가 우리의 모양대로 사람을 만들자"(창 1:26)고 하셨다. 여기서 '우리'란 하나님과 또 하나님의 창조 역사에 동참한 천사들을 가리킨다.[4]

『신탄』에는 다음과 같은 기록도 있다.

> 여호와 하나님이 가라사대 보라 이 사람이 선악을 아는 일에 우리 중 하나 같이 되었으니(창 3:22).

이 말씀에 따르면 하나님은 '우리'라는 조직으로 계심을 알 수 있다. 그 '우리' 중의 한 존재가 선악을 아는 자이며, 아담과 하와도 그 열매를 따 먹고 선악을 아는 일에 있어서 그 존재와 같이 되었다는 말이다. 하나님의 성조직 '우리' 가운데서 누가 선악을 알고 있었으며, 그 나무는 누구인가?

> 여호와의 말씀에 너는 완전한 인이었고 지혜가 충족하며 온전히 아름다웠도다(겔 28:12).

> 네가 지음을 받던 날로부터 네 모든 길에 완전하더니 마침내 불의가 드

---

3) 『천지창조』, p.136.
4) 『천지창조』, p.485.

러났도다 네 무역이 풍성하므로 네 가운데 강포가 가득하여 네가 범죄
하였도다(겔 28:15-16).

네가 아름다우므로 마음이 교만하였으며 네가 영화로우므로 네 지혜를
더럽혔음이여 내가 너를 땅에 던져 열왕 앞에 두어 그들의 구경거리가
되게 하였도다(겔 28:17).

이상의 성구에 숨겨둔 비밀은 실로 큰 것이다. 하나님의 성조직 '우리' 안
에 있는 한 인물, 그는 처음부터 완전한 인이었고 지혜가 매우 뛰어났다. 그
의 아름다움은 빼어났지만 그로 인하여 마음이 교만해지기 시작한다. 영화
로우므로 지혜가 더럽혔으며 무역이 풍성하므로 그 안에 강포가 넘치기 시
작하였다. 지음 받던 날부터 모든 길에 완전하던 그가 마침내 불의를 드러
내고 나아가서는 하나님의 성소(성전)까지도 더럽히고 만다(겔 28:18). 이
인물이 하나님의 성조직 '우리' 가운데 중심인물이었던 누시엘 천사였다.[5]

이만희가 쓴 『천지창조』에도 창세기 1장 26절에 나온 '우리'를 '영계
의 조직계열'이라 해놓았지만 『신탄』에서는 그 '우리'를 하나의 조직체
라는 '성조직'으로 비약시키고, 우리 가운데 누가 선악을 알고 있었는
가, 그 나무는 누구인가라고 질문하며 거기에 선악과나무를 '끼워 넣
기' 한다. 그래서 결국 선악과나무도 하나의 조직이라는 것이다. 그리
고 『신탄』에서는 그것을 다시 에스겔 28장에 있는 말씀과 관련시켜 선

---

5) 『신탄』, p.92.

악을 아는 자가 바로 '누시엘'이라 하고, 마치 거기에 대한 확실한 근거가 이사야 14장이나 되는 것처럼 다음과 같이 주장한다.

이러한 결론을 뒷받침하는 다음 성구를 살펴보자.

너 아침의 아들 계명성이여 어찌 그리 하늘에서 떨어졌으며 너 열국을 엎은 자여 어찌 그리 땅에 찍혔는고 네가 네 마음에 이르기를 내가 하늘에 올라 하나님의 뭇별 위에 나의 보좌를 높이리라 내가 북극 집회의 산 위에 좌정하리라 가장 높은 구름에 올라 지극히 높은 자와 비기리라 하도다(사 14:12-14).

최초로 하나님의 나라를 엎은 자, 그는 히브리 음으로 누시엘이었다. 그가 선악을 알게 하는 소위 상대적 가치개념을 만들어낸 원흉이었던 것이다.[6]

『신탄』에서는 에스겔서와 이사야서를 이용해 창세기 1장의 '우리'를 '누시엘'이라고 하는 존재와 관련시킨 다음, 누시엘이 하나님을 반역했을 뿐만 아니라 하나님을 대적하는 악마조직을 만들었으니 그것이 바로 선악과나무이고,[7] 선악을 알게 하는 나무는 누시엘 천사를 중심하여 그의 간교한 선악 사상에 동조하는 악의 무리들이요, 거짓 복음을 전하는 사이비 제단이라고 한다.[8] 그래서 그들의 대역죄로 말미암아

---

6) 『신탄』, pp.92-93.
7) 『신탄』, p.93.
8) 『신탄』, p.94.

에덴동산에는 이미 악마의 제단이 있었다는 것이다.[9] 그에 대한 증거로 하나님이 아담을 동산으로 이끌어오시기 전에 이미 동산의 중앙에 선악과가 있었다는 사실을 거론한다.

이런 논리 위에 발전된 교리가 바로 '짐승과 뱀에 관한 교리'다. 신천지에서 창세기 1장 26절의 '우리'란 말씀을 어떻게 들짐승과 뱀의 교리로 발전시키는지 보자.

> 하나님이 참으로 너희더러 동산 모든 나무의 실과를 먹지 말라 하시더냐(창 3:1).

이 말씀에 따르면 아담과 하와를 유혹한 뱀이 파충류가 아니라 사람을 상징한 존재였음을 알 수 있다. 파충류가 어떻게 인간과 대화할 수 있으며 더욱이 하나님의 계명까지도 알 수 있을 것인가? 전율하도록 신기한 뱀의 간교함을 보라. 그 나무의 실과를 먹지 말라 하시더냐고 묻지 아니하고 동산 모든 나무의 실과를 먹지 말라 하시더냐고 질문을 던진다. 뱀은 마침내 하와의 호기심과 의심을 극도로 자극시켜놓은 후 욕심의 씨를 뿌려 두 사람을 넘어뜨린다. 이토록 간교한 뱀이 어찌 동네 아이들의 막대기에도 맞아 무수히 죽어가는 파충류란 말인가?[10]

동산 중앙에 먹어서는 안 될 금령의 실과가 있었다. 그러나 이 나무가 무엇

---

9) 『신탄』, p.93.
10) 『신탄』, pp.87-88.

　　　　　　　　　　한 권으로 끝내는 신천지 비판

인지 그 정체는 파악되지 않은 채 이날에 이르기까지 구구한 억설들만 뿌려왔다. 이 선악을 알게 하는 나무도 사람을 상징하고 있다는 전제 하에 살펴보자. 이 나무가 서 있는 곳은 동산의 중앙이었다. 이 나무가 사람이라면 중앙에 있는 사람이라는 말이기도 하다. 즉 중앙청과 같은 기관으로 중심이 되는 인물을 의미하는 것이다. 중앙기구와 중심인물, 이것을 중앙에 있는 나무로 기술하고 있음에 유념하면서 중앙에 있었던 사람들의 내력을 더듬어보자.… 바벨론 왕 느부갓네살은 어느 날 한 꿈을 꾸었다. 땅의 중앙에 있어 키가 크고 견고하며 그 고가 하늘에 미치고 그 가지가 땅 끝까지 뻗은 매우 아름답고 열매가 많은 나무를 보았다(단 4:10-11). 다니엘은 그 꿈을 해몽하여 이르되 바벨론의 통치자인 왕 자신이 그 중앙에 있는 나무라고 밝게 지적해주었다(단 4:22). 또 두로 왕은 마음이 몹시 교만하여 말하기를 나는 신이라 내가 하나님의 자리 곧 바다 중심에 앉았다(겔 28:2)고 하여 중심에 앉아 있는 이라 자처한다. 이러한 사실들로 미루어볼 때 선악을 알게 하는 나무가 동산의 중앙에 있었다 함은, 그가 바벨론 왕이나 두로 왕처럼, 에덴동산에서 매우 중요한 위치를 점유하고 있는 중심인물이었음을 강력히 시사해주는 말이다.[11]

선악을 알게 하는 나무는 누시엘 천사를 중심하여 그의 간교한 선악 사상에 동조하는 악의 무리들이다. 주인 없는 들짐승의 집단이요, 거짓 복음을 전파하는 사이비 제단이다. 그렇기 때문에 하나님은 아담에게 각종 실과는 임으로 먹되 선악을 알게 하는 나무의 실과만은 먹지 말라고 금하셨던 것

---

11) 『신탄』, pp.90-91.

이다. 하나님이 아담을 동산으로 이끌어 오시기 전에 이미 동산의 중앙에
는 선악을 알게 하는 나무가 있었다. 하나님 보다 한 발 앞서 마귀가 지상
에 그의 나라를 펼치고 거짓 복음을 하나님의 진리인 양 아름답게 꾸미고
있었던 것이다.[12]

들짐승이란 주인 없는 짐승이다. 한때 주인이 있었으나 축사를 탈출하여
산야로 뛰어다니며 멋대로 살아가는 짐승도 역시 들짐승이다. 하나님의 제
단(에덴동산)에 그 짐승 가운데 하나인 뱀이 들어왔다. 피조물의 입장에 있
던 존재가 하나님 앞에 대적하여 에덴동산에 들어왔다. 당초엔 하나님의
성조직 '우리' 가운데 있었던 누시엘과 그의 하수인들이 하나님께 속하였
으나 역모를 꾀하여 대적자가 되었으므로 하나님이 지으신 자가 들짐승이
된 것이다. 다니엘은 바벨론 왕 느부갓네살의 제단에 많은 들짐승들이 우
거하고 있던 사실을 상기시켜준다. 느부갓네살은 유다 왕과 그의 백성을
사로잡아간 불법의 치리자였다. 그는 동산 중앙에 있는 큰 나무였고, 그 나
무 아래 우거하는 모든 짐승들은 그의 열매를 먹고 서식하는 악의 무리였
다. 선악을 알게 하는 나무 누시엘의 제단을 지칭하여 다니엘은 느부갓네
살 왕으로 비유하고 있다. 이 선악을 알게 하는 나무 아래 우거하는 자들이
들짐승이다.[13]

신천지는 하나님이 자신에 대해 '우리'라고 표현하셨으니 그것은 하나

---

12) 『신탄』, p.94.
13) 『신탄』, p.100.

   한 권으로 끝내는 신천지 비판

님께 거룩한 조직이 있다는 것이고, 그와 상대적인 '악마의 조직'도 있었을 것이라고 가정한다. 그리고 어떻게 파충류인 뱀이 인간과 대화할 수가 있으며 하나님의 계명까지 알 수 있겠느냐면서 그 뱀이 파충류가 아니라 사람이라고 한다. 또 선악과나무가 '동산 중앙'에 있었다는 것에 착안하여 그것은 중앙기구와 중심인물을 나타낸다고 하며, 그 근거로서 느브갓네살의 꿈을 붙잡고 늘어진다. 바벨론 왕 느부갓네살이 꿈에 '땅의 중앙'에 있는 나무를 보았는데 선악과나무도 '동산 중앙'에 있었으므로 같은 의미이고, 그 나무 아래에 있던 수많은 들짐승들은 사람이나 조직을 나타내는 것이니 에덴동산의 중앙에 있는 선악과나무도 수많은 짐승들이 소속된 하나의 조직으로서 악마의 제단이며 하와에게 말을 건넸던 뱀도 거기에 소속되었다는 것이다.

이처럼 '우리'로 시작된 신천지의 토끼뜀은 뱀과 짐승의 교리에서도 멈추지 않는다. 그들은 하나님이 만드신 선악을 알게 하는 나무를 아예 '거짓 복음'이라고 한다. 하나님이 아담과 하와에게 선악과를 따 먹지 말라고 하신 것을 보았을 때, 그것은 비진리로서 거짓 복음이었기 때문에 먹지 말라 하신 것인데, 아담과 하와는 하나님의 언약을 파괴하고 그것을 따 먹음으로 사이비 진리를 받아들여 하나님을 배반했다는 이야기다.

신천지의 글들을 읽다 보면 마치 어디로 튈지 모르는 럭비공을 보는 것 같기도 하고, 한 편의 공상 과학소설이나 추리소설을 보는 것 같기도 하다. 정확한 성경적 근거에 의해서 무엇을 주장한다기보다 하나의 가정 하에 상상력을 발휘하여 교리를 만들고, 그 교리를 바탕으로 비약에 비약을 거듭하는 방식으로 성경을 해석하기 때문이다. 이러니 그들의 교리가 온전할 리 없다.

창세기 1장 26절의 '우리'

성경은 하나님 외에 또 다른 창조주가 없다는 것을 명백하게 밝히고 있다.

> 네 구속자요 모태에서 너를 지은 나 여호와가 이같이 말하노라 나는 만물을 지은 여호와라 홀로 하늘을 폈으며 나와 함께한 자 없이 땅을 펼쳤고(사 44:24).

하나님은 분명히 하나님 홀로 천지 만물을 지으셨다고 말씀하셨다. 이 단순한 말씀으로 신천지와 이만희의 '우리'에 관한 해석은 틀렸고, 그 전제가 무너졌기 때문에 거기에 기반한 모든 교리도 다 틀렸음을 알 수 있다. 그런데 신천지의 '우리'에 관한 해석은 단순히 잘못한 정도가 아니라 가히 악마적이라 할 수가 있다. 그들은 천사가 창조에 참여했다고 주장하는데, 사탄도 타락하기 전에는 천사였다고 하니, 사탄을 창조주라고 한 셈이 되기 때문이다.[14]

그런데 하나님은 왜 한 분 하나님을 나타내는 단수 대신에 복수인 '우리'라는 말을 사용 사용하셨을까? 여기에 대해서는 여러 가지 학설들이 있다. 첫째는 '장엄의 복수', 혹은 '위엄의 복수'로 사용하셨다는

---

14) 『천지창조』, pp.66, 136, 485.

                           한 권으로 끝내는 신천지 비판

것, 둘째는 '자기 권고의 복수'로, 셋째는 천사들을 포함하여 우리라고 했다는 것, 넷째는 삼위일체를 암시한다는 것 등이다. 이중 장엄의 복수, 혹은 위엄의 복수라는 개념은 후대에 생겨난 것이며, 자기 권고의 복수도 그렇게 볼 만한 이유가 없다. 또 천사를 포함한다는 것은 천사를 창조주가 되게 할 뿐만 아니라 인간이 천사의 형상으로도 창조되었다고 하는 것이기 때문에 받아들일 수 없는 학설이다. 따라서 전통적인 교회는 '우리'를 삼위일체 하나님에 대한 암시적인 표현으로 받아들였다. 사실, 창세기 1장 1절에서부터 주어는 복수지만 동사는 단수가 사용되었다. 구원의 책인 성경에는 맨 처음부터 삼위일체 하나님이 주인공으로 등장하고 있는 셈이다.

'동산 중앙'과 '땅의 중앙'

이만희와 신천지의 또 다른 소설은 창세기 3장에 나온 말씀 중 '동산 중앙'이란 단어와, 창세기와는 전혀 다른 문맥과 시대와 배경을 가진 다니엘서의 말씀 중 '땅의 중앙'이란 단어에 착안해 선악과 교리를 전개한 것이다. 신천지의 선악과 교리는 문맥을 무시하고 단어 중심으로 보는 신천지식 성경 해석의 진수를 보여준 것으로 다음과 같은 이야기를 생각나게 한다.

한 젊은 청년이 열렬히 사랑을 주고받다가 배신을 당하고 말았다. 세상을 살다 보면 흔히 있는 일이기는 하지만 그 청년은 그 배신감으로 얼마나 치를 떨었던지…. 더구나 자신과 가장 가까웠던 친구와 결혼을 한다니! 그는 여자에게 따지기도 하고 친구를 찾아가 무릎을 꿇고 애걸도 했다. 그러나 소용이 없었다. 그래서 청년은 식음을 전폐한 채 고민을 하다가 차라리 이럴 바에는 죽어버려야겠다고 생각했다. 그런데 바로 그때 그전에 믿었던 예수가 생각나는 것이었다. 이럴 때 주님은 뭐라 말씀하실까? 그는 여자에게 정신이 팔려 내팽개쳐두었던 성경책을 꺼내 읽어보기로 했다. 그런데 하필 그가 펼친 곳에 이런 말씀이 쓰여 있었다. "유다가…물러가서 스스로 목매어 죽은지라"(마 27:5). 그는 충격을 받았다. 아니 이럴 수가? 주님은 그동안 내가 주님을 멀리한 죄 값으로 목매어 죽으라고 말씀하신단 말인가? 사랑하는 애인에게 버림을 받고 우정을 버린 친구로 인해 죽고 싶은데 이런 나를 하나님까지 져버리시다니…. 그는 억울했다. 그럴 수는 없었다. 그래서 성경을 한 군데 더 찾아보기로 했다. 그런데 거기에는 더 기가 막힌 말씀이 쓰여 있었다. "가서 너도 이와 같이 하라"(눅 10:37). 청년은 너무 놀랐다. 그러다가 이런 생각을 했다. '설마 하나님이 그렇게 잔인하실 수 있을까? 하나님은 자비의 하나님이라 배웠는데….' 그렇게 속으로 생각하며 마지막으로 한 번만 더 하나님의 뜻을 확인하기로 했다. 그런데 이게 웬일인가? 청년은 그만 그 자리에 얼어붙고 말았다. 그가 펼쳐든 성경에 이런 말씀이 적혀 있었기 때문이다. "어느 때까지 둘 사이에서 머뭇머뭇 하려느냐"(왕상 18:21).

누가 만들어냈는지는 모르겠지만, 이 이야기는 문맥을 무시하고 성경을 대할 때 얼마나 우스운 일이 생길 수 있는지를 보여준다. 아무리 같은 단어라고 해도 다른 시대, 다른 상황, 다른 문맥 속에서는 그 의미가 같을 리 없다. 예를 들어보자.

 한 권으로 끝내는 신천지 비판

이 천국 복음이 모든 민족에게 증언되기 위하여 온 **세상**에 전파되리니 그 제야 끝이 오리라(마 24:14).

그가 **세상**에 계셨으며 **세상**은 그로 말미암아 지은 바 되었으되 **세상**이 그를 알지 못하였고(요 1:10).

하나님이 **세상**을 이처럼 사랑하사 독생자를 주셨으니 이는 그를 믿는 자마다 멸망하지 않고 영생을 얻게 하려 하심이니라(요 3:16).

내가 아버지의 말씀을 그들에게 주었사오매 **세상**이 그들을 미워하였사오니 이는 내가 **세상**에 속하지 아니함같이 그들도 **세상**에 속하지 아니함으로 인함이니이다(요 17:14).

간음한 여인들아 **세상**과 벗된 것이 하나님의 원수 됨을 알지 못하느냐 그런즉 누구든지 **세상**과 벗이 되고자 하는 자는 스스로 하나님과 원수 되는 것이니라(약 4:4).

여기에 나오는 '세상'이란 단어들은 모두 성경에 나오는 것들이니까 다 같은 뜻일까? 다음의 문장들도 같이 한번 보자.

헌병 아저씨가 고물상에서 **헌 병**을 팔았다.

이 문제에 대한 **의사** 선생님의 **의사**는 어떠하신지요?

모자를 **쓰다** 말고 **쓰다** 남은 종이에 편지를 **쓰다** 보니 입맛이 **쓰다**.

위에 등장한 '헌병'과 '의사', '쓰다' 등은 다 같은 의미들인가? 같은 단어가 사용되었다고 해서 같은 의미로 해석해버린다면 어떤 일이 벌어지게 될까? 프랑스의 나폴레옹 3세가 집권하고 있을 때의 일이라고 한다. 성난 민중이 궁궐로 밀려들어오자 호위대 부관 하나가 급히 책임자인 상아루노 백작을 찾아가 급박한 당시의 상황을 설명했다. 백작은 지병인 천식의 발작으로 정신없이 기침을 하다 '지독한 놈의 기침'이란 뜻으로 "마 사크레 투"(*ma sacrée toux*)라고 중얼거렸다. 그런데 그 말을 들은 부관은 '모두 죽이라'는 뜻의 "마사크레 투"(*massacrez tout*)로 알아듣고 무참한 학살을 감행했다.

의미가 잘못 전달되면 이와 같은 불상사를 낳기까지 하는 것이 말의 생리다. 그런데 이만희와 신천지는 문맥도, 상황도, 시대도 전혀 고려하지 않고 '여기에 이 단어가 이런 뜻으로 쓰였으니까 저기에 있는 단어도 같은 단어이기만 하면 같은 뜻이다'라는 식으로 해석한다. 하나님이 세상을 창조하셨을 때의 '동산의 중앙'이라는 말과 다니엘이 바벨론에 포로로 끌려왔을 때 느부갓네살 왕이 꿈에서 본 '땅의 중앙'은 같은 의미로 쓰인 것이 아니다. 그런데 신천지는 다니엘 4장을 근거로 선악과나무가 악마의 조직을 나타낸다고 주장한다. 정말 선악과나무가 악마의 조직이며 다니엘서 4장 11-12절에 있는 말씀이 선악과나무가 악마의 조직이라는 근거가 되는 것일까?

 한 권으로 끝내는 신천지 비판

느부갓네살의 꿈

신천지는 바벨론의 왕 느부갓네살을 마치 사탄의 현신인 양 평가한다. 그러나 다니엘서를 읽어보면 전혀 그렇지 않다. 다니엘 4장은 다음과 같이 시작된다.

> 1느부갓네살 왕은 천하에 거주하는 모든 백성과 나라들과 각 언어를 말하는 자들에게 조서를 내리노라 원하노니 너희에게 큰 평강이 있을지어다 2 지극히 높으신 하나님이 내게 행하신 이적과 놀라운 일을 내가 알게 하기를 즐겨 하노라 3참으로 크도다 그의 이적이여, 참으로 능하도다 그의 놀라운 일이여, 그의 나라는 영원한 나라요 그의 통치는 대대에 이르리로다(단 4:1-3).

다니엘 4장 1-3절은 느부갓네살이 꿈을 꾸고 나서 그 꿈이 다니엘이 해석한 대로 된 것을 경험하고 하나님을 찬양한 내용이다. 그러므로 이 구절은 이만희의 주장이 틀렸다는 것을 분명하게 보여준다. 그의 주장대로 느부갓네살이 사탄이라는 누시엘의 또 다른 모습이고, 그 나무가 악마의 조직을 나타내는 선악과나무이며, 그 아래 살았던 짐승들이 악마의 조직이라면, 악마인 느부갓네살이 어떻게 하나님을 찬양하고, 악마의 조직인 그들에게 어떻게 그런 조서를 내릴 수가 있겠는가? 만약 그런 일이 가능하다면 악마가 하는 일은 하나님을 찬양하는 일이고, 사탄의 추종자들이 하는 일도 하나님을 찬양하는 일이 될 것이다. 그러므로 그의 주장은 틀렸다. 다니엘 4장을 좀 더 살펴보자.

4나 느부갓네살이 내 집에 편히 있으며 내 궁에서 평강할 때에 5한 꿈을 꾸고 그로 말미암아 두려워하였으니 곧 내 침상에서 생각하는 것과 머리 속으로 받은 환상으로 말미암아 번민하였었노라 6이러므로 내가 명령을 내려 바벨론의 모든 지혜자들을 내 앞으로 불러다가 그 꿈의 해석을 내게 알게 하라 하였더라 7그때에 박수와 술객과 갈대아 술사와 점쟁이가 들어왔으므로 내가 그 꿈을 그들에게 말하였으나 그들이 그 해석을 내게 알려주지 못하였느니라 8그 후에 다니엘이 내 앞에 들어왔으니 그는 내 신의 이름을 따라 벨드사살이라 이름한 자요 그의 안에는 거룩한 신들의 영이 있는 자라 내가 그에게 꿈을 말하여 이르되 9박수장 벨드사살아 네 안에는 거룩한 신들의 영이 있은즉 어떤 은밀한 것이라도 네게는 어려울 것이 없는 줄을 내가 아노니 내 꿈에 본 환상의 해석을 내게 말하라(단 4:4-9).

다니엘 시대의 바벨론에서 '점쟁이', '박사', '박수'라는 표현은 종교적 의미도 있었지만 지혜자 그룹을 의미하기도 했다. 그래서 여호와 하나님을 잘 모르고 있었던 느부갓네살은 유일하신 하나님을 잘 모르고 자신의 입장에서 다니엘에게 네게는 거룩한 신들의 영이 있으니 그 꿈을 해석해달라고 한다.

10내가 침상에서 나의 머리 속으로 받은 환상이 이러하니라 내가 본즉 땅의 중앙에 한 나무가 있는 것을 보았는데 높이가 높더니 11그 나무가 자라서 견고하여지고 그 높이는 하늘에 닿았으니 그 모양이 땅 끝에서도 보이겠고 12그 잎사귀는 아름답고 그 열매는 많아서 만민의 먹을 것이 될 만하고 들짐승이 그 그늘에 있으며 공중에 나는 새는 그 가지에 깃들이고 육체

　　　　　　　　　　　　　한 권으로 끝내는 신천지 비판

를 가진 모든 것이 거기에서 먹을 것을 얻더라(단 4:10-12).

이 구절들이 바로 이만희가 느부갓네살이 보았던 나무를 선악과나무와 동일시하며, 그 나무 아래 있던 짐승들이 창세기 1장에 나온 짐승들과 같은 것으로서 악한 사람들이며, 그 나무는 악마의 조직을 나타낸다고 해석하는 구절이다. 그런 논리 가운데 신천지는 자연스럽게 느부갓네살을 악한 사탄으로 보게 된다. 그러나 이후에 이어지는 내용은 신천지의 견해와 상관없는 방향으로 흘러간다.

13내가 침상에서 머리 속으로 받은 환상 가운데에 또 본즉 한 순찰자, 한 거룩한 자가 하늘에서 내려왔는데 14그가 소리 질러 이처럼 이르기를 그 나무를 베고 그 가지를 자르고 그 잎사귀를 떨고 그 열매를 헤치고 짐승들을 그 아래에서 떠나게 하고 새들을 그 가지에서 쫓아내라 15그러나 그 뿌리의 그루터기를 땅에 남겨두고 쇠와 놋줄로 동이고 그것을 들 풀 가운데에 두어라 그것이 하늘 이슬에 젖고 땅의 풀 가운데에서 짐승과 더불어 제 몫을 얻으리라 16또 그 마음은 변하여 사람의 마음 같지 아니하고 짐승의 마음을 받아 일곱 때를 지내리라 17이는 순찰자들의 명령대로요 거룩한 자들의 말대로이니 지극히 높으신 이가 사람의 나라를 다스리시며 자기의 뜻대로 그것을 누구에게든지 주시며 또 지극히 천한 자를 그 위에 세우시는 줄을 사람들이 알게 하려 함이라 하였느니라 18나 느부갓네살 왕이 이 꿈을 꾸었나니 너 벨드사살아 그 해석을 밝히 말하라 내 나라 모든 지혜자가 능히 내게 그 해석을 알게 하지 못하였으나 오직 너는 능히 하리니 이는 거룩한 신들의 영이 네 안에 있음이라(단 4:13-18).

느부갓네살이 꿈에 본 그 나무를 하늘에서 한 순찰자 곧 한 거룩한 자가 내려와서 베라 하고, 그 아래에 있던 짐승들과 새들도 다 쫓아내라고 한다. 그러나 그 나무의 그루터기는 남겨두어서 이슬에 젖게 하고, 짐승의 마음을 받아 일곱 때를 지나리라고 한다.

다니엘서는 아브라함의 후손들이 세웠던 나라가 다 망하고 다니엘이 포로로 끌려온 시대를 배경으로 한다. 그것은 그들의 범죄 때문이었다. 그러나 어떤 사람들은 하나님이 살아 계시다면 어떻게 그런 일이 벌어질 수 있느냐고 생각했고, 느부갓네살은 그 모든 것들을 마치 자기 힘과 능력으로 이루었다고 생각했다. 그래서 하나님은 그 꿈속에서 한 순찰자를 통해 "지극히 높으신 이가 사람의 나라를 다스리시며 자기의 뜻대로 그것을 누구에게든지 주시며 또 지극히 천한 자를 그 위에 세우시는 줄을 사람들이 알게 하려 함이라"(단 4:17)고 선언하신다. 이 세상의 모든 것들은 다 당신의 주권 아래 있다는 사실을 분명히 해서, 느부갓네살로 하여금 교만하지 못하게 하시며, 포로생활로 인해 힘들어하는 이스라엘 백성을 위로하려고 하신 것이다.

그런데 어떻게 이것이 선악과나무로 둔갑할 수 있단 말인가? 선악과나무도 이 나무처럼 베어진 적이 있었는가? 아니면 놋줄로 동여진 적이 있었는가? 성경은 그 어디에도 선악과나무가 베어졌다는 구절이 없다. 그 꿈은 하나님이 온 세상을 통치하고 계시다는 사실을 분명히 보여주기 위한 것이었다. 그래서 느부갓네살 왕도 그 사실을 알고 나서 결국 하나님께 찬양과 경배를 드린 것이다. 그러므로 느부갓네살이 바벨론 왕이라고 해서 무조건 사탄이라고 해서는 안 된다.

19벨드사살이라 이름한 다니엘이 한동안 놀라며 마음으로 번민하는지라 왕이 그에게 말하여 이르기를 벨드사살아 너는 이 꿈과 그 해석으로 말미암아 번민할 것이 아니니라 벨드사살이 대답하여 이르되 내 주여 그 꿈은 왕을 미워하는 자에게 응하며 그 해석은 왕의 대적에게 응하기를 원하나이다 20왕께서 보신 그 나무가 자라서 견고하여지고 그 높이는 하늘에 닿았으니 땅 끝에서도 보이겠고 21그 잎사귀는 아름답고 그 열매는 많아서 만민의 먹을 것이 될 만하고 들짐승은 그 아래에 살며 공중에 나는 새는 그 가지에 깃들었나이다 22왕이여 이 나무는 곧 왕이시라 이는 왕이 자라서 견고하여지고 창대하사 하늘에 닿으시며 권세는 땅 끝까지 미치심이니이다 23왕이 보신즉 한 순찰자, 한 거룩한 자가 하늘에서 내려와서 이르기를 그 나무를 베어 없애라 그러나 그 뿌리의 그루터기는 땅에 남겨두고 쇠와 놋줄로 동이고 그것을 들 풀 가운데에 두라 그것이 하늘 이슬에 젖고 또 들짐승들과 더불어 제 몫을 얻으며 일곱 때를 지내리라 하였나이다 24왕이여 그 해석은 이러하니이다 곧 지극히 높으신 이가 명령하신 것이 내 주 왕에게 미칠 것이라 25왕이 사람에게서 쫓겨나서 들짐승과 함께 살며 소처럼 풀을 먹으며 하늘 이슬에 젖을 것이요 이와 같이 일곱 때를 지낼 것이라 그 때에 지극히 높으신 이가 사람의 나라를 다스리시며 자기의 뜻대로 그것을 누구에게든지 주시는 줄을 아시리이다 26또 그들이 그 나무뿌리의 그루터기를 남겨두라 하였은즉 하나님이 다스리시는 줄을 왕이 깨달은 후에야 왕의 나라가 견고하리이다 27그런즉 왕이여 내가 아뢰는 것을 받으시고 공의를 행함으로 죄를 사하고 가난한 자를 긍휼히 여김으로 죄악을 사하소서 그리하시면 왕의 평안함이 혹시 장구하리이다 하니라(단 4:19-27).

다니엘은 그 꿈의 의미를 분명하게 해석해준다. 느부갓네살 왕은 사람들에게 쫓겨나서 들짐승과 함께 거하며 소처럼 풀을 먹고 이슬에 젖을 것이다. 그래서 다니엘은 느부갓네살 왕에게 공의를 행하며 가난한 자들을 불쌍히 여기라고 충고한다. 그러면 혹시 하나님이 마음을 바꾸시어 그런 일을 당하지 않도록 해주실 지도 모른다는 것이었다.

28이 모든 일이 다 나 느부갓네살 왕에게 임하였느니라 29열두 달이 지난 후에 내가 바벨론 왕궁 지붕에서 거닐새 30나 왕이 말하여 이르되 이 큰 바벨론은 내가 능력과 권세로 건설하여 나의 도성으로 삼고 이것으로 내 위엄의 영광을 나타낸 것이 아니냐 하였더니 31이 말이 아직도 나 왕의 입에 있을 때에 하늘에서 소리가 내려 이르되 느부갓네살 왕아 네게 말하노니 나라의 왕위가 네게서 떠났느니라 32네가 사람에게서 쫓겨나서 들짐승과 함께 살면서 소처럼 풀을 먹을 것이요 이와 같이 일곱 때를 지내서 지극히 높으신 이가 사람의 나라를 다스리시며 자기의 뜻대로 그것을 누구에게든지 주시는 줄을 알기까지 이르리라 하더라 33바로 그때에 이 일이 나 느부갓네살에게 응하므로 내가 사람에게 쫓겨나서 소처럼 풀을 먹으며 몸이 하늘 이슬에 젖고 머리털이 독수리 털과 같이 자랐고 손톱은 새 발톱과 같이 되었더라(단 4:28-33).

그러나 열두 달이 지난 후 느부갓네살 왕은 다니엘의 충고도 잊어버리고 결국 교만해져서 나라가 부강해지고 번성한 것이 마치 자신의 힘과 능력으로 그렇게 된 것처럼 으스대다가 험한 꼴을 당하고 말았다.

 한 권으로 끝내는 신천지 비판

34그 기한이 차매 나 느부갓네살이 하늘을 우러러보았더니 내 총명이 다시 내게로 돌아온지라 이에 내가 지극히 높으신 이에게 감사하며 영생하시는 이를 찬양하고 경배하였나니 그 권세는 영원한 권세요 그 나라는 대대에 이르리로다 35땅의 모든 사람들을 없는 것같이 여기시며 하늘의 군대에게든지 땅의 사람에게든지 그는 자기 뜻대로 행하시나니 그의 손을 금하든지 혹시 이르기를 네가 무엇을 하느냐고 할 자가 아무도 없도다 36그때에 내 총명이 내게로 돌아왔고 또 내 나라의 영광에 대하여도 내 위엄과 광명이 내게로 돌아왔고 또 나의 모사들과 관원들이 내게 찾아오니 내가 내 나라에서 다시 세움을 받고 또 지극한 위세가 내게 더하였느니라 37그러므로 지금 나 느부갓네살은 하늘의 왕을 찬양하며 칭송하며 경배하노니 그의 일이 다 진실하고 그의 행하심이 의로우시므로 교만하게 행하는 자를 그가 능히 낮추심이라(단 4:34-37).

교만한 느부갓네살은 사람들에게 쫓겨나서 마치 미치광이처럼 되어 모든 영광과 권세를 다 빼앗겨버렸다. 그러나 정한 때가 되었을 때 "하늘을 우러러보았더니", 즉 그가 기도했더니 하나님이 그의 권세를 다 회복시켜주셨다는 것이다. 그래서 그는 하나님께 감사하고 찬양을 돌린다. 이와 같은 사실을 염두에 두고 신천지의 주장을 살펴보자. 바벨론의 왕 느부갓네살이 그들의 주장처럼 사탄이고 악마라면 어떻게 그가 하나님 앞에 기도할 수 있었겠는가? 그가 하나님을 찬양할 수 있을까? 더구나 다니엘은 느부갓네살의 신하였다. 그렇다면 다니엘도 악마의 조직 속에 있었던 새끼 악마였다는 말인가? 다음 구절들도 살펴보자.

보라 내가 북쪽 모든 종족과 내 종 바벨론의 왕 느부갓네살을 불러다가 이 땅과 그 주민과 사방 모든 나라를 쳐서 진멸하여 그들을 놀램과 비웃음거리가 되게 하며 땅으로 영원한 폐허가 되게 할 것이라(렘 25:9).

이제 내가 이 모든 땅을 내 종 바벨론의 왕 느부갓네살의 손에 주고 또 들짐승들을 그에게 주어서 섬기게 하였나니(렘 27:6).

그리고 너는 그들에게 말하기를 만군의 여호와 이스라엘의 하나님께서 이와 같이 말씀하시되 보라 내가 내 종 바벨론의 느부갓네살 왕을 불러오리니 그가 그의 왕좌를 내가 감추게 한 이 돌들 위에 놓고 또 그 화려한 큰 장막을 그 위에 치리라(렘 43:10).

이처럼 하나님은 바벨론 왕 느부갓네살을 '내 종'이라고 하신다. 하나님의 종이 사탄일까? 그 하나님의 종을 따르는 자들이 악마들일까? 만일 그렇게 되면 바벨론 왕 느브갓네살을 섬겼던 다니엘도 악마의 종이 되고, 그가 썼던 다니엘서도 하나님의 말씀이 아니라 사탄의 책이 되고 말 것이다. 이를 통해 우리는 다니엘 4장 11-12절에 나온 나무가 선악과나무와 같이 악마의 조직이라는 이만희와 신천지의 주장이 비성경적 궤변임을 알 수 있다.

뱀과 들짐승 교리

선악과 교리 속에 있는 또 다른 문제점은 뱀과 들짐승에 관한 것이다.

이만희는 선악과나무를 악마의 조직으로 보기 때문에 자연스럽게 하와를 유혹한 뱀 또한 짐승이 아닌 사람—거짓 선지자—이라고 주장한다.

창세기 3장을 보면 에덴동산에 있던 뱀은 하와와 대화를 나누었다. 하와를 유혹한 죄로 하나님께 저주를 받기 전에는 배로 기어다니지도 않았다(창 3:14). 뿐만 아니라 지각도 있었다. 성경에 기록된 바로는 하나님께서 지으신 들짐승 중에 뱀이 가장 간교하다고 했다(창 3:1). 만일 창세기의 뱀이 문자 그대로의 것이라면 오늘날 뱀도 말을 해야 할 것이다. 하나님께서 말하는 뱀을 벙어리로 만들었다는 것은 성경 어디에도 기록되어 있지 않다. 하와를 미혹한 뱀이 무엇인지는 요한계시록 12장 9절과 20장 2절을 보면 알 수 있다. 아담 때의 옛 뱀은 바로 사탄이요 마귀요 용이다. 이 넷은 모두 한 존재를 가리키는 명칭들이다.

뱀을 하나님께서 지으신 들짐승 중 하나라고 한 것을 보면, 그도 하나님의 피조물이라는 것을 알 수 있다. 앞에서도 설명했듯이 뱀 곧 사탄은 원래 하나님께서 지으신 천사였다. 하나님께서 처음부터 사탄을 만드신 것이 아니고, 천사가 변질되어 사탄이라는 존재가 생겨나게 되었다. 들짐승이라 함은 하나님의 보호 아래 있지 않은 자를 의미한다.

그렇다면 사탄의 영이 하와에게 직접 말을 했다는 말인가? 물론 아니다. 사탄은 한 육체 속에 들어가 하와를 미혹했다. 따라서 말하는 '뱀'은 사탄의 영이 들어간 사람(목자)인 것이다.[15]

---

15)『천지창조』, pp.111-112.

오늘날 구관조나 앵무새 등을 제외하면 짐승이 말을 못한다는 것은 상식에 속한다. 그러나 성경에는 동물이 말을 한 또 다른 경우가 기록되어 있다. 민수기 22장에 등장하는 선지자 발람과 관련된 이야기다. 출애굽한 이스라엘 백성이 모세의 인도로 모압 평지에 이르게 되었을 때, 모압 왕 발락은 위기를 느껴 고위급 인사들에게 복채를 든든하게 가지고 발람에게 가서 이스라엘 백성을 저주하게 하라고 한다.

7모압 장로들과 미디안 장로들이 손에 복채를 가지고 떠나 발람에게 이르러 발락의 말을 그에게 전하매 8발람이 그들에게 이르되 이 밤에 여기서 유숙하라 여호와께서 내게 이르시는 대로 너희에게 대답하리라 모압 귀족들이 발람에게서 유숙하니라 9하나님이 발람에게 임하여 말씀하시되 너와 함께 있는 이 사람들이 누구냐 10발람이 하나님께 아뢰되 모압 왕 십볼의 아들 발락이 내게 보낸 자들이니이다 이르기를 11보라 애굽에서 나온 민족이 지면에 덮였으니 이제 와서 나를 위하여 그들을 저주하라 내가 혹 그들을 쳐서 몰아낼 수 있으리라 하나이다 12하나님이 발람에게 이르시되 너는 그들과 함께 가지도 말고 그 백성을 저주하지도 말라 그들은 복을 받은 자들이니라 13발람이 아침에 일어나서 발락의 귀족들에게 이르되 너희는 너희의 땅으로 돌아가라 여호와께서 내가 너희와 함께 가기를 허락하지 아니하시느니라 14모압 귀족들이 일어나 발락에게로 가서 전하되 발람이 우리와 함께 오기를 거절하더이다(민 22:7-14).

하나님은 발람에게 모압 왕 발락의 사신들을 따라가지 말고 이스라엘 백성을 저주하지도 말라고 하셨다. 하나님께서 발람을 가로막으신 것

　　　　　　　　　　　　한 권으로 끝내는 신천지 비판

이다. 그러나 모압 왕 발락은 포기하지 않고 이번에는 더 높은 사람들을 그에게 보내어 부귀영화를 약속하며 그를 회유한다.

<blockquote>

15발락이 다시 그들보다 더 높은 고관들을 더 많이 보내매 16그들이 발람에게로 나아가서 그에게 이르되 십볼의 아들 발락의 말씀에 청하건대 아무것에도 거리끼지 말고 내게로 오라 17내가 그대를 높여 크게 존귀하게 하고 그대가 내게 말하는 것은 무엇이든지 시행하리니 청하건대 와서 나를 위하여 이 백성을 저주하라 하시더이다 18발람이 발락의 신하들에게 대답하여 이르되 발락이 그 집에 가득한 은금을 내게 줄지라도 내가 능히 여호와 내 하나님의 말씀을 어겨 덜하거나 더하지 못하겠노라 19그런즉 이제 너희도 이 밤에 여기서 유숙하라 여호와께서 내게 무슨 말씀을 더하실는지 알아보리라 20밤에 하나님이 발람에게 임하여 이르시되 그 사람들이 너를 부르러 왔거든 일어나 함께 가라 그러나 내가 네게 이르는 말만 준행할지니라(민 22:15-20).

</blockquote>

더 높은 사람들이 와서 왕의 말을 전하는데 그 내용이 정말 구미가 당기는 것이었다. 그를 높여 존귀한 자가 되게 해주고 그가 원하는 것이면 무엇이든지 다 들어주겠다는 것이다. 그러자 발람은 겉으로는 이런 말을 한다. "발락이 그 집에 가득한 은금을 내게 줄지라도 내가 능히 여호와 내 하나님의 말씀을 어겨 덜하거나 더하지 못하겠노라." 왕이 금과 은을 몽땅 준다 해도 자기는 하나님의 말씀을 어길 수 없기 때문에 가지 않을 것이고 이스라엘 백성도 저주하지 않을 것이라는 말이다.

이렇게만 보면 발람의 태도는 아주 분명한 것 같다. 그러나 분위기가 조금 묘하다. 그는 말은 그렇게 했지만 자기에게 찾아온 사람들을 돌려보내지 않고 자기 집에 머물라고 한다. 다시 한 번 하나님께 물어보겠다는 것이다. 그러자 하나님은 다음과 같이 말씀하셨다. "그 사람들이 너를 부르러 왔거든 일어나 함께 가라 그러나 내가 네게 이르는 말만 준행할지니라." 그래서 결국 그는 그 다음 날 모압 왕에게로 간다.

21 발람이 아침에 일어나서 자기 나귀에 안장을 지우고 모압 고관들과 함께 가니 22 그가 감으로 말미암아 하나님이 진노하시므로 여호와의 사자가 그를 막으려고 길에 서니라 발람은 자기 나귀를 탔고 그의 두 종은 그와 함께 있더니 23 나귀가 여호와의 사자가 칼을 빼어 손에 들고 길에 선 것을 보고 길에서 벗어나 밭으로 들어간지라 발람이 나귀를 길로 돌이키려고 채찍질하니 24 여호와의 사자는 포도원 사이 좁은 길에 섰고 좌우에는 담이 있더라 25 나귀가 여호와의 사자를 보고 몸을 담에 대고 발람의 발을 그 담에 짓누르매 발람이 다시 채찍질하니 26 여호와의 사자가 더 나아가서 좌우로 피할 데 없는 좁은 곳에 선지라 27 나귀가 여호와의 사자를 보고 발람 밑에 엎드리니 발람이 노하여 자기 지팡이로 나귀를 때리는지라 28 여호와께서 나귀 입을 여시니 발람에게 이르되 내가 당신에게 무엇을 하였기에 나를 이같이 세 번을 때리느냐 29 발람이 나귀에게 말하되 네가 나를 거역하기 때문이니 내 손에 칼이 있었더면 곧 너를 죽였으리라 30 나귀가 발람에게 이르되 나는 당신이 오늘까지 당신의 일생 동안 탄 나귀가 아니냐 내가 언제 당신에게 이같이 하는 버릇이 있었더냐 그가 말하되 없었느니라(민 22:21-30).

발람이 명백하게 가지 말라고 하신 하나님의 뜻을 알면서도 다시 기도

　　　　　　　　　　한 권으로 끝내는 신천지 비판

하자 하나님이 허용하신다. 그러나 그것은 하나님의 기쁘신 뜻이 아니었다. 하나님은 그 사실을 분명하게 하기 위해서 발람의 가는 길에 천사를 보내 칼을 들고 지키게 하셨다. 그리고 그런 상황 속에서 나귀가 말을 하게 된다.

여기에 나타난 나귀는 무엇일까? 나귀란 본래 말을 하지 못하는 짐승인데 말을 하는 것을 보니 진짜 나귀가 아니라 짐승 같은 거짓 선지자일까? 그것은 불가능하다. 왜냐하면 그 나귀는 분명히 발람이 일생 동안 타고 다녔고, 담벼락에 부딪혀 발람의 발을 상하게도 했기 때문이다. 더구나 베드로후서는 이 부분에 대해 "그들이 바른 길을 떠나 미혹되어 브올의 아들 발람의 길을 따르는도다 그는 불의의 삯을 사랑하다가 자기의 불법으로 말미암아 책망을 받되 말하지 못하는 나귀가 사람의 소리로 말하여 이 선지자의 미친 행동을 저지하였느니라"(벧후 2:15-16)고 하면서 그 나귀가 말을 못하는 진짜 나귀였다는 사실을 분명히 하고 있다. 아무리 말 못하는 짐승이라고 하더라도 이런 특별한 경우에 하나님이 그 입을 여실 수가 있는 것이다. 이를 볼 때, 창세기 3장에 나온 뱀이 말을 했기 때문에 짐승이 아닌 사람이라고 한 신천지의 주장은 성립될 수 없다.

한편 창세기 3장 1절의 "뱀은 여호와 하나님이 지으신 들짐승 중에 가장 간교하니라"는 번역은 다시 생각해봐야 한다. 여기에서 '간교하다'라고 번역된 히브리어 아룸(עָרוּם)은 '영리하고 신중하다'(잠 12:16; 22:3)는 좋은 의미와, '교활하고 기회주의적이다'(욥 5:12; 15:5)라는 나쁜 의미를 모두 갖기 때문이다. 그래서 어떤 학자들은 이 부분을 뱀이 가장 '영리하더라' 혹은 '지혜롭더라'로 번역해야 한다고 주장한다. '간교하다'라고 번역하면, 그 뱀을 간교하게 만드신 하나님을 선하다고 할 수 없다는 것이다. 타락 이전의 피조물이 이미 악한 존재인 것처럼 묘사하는 그 해석은 하나님의 선하심과 상반되는 문제가 있다. 하나님이 뱀을 일부러 악하게 창조하셨을 리 없다. 예수님도 제자들에게 "너희는 뱀같이 지혜롭고 비둘기같이 순결하라"(마 10:16)고 하시며 뱀의 지혜에 대해서 좋은 의미로 말씀하셨다.

그런 영리한 뱀, 지혜로운 뱀을 사탄이 이용했고, 사탄의 도구로 전락한 뱀은 사악한 존재가 되었다. 결국 뱀은 하나님의 저주를 받아 실제적으로 배로 기어 다니게 되었고, 흙을 먹는 존재, 즉 '비천한 존재'가 되었다. 창세기의 이런 기록들은 뱀이 사람이거나 거짓 선지자가 아니었다는 사실을 분명하게 만들어준다. 신천지의 주장과는 다르게 성경의 뱀은 사탄이 능력으로 역사한 결과 말을 하게 된 것일 뿐, 말 그대로 파충류의 한 종류였던 것이다.

신천지는 창세기 1-3장에서 창조된 짐승들이 사람이며 악의 무리라고 한다. 그러나 성경에는 하나님이 창조하신 짐승들이 사람이라고 언급한 곳이 단 한 군데도 없다. 물론 사람이 짐승과 다를 바 없다는 비유적인 표현은 등장하지만, 실제적인 의미로는 암시조차 하지 않는다. 오히려 성경은 하나님이 아담을 흙으로 지으셨고(창 2:7), 사람과 구별되기는 하지만 짐승도 흙으로 지으셨다고 말씀한다(창 2:19). 짐승이 사람이고, 사람이 짐승이었다면 따로 지으셨다고 말씀할 필요가 없는데 성경은 분명히 따로 지으셨음을 말씀하는 것이다. 그리고 성경은 하나님이 짐승을 지으셨을 때도 보시기에 좋았다고 하는데(창 1:25), 여기에 사용된 '좋았다'는 의미의 단어 토브(טוֹב)는 '좋은', '아름다운',

                              한 권으로 끝내는 신천지 비판

'선한'이란 의미를 가지고 있다. 따라서 "하나님이 보시기에 좋았더라"는 말씀은 '하나님이 보시기에 선했다'는 말과 같으므로 그 짐승들이 악의 무리라고 주장하는 것은 명백한 잘못이다. 창세기 기사에서 짐승은 짐승이고, 사람은 사람일 뿐이다.

누시엘

12인자야 두로 왕을 위하여 슬픈 노래를 지어 그에게 이르기를 주 여호와의 말씀에 너는 완전한 도장이었고 지혜가 충족하며 온전히 아름다웠도다 13네가 옛적에 하나님의 동산 에덴에 있어서 각종 보석 곧 홍보석과 황보석과 금강석과 황옥과 홍마노와 창옥과 청보석과 남보석과 홍옥과 황금으로 단장하였음이여 네가 지음을 받던 날에 너를 위하여 소고와 비파가 준비되었도다 14너는 기름부음을 받고 지키는 그룹임이여 내가 너를 세우매 네가 하나님의 성산에 있어서 불타는 돌들 사이에 왕래하였도다 15네가 지음을 받던 날로부터 네 모든 길에 완전하더니 마침내 네게서 불의가 드러났도다 16네 무역이 많으므로 네 가운데에 강포가 가득하여 네가 범죄하였도다 너 지키는 그룹아 그러므로 내가 너를 더럽게 여겨 하나님의 산에서 쫓아냈고 불타는 돌들 사이에서 멸하였도다(겔 28:12-16).

신천지는 이 말씀이 처음에는 천사였으나 사악한 마귀로 전락하여 선악과나무의 실체가 된 '누시엘'의 행적을 기록한 것이라고 한다. 그들은 다음과 같이 주장한다.

에스겔을 시켜 하나님은 두로와 그 왕을 치고(겔 27, 28장) 또 애굽 왕 바로와 그 무리를 쳐서(겔 29, 30, 31, 32장) 예언하게 하신다. 하나님은 그들의 무역이 아무리 풍성하고 위엄이 있다 할지라도 그 모두가 물거품처럼 사라지고 열국의 비방거리가 될 것을 경고하신 것이다. 그런데 성경을 자세히 읽어보면 재미있는 내용이 나온다. 두로 왕이 옛적 하나님의 동산 에덴에 있었으며 애굽 왕 바로도 하나님의 동산 에덴에 있었다는 것이다.

에스겔은 4대 선지자 중 한 사람으로 주전 280년을 전후하여 활동한 인물인데 그 시대의 두로 왕과 애굽 왕이 어떻게 되어 옛적 하나님의 동산 에덴에 있었을 것인가 하는 의문이 제기된다. 전반적인 내용을 읽어보면 둘 다 동일한 역사적 인물의 표상이니, 에덴동산에서 하나님의 천사로 출발했으나 사악한 마귀로 전락하여 선악을 알게 하는 나무의 실체가 된 누시엘의 행적을 에스겔의 시대에 있었던 두로와 애굽 두 나라의 왕을 빙자하여 기록하신 것이다.

누시엘이 마귀가 되기 전 그의 형편은 어떠했던가? 누시엘은 하나님의 성산에 있어 완전한 인(印)이었고 지혜가 충족하며 온전히 아름다웠다. 그는 10보석(출 28:21, 이 보석들은 이스라엘 아들들의 이름대로 열둘이라)으로 단장하였다. 그는 기름부음을 받은 덮는 그룹으로서 화광석(10보석에 속하지 않음) 사이에 왕래하였다. 그는 지음을 받던 날로부터 그 모든 길에 완전하였다(겔 28:12-15).

누시엘은 물(진리)이 많아 키가 크고 가지가 번성하였다. 따라서 그에게 빌붙어 새가 깃들고 짐승이 새끼를 낳으며 큰 나라들이 기숙하였다. 그 가지가 많고 모양이 아름다우므로 하나님의 동산 에덴에 있는 모든 나무(천사)가 다 투기하였다(겔 31:2-9).[16]

신천지는 이처럼 실제 두로 왕이 어떻게 에덴동산에 있었을 수 있느냐고 하면서, 두로 왕이 사실은 타락한 천사 누시엘을 나타낸다고 한다. 사실, 이 본문을 가지고 두로 왕의 교만과 몰락을 통해 사탄의 교만과 타락을 알 수 있다고 주장하는 사람도 많다. 물론 그 주장은 누시엘과 선악과나무를 관련짓는 신천지의 주장과 같지는 않다. 그러나 우리는 그것까지도 정설로 인정할 수 없다. 문맥을 꼼꼼히 살펴보면 결코 그렇게 볼 수가 없기 때문이다.

에스겔 28장 12-16절을 사탄의 타락에 대한 기록으로 볼 수 없는 이유는 다음과 같다. 첫째, 기본적으로 에스겔 28장 전후에 나오고 있는 내용이 각 나라에 대한 예언이다. 에스겔 28장을 전후해서 보면 25장 1-7절은 암몬에 대한 예언이고, 25장 8-11절은 모압에 관한 예언, 25장 12-14절은 에돔, 15-17절은 블레셋에 관한 예언이다. 그리고 26장부터는 두로에 대한 예언이 나온다. 28장 20절부터는 시돈에 대한 예언, 29장부터는 애굽에 관한 예언이 나온다. 즉 28장의 내용은 기본적으로 두로라는 한 나라에 관한 예언이라는 것이다. 둘째, 각 나라에 대한 선지자의 예언은 이미 역사 속에서 성취된, 신천지식으로 표현하자면 이미 실상이 임해버린 것들이다. 셋째, 28장의 문맥을 보면 그것은 결코 사탄에 관한 말씀이 아니다. 에스겔 28장은 다음과 같이 시작된다.

1또 여호와의 말씀이 내게 임하여 이르시되 2인자야 너는 두로 왕에게 이르기를 주 여호와께서 이같이 말씀하시되 네 마음이 교만하여 말하기를 나는

---

16) 『신탄』, pp.195-197.

신이라 내가 하나님의 자리 곧 바다 가운데에 앉아 있다 하도다 네 마음이
하나님의 마음 같은 체할지라도 너는 사람이요 신이 아니거늘(겔 28:1-2).

두로 왕은 자신이 마치 하나님이나 되는 것처럼 생각하지만 그것은 터
무니없는 교만이고 그는 사람에 불과할 뿐이다.

3네가 다니엘보다 지혜로워서 은밀한 것을 깨닫지 못할 것이 없다 하고 4
네 지혜와 총명으로 재물을 얻었으며 금과 은을 곳간에 저축하였으며 5네
큰 지혜와 네 무역으로 재물을 더하고 그 재물로 말미암아 네 마음이 교만
하였도다 6그러므로 주 여호와께서 이같이 말씀하셨느니라 네 마음이 하
나님의 마음 같은 체하였으니 7그런즉 내가 이방인 곧 여러 나라의 강포한
자를 거느리고 와서 너를 치리니 그들이 칼을 빼어 네 지혜의 아름다운 것
을 치며 네 영화를 더럽히며 8또 너를 구덩이에 빠뜨려서 너를 바다 가운
데에서 죽임을 당한 자의 죽음같이 바다 가운데에서 죽게 할지라 9네가 너
를 죽이는 자 앞에서도 내가 하나님이라고 말하겠느냐 너를 치는 자들 앞
에서 사람일 뿐이요 신이 아니라 10네가 이방인의 손에서 죽기를 할례받지
않은 자의 죽음같이 하리니 내가 말하였음이니라 주 여호와의 말씀이니라
하셨다 하라(겔 28:3-10).

두로 왕은 자신이 지혜로워 알지 못하는 것이 없다고 하며, 온갖 부를
축적하자 교만해져서 하나님을 무시하고 자신이 마치 신이나 되는 것
처럼 껍죽대었다. 이에 하나님은 열국의 강포한 자들을 불러들여 그의
모든 영화를 짓밟아 무너뜨리고 그를 아주 치욕스럽고 부끄럽게 해서

비참한 죽음을 당하게 할 것이라고 말씀하셨다. 이 말씀은 그대로 성취되어 그들은 바벨론의 느부갓네살에 의해 아주 비참하게 된다. 느부갓네살이 두로를 13년 동안이나 포위 공격하여 멸망시킨 것이다.

이 예언에 바로 이어지는 것이 천사의 타락에 대한 치열한 논쟁을 불러일으킨 에스겔 28장 12-16절이다. 에스겔 28장을 천사 타락에 대한 기록으로 보는 사람들은 "옛적에 에덴에 있어 각종 보석으로 단장하고, 소고와 비파를 다루었던 기름부음 받은 그룹, 곧 천사로서 하나님의 성산에 거하였었지만 마침내 불의가 드러난 존재"가 바로 사탄이라고 한다. 그래서 이 말씀은 두로 왕의 교만을 예로 들어 과거에 사탄도 그렇게 타락했다는 것을 비유적으로 보여준다는 것이다.

> 네가 옛적에 하나님의 동산 에덴에 있어서 각종 보석 곧 홍보석과 황보석과 금강석과 황옥과 홍마노와 창옥과 청보석과 남보석과 홍옥과 황금으로 단장하였음이여 네가 지음을 받던 날에 너를 위하여 소고와 비파가 준비되었도다(겔 28:13).

신천지는 여기에 나온 보석들과 출애굽기에 나온 보석을 관련시켜 누시엘의 악마조직과 관련시키고 나아가서 그것을 장막성전과 관련시키려고 한다. 그러나 그것은 어불성설이다. 출애굽기 28장 15-21절에 있는 열두 보석과 여기에 있는 열 가지 보석은 우선 숫자에서부터 전혀 다르다. 또 출애굽기 28장 15-21절에 나온 보석은 제사장의 판결 흉패에 달아서 이스라엘을 상징하는 열두 종류였지만, 여기에 나온 것은 보통 장식용 보석으로 열 종류다. 이중 공통되는 보석은 겨우 네 종류

밖에 없다. 또 여기에는 황금이 한 종류로 들어가 있지만 출애굽기에
서는 흉패 위에 정금으로 땋은 사슬을 붙여두었다. 즉 이 둘이 전혀 관
련성이 없다는 것이다. 그러므로 여기에 나온 열 종류의 보석이 열두
지파를 상징한 판결 흉패의 보석과 같아서 하나의 조직을 상징한다는
주장은 억지로 짜 맞춘 것이라고 볼 수밖에 없다.

그러면 에스겔 28장 13절의 말씀은 무슨 뜻인가? 이것은 누시엘에
대한 이야기가 아니고, 우리의 시조 아담이 에덴동산에서 영광스럽게
창조된 것처럼 두로 왕도 영화로운 존재였다는 것을 말씀하고 있다.

14너는 기름부음을 받고 지키는 그룹임이여 내가 너를 세우매 네가 하나
님의 성산에 있어서 불타는 돌들 사이에 왕래하였도다 15네가 지음을 받던
날로부터 네 모든 길에 완전하더니 마침내 네게서 불의가 드러났도다 16네
무역이 많으므로 네 가운데에 강포가 가득하여 네가 범죄하였도다 너 지키
는 그룹아 그러므로 내가 너를 더럽게 여겨 하나님의 산에서 쫓아냈고 불
타는 돌들 사이에서 멸하였도다(겔 28:14-16).

아마 이 부분이 가장 큰 오해를 불러일으키는 부분일 것이다. 왜냐하
면 일반적으로 '그룹'은 천사를 의미하고, 거기에다 '하나님의 성산'이
나 '모든 길에 완전하다'는 말씀들이 서로 상승작용을 일으켜 천사에
대한 이야기로 생각하게 되기 때문이다. 그러나 이 단락에 분명히 "너
는 사람이요 신이 아니어늘"(겔 28:2)이란 말씀이 있다. 또 마지막 부분
에는 "네가 아름다우므로 마음이 교만하였으며 네가 영화로우므로 네
지혜를 더럽혔음이여 내가 너를 땅에 던져 왕들 앞에 두어 그들의 구

　　　　　　　　　　　　　한 권으로 끝내는 신천지 비판

경거리가 되게 하였도다"(겔 28:17)라는 내용이 나온다. 그가 과연 사탄
이라면 어떻게 왕들 앞에서 구경거리가 될 수 있을까? 그러므로 이 부
분은 하나님의 성산이었던 에덴동산의 불타듯이 빛나는 보석들 사이
에서 마음껏 하나님의 은총을 누리며 살았던 아담처럼, 두로 왕이 하
나님의 은총을 입었으나 그가 교만하여 결국 멸망하게 될 것이라는 예
언을 하고 있는 것이다. 이런 이유들로 이 구절이 천사의 타락이라는
주장은 정설로 인정받지 못한다. 그런데 거기에서 한 걸음 더 나아간
신천지의 주장은 말해 무엇하겠는가?

신천지는 에스겔 28장 12-18절을 사탄이 타락하여 성전을 더럽혔
다는 내용으로 해석하는 근거로 이사야 14장 12-14절을 이용한다. 그
들은 다음과 같이 주장한다.

> 여호와 하나님이 가라사대 보라 이 사람이 선악을 아는 일에 우리 중
> 하나같이 되었으니(창 3:22).

이 말씀에 따르면 하나님은 '우리'라는 조직으로 계심을 알 수 있다. 그 '우
리' 중의 한 존재가 선악을 아는 자이며, 아담과 하와도 그 열매를 따 먹고
선악을 아는 일에 있어서 그 존재와 같이 되었다는 말이다. 하나님의 성조
직 '우리' 가운데서 누가 선악을 알고 있었으며, 그 나무는 누구인가?

> 여호와의 말씀에 너는 완전한 인이었고 지혜가 충족하며 온전히 아름
> 다웠도다(겔 28:12).

네가 지음을 받던 날로부터 네 모든 길에 완전하더니 마침내 불의가 드러났도다 네 무역이 풍성하므로 네 가운데 강포가 가득하여 네가 범죄하였도다(겔 28:15-16).

네가 아름다우므로 마음이 교만하였으며 네가 영화로우므로 네 지혜를 더럽혔음이여 내가 너를 땅에 던져 열왕 앞에 두어 그들의 구경거리가 되게 하였도다(겔 28:17).

이상의 성구에 숨겨둔 비밀은 실로 큰 것이다. 하나님의 성조직 '우리' 안에 있는 한 인물, 그는 처음에는 완전한 인이었고 지혜가 매우 뛰어났다. 그의 아름다움은 빼어났지만 그로 인하여 마음이 교만해지기 시작한다. 영화로우므로 지혜를 더럽혔으며 무역이 풍성하므로 그 안에 강포가 넘치기 시작하였다. 지음 받던 날부터 모든 길에 완전하던 그가 마침내 불의를 드러내고 나아가서는 하나님의 성소(성전)까지도 더럽히고 만다(겔 28:18). 이 인물이 하나님의 성조직 '우리' 가운데 중심인물이었던 누시엘 천사였다. 이러한 결론을 뒷받침하는 다음 성구를 살펴보자.

너 아침의 아들 계명성이여 어찌 그리 하늘에서 떨어졌으며 너 열국을 엎은 자여 어찌 그리 땅에 찍혔는고 네가 네 마음에 이르기를 내가 하늘에 올라 하나님의 뭇별 위에 나의 보좌를 높이리라 내가 북극 집회의 산 위에 좌정하리라 가장 높은 구름에 올라 지극히 높은 자와 비기리라 하도다(사 14:12-14).

   한 권으로 끝내는 신천지 비판

최초로 하나님의 나라를 엎은 자, 그는 히브리 음으로 누시엘이었다. 그가 선악을 알게 하는 소위 당대적 가치 개념을 만들어낸 원흉이었던 것이다.[17]

창세기 1장에서 하나님이 자신을 '우리'라고 했기 때문에 그것은 영계의 조직을 의미하는 것이고, 그 조직 속에는 타락한 천사 누시엘이 있어서 그 또한 악마의 조직을 만들었는데 그게 선악과나무이며, 그 증거가 바로 다니엘 4장에 나오는 느부갓네살의 꿈이고, 그것에 대한 근거가 에스겔 28장 12-18절이며, 그 에스겔 28장 12-18절을 뒷받침하는 구절이 이사야 14장 12-14절이라는 것이다.

그러나 이사야 14장 12-14절 말씀은 그들이 생각하는 주장과는 전혀 상관이 없다. 앞에서 이미 '우리'에 관한 문제와 느부갓네살의 꿈, 에스겔 28장 12-16절의 해석 문제를 살펴보았는데, 앞의 근거들이 다 무너졌으니 그 근거들에 기반한 주장이 어떻게 설 자리가 있겠는가! 그럼에도 이사야 14장은 많은 사람들이 사탄의 타락에 관한 근거 구절로 생각하고, 사탄의 이름 루시퍼도 유래했다고 하니, 여기에서 한번 짚고 갈 필요가 있을 것이다.

12너 아침의 아들 계명성이여 어찌 그리 하늘에서 떨어졌으며 너 열국을 엎은 자여 어찌 그리 땅에 찍혔는고 13네가 네 마음에 이르기를 내가 하늘에 올라 하나님의 뭇 별 위에 내 자리를 높이리라 내가 북극 집회의 산 위에 앉으리라 14가장 높은 구름에 올라가 지극히 높은 이와 같아지리라 하

---

17) 『신탄』, pp.92-93.

는도다(사 14:12-14).

신천지는 이 구절을 이용하면서 "최초로 하나님의 나라를 엎은 자, 그는 히브리 음으로 누시엘이었다"라고 주장한다.[18] 그러나 이 구절의 논쟁점은 '아침의 아들 계명성'으로 번역된 '헤렐 벤 쇠하르'(הֵילֵל בֶּן־שָׁחַר) 중, 계명성 '헤렐'을 어떻게 볼 것이냐 하는 것이다. 사실, 히브리어 성경에는 '루시퍼', 혹은 '루시엘'이란 단어 자체가 없다. 신천지는 큰 실수를 한 것이다.

이 구절이 사탄의 이름이 루시퍼라는 주장의 근거가 된 것은 주후 4세기 무렵 제롬(Jerome, 331?-420)이 히브리어 성경을 당시 로마의 공용어였던 라틴어로 번역한 〈불가타〉 성경 때문이다. 제롬은 이사야 14장 12절에 있는 계명성을 의미하는 히브리어 헤렐을 라틴어 루키페르[lucifer, lucis(light)+fer(bearing)로 '빛을 가져오는 자'란 뜻]로 번역했다. 원래 '루키페르'가 '샛별'을 의미했기 때문이다. 그런데 그것을 영국의 제임스 1세(James I, 1566-1625) 때 번역한 성경에서 '루시퍼'(Lucifer)라고 그대로 사용하면서 사탄의 이름처럼 인식되기 시작했다. 즉 라틴어 루키페르에서 영어 루시퍼가 탄생한 것이다.

그러면 성경에서 말하는 사탄의 이름은 무엇일까? 구약성경을 기록한 히브리어로 사탄은 '사탄'(שָׂטָן)이고, 신약성경을 기록한 헬라어로 사탄은 '사타나스'(Σατανᾶς)다. 사탄은 '대적자', 혹은 '중상자'란 의미를 가지는데 성경에서는 공중 권세 잡은 자(엡 2:2), 귀신의 왕(마 12:24), 대

---

18) 『신탄』, p.93.

적(벧전 5:8), 더러운 귀신(마 12:43), 마귀(마 4:1), 무저갱의 사자(계 9:11), 바알세불(마 10:25), 옛 뱀(계 12:9), 벨리알(고후 4:4), 세상 신(고후 4:4), 세상 임금(요 14:30) 등으로 다양하게 나타난다. 그러나 신천지처럼 사탄을 누시엘이라고 한 곳은 성경에 단 한 군데도 없다. 이사야 14장의 계명성을 언급하며 그것을 히브리 음으로 '누시엘'이라고 한 신천지의 수준을 알 수 있다.

그렇다면 신천지는 이 '누시엘'을 어디에서 배웠을까? 그 답을 알기 위해서는 그들의 교주 이만희의 경력을 추적해보면 된다. 이만희의 뿌리를 캐면 전도관(천부교)의 박태선이 나오고, 그 박태선의 뿌리를 추적하면 김백문의 이스라엘 수도원이 나오는데, 이스라엘 수도원과 관련된 또 한 사람이 바로 통일교의 문선명이다. 즉 통일교와 전도관(현재의 천부교)의 뿌리는 같다. 이만희는 전도관에 1957년부터 10년 동안이나 몸담았고, 최초의 신천지의 교리 책이라 할 수 있는 『신탄』의 저자는 통일교 출신인 김건남, 김병희 두 사람이다. 그런데 통일교의 교리집인 『원리강론』을 보면 사탄을 '누시엘'이라고 한다.[19] 이만희는 왜 『신탄』에서 사탄을 누시엘이라고 한 것을 용납하고, 같은 입장을 취하는 것일까? 답은 분명하다. 신천지는 결국 통일교와 전도관과 같은 이단과 사이비 계통이고 그들의 아류에 해당하기 때문이다.

정리해보면, '누시엘'은 이사야 14장 12절의 '계명성'과 관련된다. 본래 그 부분의 히브리어는 '헤렐'(הֵילֵל)로서 남성명사이며, '밝음'을 의미하는 '할랄'(הָלַל)이라는 히브리어 미래사에서 유래한 것이다. 그 뜻은

---

19) 세계평화통일가정연합, 『원리강론』, 성화출판사, 2002, pp.89, 94.

새벽별, 빛남, 밝음, 광택, 선명함, 찬란한 별, 샛별, 금성 등으로 해석할 수 있기 때문에 우리말 성경은 새벽녘에 동쪽에서 반짝이는 샛별이라는 뜻에서 '계명성'으로 번역했다. 그런데 제롬이 〈불가타〉 성경에서 그 부분을 상징적인 의미로 '빛을 가져오는 자'라는 뜻의 '루키페르'로 번역했고, 그것을 다시 영어 성경 〈the King James Version〉에서 그대로 차용하며 '루시퍼'라고 번역하여 대중화되었다. 그런데 우리나라의 사이비들은 사탄이 타락했을 때는 '루시퍼'지만 타락하기 전에는 천사 '루시엘'이었을 것이라고 추측하여 두음법칙을 적용해 '누시엘'이라고 발음하는 것이다.

신약성경 유다서 1장 6절에서 "또 자기 지위를 지키지 아니하고 자기 처소를 떠난 천사들을 큰 날의 심판까지 영원한 결박으로 흑암에 가두셨으며"라고 한 것을 보았을 때 사탄이 본래 타락한 천사였던 것은 이론의 여지가 없다. 그러나 이사야 14장 12절의 계명성을 타락한 천사로 보는 것은 별개다. 오히려 전체적인 문맥을 보면 그것은 불가능하다.

3여호와께서 너를 슬픔과 곤고와 및 네가 수고하는 고역에서 놓으시고 안식을 주시는 날에 4너는 바벨론 왕에 대하여 이 노래를 지어 이르기를 압제하던 자가 어찌 그리 그쳤으며 강포한 성이 어찌 그리 폐하였는고 5여호와께서 악인의 몽둥이와 통치자의 규를 꺾으셨도다 6그들이 분내어 여러 민족을 치되 치기를 마지아니하였고 노하여 열방을 억압하여도 그 억압을 막을 자 없었더니 7이제는 온 땅이 조용하고 평온하니 무리가 소리 높여 노래하는도다 8향나무와 레바논의 백향목도 너로 말미암아 기뻐하여 이르기를 네가 넘어져 있은즉 올라와서 우리를 베어버릴 자 없다 하는도다 9아래의 스올이 너로 말미암아 소동하여 네가 오는 것을 영접하되 그것이 세상의 모든 영웅을 너로 말미암아 움직이게 하며 열방의 모든 왕을 그들의 왕좌에서 일어서게 하므로 10그들은 다 네게 말하여 이르기를 너도 우리같이 연약하게 되었느냐 너도 우리같이 되었느냐 하리로다 11네 영화가 스올에 떨어졌음이여 네 비파 소리까지로다 구더기가 네 아래에 깔림이여 지렁이가 너를 덮었도다(사 14:3-11).

바벨론 왕은 이제 망하게 되어 더 이상 압제도 못하게 되고, 그에 의해 이미 망해 무덤 속에 있는 자들도 그를 조롱하게 될 것이라는 말씀이다. 영화로왔던 바벨론이 어떻게 해서 그렇게 될 것인가? 그 이유로 제시된 것이 바로 논쟁이 되고 있는 12절부터의 내용이다. 바벨론 왕이 그렇게 망하게 된 이유는 교만 때문이다. 그는 감히 교만하게도 자신이 마치 하나님이나 되는 것처럼 껍죽대었다는 것이다. 그러므로 이사야서 14장의 계명성이 바벨론 왕에 대한 비유임은 분명하다. 또 그가 천사가 아님은 그 다음 구절들에서 더욱 분명해진다.

15그러나 이제 네가 스올 곧 구덩이 맨 밑에 떨어짐을 당하리로다 16너를 보는 이가 주목하여 너를 자세히 살펴보며 말하기를 이 사람이 땅을 진동시키며 열국을 놀라게 하며 17세계를 황무하게 하며 성읍을 파괴하며 그에게 사로잡힌 자들을 집으로 놓아 보내지 아니하던 자가 아니냐 하리로다 18열방의 모든 왕들은 모두 각각 자기 집에서 영광 중에 자건마는 19오직 너는 자기 무덤에서 내쫓겼으니 가증한 나무 가지 같고 칼에 찔려 돌구

덩이에 떨어진 주검들에 둘러싸였으니 밟힌 시체와 같도다 20 네가 네 땅을
망하게 하였고 네 백성을 죽였으므로 그들과 함께 안장되지 못하나니 악을
행하는 자들의 후손은 영원히 이름이 불려지지 아니하리로다 할지니라(사
14:15-20).

여기에서 사람들은 그의 비참한 죽음을 보고 악인의 최후가 결국 그와
같을 것이라고 한다. 그러므로 이사야 14장 12절의 계명성은 결코 사
탄에 대한 구절이 아니다.

선악과의 의미

선악과 교리의 또 다른 문제점은 하나님이 악을 만드신 분이요, 비진
리나 거짓 교리의 창시자가 되게 한다는 것이다. 왜냐하면 성경에는
다음과 같이 기록되어 있기 때문이다.

9 여호와 하나님이 그 땅에서 보기에 아름답고 먹기에 좋은 나무가 나게 하
시니 동산 가운데에는 생명나무와 선악을 알게 하는 나무도 있더라 10 강이
에덴에서 흘러 나와 동산을 적시고 거기서부터 갈라져 네 근원이 되었으니
11 첫째의 이름은 비손이라 금이 있는 하윌라 온 땅을 둘렀으며 12 그 땅의
금은 순금이요 그곳에는 베델리엄과 호마노도 있으며 13 둘째 강의 이름은
기혼이라 구스 온 땅을 둘렀고 14 셋째 강의 이름은 힛데겔이라 앗수르 동
쪽으로 흘렀으며 넷째 강은 유브라데더라 15 여호와 하나님이 그 사람을 이
끌어 에덴 동산에 두어 그것을 경작하며 지키게 하시고 16 여호와 하나님이

그 사람에게 명하여 이르시되 동산 각종 나무의 열매는 네가 임의로 먹되 17 선악을 알게 하는 나무의 열매는 먹지 말라 네가 먹는 날에는 반드시 죽으리라 하시니라(창 2:9-17).

선악과나무는 분명히 하나님이 창조하셨다. 그런데 선악과나무가 악마의 조직이며, 비진리요, 거짓 교리요, 거짓 복음이라고 한다면 그것을 만드신 하나님은 어떻게 되는가? 그분이 바로 악의 창시자요, 악마의 조직을 만든 조폭 두목과 같은 분이요, 비진리를 만들고 거짓 복음도 만드신 분이 되고 말 것이다. 이처럼 신천지의 선악과 교리는 하나님을 모욕하는 비성경적·악마적 교리다. 이와 같은 주장에 미혹된 사람들이 많다는 사실이 너무나 가슴 아프다.

하나님은 선악과나무를 왜 만드셨을까? 하나님은 이 세상을 "보시기에 좋았더라"고 하실 만큼 아름답게 창조하시고, 그 만물의 꽃이자 면류관으로 인간도 창조하셨다(창 1:27). 그리고 그들에게 생육하고 번성하며 땅에 충만하라 하시고, 모든 만물을 다스리라 하시며(창 1:28-29), 아름다운 동산을 창설하시고 거기에는 각종 나무의 열매가 맺히게 해서 마음껏 따 먹으며 살게 하셨다.

여기까지는 참 좋았다. 그런데 하나님은 동산 중앙에 선악과나무를 만드시고 그것을 따 먹지 말라는 금단의 명령도 주셨다. 그것을 먹는 날에는 정녕 죽으리라는 것이다. 그러나 사탄의 유혹에 빠진 아담과 하와는 결국 그 선악과를 따 먹게 되고, 그 결과 죄가 이 세상에 들어오게 되었으며 인류의 비극이 시작되었다. 많은 사람들은 이 선악과나무 때문에 불평을 한다. 왜 하필 하나님이 그런 것을 만드셔서 사람으로 하여금 따 먹게 하고 죽게 하셨을까? 신천지의 이만희는 이 부분에 대해서 선악과는 모든 죄악의 뿌리라고 하며, 그것은 하나님이 심으신 것이 아니고, 나무도 아니며, 사탄의 사상과 교리라고 화끈하게 말한다.[20] 그러나 문제는 성경이 그렇게 말씀하고 있지 않다는 것이다.

> 여호와 하나님이 그 땅에서 보기에 아름답고 먹기에 좋은 나무가 나게 하시니 동산 가운데에는 생명나무와 선악을 알게 하는 나무도 있더라(창 2:9).

성경은 선악과를 모든 죄악의 뿌리라고 하지 않는다. 오히려 "보기에 아름답고 먹기에 좋은 나무"라고 하며 좋은 쪽으로 말씀하고 있다. 그리고 그 나무는 사탄이 만든 것이 아니라 하나님이 나게 하셨다. 그 선악과는 나쁜 것이 아니며, 사탄의 사상과 교리도 아니다. 또 선악과나무는 무슨 특별한 요술적 효험이 있는 나무가 아니다. 그 열매를 먹으면 없었던 어떤 능력이 생겨나는 나무가 아니란 뜻이다. 다만 성경은 하나님이 그 나무의 열매를 먹지 말라고 금하신 것으로, 무엇이 선이고 무엇이 악인지를 알게 하는 시금석으로 구별해놓았음을 말씀한다. 즉 그것은 사람으로 하여금 하나님을 기억하고 섬기며 교제하며 살도록 하신 하나님의 배려요 은총의 나무였다.

무엇이 복인가? 복의 근원이신 하나님을 기억하고 섬기며 하나님과 교제하는 것이야말로 가장 큰 복이다. 그래서 하나님은 아담과 하와가 그 나무를 볼 때마다 그 금단의 명령을 기억하고 "아, 나에게는

---

20) 『천지창조』, pp.107-108.

　　한 권으로 끝내는 신천지 비판

아름다운 세상을 만들어주시고 마음껏 누리게 해주신 고마우신 하나님이 계시지!"라고 하나님의 베풀어주신 은총에 감사할 수 있게 하셨다. 선악과나무는 하나님을 기억하고 섬기며 살게 하신 하나님의 방법이었으며, 아담과 하와로 하여금 피조물로서 창조주 하나님과의 관계에서 벗어나지 않도록 하신 것이었다. 선악과나무의 열매는 하나님의 말씀대로 먹지 않았을 때는 선한 것이다. 그러나 그분의 명령을 어기고 먹었을 때에는 하나님의 명령을 어겼기 때문에 죄를 지은 죄인이 되고 악한 자가 되어 악을 경험하게 되는 나무였다. 그래서 **선악을 알게 하는 나무**였다.

히브리 사람들에게 있어 '안다'라는 의미를 나타내는 단어는 '야다'(יָדַע)로 단순히 지식으로만 안다는 의미가 아니라 경험을 통해 아는 것을 의미한다. '살인하지 말라'는 법은 악한 법이 아니라 선한 법이다. 사람들은 그 법을 들었을 때 이미 무엇이 선이고 무엇이 악인지 안다. 법을 지켜 살인하지 않으면 선한 사람이지만 그 법을 어기고 사람들을 죽이면 악한 자가 된다는 것쯤은 누구나 안다는 말이다. 아담과 하와도 마찬가지였다. 그래서 그들도 선악과를 따 먹기 전에 이미 무엇이 선이고 무엇이 악인지 알았다. 하나님의 법을 지키면 선이고 어기면 악이기 때문이다. 그러나 그들이 그 명령을 어기고 선악과를 따 먹었을 때에는 자신이 죄인이라는 사실을 **경험적으로 알게 되어** 하나님을 두려워한 것이다.

선악과나무 옆에 있었던 생명나무는 금단의 열매를 먹고 죄를 지으면 죽게 되지만, 반대로 말씀에 순종하여 죄를 짓지 않으면 생명을 얻게 된다는 사실을 분명히 알려 주신 복스러운 선물이었다. 그런데 아담과 하와는 선악과를 따 먹으면 하나님처럼 된다는 사탄의 유혹에 빠져 하나님의 명령을 어기고 말았다. 그것은 자기 위치를 떠난 천사가 사탄이 된 것처럼 피조물로서의 위치, 즉 하나님의 베풀어주신 은혜에 감사하고 그분을 섬겨야 할 위치에서 벗어난 것을 의미했다.

맑은 물이 컵 안에 있으면 시원하게 마실 수 있는 좋은 물이지만, 아무리 맑은 물이라 해도 변기통에 들어 있으면 그냥 더러운 물이 되고 만다. 모든 것은 제 위치에 있을 때 아름답다. 그러나 아담과 하와는 그렇게 하지 않았다. 달리는 열차가 철로에서 이탈하면 큰 사고가 나는 것처럼, 사탄의 충동질에 속아 선악과를 따 먹었을 때, 그 결과는 생명의 근원이신 하나님과의 관계가 깨어지고 분리되는 죽음이었다.

범죄한 아담과 하와는 무화과나무 잎으로 치마를 만들어 입은 후 하나님의 얼굴을 피하여 나무 사이에 숨었다. 그런데 많은 이단들이 이 부분을 자의적으로 해석하여 자신들의 교리의 근간으로 삼았다. 이스라엘 수도원의 김백문과 그의 영향을 받은 통일교의 문선명, 그리고 통일교의 영향을 받은 JMS의 정명석 등은 이 부분을 성적 타락이라고 한다. 통일교의 『원리강론』에서는 선악과나무가 하와를 상징하는 것으로 보며,[21] 선악과를 따 먹었다는 것은 "사탄을 중심한 사랑에 의하여 서로 혈연관계를 맺었다는 것"이라고 한다.[22] 즉 사탄과의 육체적인 관계로 보는 것이다. 그들이 그렇게 주장하는 데에는 다음과 같은 배경이 있다. 그들의 주장을 보자.

---

21) 『원리강론』, p.80.

22) 『원리강론』, p.85.

 한 권으로 끝내는 신천지 비판

창세기 2장 25절을 보면, 범죄하기 전 「아담」「해와」는 몸을 가리지 않은 채로도 부끄러워하지 않았다. 그러나 그들이 타락한 후에는, 벗은 것을 부끄럽게 생각하여 무화과나무 잎으로 하체를 가리었다(창 3:7). 만일 선악과라고 하는 어떠한 과실이 있어서 그들이 그것을 따 먹고 범죄를 하였다면, 그들은 필시 손이나 입을 가리었을 것이다. 왜냐하면 인간은 허물을 가리는 것이 그 본성이기 때문이다. 그런데 그들은 손이나 입을 가리지 않고 하체를 가리었었다. 따라서 이 사실은, 그들의 하체가 허물이 되었기 때문에 그것을 부끄럽게 생각하였었다는 것을 드러내고 있는 것이다. 이로써 우리는 그들이 하체로 범죄하였다는 것을 짐작할 수 있는 것이다.[23]

통일교의 교주 문선명은 허물을 가리는 것이 인간의 본성이라며 그들이 무화과나무 잎으로 하체를 가린 것으로 보았을 때, 그들의 범죄는 틀림없이 '성범죄'라고 주장한다. 그럴듯하게 들리는 주장이다. 그러나 그런 논리대로라면 현대의 성 범죄자들도 하체를 가리려고 할 것이고 강도짓을 한 사람은 손을 가려야 할 것이다. 그러나 성 범죄자나 강도짓을 한 사람이나 다 얼굴을 가린다. 그렇다면 그들이 얼굴로 성범죄나 강도짓을 했다는 말인가? 그리고 선악과나무가 하와를 나타낸다면 사탄이 그 선악과를 따 먹었어야 그의 주장이 성립된다. 그런데 성경은 분명히 하와가 선악과를 따 먹었다고 한다(창 3:6). 그렇다면 하와가 하와 자신을 따 먹었다는 말인데 어떻게 그것을 하와와 사탄과의 육체적인 관계라고 할 수 있겠는가? 참으로 해괴망측한 논리가 아

---

23) 『원리강론』, p.83.

닐 수 없다.

더구나 『원리강론』에서는 하와가 선악과를 따 먹고 나서—뱀과 육체적인 관계를 맺고 나서—그것이 하나님의 뜻을 어기고, 사탄의 유혹에 빠져 그렇게 된 것이라는 것을 알게 되어 타락으로 인한 공포심을 면할 수 있기를 바라는 마음에서 아담을 유인하게 되었으니, 그것이 육적 타락의 동기가 되었다고 하는데,[24] 하와가 자신의 잘못을 알고 하나님 앞에서 공포를 느꼈다면 남편에게도 미안함을 느끼고 그 앞에서 하체를 가렸어야 하지 않을까? 그들의 주장은 논리적으로도 맞지 않고 문맥도 고려하지 않은 순전히 자의적인 해석에 불과하다.

그렇다면 아담과 하와가 범죄한 후 무화과나무 잎사귀로 치마를 해 입었다는 것은 무슨 뜻인가? 그것은 그들의 친밀한 관계가 깨어졌음을 보여주는 것이다. 아담은 하나님이 하와를 만드셔서 그의 앞으로 데려오셨을 때 이렇게 탄성을 발했다. "이는 내 뼈 중의 뼈요 살 중의 살이라"(창 2:23). 그러나 범죄한 후 아담은 그 모든 책임이 하와에게 있는 양 이렇게 말한다. "하나님이 주셔서 나와 함께 있게 하신 여자 그가 그 나무 열매를 내게 주므로 내가 먹었나이다"(창 3:12). '이 여자' 때문에 내가 이 모양 이 꼴이 되었다는 식으로 원망하고 있는 모습이다. 이처럼 그들의 범죄는 아름다웠던 그들의 관계를 180도 뒤바꾸어 일그러진 관계로 만들어놓았다. 그것이 바로 죄의 결과였다. 죄로 말미암아 일그러진 관계! 무화과나무 잎사귀로 치마를 해 입은 것은 바로 죄로 말미암아 일그러진 관계를 나타내는 상징적인 모습이다.

---

24) 『원리강론』, p.91.

　　　　　　　　　　　한 권으로 끝내는 신천지 비판

아담과 하와는 한 몸이 되어 벌거벗고 있었어도 부끄러워하지 않았다(창 2:25). 그러나 그들의 범죄는 온통 그들의 관계를 흩뜨려 놓았다. 이제는 더 이상 한 사람이 아니라 서로 모르는 사람이 자신의 은밀한 부분을 보았을 때 부끄러워하듯 서로 부끄러워해서 무화과나무 잎사귀로 치마를 해 입었던 것이다. 심지어 나중에 아담은 하나님이 왜 선악과를 따 먹었느냐고 책망하시자 마치 '저 여자'라는 식으로 이야기한다. 그러므로 그것은 그들의 친밀감이 무너지고 관계가 벌어진 것을 나타내고 있는 것이다.

부부 사이에 있어서 친밀감의 표현은 여러 가지가 있겠지만 그중의 하나는 서로의 벗은 몸을 보아도 부끄러워하지 않는 것이며, 그중 가장 강력한 것은 사랑의 표현인 성생활일 것이다. 그래서 부부가 서로 문제가 생기면 맨 먼저 각방을 쓰게 되고, 더 나빠지면 별거를 하게 된다. 그런데 이제 아담과 하와에게도 문제가 생겼다. 그래서 서로 사이가 벌어지게 되었는데, 그것을 상징적으로 보여준 것이 바로 하체를 가린 모습이었다. 죄는 위로 하나님과의 관계를 깨뜨리고, 아래로는 인간 상호간의 관계를 일그러뜨린다. 그래서 아담과 하와는 하나님이 무서워 숨게 되었고, 자신들 또한 일그러진 관계로 인해 무화과나무 잎사귀로 치마를 해 입었다. 볼 것 못 볼 것 서로 다 보면서도 아무렇지가 않았던 친밀했던 관계가 깨어지고, 이제 "뭘 봐? 보지 마!"라고 할 정도로 사이가 벌어져 서로의 몸을 가린 것이다.

또 죄는 두려움을 낳기에 아담과 하와는 하나님을 피해 숨었다. 그런데 하나님이 아담과 하와를 찾아오셨다. "여호와 하나님이 아담을 부르시며 그에게 이르시되 네가 어디 있느냐"(창 3:9). 결코 아담이 먼저 하나님을 찾은 것이 아니라 하나님이 먼저 아담을 찾아오셨다. 이것은 상당히 상징적인 의미를 가지고 있다. 왜냐하면 본래 아담이란 말은 고유명사이기도 하지만 보통명사로는 '사람'이란 뜻이기 때문이다. 즉 이것은 죄로 인해 죽을 수밖에 없는 인간을 구원하기 위해 찾아오신 하나님의 사랑을 보여주신 사건이다. 하나님의 속성 중 하나가 편재(遍在)성이다. 편재라는 말은 동시에 어디든지 있다는 말이다. 그래서 시인은 시편 139편에서 다음과 같이 노래하기도 했다.

> 1여호와여 주께서 나를 살펴보셨으므로 나를 아시나이다 2주께서 내가 앉고 일어섬을 아시고 멀리서도 나의 생각을 밝히 아시오며 3나의 모든 길과 내가 눕는 것을 살펴보셨으므로 나의 모든 행위를 익히 아시오니 4여호와여 내 혀의 말을 알지 못하시는 것이 하나도 없으시니이다 5주께서 나의 앞뒤를 둘러싸시고 내게 안수하셨나이다 6이 지식이 내게 너무 기이하니 높아서 내가 능히 미치지 못하나이다 7내가 주의 영을 떠나 어디로 가며 주의 앞에서 어디로 피하리이까 8내가 하늘에 올라갈지라도 거기 계시며 스올에 내 자리를 펼지라도 거기 계시니이다 9내가 새벽 날개를 치며 바다 끝에 가서 거주할지라도 10거기서도 주의 손이 나를 인도하시며 주의 오른손이 나를 붙드시리이다 11내가 혹시 말하기를 흑암이 반드시 나를 덮고 나를 두른 빛은 밤이 되리라 할지라도 12주에게서는 흑암이 숨기지 못하며 밤이 낮과 같이 비추이나니 주에게는 흑암과 빛이 같음이니이다(시 139:1-12).

하나님은 어디든지 계신다. 그러므로 어디든 계시는 하나님이 아담과 하와가 어디에 있는지 몰랐을 리가 없다. 그러나 하나님은 아담과의 관계를 위해 물으시고, 아담과의 관계 회복을 위해 찾아오신 사랑의 하나님이시다.

14장
노정 교리

목자론과 관련된 신천지의 또 다른 핵심적인 교리는 성경의 역사가 배도와 멸망과 구원으로 되어 있다는 '노정 교리'다. 흔히 '배멸구'라 지칭되는 이 교리는 성경이 항상 ① 목자 선택, ② 나라 창조, ③ 선민과의 언약, ④ 선민 언약 배도, ⑤ 이방에 의한 선민 멸망, ⑥ 새 목자 선택, ⑦ 배도자와 멸망자 심판, ⑧ 구원, ⑨ 새 나라 창조, ⑩ 새 언약과 안식의 노정으로 이루어진다는 것으로, 약속한 목자라는 존재들을 중심으로 배멸구가 반복되었다는 주장이다.[1]

이만희는 사람이 죄를 지으면 하나님이 가차 없이 그를 떠나가셔야 한다고 가르친다. 죄인과 하나 되면 하나님도 죄와 하나 되기 때문이라는 것이다. 그래서 하나님은 죄인들을 다 멸망시키고 구원을 위해 의로운 자를 찾아 새로운 목자를 선택하시는데, 성경에는 이와 같은 노정이

---

1) 『천지창조』, p.71.

반복되었으며 최종적으로 이만희가 그 일을 감당한다고 한다.

노정 교리의 내용

신천지의 가장 핵심적인 주장은 사이비 집단이었던 유재열의 장막성전
이 히브리서에 나오는 첫 장막으로서 기독교를 대표한 마지막 세계이
고, 거기에서 발생했던 사건이 요한계시록에 나오는 일곱 교회의 비밀
로서 배도와 멸망의 사건인데, 봉함된 성경의 실상을 해석할 약속한 목
자는 그 과정을 다 지켜본 자인 이만희라는 것이다. 이에 따라 신천지
는 이만희의 주장은 참되며, 히브리서에 나오는 두 번째 장막은 장막성
전에서 발생했던 사건을 증거할 사명을 가진 신천지증거장막성전이라
선전하고 있다. 그들은 일곱 교회와 배도의 비밀, 그리고 멸망의 비밀
을 알아야 한다고 하면서 실상교육 자료를 통해 다음과 같이 가르친다.

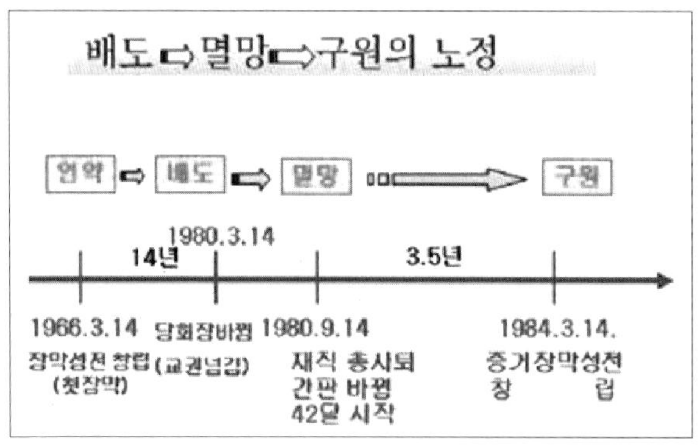

배도-멸망-구원의 노정

이만희는 죄와 배도를 구별하지 않고 거의 같은 의미로 본다. 사실,

죄에 대한 사전적 의미는 "양심이나 도리에 벗어난 행위" 혹은 "잘못이나 허물로 인하여 벌을 받을 만한 일"이고, 범죄에 대한 사전적 의미는 "법규를 어기고 저지른 잘못"이며, 배도에 관한 사전적 의미는 "도리에 어그러짐"이다. 큰 차이가 없어 보인다. 그러나 이것은 어디까지나 일반적 의미에서의 죄와 배도다.

성경적인 의미를 살펴보자. 죄를 표현하기 위해 성경에 사용된 대부분의 단어들은 하나님과 사람과의 관계에 있어서 도덕적인 성격을 가지고 있다. 어떤 신학자의 구분에 따르면 구약성경에서 죄를 나타낸 단어인 '하타트'(חַטָּאת)는 표적을 맞추지 못하거나 옳은 길에서 벗어난 행동을 의미한다. 또 다른 단어인 '아웰'(עָוֶל)과 '아온'(עָוֹן)은 고결성과 정직의 결핍, 즉 지정된 길에서 이탈하는 것을 가리키고 있으며, '레사'(רֶשַׁע)는 그것에 대한 정당한 권위에 복종하기를 거절하는 것, 율법에 대한 적극적 범법, 언약의 파괴를 나타낸다. 또한 '아삼'(אָשֵׁם)이라는 말은 범죄를, '마알'(מָעַל)은 불신실과 반역을, '아와'(עָוָה)는 성질의 왜곡이나 곡해를 나타낸다.

신약성경에서도 '하마르티아'(ἁμαρτία), '아디키아'(ἀδικία), '파라바시스'(παράβασις) 등과 같은 단어들이 사용되어 구약과 동일한 개념들을 나타낸다. 때론 빚을 나타내는 '오페일레마'(ὀφείλημα)가 사용되기도 하는데, 가장 많이 사용되는 단어는 '하마르티아'다. 이 하마르티아는 본래 활터에서 생겨난 말로서 과녁 중앙을 향하여 쏜 화살이 표적을 맞추지 못하고 빗나가거나 도달하지 못하여 떨어진 것을 묘사한다. 즉 죄란 하나님의 뜻을 어겨 빗나가거나 도달하지 못하는 것 등을 의미한다는 말이다. 이처럼 성경에 사용되고 있는 죄에 대한 용어들을 살펴보면, 죄는 광범위한 것으로서 사람들이 하나님의 율법을 곡해하거나, 자기 위치를 지키지 않고 반역하는 것을 포함할 뿐만 아니라, 고의적으로 복종하지 않으며 불신실과 태만으로 관계를 깨뜨리는 것도 포함함을 알 수 있다.

한편 배도(背道)의 사전적 의미는 "도리에 어그러짐"이다. 그래서 이 단어의 의미만을 놓고 보면 배도가 일반적 의미의 죄와 별로 다르지 않을 것이라고 생각할 수도 있다. 그러나 성경에서 배도는 일반적으로 사람들이 생각하는 죄라기보다 특수한 의미의 죄로서 '배반' 혹은 '반역'의 의미가 더 강하다. 성경에서는 도(道)를 말씀이나 복음, 혹은 신앙 자체로 다룬다.

21그러므로 모든 더러운 것과 넘치는 악을 내어 버리고 능히 너희 영혼을 구원할 바 마음에 심긴 도를 온유함으로 받으라 22너희는 도를 행하는 자가 되고 듣기만 하여 자신을 속이는 자가 되지말라 23누구든지 도를 듣고 행하지 아니하면 그는 거울로 자기의 생긴 얼굴을 보는 사람과 같으니(〈개역한글〉 약 1:21-23).

아내 된 자들아 이와 같이 자기 남편에게 순복하라 이는 혹 도를 순종치 않는 자라도 말로 말미암지 않고 그 아내의 행위로 말미암아 구원을 얻게 하려 함이니(〈개역한글〉 벧전 3:1).

의의 도를 안 후에 받은 거룩한 명령을 저버리는 것보다 알지 못하는 것이 도리어 그들에게 나으니라(벧후 2:21).

사랑하는 자들아 우리가 일반으로 받은 구원에 관하여 내가 너희에게 편지하려는 생각이 간절하던 차에 성도에게 단번에 주신 믿음의 도를 위하여 힘써 싸우라는 편지로 너희를 권하여야 할 필요를 느꼈노니(유 1:3).

또한 신약성경 데살로니가후서에는 "누가 아무렇게 하여도 너희가 미혹하지 말라 먼저 배도하는 일이 있고 저 불법의 사람 곧 멸망의 아들이 나타나기 전에는 이르지 아니하리니"(〈개역한글〉 살후 2:3)라고 하면서 '배도'라는 말이 나오는데, 이에 해당하는 단어는 '아포스타시아'($\dot{\alpha}\pi o\sigma\tau\alpha\sigma\acute{\iota}\alpha$)로 진리를 저버리는 것으로서의 배교와 배신을 나타낸다. 즉 성경의 배도는 일반적 의미의 죄와는 완전히 다른, 아예 신앙을 저버리고 반역하여 배교하는 것을 가리킨다. 그런데 이만희는 바로 이와 같이 기본적인 것조차 혼동하여 진짜 배교는 물론 일반적인 죄도 다 '배도'라 부르고 있다.

성경은 예수 그리스도를 통한 죄인의 구원 소식을 알려준다. 예수 그리스도를 주님으로 시인하는 믿음을 가진 사람은 죄 때문에 멸망하는 것이 아니다(롬 8:1). 아담과 하와가 타락한 이후 이 땅에 의인은 하나도 없고(롬 3:10), 모든 사람은 죄를 범하여서 하나님의 영광에 이르지 못했다(롬 3:23). 이만희와 신천지의 주장대로 죄인이 다 구원받지 못한다면 이 세상에 있는 그 누가 구원받을 수 있겠는가? 성경은 오히려 "우리가 아직 죄인 되었을 때에 그리스도께서 우리를 위하여 죽으심으로 하나님께서 우리에 대한 자기의 사랑을 확증하셨느니라"(롬 5:8)고 하면서 죄인을 사랑하신 하나님이 독생자 예수 그리스도까지 보내주셨다고 말씀한다. 또 "이와 같이 그리스도도 많은 사람의 죄를 담당하시려고 단번에 드리신 바 되셨고 구원에 이르게 하기 위하여 죄와 상관없이 자기를 바라는 자들에게 두 번째 나타나시리라"(히 9:28)고 말씀하며 **죄와 상관없이** 구원해주신다고 선언한다. 물론, 구원의 은혜를 알고 참된 믿음을 가진 자는 은혜를 아는 자답게 하나님의 영광을 위해 살면서 죄를 짓지 않으려 하겠지만, 예수님이 죄인의 죄를 짊어지시고 대속제물로 죽으셨기 때문에 죄가 하나님의 구원을 막을 수는 없다.

그러나 배도는 다르다. 배도란 앞에서 살펴본 것과 같이 배교를 의미하는 것으로 하나님께 반역하며 아예 믿음에서 떠나 있는 것을 의미한다. 그러므로 마치 방주 밖에 있는 자가 구원을 받지 못하듯이 배도한 사람에게 구원이란 있을 수 없다. 물론, 배교자라 하더라도 그가 진실로 회개하고 돌아와 참되게 예수님을 믿으면 하나님은 자비롭고 은혜로우셔서 그를 구원해주기도 하신다. 그러나 일반적인 의미에서 배도란 배교를 의미하기 때문에 성도들은 배도라고 하면 자연스럽게 구원받지 못한다고 생각하기 쉽다. 그런데 신천지에서 죄를 배도라 하기 때문에 일종의 착시현상이 발생한다. 그들이 일부러 미혹하기 위해서 그러는지, 아니면 무지해서 그러는지 모르겠지만 그것은 성경적인 주장이 아니며 죄와 배도를 구별하지 못하고 혼동하는 모습을 보여줄 뿐이다.

이만희가 주장한 노정 교리대로라면 하나님은 인류를 한 혈통으로 창조하실 것이 아니라 아담과 하와를 창조하듯 계속해서 새로운 인류들을 창조하셨어야 했다. 그는 목자라는 존재를 중심으로, 사람이 범죄하면 하나님이 죄인과 함께하실 수 없으므로 그 목자에게 속한 세계의 사람들을 떠나게 되고, 하나님이 떠나가시면 정통이었던 그들은 이

단이 되어 다 멸망한다고 한다. 그런데 성경은 모든 인간이 죄인이라
고 선언하기 때문에 하나님은 매번 새로운 인류를 새롭게 창조하고 그
중에서 새로운 목자를 선택하여 구원을 이루셔야 한다는 말이다. 이
전 목자라는 존재에 소속된 사람들이 다 죄인이고 이단이어서 멸망시
켜버려야 한다면 새롭게 창조된 사람들이 없이 어떻게 구원이 가능하
겠는가? 여기에서 신천지의 노정 교리가 성경과 일치하지 않음이 분명
하게 드러난다. 성경은 "온 인류가 한 혈통으로 창조되었다"(행 17:26)
는 말씀을 통해 이만희가 제시한 약속한 목자들이 모두 아담과 하와의
후손임을 밝혀주고, 아담과 하와 이후에 새롭게 창조된 인간은 없음을
보여주기 때문이다.

이만희는 성경의 전체적인 내용이 목자 선택, 선민과의 언약과 배
도, 이방에 의한 선민 멸망, 새 목자에 의한 구원 등으로 구성되며, 창
조와 재창조가 반복되어 나타나는 것으로 모든 창조와 재창조는 창세
기 1장의 노정대로 이루어진다고 본다.[2] 그는 하나님이 언약한 선민이
배도하고 타락하면 새 목자를 택하여 이전 세계를 멸하시고 새로운 세
계를 창조하신다고 주장한다. 아담이 배도하자 그를 버리시고 노아를
선택하셨으며, 그들의 세계의 죄와 더러움이 노아와 그의 가족에게 물
들까 하여 홍수로 아담의 세계를 쓸어버리셨다는 것이다.[3] 신천지는
본래는 정통이었던 아담의 세계가 하나님이 떠나가심으로 이단이 되
고 노아의 세계가 정통이 된다, 하나님이 함께하시면 정통이고 하나님

---

2) 『천지창조』, pp.18-19.
3) 『천지창조』, p.147.

이 떠나가시면 이단이다, 노아의 세계에도 흠이 드러났기에 노아의 세계도 멸망시켜버리셨다는 등의 주장을 한다.[4]

그들이 그런 주장을 하는 이유는 뻔하다. 그들은 바로 그와 같은 방식으로 노정 교리에 의한 목자론을 주장하여 이만희를 약속한 목자로 신격화하고, 정통 기독교를 이단이라 하며, 스스로를 정통으로 내세운다. 실제적으로 그들은 이만희를 '예수의 영이 임한 보혜사 성령', '약속한 목자'라고 부르고, 정통 교회를 '바벨론 교회'라고 부르면서 이단으로 정죄한다. 그러나 신천지의 주장은 온갖 모순으로 가득 차 있다. 성경은 아담의 자손인 아벨과 에녹을 의인으로 묘사하고, 노아는 아담의 자손이라고 밝히고 있다. 또 그들의 논리대로라면 이만희를 제외한 약속한 목자들은 다 배도자가 되어야 하는데도 아브라함이나 모세에 대해서는 배도자라고 하지 않기 때문이다.

용서와 은혜, 그리고 복음

신천지의 노정 교리는 죄를 지으면, 즉 신천지식으로 표현하자면 배도하면 이단이 되고 멸망시켜버린다는 것이기 때문에 하나님의 용서나 은혜 등이 설 자리가 없게 된다. 그러므로 복음에 대해 어느 정도 이해만 가지고 있어도 그 교리가 얼마나 복음과 원수된 주장인가 하는 것을 눈치챌 수 있다.

인간의 비극은 창세기 3장에 나타난 죄 때문이다. 아담과 하와의

---

4) 『천지창조』, p.148.

한 권으로 끝내는 신천지 비판

타락으로 말미암아 그들의 후손된 모든 인류는 죽을 운명에 처하게 되었다. 아담은 인류의 조상으로서 모든 사람을 대표하여 범죄하였고 모든 사람은 그 안에서 죄인으로 태어난다. 인간은 죄를 지어서 죄인이라기보다는 죄인이기 때문에 죄를 짓는 존재가 되었으므로 시인은 "내가 죄악 중에서 출생하였음이여 어머니가 죄 중에서 나를 잉태하였나이다"(시 51:5)라고 고백하였으며, 예수님 또한 "입으로 들어가는 것이 사람을 더럽게 하는 것이 아니라 입에서 나오는 그것이 사람을 더럽게 하는 것이니라"(마 15:11)고 하셨다. 또 바울은 "의인은 없나니 하나도 없으며"(롬 3:10)라고 선언하였다. 결국 인간은 구원의 복된 소식, 복음이 필요한 존재가 된 것이다.

죄가 없는 사람에게는 복음도 필요 없다. 죄인이어서 죽을 수밖에 없고, 죄의 포로로 잡혀 있어야만 거기에서 해방된다는 좋은 소식인 복음이 필요하다. 신천지처럼 죄인은 다 멸망시켜버리고 그렇지 않은 사람 가운데, 즉 의로운 사람 가운데 목자를 선택하여 죄인이 아닌 의로운 사람들을 구원하는 것이라면 그것이 무슨 복음이겠는가? 이처럼 신천지의 노정 교리는 성경의 복음과는 아무런 관련도 없고, 복음을 필요 없게 만들며, 인간이 근본적으로 죄인이라는 성경의 가르침도 부인하고, 어떤 행위를 통해 구원받는다고 하는 행위구원론이기 때문에, 예수 그리스도로 말미암아 값없이 베풀어주시는 하나님의 은혜와 복음의 원수된 주장에 불과하다.

하나님의 은혜란 무엇일까? 하나님의 은혜를 나타내는 '카리스'(χάρις)가 '호의'라는 의미를 가지고 있는 것과 같이 말로 다할 수 없는 빚더미에 앉아 있는 자에게 **값없이 베풀어주는 호의**를 의미한다. 그래서 우리 주님은 "우리가 우리에게 죄 지은 자를 사하여 준 것같이 우리 죄를 사하여 주시옵고"(마 6:12)라고 제자들에게 주기도문을 가르쳐주실 때, 죄에 대하여 '빚'을 나타내는 단어인 '오페일레마'(ὀφείλημα)를 사용하셨다. 또 베드로가 "형제가 내게 죄를 범하면 몇 번이나 용서하여 주리이까 일곱 번까지 하오리이까"(마 18:21)라고 용서에 대하여 질문했을 때, "일곱 번을 일흔 번까지라도 할지니라"(마 18:22)고 하시면서 일만 달란트 빚진 자와 일백 데나리온 빚진 자에 대한 비유를 가르쳐주기도 하셨다(마 18:23-35). 그 비유는 임금으로 상징된 하나님의 용서에 대해 도저히 갚을 수 없는 만 달란트의 빚에 대해서도 동일한 단어를 사용함으로써 죄와 하나님의 용서에 관해 설명하며, 하나님의 은혜가 어떤 성격을 지니는가를 잘 나타내주고 있다. 하나님의 용서는 죄라는, 도저히 갚을 수 없는 엄청난 빚을 아무런 조건이나 값없이 긍휼로 인해 탕감해준 것을 의미한다. 그래서 은혜를 나타낼 때, 값없이 베풀어진 하나님의 호의라는 뜻에서 카리스라는 단어가 사용되는 것이다.

한편, 복음이란 단어 '유앙겔리온'(εὐαγγέλιον)은 본래 군대의 전령이 전해주는 **기쁜 소식**을 의미한다. 즉 복음은 '앞으로 이루어질 어떤 가능성'이라기보다 '이미 이루어져 있는 어떤 상태'에 대한 소식이다. 이에 대한 대표적인 예가 마라톤의 기원이 된, 제1차 페르시아 전쟁(주전 490) 때 있었던 일이다. 당시 세계 최강대국이었던 페르시아의 다리우스 1세는 정병 20만을 이끌고 발칸 반도를 침략했는데, 거기에 맞선 그리스의 도시국가 연합의 병력은 겨우 1만 명 정도였다. 당시의 전쟁은 단순히 이기고 짐으로 끝나는 것이 아니었다. 전쟁에서 지면 나라

   한 권으로 끝내는 신천지 비판

가 망하는 것은 물론, 모든 백성은 포로로 끌려가 비참한 노예 생활을 해야 했다. 아테네 시민들은 벌벌 떨 수밖에 없었다. 드디어 페르시아 대군이 아테네의 인근 마라톤 평야에 상륙했다. 전력을 고려하면 그리스 연합군이 도저히 이길 수 없는 싸움이었지만, 그들은 기적적으로 그 싸움에서 이겼다. 이에 한 군인이 마라톤 평원에서 아테네까지 40여 킬로미터를 달려가 "우리는 이겼노라"고 기쁜 소식을 전하고는 숨을 거두었다고 한다.

구원의 기쁜 소식인 복음은 바로 이와 같은 것이다. 아테네 시민들은 전혀 싸우지 않았다. 그러나 그들은 용사들의 싸움 덕분에 거저 평화와 자유를 누리게 되었다. 예수 그리스도를 믿는 신자 또한 마찬가지다. 신자들이 선을 행함으로, 어떤 권세를 가지고 있음으로, 혹은 그 외에 자신들이 가지고 있는 어떤 원인이나, 조건이나, 이유 때문에 구원받은 것이 아니다. 구원은 오직 하나님이 값없이 베풀어주시는 은혜의 결과다. 하나님이 독생자 예수 그리스도를 보내주시고, 그분이 나의 죄를 대신 짊어지시고, 나를 대신해 십자가에서 죽으시고 부활·승천하심으로 말미암아 더 이상 정죄당하지 않고 구원받게 됐다는 승리의 기쁜 소식, 그것이 바로 복음이다. 그래서 성경에는 다음과 같이 기록되어 있다.

1그러므로 이제 그리스도 예수 안에 있는 자에게는 결코 정죄함이 없나니 2이는 그리스도 예수 안에 있는 생명의 성령의 법이 죄와 사망의 법에서 너를 해방하였음이라(롬 8:1-2).

죄를 지으면 그 죄 값으로 반드시 심판받고 정죄당해야 한다. 그것이 법이다. 그러나 예수님이 그런 죄인의 죄 값을 대신하여 죽으셨기 때문에 예수님 안에 있는 자들은 더 이상 정죄당하지 않게 된다. 그래서 예수 안에 있는 자들, 즉 예수 믿는 사람들은 자신의 행위에 의해서가 아니라 주님의 놀라운 십자가의 은혜로 죄와 사망의 법에서 해방되었다는 복음을 듣게 되는 것이다. 이처럼 성경에서 말하는 복음은 나의 행위에 의한 것이 아니라 하나님의 은혜로 말미암은 구원을 의미하며, 그런 측면에서 바울은 복음을 **하나님의 은혜의 복음**이라고 했다(행 20:24). 그런데 신천지에서는 이와 같은 하나님의 용서를 인정하지 않기 때문에 하나님의 은혜의 복음도 부정하게 된다. 다음의 성경 구절을 보면 그들의 노정 교리가 얼마나 잘못된 것인지 잘 알 수 있다.

> 6우리가 아직 연약할 때에 기약대로 그리스도께서 경건하지 않은 자를 위하여 죽으셨도다 7의인을 위하여 죽는 자가 쉽지 않고 선인을 위하여 용감히 죽는 자가 혹 있거니와 8우리가 아직 죄인 되었을 때에 그리스도께서 우리를 위하여 죽으심으로 하나님께서 우리에 대한 자기의 사랑을 확증하셨느니라(롬 5:6-8).

이 말씀은 노정 교리와는 정반대로 경건하지 않고 죄를 지어 여전히 죄인의 상태에 있는 죄인들을 위해 하나님이 독생자 예수 그리스도를 보내주셨고, 그분이 죄인의 죄를 대신하여 십자가에서 죽으심으로 말미암아 하나님의 사랑이 분명히 드러났음을 보여준다. 성경은 또한 다음과 같이 말씀하기도 한다.

 한 권으로 끝내는 신천지 비판

8너희는 그 은혜에 의하여 믿음으로 말미암아 구원을 받았으니 이것은 너희에게서 난 것이 아니요 하나님의 선물이라 9행위에서 난 것이 아니니 이는 누구든지 자랑하지 못하게 함이라(엡 2:8-9).

성경은 은혜에 의하여 믿음으로 구원받는다고 하면서 그 믿음은 사람에게서 난 것이 아니라 하나님의 선물이라 하고, 인간의 행위에서 난 것이 아니어서 누구든지 자랑할 수 없다고 말씀한다. 그러므로 우리가 예수님을 믿음으로 구원받는다고 할 때, 그 믿음은 행위의 반대적 개념이며, 하나님의 은혜의 결과라는 것이다. 이것이 바로 성경에서 말하는 구원이다. 그런데 이만희와 신천지의 노정 교리는 이런 구원과는 근본적으로 다른 '행위구원'을 주장하고 있기 때문에 성경과는 다른 복음임이 틀림없다.

행위구원론

앞에서 살펴보았듯이 신천지의 노정 교리는 너무나 비성경적인 주장이다. 그러나 그럼에도 불구하고 노정 교리에는 교인들을 미혹할 만한 요소가 상당하다. 그것은 노정 교리가 다름 아닌 행위구원에 뿌리를 두고 있기 때문이다. 행위구원론은 초대교회 당시 예수님 믿기를 거부한 유대인들의 율법주의와 같은 것으로서 과거 2천 년 동안 기독교를 괴롭혀온 이단이지만 여전히 남아서 오늘날 우리나라에서도 『지옥에 가는 크리스천들』(변승우, 은혜출판사, 2005)이나 『진짜 구원받은 사람도 진짜 버림받을 수 있다』(변승우, 큰믿음출판사, 2011) 등의 행위구원론적인 책들이 베스트셀러가 되기도 한다.

물론, 이런 지적에 대해 신천지는 다음과 같은 자신들의 신학원 초등과 교재에 있는 내용을 가지고 그렇지 않다고 발뺌할지 모르겠다. 이 표는 신앙을 위해서는 지식만 있어서는 안 되고, 믿음까지만 있어서도 안 되며, 행함까지 있어야 한다는 주장을 보여주고 있으니 신천지는 행위구원을 주장하지 않는 것일까? 그러나 아무리 발뺌을 하려고 해도 이 또한 믿음이 아니라 결국 행위에 의해 구원이 좌우된다는 행위구원론의 전형적인 설명이다. 그들은 대부분의 행위구원론자들처럼 마태복음 7장 21-22절의 "나더러 주여 주여 하는 자마다 다 천국에 들어갈 것이 아니요 다만 하늘에 계신 내 아버지의 뜻대로 행하는 자라야 들어가리라"는 말씀과 야고보서 2장 26절의 "행함이 없는 믿음은 죽은 것이니라"는 말씀을 근거로 제시한다. 그러나 그 말씀들은 그런 뜻이 전혀 아니다.

먼저, 행위구원을 주장하는 자들은 마태복음 7장 21절의 말씀을 근거로 천국에 들어가고 못 들어가고는 아버지의 뜻대로 행하느냐 행하지 않느냐에 달려 있다고 주장한다. 물론 마태복음 7장 21절이 행함을 강조하는 것은 맞다. 그러나 이 말씀은 행위구원과는 아무런 관련이 없을 뿐만 아니라 어떤 측면에서는 오히려 외면적으로 나타난 어떤 행위를 가지고는 그 사람이 구원받은 사람인지, 아니면 멸망당할 사람인지 알 수 없다는 것을 가르쳐주고 있다. 이와 같은 사실은 다음과 같은

신앙의 3요소

것을 참조하여 성경의 앞뒤 문맥을 조금만 살펴보아도 잘 알 수 있다.

• **성경의 장과 절**―맨 처음의 성경에는 장(章)과 절(節)의 구분이 없었다. 그러나 파리 대학(University of Paris)의 교수였으며 후에 캔터베리(Canterbury)의 추기경이 되었던 스테픈 랭튼(Stephen Langton, 1150-1228)이 1227년에 장을 구분하고, 로버트 스테파너스(Robert Stephanus, 1503-1559)라는 파리의 인쇄업자가 1551년과 1555년에 절을 구분했다. 이는 성경을 인용할 때 편리하도록 하기 위함이었다. 후에 유대인 학자들도 이 장과 절의 구분을 그대로 받아들였다. 그러므로 성경을 살필 때에는 장절보다는 문맥을 더 중요시해야 하며, 또한 성경 전체를 한 문맥으로 보는 거시적(巨視的) 안목이 필요하다.

• **성경의 관주 및 기호**―관주 성경에는 성경 본문이 한 쪽 당 두 문단으로 기록되어 있고 그 밑에 많은 약자들과 성경 장절이 기록되어 있다. 관주(貫珠)라는 말은 영어로는 Reference(참조), Marginal Reference(가장자리 참조)라고 하며, 성경에서는 본문 위에 붙여서 단어나 구절의 전후 관계, 참고 구절, 본문의 인용 출처, 비교, 개념 이해, 배경 표시, 주석적인 이해 등을 나타내주는 여러 가지 색인표시나 기호를 의미한다. 한글 성경에는 관주기호로 한글의 자음(ㄱ, ㄴ, ㄷ, ㄹ 등)과 모음(ㅏ, ㅑ, ㅓ, ㅕ, ㅡ, ㅣ, ㅒ 등), 그리고 몇 가지 부호(?, +, × 등)를 사용한다. 원문에 견부한 숫자는 난외의 주와 같이 번역할 수 있음을 나타내고, 원문에 들어 있는 작은 글씨는 번역과정에서 원문의 뜻을 더 밝히기 위해 첨가된 어휘를 표시한다. '보'는 '보라', '비'는 '비교', '인'은 '인증', '?'는

'의문'을 나타내는 기호다. 'ㅇ'는 문단의 구분을 나타낸다.

관주 성경에서 마태복음 7장을 살펴보면 21절은 15절에서 27절에 이르는 문단에 들어 있음을 알 수 있다. 즉 마태복음 7장 21절의 진정한 의미를 살피기 위해서는 최소한 15절에서 27절에 이르는 한 문단의 흐름을 염두에 두어야 한다는 것이다. 마태복음 7장 15절은 다음과 같이 시작된다.

거짓 선지자들을 삼가라 양의 옷을 입고 너희에게 나아오나 속에는 노략질하는 이리라(마 7:15).

거짓 선지자들은 주의 이름을 부르고 능력을 행하고 귀신을 쫓아내면서 참된 선지자의 흉내를 낸다. 그래서 그들이 하는 일과 겉으로 드러난 어떤 현상만 가지고 판단하지 말라는 말씀이다. 사실, 주님의 선지자들이 주의 이름을 부르는 것은 아주 당연한 일이다. 그래서 주여 주여 하고 주님의 이름을 부르는 자들, 즉 주님을 믿는 자들은 천국에 들어가게 된다. 그런데 주님의 이름을 부르는 자들 중에도 천국에 들어가지 못할 자들이 섞여 있다. 말씀은 다음과 같이 이어진다.

16그들의 열매로 그들을 알지니 가시나무에서 포도를, 또는 엉겅퀴에서 무화과를 따겠느냐 17이와 같이 좋은 나무마다 아름다운 열매를 맺고 못된 나무가 나쁜 열매를 맺나니 18좋은 나무가 나쁜 열매를 맺을 수 없고 못된 나무가 아름다운 열매를 맺을 수 없느니라 19아름다운 열매를 맺지 아니하는 나무마다 찍혀 불에 던져지느니라 20이러므로 그들의 열매로 그들을 알리라(마 7:16-20).

이 말씀은 행위에 대한 가르침이 분명하다. 그래서 많은 사람들은 깊이 생각해보지 않고 이것이 행위에 대해 가르친 것이니 바로 이어 나오는 "주여 주여 하는 자"는 행함이 없고 말만 하는 자, 나아가 행함이 없으면서 믿기만 하는 자라고 생각하게 된다. 그러나 본문의 행위에 대한 강조는 분명하다고 하더라도 본문의 내용은 행위구원과 관계가 없다. 왜냐하면 본문의 내용은 열매가 있고 없고의 문제가 아니라 어떤 종류의 열매냐가 문제임을 말씀하기 때문이다.

또 율법을 지켜야 구원받는다고 하는 율법주의자, 즉 행위구원론자들은 다음의 말씀을 근거로 제시한다.

24그러므로 누구든지 나의 이 말을 듣고 **행하는 자**는 그 집을 반석 위에 지은 지혜로운 사람 같으리니 25비가 내리고 창수가 나고 바람이 불어 그 집에 부딪치되 무너지지 아니하나니 이는 주추를 반석 위에 놓은 까닭이요 26나의 이 말을 듣고 **행하지 아니하는 자**는 그 집을 모래 위에 지은 어리석은 사람 같으리니 27비가 내리고 창수가 나고 바람이 불어 그 집에 부딪치매 무너져 그 무너짐이 심하니라(마 7:24-27).

그들은 여기에 등장하는 "행하는 자", "행하지 아니하는 자"를 근거로 해서 열매를 행위로, 주여 주여 하는 것을 행함이 없는 믿음을 지적한 것으로 이해한다. 물론, 이에 대해 앞에서 살펴본 대로 "지식 + 믿음 + 행위"가 기준이기 때문에 행위구원이 아니라는 반론을 제기할 수 있다. 그러나 믿음—행위와 반대되는 개념으로서 정확하게 말하자면 하나님의 은혜로 말미암은 믿음—으로 구원받는 것이 아니라 사람의 행위에 의해서 구원이 좌우된다면 그것은 결국 행위구원이다. 그래서 이 사실을 잘 알고 있었던 바울은 어떤 유대의 교사들이 갈라디아 교회에 와서 예수님을 믿어야 할 뿐만 아니라 모세의 할례도 받아야 한다고 하면서 사람들을 미혹하자 "다른 복음"이라고 통렬히 비판했던 것이다(갈 1:6-9)

예수님이 행함이 없는 자들을 책망하신 말씀을 행위를 통해 구원받는다는 뜻으로 보는 것은 무리한 해석이다. 그들에게는 행함이 있었기 때문이다. 그들은 흔히 '하나님의 큰 일'이라고 할 만한—선지자 노릇도 하고 귀신도 쫓아내고 주의 이름으로 권능도 행하는—일들을 행(행함)하였다고 반문하고 있다. 주님은 그들이 불법을 행하였다고 책망시지만 그들에게 행함이 없다고 책망하신 것은 아니다. 그렇다면 그들의 문제는 무엇이었는가? 그들의 문제는 근본과 기초의 문제였다. 예수님은 그들이 처음에는 잘 믿다가 중간에 타락했거나 행위로 그 믿음을 받쳐주지 못했다고 책망하신 것이 아니다. 그들이 양의 모습으로 위장한 거짓 선지자라고 하면서 그들의 근본을 지적하시고(마 7:15), 집을 짓는다는 측면에선 똑같지만 지혜로운 자와 같이 반석 위에 집을 세우지 않고 모래 위에 세우는 것처럼 잘못된 의도와 목적의 기초 위에 집을 세우고 있다고 책망하신 것이다(마 7:24-27). 사실, 모든 사람은 어떠한 형태건 반석 위가 아니면 모래 위에 집을 세우는 두 종류의 사람에 속한다. 이 둘은 유정란과 무정란이 겉으로 보기에는 아무런 차이가 없듯 차이가 없다. 나름대로 열심히 '행함'으로 살기 때문이다. 그

   한 권으로 끝내는 신천지 비판

러나 결정적으로 달라질 때가 있다. 마태복음 5장부터 시작된 산상수훈의 결론 부분인 본문은 바로 그것을 가르쳐주고 있는 말씀이다.

산상수훈과 팔복

예수님은 산에 올라가셔서 제자들에게 참된 하나님의 사람이 어떤 특징을 가진 존재이며, 어디를 지향하며, 무엇을 위해 살아야 하는지를 소위 팔복이라는 여덟 가지 복을 통해 가르쳐주셨다.

예수님이 맨 처음 제자들에게 가르쳐주신 것은 "심령이 가난한 자는 복이 있나니 천국이 그들의 것임이요"(마 5:3)라는 말씀이다. 여기에서 '가난하다'라는 말은 심령이란 수식어가 붙어 있듯 물질적인 가난을 말씀하신 것이 아니다. 이 가난은 영적인 의미로 "내가 만약 부자라면 자동차를 살 텐데"라는 말처럼 가난하기 때문에 그렇게 하지 못한다는 '영적 무능'을 의미한다. 참된 하나님의 사람은 성령의 역사하심으로 말미암아 자기가 하나님 앞에 내세울 만한 의라는 것은 마치 걸레조각과 같은 의에 불과해서 그 의로서는 하나님 앞에 설 수 없다는 사실을 알고 구원에 관한한 자신의 무능함을 철저하게 인식하는 사람이다. 도저히 갚을 길 없는 죄 값으로 인해 당당하게 하나님 앞에 서지 못하고 은총을 베풀어주시기만을 간절히 바라는 자가 복이 있으며, 그것을 인식하는 자가 바로 하나님의 사람이다.

둘째 복에 대한 말씀은 "애통하는 자는 복이 있나니 그들이 위로를 받을 것임이요"(마 5:4)다. 이것은 자기 죄가 얼마나 큰지를 아는 사람의 슬픔을 말하는 것으로, 이런 사람은 "주여 나를 불쌍히 여기시옵소

서"라고 간구하면서 주님 앞에 무릎을 꿇을 수밖에 없게 된다. 하나님
은 이런 사람을 외면하지 않으시므로 복이 있다.

셋째는 "온유한 자는 복이 있나니 그들이 땅을 기업으로 받을 것임
이요"(마 5:5)라는 말씀이다. 이것은 자기 죄가 얼마나 큰지를 아는 사
람이 갖는 다른 사람에 대한 태도를 가리킨다. 자기 눈의 들보를 깨달
은 사람은 다른 사람의 눈의 티에 대해서 배 놔라 감 놔라 할 수가 없
는 법이며, 만 달란트 빚 탕감의 은혜를 아는 사람은 백 데나리온 빚진
자의 멱살을 잡지 못하는 법이다. 죄로 인한 자기의 영적 가난을 알지
못하고 그것 때문에 슬퍼하지 않는 사람, 자기가 의롭다고 생각하는 사
람, 용서의 은혜를 알지 못하는 사람, 바로 그런 사람만이 그 사람의 목
을 움켜잡는 법이다. 그러나 심령이 가난한 자, 그래서 자기 죄로 인하
여 슬퍼하며 애통하는 자, 그런 자는 반드시 다른 죄인들에 대한 태도
가 달라지는데, 그런 자에게 약속의 땅이 주어질 것이므로 복이 있다.

넷째는 "의에 주리고 목마른 자는 복이 있나니 그들이 배부를 것임
이요"(마 5:6)다. 자기의 죄를 알아서 자기의 힘과 능력으로 천국에 들
어가지 못한다는 사실을 아는 사람은 애통하고 다른 사람에 대한 태도
가 달라질 뿐만 아니라 의에 주리고 목말라 하게 된다. 그래서 자기의
의가 아니라 하나님의 의를 간구하게 되는데, 하나님은 그런 자를 배
부르게 해주신다. 그런데 여기에 '콜타조'(χορτάζω)는 아주 재미있는 의
미를 가진 단어다. 이미지 상 약간 문제가 있기는 하지만 돼지를 예로
들어보자. 돼지는 먹는 만큼 살이 찐다고 한다. 그래서 양돈업자는 돼
지의 가격이 폭락했을 때는 사료를 죽지 않을 만큼 조금씩 주다가 가격
이 폭등하면 한꺼번에 배가 터져라 하고 사료를 몽땅 준다. 그런데 이

　　　　　　　　　　　　　　　　　한 권으로 끝내는 신천지 비판

와 같이 동물을 살찌우기 위해서 배부르게 '꼴을 먹이다', '실컷 먹이다', '배불리다'라는 뜻을 가진 단어가 바로 '콜타조'다. 그러므로 이 말씀은 은혜가 풍성하신 하나님이 의에 주리고 목마른 자에게 실로 풍성하게 넘치도록 주실 것이기 때문에 그런 자가 복이 있다는 의미다.

다섯째는 "긍휼히 여기는 자는 복이 있나니 그들이 긍휼히 여김을 받을 것"(마 5:7)이고, 여섯째는 "마음이 청결한 자는 복이 있나니 그들이 하나님을 볼 것임이요"(마 7:8)라는 말씀이며, 일곱째는 "화평하게 하는 자는 복이 있나니 그들이 하나님의 아들이라 일컬음을 받을 것"(마 7:9)이고, 마지막 여덟째는 "의를 위하여 박해를 받은 자는 복이 있나니 천국이 그들의 것"(마 7:10)이라고 하신 말씀이다.

이 팔복은 예수님이 이미 제자가 되어 구원받은 자들에게 그들의 특징이 무엇인지, 또 무엇이 복이며 무엇을 위해 살아야 하는지를 가르쳐주신 것이다. 팔복은 심령이 가난한 자로부터 시작해 천국과 관련된 복을 이야기하며, 자기의 의는 마치 걸레조각과 같아서 그 의로는 하나님 앞에 서지 못한다는 사실을 알고 의에 주리고 목마른 심령으로 하나님의 의를 받고 그 의를 위하여 핍박을 받는 자가 오히려 복이 있다고 가르친다. 예수님은 팔복에 이어서 "나로 말미암아 너희를 욕하고 박해하고 거짓으로 너희를 거슬러 모든 악한 말을 할 때에는 너희에게 복이 있나니 기뻐하고 즐거워하라 하늘에서 너희의 상이 큼이라 너희 전에 있던 선지자들도 이같이 박해하였느니라"(마 5:11-12)고 말씀하셨다.

이처럼 산상수훈이 가르쳐주는 것은 사람이 내세울 만한 인간의 의로운 행위로는 하나님 앞에 설 수 없다는 것과 예수 그리스도야말로 의에 주리고 목마른 자들에게 넘치도록 주신 하나님의 의라는 사실, 그리고 구원받은 자는 천국을 소망하며 사는 사람들이기에 이 세상에서 하나님의 의이신 그리스도를 위하여 박해당하는 것을 오히려 복으로 알고 기꺼이 그 박해를 감사하며 살아간다는 사실이다. 팔복 이후 산상수훈의 가르침은 사람들이 주장하며 내세우기를 원하는 인간의 의가 아니라 하나님의 의이신 예수 그리스도를 믿음으로 말미암아 살아가는 사람들의 삶의 원리에 대한 것이다. 그들은 천국을 소망하며 살아가는 사람들이며, 언젠가 주님 앞에 설 것을 아는 사람들이고, 인간이 행함을 통하여 획득한 의로는 하나님 앞에 설 수 없다는 사실을 알 뿐만 아니라 오직 하나님이 인정하시는 하나님의 의가 예수 그리스도라는 사실을 아는 사람들이다.

그들은 하나님의 뜻을 분명히 알았기에, 그분의 뜻을 알지 못하고—하나님의 의이신 예수 그리스도를 거부하고 믿음으로 구원받는 것이 하나님의 율법을 허무는 것이라 생각하며—율법을 지켜 얻는 자신의 의를 내세우기 위하여 힘써 하나님의 의를 무너뜨리려 하면서(롬 10:2) 핍박하는 자들의 핍박을 오히려 감사한다. 그들은 또한 이 세상이 다인 것처럼 행복을 위하여 당장 눈에 보이는 현실의 이익과 쾌락을 좇아 살아가는 세상 사람들과 달리 장차 주님 앞에 설 그날을 생각하며 세상의 소금과 빛처럼 착한 행실을 통하여 아버지께 영광 돌리고(마 5:13-16), 좁은 문과 좁은 길을 선택하며(마 7:13-14) 산다.

산상수훈의 결론 부분에 해당하는 마태복음 7장 21절의 "주여 주여 하는 자"는 바로 이런 배경에서 주어졌기 때문에 행위에 의한 구원이 아니라 하나님의 은혜에 의한 구원, 즉 예수 그리스도를 믿는 믿음 안에서의 행위와 관련된다. 예수님을 거부하고 율법을 지킴으로 구원받는다고 생각하건, 아니면 예수님을 믿어야 할 뿐만 아니라 율법도 지켜야 한다고 하면서 결과적으로 행위에 의해 구원받는다고 생각하건 간에, 어떤 사람들은 소위 '하나님의 일'을 하며 착하게 살 수 있다. 문제는 이런 사람들과 하나님의 은혜에 의한 믿음으로 구원받았지만 그 구원의 은혜가 감사해 자신의 착한 행실을 통하여 하나님께 영광 돌리기 위해 사는 사람들이 겉으로 봐서는 구별하기 어렵다는 것이다. 둘 다 집을 짓고 있는 모습은 같아 보이기 때문이다.

그러나 한쪽의 기초는 모래이고 또 다른 쪽의 기초는 반석이다. 살아가는 이유와 목적이 서로 다르기 때문이다. 그래서 그 근본을 알고 계신 예수님은 그들을 향하여 천국에 들어가려면 "하늘에 계신 내 아버지의 뜻대로 행하는 자라야 들어가리라"(마 7:21)고 말씀하신 것이다. 심판날인 그날에는 아무리 주의 이름을 부르고 큰 이적과 기사를 행하였다고 하더라도 하나님의 의이신 예수 그리스도를 믿음으로 말미암아 구원받는다는 하나님의 구원의 법도에 기초하지 않았다면 소용이 없다. 주님은 그들을 향하여 "불법을 행하는 자들아 내게서 떠나가라"(마 7:23)고 하실 것이다.

성경은 하나님의 뜻을 다음과 같이 밝혀준다.

내 아버지의 뜻은 아들을 보고 믿는 자마다 영생을 얻는 이것이니 마지막 날에 내가 이를 다시 살리리라 하시니라(요 6:40).

하나님 아버지의 뜻은 아들을 보고 믿는 것이다. 그런데 성경은 그 믿음에 대해서 다음과 같이 말씀한다.

> 8너희는 그 은혜에 의하여 믿음으로 말미암아 구원을 받았으니 이것은 너희에게서 난 것이 아니요 하나님의 선물이라 9행위에서 난 것이 아니니 이는 누구든지 자랑하지 못하게 함이라(엡 2:8-9).

> 하나님이 우리를 구원하사 거룩하신 소명으로 부르심은 우리의 행위대로 하심이 아니요 오직 자기의 뜻과 영원 전부터 그리스도 예수 안에서 우리에게 주신 은혜대로 하심이라(딤후 1:9).

이와 같은 말씀들을 보면 성경에서 믿음과 구원이 어떤 성격을 가지고 있는지 잘 알 수 있다. 신천지의 '믿음 + 행위'라는 주장은 믿음이라는 말은 들어 있지만 사실상 행위에 의해 구원이 좌우된다는 것으로, 결국 주님의 은혜를 무시하고 하나님의 의이신 예수 그리스도를 믿지 않겠다는 선언과 마찬가지다. 왜냐하면 성경에서 말하는 믿음은 행위의 반대적인 개념으로 등장한 것이며, 비록 어떤 행위를 한다 하더라도 그 행위를 통하여 구원받는다고 생각하면서 행하는 것이 아니라 주님의 은혜에 감사해서 행하는 것이기 때문이다.

행위구원의 근거로 자주 등장하는 또 다른 구절은 야고보서 2장에 있는 다음과 같은 말씀이다.

> 영혼 없는 몸이 죽은 것같이 행함이 없는 믿음은 죽은 것이니라(약 2:26).

한 권으로 끝내는 신천지 비판

믿음은 행함이 있을 때에만 그 효력이 유지되거나 가치가 있다는 말씀
이다. 그러나 야고보서는 하나님의 은혜로 말미암아 믿음으로 구원받
았으므로 아무렇게나 살아도 된다고 하면서 제멋대로 사는 반율법주
의(Antinomianism)에 대한 경고로 주어진 성경이다. 은혜를 아는 자는 은
혜를 아는 자답게 살 수밖에 없다. 결국 야고보서 2장 26절은 참된 믿
음이란 반드시 행위를 동반하게 된다는 사실을 가르쳐주는 것이지 행
위로 구원받는다고 주장하는 것은 아니다.

15장
비유 풀이

신천지의 비유 풀이는 그들의 봉함 교리와 깊은 관련이 있다. 비유 풀이는 성경이 비유로 봉해져 있다는 것을 전제로 하기 때문이다. 비유 풀이는 성경을 풀어줄 수 있는 특별한 존재를 필요로 하면서 이만희의 약속한 목자론을 성립시켜 그를 신격화하는 역할을 한다. 이제부터 신천지인들이 어떻게 논리를 전개하며 비유 풀이를 하는지, 그들이 비유에 몰두하는 이유와 목적은 무엇인지, 그리고 신천지의 비유 풀이에는 무슨 문제가 있는지 살펴보도록 하자.

봉함 교리

신천지에서 비유를 강조하는 이유는 그들의 교주 이만희가 비유의 참뜻을 계시로 받은 자라고 믿기 때문이다. 성경의 비유가 깨닫기 어렵다고 할수록 이만희는 신적 지위를 얻게 되는데, 그래서 『신탄』에서는

"성경은 봉함된 글이다"라는 제목으로 다음과 같이 말하고 있다.

성경을 무조건 읽고 외는 것만이 능사는 아니다. 성경은 영생에 이르는 천국의 비밀이 암호로 기록된 책이다. 그러므로 하나님이 친히 그 인을 떼고 해명하신다. 이날까지 수많은 신학자들이 주석이나 강해 등을 저술하였다. 그러나 아직 때가 이루지 아니하였고, 또한 그들은 '약속된 인물'이 아니므로 성경의 바른 해독을 하지 못한 채 역사나 인물들을 분류하는 데 그치고 있을 뿐이다.[1]

이처럼 그들은 성경이 "영생에 이르는 천국 비밀이 암호로 기록된 책"이라고 하면서 지금까지는 약속된 인물이 없었으므로 성경 해석을 제대로 하지 못하였다고 한다. 이런 주장은 『천지창조』에도 나타난다.

예수님께서 천국 비밀을 비유로 말씀하신 이유는 무엇인가? 예수님께서는 비유가 아니면 어떠한 천국 비밀도 말씀하시지 않았다(시 78:1-3; 마 13:34-35). 예수님께서는 왜 천국 비밀을 비유로 말씀하셨는지 알아보자.…이와 같이 허락되지 않은 사람들에게는 천국 비밀을 감추기 위해 비유로 말씀하신 것이다.

대부분의 성도들은 모든 사람이 천국의 비밀을 아는 것이 좋을 텐데 굳이 숨겨야 할 이유가 있겠느냐고 생각할 것이다. 그러나 그것은 사람의 생각일 뿐 하나님의 생각은 그와 다르다. 비밀은 믿을 수 있는 사람에게 알려

---

1) 『신탄』, p.23.

 한 권으로 끝내는 신천지 비판

주는 것이지, 아무에게나 알려주지는 않는다. 예를 하나 들어보자. 아군 중 누군가가 적군에게 비밀을 알려주면 전쟁에서 질 수밖에 없다. 군대에서는 비밀이 적군에게 탄로나지 않도록 암호라는 것을 사용한다. 예수님께서 천국 비밀을 비유로 말씀하신 것도 이와 같은 이치다. 천국의 비밀은 사탄에게 속한 사람이 아닌 하나님의 자녀만 알아야 한다.[2]

구약시대에는 아담, 노아, 아브라함의 혈통을 따라 난 사람들만이 하나님을 알고 믿었으므로, 하나님의 역사도 그들의 세계에서만 이루어졌다. 그러나 예수님께서 이 땅에 오신 후에는 복음의 씨가 지구촌 전체에 뿌려졌으므로 하나님의 추수도 전 세계를 범위로 하여 이루어진다. 추수의 중심지는 요한계시록에 약속한 목자가 있는 곳, 대한민국 과천 신천지예수교증거장막성전이다.[3]

신천지에서는 자신들의 초창기의 교리책이었던 『신탄』이 공격을 받자 그 책은 자신들과 관계없는 책이라고 발뺌을 했다. 그러나 『신탄』과 『천지창조』의 내용은 보는 바와 같이 대동소이할 뿐만 아니라 어떤 경우에는 『천지창조』가 더 구체적이기 때문에 『신탄』을 부정하는 것은 궁색한 변명에 불과하다.

'비유'의 사전적 의미는 "어떤 현상이나 사물을 직접 설명하지 아니하고 다른 비슷한 현상이나 사물에 빗대어서 설명하는 것"이다. 여

---

2) 『천지창조』, pp.283-284.
3) 『천지창조』, p.527.

기에는 구태여 설명하지 않더라도 사람들이 잘 알고 있는 어떤 비슷한 것으로 빗대어서 그 의미를 알아챌 수 있도록 표현한다는 의미가 내포되어 있다. 그러나 신천지는 땅의 것—문자적이고 육적이며 표면적인 것—으로 하늘의 것—실제적이고 영적이며 이면적인 것—을 표현한 것이 비유라고 하면서 거기에는 참 뜻과 실체가 있기 때문에 "설명하지 않으면 모르는 것"이 비유라고 가르친다. 바로 그와 같은 전제 위에 비유의 실체를 설명하는 과정을 '비유 풀이'라고 한다.

심각한 문제는 그들이 예언은 비유로 봉함되어 있고, 천국에 관한 가르침도 비유이기 때문에 비유를 모르면 결국 구원도 받지 못한다고 주장하는 것이다. 이것이 바로 신천지 신도들이 비유 풀이에 몰입하게 되는 이유다. 비유를 알아야 구원받는다고 하니 비유 풀이에 매달릴 수밖에 없는 것이다. 이것은 앞에서 이미 살펴본 대로 이만희를 '약속한 목자'로 만들어 그를 신격화시키기 위한 얄팍한 술수에 불과하다. 구원은 예수님을 믿어야 받는 것이지, 비유를 알아야 구원받는다고 하는 것은 얼마나 우스꽝스러운 주장인가? 생각해보라. 비유를 100퍼센트 알면 100퍼센트 구원받고, 10퍼센트만 알면 10퍼센트만 구원받게 될까?

비유 풀이 유도 과정

이제는 신천지에서 어떻게 비유 풀이로 이끌어가는지 먼저 그 특징을 살펴보자. 이 특징을 잘 알고 있으면 신천지의 미혹을 분별할 수 있을 것이다.

한 권으로 끝내는 신천지 비판

• **거부감 없애기**—신천지에서 비유 풀이로 유도하며 이용하는 구절 중 하나는 시편 119편 130절에 있는 "주의 말씀을 열면 빛이 비치어 우둔한 사람들을 깨닫게 하나이다"라는 말씀이다. 신천지는 여기에서 말씀을 여는 것은 감추어져 있기 때문에 열어주는 것이라고 하면서 해석이 중요하다고 한다. 그들은 또 느헤미야 8장 8절에 있는 "하나님의 율법책을 낭독하고 그 뜻을 해석하여 백성에게 그 낭독하는 것을 다 깨닫게 하니"라는 말씀을 이용하여 "성경은 읽는다고 되는 게 아니고 그 뜻을 해석해야 백성이 깨달을 수 있다"라고 강조한다. 또 정통 교회에서 성경을 몇 독 하라, 다독 하라, 성경을 많이 읽고 쓰라는 것에 대해 "많이 읽고 쓰면 뭐하느냐? 하나를 읽어도 뜻을 깨닫는 게 중요하다"고 하면서 은근히 기성 교회를 비판하고, 자신들만 성경의 뜻을 알고 있다는 양 이야기한다. 사도행전 17장 2-3절의 말씀—"바울이 자기의 관례대로 그들에게로 들어가서 세 안식일에 성경을 가지고 강론하며 뜻을 풀어 그리스도가 해를 받고 죽은 자 가운데서 다시 살아나야 할 것을 증언하고 이르되 내가 너희에게 전하는 이 예수가 곧 그리스도라 하니"—을 가지고는 바울이 성경을 풀어 강론하였다고 하면서 자연스럽게 비유 풀이가 당연하게 느껴지도록 유도한다.

• **'성경대로'를 강조하기**—비유 풀이로 유도해가는 두 번째 과정은 '성경대로'라는 말을 강조하며 비유 풀이를 정당화하는 것이다. '성경대로'는 기독교인들이 금과옥조로 삼는 원리다. 그래서 그들은 '성경대로'라는 말을 강조하며 비유 풀이는 재론의 여지가 없을 만큼 당연한 것처럼 몰고 가면서 비유 풀이에 대한 경계심을 해제시킨다. 이를 위

해 그들은 마태복음 13장 34-35절의 말씀을 인용한다.

34예수께서 이 모든 것을 무리에게 비유로 말씀하시고 비유가 아니면 아무 것도 말씀하지 아니하셨으니 35이는 선지자를 통하여 말씀하신 바 내가 입을 열어 비유로 말하고 창세부터 감추인 것들을 드러내리라 함을 이루려 하심이라(마 13:34-35).

예수님이 무리에게 비유가 아니면 아무것도 말씀하지 않으셨다고 하는 이 구절은 구약성경 시편 78편 2절에 있는 "내가 입을 열어 비유로 말하며 예로부터 감추어졌던 것을 드러내려 하니"라는 아삽의 예언이 인용된 말씀이다. 예수님은 선지자인 아삽이 그렇게 예언했기 때문에 '성경대로' 그 예언을 이루기 위해서 비유만 말씀하셨다는 것이다. 신천지는 이 말씀을 통하여 예수님의 가르침이 비유로 봉함되어 있다고 주장함으로써 비유 풀이의 성경적 근거를 확보하려고 한다. 이 정도만 되어도 상당한 미혹성이 있는 접근이라고 할 수 있다. 그런데 신천지는 여기에 멈추지 않는다.

그들은 마태복음 13장 13-15절의 말씀―"그러므로 내가 그들에게 비유로 말하는 것은 그들이 보아도 보지 못하며 들어도 듣지 못하며 깨닫지 못함이니라 이사야의 예언이 그들에게 이루어졌으니 일렀으되 너희가 듣기는 들어도 깨닫지 못할 것이요 보기는 보아도 알지 못하리라 이 백성의 마음이 완악하여져서 그 귀는 듣기에 둔하고 눈은 감았으니 이는 눈으로 보고 귀로 듣고 마음으로 깨달아 돌이켜 내게 고침을 받을까 두려워함이라 하였느니라"―을 인용하여 예수님이 비유를 사용해, 보아도 보지 못하고 들어도 듣지 못하고 깨닫지 못하게 하신 이유가 '성경대로' 이루시기 위함이었다고 강조한다. 꽤 설득력이 있어 보이는 논증이다. 그들의 주장이 사실이라면 예수님의 가르침은 비유로 봉함되어 있는 비밀임이 틀림없을 것이다.

• 비유를 구원의 열쇠로 제시하기—그들은 씨 뿌림의 비유에 대해 묻는 제자들에게 예수님이 하신 마가복음 4장의 말씀을 가지고 쐐기를 박으려고 한다. '성경대로' 제자들에게는 하나님 나라의 비밀이 허락되었으나 외인들에게는 그 비밀이 비유로 감추어져서 죄 사함을 얻지 못하게 하려 하셨다는 것이다.

10예수께서 홀로 계실 때에 함께한 사람들이 열두 제자와 더불어 그 비유들에 대하여 물으니 11이르시되 하나님 나라의 비밀을 너희에게는 주었으나 외인에게는 모든 것을 비유로 하나니 12이는 그들로 보기는 보아도 알지 못하며 듣기는 들어도 깨닫지 못하게 하여 돌이켜 죄 사함을 얻지 못하게 하려 함이라 하시고(막 4:10-12).

신천지는 이 본문을 바탕으로 예수님이 천국 비밀을 감추려고 비유로 말씀하셨다고 주장할 뿐 아니라 이 문제를 구원의 문제로 이끌어간다.

성경이 전부 다 비유로 기록된 것도 아니고, 예수님께서 오셔서 모든 것을 비유로 말씀하신 것도 아니다. 그러나 예수님께서 천국 비밀은 비유로 말씀하셨다. 이 천국 비밀은 알아도 되는 사람과 알아서는 안 될 사람이 있기 때문이다. 천국 비밀을 알아도 된다고 허락된 사람들은 비유 속에 감추어진 천국 비밀을 깨닫게 되지만, 그렇지 않은 사람들은 아무리 듣고 읽어도 그 뜻을 알지 못한다. 마태복음 13장에서는 이 두 부류를 각각 '너희'와 '저희'로 구분하였다(마 13:10-16).

예수님의 제자들은 예수님께서 천국 비밀을 말씀하실 때 처음부터 알아들었을까? 그렇지 않다. 제자들도 예수님께서 비유를 풀어주시는 것을 듣고 그 뜻을 알게 되었다. 예수님께서는 많은 무리가 모인 공개적인 자리에서는 천국 비밀을 비유로 말씀하셨고, 제자들만 남았을 때는 비유를 풀어주셨다(막 4:34). 많은 무리 중에는 천국 비밀을 깨달아서는 안 되는, 사탄에게 속한 사람들이 섞여 있기 때문이다.[4]

이만희는 비유를 기준으로 '너희'와 '저희'—〈개역개정〉에서는 '그들'—를 구분한다. 즉 예수님이 제자들을 향하여는 비유를 아는 '너희'라고 하시고, 자신을 믿지 않아 구원받지 못한 자들에게는 비유를 모르는 '저희'라고 하셨으니, 비유를 아는 자는 구원을 받은 자이고 비유를 모르는 자는 구원을 받지 못한 자라는 것이다. 이런 주장 때문에 신천지인들은 비유에 목을 맨다. 그들은 비유에 매달리면서 기성교인들은 비유를 모르니 '저희'에 해당하며 외인으로서 구원받지 못한다고 하는 것이다.

신천지의 비유 풀이는 바로 이와 같은 방식으로 진행되어 일단 비유 풀이에 대해 거부감을 없애고, '예언대로' 혹은 '성경대로'를 강조하

---

4) 『천지창조』, p.285.

여 무장을 해제시킨다. 그래서 사람들의 마음에 경계심이 사라지고 신천지에서 가르치는 것이 성경적이라는 생각이 들어가게 되면, 그 다음에는 비유론을 통해 '배도의 비밀', '멸망의 비밀', '구원의 비밀' 등을 주입해 이만희를 '이긴 자'로, 신천지를 '진리의 성읍'으로 믿게 만든다.

비유 풀이의 문제점

그렇다면 이제부터 신천지의 주장이 무엇이 문제인지 살펴보도록 하자. 다시 시편 119편 130절이다.

> 주의 말씀을 열면 빛이 비치어 우둔한 사람들을 깨닫게 하나이다(시 119:130).

이 구절은 말씀이 비유로 아무도 모르게 감추어져 있다는 뜻이 아니라 "우둔한 사람들을 깨닫게" 해준다는 의미다. 그리고 여기에서 '연다'라는 말이 '해석한다'라는 의미를 가지고 있는 것은 분명하지만, 그것이 꼭 '주의 말씀은 비유다'라는 명제를 성립시키는 것은 아니다. 비유가 아니더라도 해석은 해야 하기 때문이다.

느헤미야 8장 8절의 말씀—"하나님의 율법책을 낭독하고 그 뜻을 해석하여 백성에게 그 낭독하는 것을 다 깨닫게 하니"—또한 그냥 **일반적인 해석**에 관한 말씀으로 보아야 한다. 비유가 아니라도 해석을 해야 하는 것은 성경뿐만 아니라 모든 책이 마찬가지다. 이런 일반적인 해석의 문제를 가지고 비유로 감추어져 있다는 식으로 몰고 가면 안 된다. 더구나 이런 말씀이 주어진 것 자체가 당시에 이미 말씀을 열어 깨닫게 해주고 해석하여 알게 해주셨기 때문에 가능했던 일이 아닌가? 그러므로 성경이 봉함되어 감추어져 있다는 신천지의 주장은 잘못된 것이다.

예수님이 아삽의 예언을 이루어 비유로 말씀하셨다는 시편 78편 2절의 말씀에 관한 신천지의 주장은 더욱 큰 문제다. 신천지에서는 비유가 비밀로 감추어져 알 수 없는 것이라고 하지만 정작 시편 78편을 보면 그렇게 되어있지 않기 때문이다.

> 1내 백성이여, 내 율법을 들으며 내 입의 말에 귀를 기울일지어다 2내가 입을 열어 비유로 말하며 예로부터 감추어졌던 것을 드러내려 하니 3이는 우리가 들어서 아는 바요 우리의 조상들이 우리에게 전한 바라(시 78:1-3).

신천지에서는 역사와 교훈은 문자로 해석하고 예언은 비유로 감추어져 있기 때문에 영적으로 해석한다고 한다. 하지만 시편 78편은 귀를 기울이라고 하면서 비유로 말한다고 하고, 비유라 하면서도 봉함되어 감추어져 있는 것이 아니라 "우리가 들어서 아는 바요 우리의 조상들이 우리에게 전한 바"라고 하면서 모르는 것이 아니라 **안다**고 이야기한다. 비유를 통해 감추는 것이 아니라 비유를 통해 깨달아 알 수 있게 해주시겠다는 말씀이다. 예수님도 이 말씀을 다음과 같이 인용하셨다.

> 34예수께서 이 모든 것을 무리에게 비유로 말씀하시고 비유가 아니면 아무 것도 말씀하지 아니하셨으니 35이는 선지자를 통하여 말씀하신 바 내가

입을 열어 비유로 말하고 창세부터 감추인 것들을 드러내리라 함을 이루려 하심이라(마 13:34-35).

신천지는 이 말씀 중 '비유'만 강조하고 연속으로 이어지는 감추인 것들을 드러낸다는 말씀은 이야기하지 않는다. 그러나 이 말씀은 전체적으로 보았을 때, 모호하게 하거나 감추기 위해서가 아니라 앞에서 살펴본 시편 78편 3절과 같이 예수님이 비유를 통해 창세부터 감추인 것들을 드러내어 선지자의 예언을 이루기 위해서 비유를 사용하신다는 것을 보여준다. 그러므로 비유는 감추어져 있는 것, 혹은 모르게 하기 위해서 감추는 수단으로 사용되었다는 신천지의 관점은 성경과는 정반대임이 분명하다.

또 이사야 6장은 신천지에서 성경이 비유로 감추어져 있다는 주장을 하는 핵심적인 근거 구절이다. 예수님이 바로 이 이사야 6장에 있는 말씀을 인용하시면서 비유와 관련하여 말씀하셨기 때문이다. 과연 "너희가 듣기는 들어도 깨닫지 못할 것이요 보기는 보아도 알지 못하리라"(사 6:9)는 말씀은 비유로 감추겠다는 뜻일까? 아니다. 이사야 6장에 있는 내용은 비유와 아무런 관련이 없다. 비유라는 단어가 등장하지도 않을 뿐만 아니라 심지어 비유에 관한 암시조차도 없다. 이와 같은 사실은 다음과 같은 이사야 6장 9절에 있는 말씀의 전후를 보면 분명해진다.

8내가 또 주의 목소리를 들으니 주께서 이르시되 내가 누구를 보내며 누가 우리를 위하여 갈꼬 하시니 그때에 내가 이르되 내가 여기 있나이다 나를 보내소서 하였더니 9여호와께서 이르시되 가서 이 백성에게 이르기를 너희가 듣기는 들어도 깨닫지 못할 것이요 보기는 보아도 알지 못하리라 하여 10이 백성의 마음을 둔하게 하며 그들의 귀가 막히고 그들의 눈이 감기게 하라 염려하건대 그들이 눈으로 보고 귀로 듣고 마음으로 깨닫고 다시 돌아와 고침을 받을까 하노라 하시기로(사 6:8-10).

이사야서는 "하늘이여 들으라 땅이여 귀를 기울이라 여호와께서 말씀하시기를 내가 자식을 양육하였거늘 그들이 나를 거역하였도다 소는 그 임자를 알고 나귀는 그 주인의 구유를 알건마는 이스라엘은 알지 못하고 나의 백성은 깨닫지 못하는도다 하셨도다"(사 1:2-3)라고 할 정도로 타락하고 부패한 이스라엘 백성, "너희가 어찌하여 매를 더 맞으려고 패역을 거듭하느냐 온 머리는 병들었고 온 마음은 피곤하였으며 발바닥에서 머리까지 성한 곳이 없이 상한 것과 터진 것과 새로 맞은 흔적뿐이거늘 그것을 짜며 싸매며 기름으로 부드럽게 함을 받지 못하였도다"(사 1:5-6)라고 할 정도로 아무리 외쳐도 듣지 않으려고 하는 자들에 관한 하나님의 심판 선언을 담고 있다. 그래서 이사야 6장은 "여호와께서 이르시되 가서 이 백성에게 이르기를 너희가 듣기는 들어도 깨닫지 못할 것이요 보기는 보아도 알지 못하리라"(사 6:9)는 말씀 다음에 "이 백성의 마음을 둔하게 하며 그들의 귀가 막히고 그들의 눈이 감기게 하라 염려하건대 그들이 눈으로 보고 귀로 듣고 마음으로 깨닫고 다시 돌아와 고침을 받을까 하노라"(사 6:10)라는 말씀으로 이어지고 있다.

우리말 속담에 "때리는 시어미보다 말리는 시누가 더 밉다"라는 말

 한 권으로 끝내는 신천지 비판

이 있는데 이 말은 겉으로 위해주는 체하면서 속으로는 해하고 헐뜯는 사람이 더 밉다는 뜻이다. 그러나 이 속담의 다른 뜻은 관계가 깨어져 사이가 나쁘면 무슨 말을 해도 좋게 보이지 않고 더 나쁘게 보인다는 것이다. 이사야 6장 10절의 말씀은 바로 후자의 상황을 보여준다. 타락하고 부패한 이스라엘 백성은 하나님이 선지자들을 보내 그들의 죄를 지적하고 책망하며 잘못된 길에서 돌이키라고 하면 그 말씀 듣기를 싫어하여 귀를 막아버리고 선지자를 보기조차 싫어하며 더 못된 짓을 하였던 것이다. 그런데 이사야 6장은 바로 그와 같은 사실, 즉 사람들이 자기들의 완악함과 죄 때문에 눈과 귀를 막고 하나님의 말씀을 들으려 하지 않는 것을 인간의 역사와 생사화복을 주장하는 분이 하나님이라는 측면에서 마치 하나님이 그렇게 하신 것처럼 표현했다. 그들의 죄악을 심판하고야 말겠다는 뜻에서 "염려하건대 그들이 눈으로 보고 귀로 듣고 마음으로 깨닫고 다시 돌아와 고침을 받을까 하노라"라고 말씀하시는 것이다.

마가복음 4장 또한 말씀을 들으려고 하지 않은 점에 있어서는 이사야 6장의 상황과 별반 다르지 않다. 바리새인과 서기관들은 주님의 말씀을 듣기 위해서가 아니라 어떻게 해서든지 꼬투리를 잡아 죽이려고 쫓아다녔으며, 결국 주님을 십자가에 못 박았다. 이처럼 바리새인들과 서기관들은 늘 주님을 적대시했는데, 마가복음 4장은 바로 그와 같은 배경 속에서, 특히 주님이 귀신들린 자의 귀신을 쫓아내자 "저가 바알세불을 지폈다 하며 또 귀신의 왕을 힘입어 귀신을 쫓아낸다"(막 3:22)고 터무니없이 폄훼하는 그런 배경 속에서 비유를 베풀었던 것이다.

그러므로 마가복음 4장에 있는 "예수께서 홀로 계실 때에 함께한 사람들이 열두 제자와 더불어 그 비유들에 대하여 물으니 이르시되 하나님 나라의 비밀을 너희에게는 주었으나 외인에게는 모든 것을 비유로 하나니 이는 그들로 보기는 보아도 알지 못하며 듣기는 들어도 깨닫지 못하게 하여 돌이켜 죄 사함을 얻지 못하게 하려 함이라 하시고"(막 4:10-12)라는 말씀은 무언가 감추기 위해서 비유를 사용하셨다는 의미가 아니다. 비유는 본래 어려운 말을 더 쉽게 알아듣게 하기 위해서 잘 아는 것에 빗대어 설명하는 것이다. 예수님도 잘 알아듣게 하기 위해서 비유로 말씀하셨지만, 늘 악감정을 가지고 주님을 적대시했던 바리새인들과 서기관들, 즉 말씀을 들으려 하지 않고 복음을 받아들이지 않아서 그리스도 밖에 있는 '외인'인 그들은 그것을 받아들이지 않았다. 이에 대해 예수님은 이사야 6장의 관점과 같이 하나님의 주권을 강조한 표현으로 그들이 알아듣지 못하도록 하기 위해 비유로 말씀하셨다고 하신 것이다. 또 그들이 심판을 받을 존재들이었기 때문에 "돌이켜 죄 사함을 얻지 못하게 하려 함이라"(막 4:12)고 말씀하셨다. 이와 같은 사실은 예수님이 그들에게만 비유로 말씀하신 것이 아니라 공개적으로 말씀하신 것에 대한 다음과 같은 평가에서 확인할 수 있다.

33 예수께서 이러한 많은 비유로 저희가 알아들을 수 있는 대로 말씀을 가르치시되 34비유가 아니면 말씀하지 아니하시고 다만 혼자 계실 때에 그 제자들에게 모든 것을 해석하시더라(〈개역한글〉 막 4:33-34).

여기에서 "많은 비유로 저희가 알아들을 수 있는 대로 말씀을 가르치시되"라는 말씀은 무슨 뜻일까? 신천지의 주장과 같이 비유란 감추기

 한 권으로 끝내는 신천지 비판

위한 것이며, 감추기 위해서 비유로 말씀하셨다는 것일까? 아니면 알기 쉽게 알아듣게 하기 위해서 비유로 말씀하셨다는 뜻일까? 이 말씀은 분명히 쉽게 설명하여 알아듣게 하기 위해서 예수님이 비유로 말씀하셨다는 뜻이다. 그리고 그것도 부족해서 혼자 계실 때에 제자들을 앉혀놓고 자세한 설명도 해주셨다는 말씀이다.

이사야 6장을 인용하고 있는 또 다른 곳은 마태복음 13장이다.

10 제자들이 예수께 나아와 가로되 어찌하여 저희에게 비유로 말씀하시나이까 11 대답하여 가라사대 천국의 비밀을 아는 것이 너희에게는 허락되었으나 저희에게는 아니되었나니 12 무릇 있는 자는 받아 넉넉하게 되되 무릇 없는 자는 그 있는 것도 빼앗기리라 13 그러므로 내가 저희에게 비유로 말하기는 저희가 보아도 보지 못하며 들어도 듣지 못하며 깨닫지 못함이니라 14 이사야의 예언이 저희에게 이루었으니 일렀으되 너희가 듣기는 들어도 깨닫지 못할 것이요 보기는 보아도 알지 못하리라 15 이 백성들의 마음이 완악하여져서 그 귀는 듣기에 둔하고 눈은 감았으니 이는 눈으로 보고 귀로 듣고 마음으로 깨달아 돌이켜 내게 고침을 받을까 두려워함이라 하였느니라(〈개역한글〉 마 13:10-15).

마태복음의 내용은 마가복음과는 약간 다르게 되어 있다. 천국의 비밀을 아는 것이 너희에게는 허락되었으나 저희에게는 허락되지 않았다는 말씀은 공통되지만 마가복음 4장 12절 말씀과 같이 일부러 보거나 듣지 못하게 하고 죄 사함도 얻지 못하게 하신다는 내용은 빠졌다. 대신 "보아도 보지 못하며 들어도 듣지 못하며 깨닫지 못함이니라"(마

13:13)고 하시면서 그 책임이 보거나 듣지 않고 돌이키지 않은 사람에게 있는 것처럼 되어 있다. 이처럼 마태복음 13장의 전체적인 내용도 신천지의 주장과는 다르다는 사실을 알 수 있다.

다음으로 사도행전의 내용을 살펴보자. 사도행전 28장의 내용은 바울이 로마 감옥에서 복음을 전하는 내용이다.

23그들이 날짜를 정하고 그가 유숙하는 집에 많이 오니 바울이 아침부터 저녁까지 강론하여 하나님의 나라를 증언하고 모세의 율법과 선지자의 말을 가지고 예수에 대하여 권하더라 24그 말을 믿는 사람도 있고 믿지 아니하는 사람도 있어 25서로 맞지 아니하여 흩어질 때에 바울이 한 말로 이르되 성령이 선지자 이사야를 통하여 너희 조상들에게 말씀하신 것이 옳도다 26일렀으되 이 백성에게 가서 말하기를 너희가 듣기는 들어도 도무지 깨닫지 못하며 보기는 보아도 도무지 알지 못하는도다 27이 백성들의 마음이 우둔하여져서 그 귀로는 둔하게 듣고 그 눈은 감았으니 이는 눈으로 보고 귀로 듣고 마음으로 깨달아 돌아오면 내가 고쳐줄까 함이라 하였으니 28그런즉 하나님의 이 구원이 이방인에게로 보내어진 줄 알라 그들은 그것을 들으리라 하더라(행 28:23-28).

사도행전 28장에도 이사야 6장의 내용이 인용되고 있는데, 여기에는 비유나 비밀이란 단어도 등장하지 않을 뿐만 아니라 아침부터 저녁까지 하나님의 말씀을 강론하였다고 한다. 강론의 사전적 의미는 "학술이나 도의(道義)의 뜻을 해설하며 토론함" 혹은 "교리를 설명하여 신자를 가르침"이다. 그래서 이 부분에 관해 〈현대인의성경〉은 다음과 같

한 권으로 끝내는 신천지 비판

이 번역하고 있다.

> 그러고서 바울과 날짜를 정하고 많은 사람들이 그의 숙소로 찾아왔다. 그
> 래서 바울은 아침부터 저녁까지 하나님의 나라에 대해서 설명하며 증거하
> 고 모세의 율법과 예언자들의 글을 가지고 예수님에 관해 그들을 설득시키
> 려고 하였다(《현대인의성경》 행 28:23).

바울이 아침부터 저녁까지 사람들에게 하나님의 말씀을 자세하게 설명하며 가르쳤는데, 어떤 사람들은 그 말씀을 듣고 믿었지만 어떤 사람들은 믿지 않고 흩어지려 했다. 그래서 바울은 흩어지려고 하는 자들에 대해 이사야 6장에 있는 말씀을 인용했다. 그러므로 이사야 6장을 근거로 말씀이 비유로 봉함되어 있다거나 감추기 위한 수단이 된다고 하는 신천지의 주장은 말도 되지 않는다. 이는 바울의 옥중 생활을 살펴보면 더욱 확실해진다. 바울의 로마에서의 감옥생활은 비교적 자유로웠다. 사도행전 28장 30-31절에서 "바울이 온 이태를 자기 셋집에 머물면서 자기에게 오는 사람을 다 영접하고 하나님의 나라를 전파하며 주 예수 그리스도에 관한 모든 것을 담대하게 거침없이 가르치더라"라고 한 것과 같이 셋집에서 연금된 상태로 거하면서 2년 동안이나 자유롭게 복음을 전할 수 있었던 것이다.

바울은 비유로 가르치지도 않았고, 모호하게 가르치지도 않았다. 대신 자세하게 설명하며 가르쳤는데, 2년 동안이나 그렇게 가르쳤다고 한다. 성경의 증언이 이런데도 누군가 성경이 비유로 봉함되어 있다고 주장하면서, '너희'와 '저희'를 구분하며 배타적 비유 풀이를 한다면 정

말 우습지도 않을 것이다. 생각해보라. 예수님 당시의 제자들이 바로 '너희'였으며, 그 '너희'에게 예수님은 이미 비유의 의미를 다 해석해주셨다. 그리고 그 제자들이 다른 제자들을 가르쳤으며, 그 제자들이 또 다른 제자들을 삼아 오늘에 이르게 된 복음이 아직도 비유로 봉함되어 있다고 한다면 그게 어디 말이나 될 소리겠는가? 사도 바울도 이사야서를 인용하기는 했지만 비유가 아니라 자세한 설명으로 2년 동안이나 가르쳤다. 이로 보건대 성경이 비유로 봉함되어 있다고 하면서 비유 풀이가 제일 중요하다고 주장하는 신천지는 잘못 나가도 한참 잘못 나갔다.

성경은 열린 책

신천지의 비유 풀이는 성경 혹은 성경의 예언이 봉함되어 있다는 전제와 봉함되어 있는 것을 약속한 목자 이만희가 푼다는 가정 속에서 출발한다. 그리고 그 근거로 이사야 29장 11절에 있는 말씀과 다니엘 12장 4절과 9절, 그리고 요한계시록 5장 1절에 있는 "일곱 인으로 봉해진 책"—〈개역개정〉에서는 두루마리—을 든다. 그러나 그 구절들은 전혀 그런 뜻이 아니다. 먼저 이사야 29장 11-12절을 살펴보자.

11 그러므로 모든 계시가 너희에게는 봉한 책의 말처럼 되었으니 그것을 글 아는 자에게 주며 이르기를 그대에게 청하노니 이를 읽으라 하면 그가 대답하기를 그것이 봉해졌으니 나는 못 읽겠노라 할 것이요 12 또 그 책을 글 모르는 자에게 주며 이르기를 그대에게 청하노니 이를 읽으라 하면 그가

대답하기를 나는 글을 모른다 할 것이니라(사 29:11-12).

이 말씀은 성경이 봉해져 있다는 뜻으로 해석하면 안 된다. '그러므로'라는 결과를 나타내는 접속사로 시작하는 이 말씀은 앞의 어떤 것에 대한 결과, 즉 하나님의 심판의 결과를 나타낸다. 이사야서는 "자식을 기르듯 양육한 백성이 하나님을 거역하고 주인을 알지 못하고 깨닫지 못한다"(사 1:2-3)라고 탄식하며 시작할 정도로 하나님의 말씀을 들으려고 하지 않은 타락한 이스라엘 백성에게 주어진 말씀이다. 그래서 그 결과 이사야 29장 11-12절 바로 앞에서는 "너희는 놀라고 놀라라 너희는 맹인이 되고 맹인이 되라 그들의 취함이 포도주로 말미암음이 아니며 그들의 비틀거림이 독주로 말미암음이 아니니라 대저 여호와께서 깊이 잠들게 하는 영을 너희에게 부어주사 너희의 눈을 감기셨음이니 그가 선지자들과 너희의 지도자인 선견자들을 덮으셨음이라"(사 29:9-10)고 하는 하나님의 심판이 선언된다. 이스라엘 백성은 하나님의 말씀 듣기를 싫어하고 거역한 짐승만도 못한 자들이었기 때문에, 눈의 역할을 하는 선지자와 지도자인 선견자를 잠들게 한 결과 백성도 하나님의 말씀에 관해 잠자는 자와 같이 되어, 하나님의 말씀이 실제로 봉해져 있는 것은 아니지만 그들에게는 마치 봉한 책과 같았다는 말씀이다. 이게 바로 이사야 29장 11절의 전반부에 있는 "그러므로 모든 계시가 너희에게는 봉한 책의 말처럼 되었다"는 말씀의 정확한 뜻이다.

그리고 뒤에 있는 '글 아는 자'에게 읽으라고 했을 때 봉해져 있다고 한 것은 바로 뒤에 있는 12절의 '글 모르는 자'가 핑계 대는 것과 같이 이스라엘 백성이 이런저런 핑계를 대는 악한 모습을 보여주는 것이다. 즉 성경이 실제적으로 봉해져 있다는 설명을 하는 내용이 아니라는 말이다. 그러므로 끝까지 하나님 말씀을 거부한 이스라엘 백성을 심판하기 위해 주신 이사야 29장 11-12절의 말씀을 근거로 성경이 하나님의 말씀 듣기를 소망하고 순종하기를 원하는 성도들에게도 봉해져 있다고 주장하는 것은 말도 되지 않는다.

　신천지에서 성경이 봉함되어 있다고 주장하는 또 다른 근거는 다니엘 12장 4절과 9절에 있는 말씀이다.

　　다니엘아 마지막 때까지 이 말을 간수하고 이 글을 봉함하라 많은 사람이 빨리 왕래하며 지식이 더하리라(단 12:4).

　　그가 이르되 다니엘아 갈지어다 이 말은 마지막 때까지 간수하고 봉함할 것임이니라(단 12:9).

사실, 이 구절들은 기성 교회에서조차 많은 목회자나 성도들에 의해 오용되기도 한다. "봉함"이란 말에 대해서는 대부분 그 의미를 잘 이해하지 못하여 봉해졌다는 것으로 이해하고 "마지막 때"를 말세로, "많은 사람이 빨리 왕래하며"를 교통의 발달로, "지식이 더하리라"는 말을 지식의 축적으로 보는 것이다. 이와 같은 오해는 신천지 같은 이단이 자랄 수 있는 환경이 되기도 한다. 그러나 이 구절들은 그런 뜻이 아니다.

　다니엘서의 주제는 하나님이 주권적으로 통치하신다는 것이다. 나라가 망하고 이스라엘 백성이 바벨론에 포로로 끌려왔을지라도, 하나님은 가나안 땅 이스라엘의 하나님만이 아니시라 이방 나라까지도 다스리며 열국의 흥망성쇠와 인간의 생사화복 등 그 모든 것을 주관하시는 분이시다. 그래서 다니엘서에는 느부갓네살의 꿈과 다니엘의 해몽, 열국의 흥망성쇠에 관한 이상과 해석들이 등장한다.

이런 과정 가운데 8장 26절에서 "이미 말한 바 주야에 대한 환상은 확실하니 너는 그 환상을 간직하라 이는 여러 날 후의 일임이라 하더라"고 말씀하며, 12장 4절에 와서는 "간수하라"는 말에 덧붙여 "봉함하라"는 말씀이 이어지고 있다. 그런데 고대 근동지역에 있어서 이러한 '봉인'은 비밀 유지가 주목적이 아니라 그 내용이 공식적으로 인정되고 결코 바뀔 수 없다는 사실을 의미하는 것이었다. 즉 그 말씀들은 다니엘서에 나타난 예언들이 일점일획도 변경되지 않고 그 필연적인 성취를 이루게 될 중요한 것이므로 그것을 소중하게 잘 간직하라는 뜻이다. 이와 같은 사실은 다른 번역본들을 보면 더욱 쉽게 이해할 수 있다.

너 다니엘아, 이 말씀을 비밀에 붙여 마지막 그때가 오기까지 이 책을 봉해 두어라. 많은 사람들이 읽고 깨쳐 잘 알게 되는 날이 올 것이다. 그러나 갈팡질팡하는 사람도 많을 것이다(〈공동번역〉 단 12:4).

그러나 너 다니엘아, 너는 마지막 때까지 이 말씀을 은밀히 간직하고, 이 책을 봉하여두어라. 많은 사람이 이러한 지식을 얻으려고 왔다갔다 할 것이다(〈표준새번역〉 단 12:4).

"많은 사람이 왕래한다는 것"은 교통의 발달이 아니고, "지식이 더하리라"는 말은 지식의 축적으로서 여러 종류의 지식을 쌓는 것을 의미하는 것이 아니다. 때가 되면 많은 하나님의 백성이 다니엘을 통해 주어진 예언이 성취되는 것을 주시하며 그 예언의 참된 의미를 깨닫기 위해 왔다갔다 하면서 움직일 것이고 그 노력의 대가로 그 예언의 진실을 깨닫게 되어 하나님이 주신 지식으로 풍성하게 될 것이다. 이처럼 다니엘에게 주신 예언의 말씀은 변하지 않고 시행될 것으로 사람들이 장차 얻으려고 부단히 노력할 소중한 것이니 잘 기억하고 간직하라는 의미에서 봉함하라고 말씀하신 것이지 아무도 모르게 꼭꼭 숨겨두라는 의미가 아니다.

신천지에서는 또 요한계시록 5장 1절에 나온 "일곱 인으로 봉한 책"이 요한계시록이라고 한다. 그들은 이 책이 봉해져서 아무도 모르지만 사도 요한이 천사에게 그 책을 달라고 하여 먹어버린 것처럼 이만희가 사도 요한격의 목자로서 성경을 먹어버렸기 때문에 움직이는 성경처럼 되었고 2천 년 동안이나 봉해진 것을 다 풀 수 있는 유일한 자가 되었다고 한다. 그러나 요한계시록 5장 1절에 나온 작은 책은 요한계시록이나 성경이 아니다. 요한계시록 5장 1절의 책이 요한계시록이 아니라는 사실은 요한계시록 자체를 통해서 확인할 수 있다. 요한계시록 22장 10절은 "또 내게 말하되 이 두루마리의 예언의 말씀을 인봉하지 말라 때가 가까우니라"고 되어 있다. 모든 계시를 다 주신 다음 이 예언의 말씀을 인봉하지 말라고 하셨기 때문에 여기에 나오는 말씀이 요한계시록이며 요한계시록은 봉해져 있지 않은 것이 분명하다. 5장에 나오는 책은 요한계시록이 아니라는 말이다.

그렇다면 요한계시록 5장 1절의 안팎으로 기록되어 있다는 것은 무슨 뜻이며 일곱 인으로 봉해져 있는 작은 책은 무슨 책일까? 요한계

 한 권으로 끝내는 신천지 비판

시록 5장 1절에 나온 책은 '비블리온'(βιβλίον)으로서 양피지나 파피루스로 만든 두루마리를 뜻했다. 고대의 책인 두루마리에는 안쪽에만 쓰는 경우와 양면에 모두 글을 쓰는 경우가 있었고, 한쪽에만 글을 쓴 두루마리는 매매가 가능했지만 양쪽 모두에 글을 쓴 것은 '오피스토그라포스'(ὀπισθόγραφος)라는 것으로 비매품이었다. 두루마리는 촛농으로 봉하고 진본임을 보증하기 위해 도장을 찍었는데 그 당자사만이 인봉을 떼거나 그 내용을 발표할 수 있었다.

요한계시록 5장 2절부터 보면 그 책의 인봉을 떼고 그 책을 펴거나 볼 자가 없어 사도 요한이 우는 장면이 나온다. 그러자 장로 중의 하나가 "울지 말라 유대 지파의 사자 다윗의 뿌리가 이겼으니 그 두루마리와 그 일곱 인을 떼시리라"(계 5:5)고 위로했다. 그리고 곧 등장한 **어린 양**은 그 두루마리를 떼고 내용을 발표할 수 있는 권한을 가진 분으로서 일곱 인을 하나씩 떼기 시작하신다. 그 책이 '오피스토그라포스'였다는 사실을 감안하면, 사도 요한이 본 환상은 다윗의 뿌리이신 예수 그리스야말로 그 책의 주인으로서 역사의 주관자이심을 나타내는 것이었다.

비유 풀이 분쇄

신천지에서 비유 풀이를 집중적으로 가르치는 곳은 신학원이다. 물론, 지파나 강사에 따라 복음방에서도 신학원 교재를 쓰기 때문에 복음방에서 가르치기도 한다. 그러나 공식적으로 가르치는 곳은 신학원인데, 신천지 신학원의 초등과 교재 25과 중 무려 22과가 비유 풀이에 관한 것이다. 신천지에서는 이 비유 풀이를 근거로 기성 교회에 추수꾼을 파송하며, 정상적으로 성경을 해석할 눈을 완전히 상실하게 만들어 이만희를 신격화한다. 그러므로 그들의 비유 풀이를 분석하여 논파하는 것은 꼭 필요한 일이다. 그러나 그들의 모든 비유를 다 살펴보면 너무 많은 분량이 될 뿐만 아니라 그럴 가치도 없으므로 그중 두 가지만 살펴보도록 하겠다.

먼저 신천지에서 가르치는 "씨, 밭, 나무, 새"는 그들의 첫 번째 비유 풀이로서 그들의 비유 풀이 가운데 핵심적인 내용 중 하나다. 그들은 이 비유 풀이를 통하여 기성 교회에 침투하기도 한다. 그들의 '비유한 씨, 밭, 나무, 새'는 마태복음 13장에 나온 일곱 가지 천국 비유 중 씨 뿌림의 비유와 가라지의 비유, 겨자씨의 비유 등 세 가지 비유에 관한 것이다.

씨 뿌림의 비유는 유대인들이 고대하는 정치적이고 군사적인 메시아의 왕국, 즉 우지끈뚝딱하는 식의 눈에 보이는 하나님의 나라(천국)가 아니라 씨앗이 뿌려지고 있는 것과 같이 조용히 주님의 말씀을 통하여 천국이 임하고 있다는 것을 가르쳐준다. 가라지의 비유는 세상에 주님의 말씀만 뿌려지고 있는 것이 아니라 사탄도 씨를 뿌리고 있다는 것을 알려준다. 겨자씨의 비유는 작은 겨자씨가 자라 새가 깃드는 나무가 되듯이 복음의 씨가 그 사람의 심령 속에서 자라면 그가 세상의 빛이 되고 소금이 됨으로써 그로 말미암아 수많은 사람들이 복을 누리게 된다는 의미다.

그런데 그들은 두 번째 비유인 가라지의 비유를 풀 때, 밭에 대해 씨를 뿌린 사람이 인자이신 예수님이고, 예수님이 '제 밭'이라고 했으

　　　　　　　　　　　　한 권으로 끝내는 신천지 비판

므로 그것은 주님을 섬기는 성도가 있는 교회라고 한다. 또 지금은 신천지에 있는 약속한 목자요 이긴 자를 통해 봉함되었던 비유가 풀어지고 알곡을 거두어야 할 때이므로 추수밭인 교회에 가서 추수해야 한다고 하면서 추수꾼들을 보내고 있다.

그러나 그들의 비유 풀이는 시시콜콜하게 따지기 전에 밭을 교회라고 한 것부터 틀렸다. 왜냐하면 예수님은 제자들에게 "밭은 세상이요"(마 13:38)라고 하시면서 밭이 교회가 아니라 세상이라고 비유를 풀어주셨기 때문이다. 물론, 그들은 '세상'에 대해서도 '예수님의 세상'으로서 교회라고 발뺌한다. 그러나 그 비유가 베풀어진 때는 아직 주님이 교회를 세우기 전으로 보아야 한다. 왜냐하면 성경에서는 마태복음 13장에서 천국 비유를 가르치신 이후, 16장에 가서야 베드로가 가이사랴 빌립보 지방에서 "주는 그리스도시요 살아 계신 하나님의 아들이시니이다"(마 16:16)라는 고백을 하였을 때 주님이 비로소 교회를 세우실 것을 말씀하셨기 때문이다. 교회가 아직 세워지지도 않았는데 주님이 비유를 풀어주실 때 "밭은 세상"이라고 한 것을 "밭은 예수님의 세상인 교회"라고 하는 것은 말도 되지 않는 억지다.

또 신천지는 구약의 예언은 예수님의 초림 때 실상으로 이루어졌다고 하면서 이 가라지의 비유가 예레미야 31장 27절에서 예언한 것의 실상이라고 주장한다. 나아가 그들은 초림 때의 예언이 재림 때 실상으로 이루어지는데, 예수의 영이 이만희에게 임한 재림 시대에 실상을 이루는 것은 알곡을 거두기 위해 추수밭인 교회로 침투하는 것이라고 가르친다. 그러나 말도 되지 않는 것은 이런 주장들도 마찬가지다. 얼마나 말도 되지 않는 것인지 예레미야 31장 27절을 통해 살펴보자.

여호와의 말씀이니라 보라 내가 사람의 씨와 짐승의 씨를 이스라엘 집과 유다 집에 뿌릴 날이 이르리니(렘 31:27).

신천지의 성경 해석법은 예언은 비유로 해석한다는 것이다. 그러므로 "뿌릴 날이 이르리니"라는 말은 예언이기 때문에 비유로 해석해야 하는데, "사람의 씨"와 "짐승의 씨"는 인자이신 예수님이 자기 밭인 교회에 좋은 씨를 뿌렸지만(마 13:37) 원수인 마귀가 가라지를 뿌린 것(마 13:39)에 대한 비유라는 것이다. 그러나 예레미야 31장 27절은 그런 뜻이 아니다.

예레미야 선지자의 별명은 **눈물의 선지자**다. 자기 민족의 범죄로 인한 멸망을 내다보고 눈물로 회개를 촉구했기 때문이다. 그는 결국 주전 586년에 나라가 멸망하는 것까지도 경험한다. 앞의 예언은 주전 596년쯤에 했던 예언으로서 이미 망해버렸던 북왕국 이스라엘과 장차 망하게 될 남왕국 유다의 회복을 말씀하는 것으로 '나라의 번성'에 관한 부분이다. 하나님은 장차 이스라엘 나라에 사람이든지 짐승이든지 씨를 뿌려 번성하게 해주시겠다는 약속을 하신 것이다. 이와 같은 사실은 다음과 같은 번역본들의 내용을 보면 더욱 분명해진다.

27 여호와의 말씀이다. 보아라. 날이 이를 것이다. 내가 이스라엘과 유다에 사람과 가축의 수를 헤아릴 수 없을 만큼 많게 할 것이다. 28 옛적에는 내가 이스라엘과 유다를 감시하며 그들을 뽑고 허물고 멸망시키고 재앙에 빠뜨렸으나 이제는 세우고 심는 일을 철저히 하겠다. 나 여호와의 말이다(《쉬운 성경》 렘 31:27-28).

 한 권으로 끝내는 신천지 비판

27 앞으로 이런 날이 오리라. 내가 분명히 말해둔다. 이스라엘 가문과 유다 가문을 사람이나 짐승 할 것 없이 씨를 뿌려 농사짓듯이 불어나게 하리라. 28 이전에는 자나 깨나 이 백성을 뽑고 부수고 허물고 멸하고 해치기만 하였으나, 그만큼 이제는 눈을 똑바로 뜨고 세우며 심어주리라. 이는 내 말이라, 어김이 없다(〈공동번역〉 렘 31:27-28).

27 여호와께서 말씀하신다. 보라, 내가 이스라엘과 유다 땅에 사람과 짐승의 수를 헤아릴 수 없이 많게 할 날이 올 것이다. 28 내가 그들을 철저하게 뽑고 파괴하며 허물고 엎어버리며 멸망시키고 재앙으로 쳤던 것처럼 앞으로는 철저하게 그들을 세우고 심을 것이다(〈현대인의성경〉 렘 31:27-28).

사람의 씨든지 짐승의 씨든지 뿌리는 분은 하나님이시다. 하나님이 사람이든지 짐승이든지 많게 해주셔서 패망한 이스라엘을 회복시켜주시고 번성하게 해주시겠다는 말씀이다. 그런데 신천지는 그것을 엉뚱하게 해석해서 사람의 씨는 예수님이 뿌리고 짐승의 씨는 사탄이 뿌린다고 하니 기가 막힐 일이다. 이런 것이 바로 신천지 비유 풀이의 실체다.

다음으로 "어린 양의 피와 살, 포도주, 감람유"는 신천지의 초등과 교재 11과에 있는 것으로 신천지의 비유 풀이 중 가장 핵심적인 것들 중 하나로서 기성 교회 교인들에게는 치명적인 미혹의 내용을 담고 있다. 이 비유 풀이는 신천지의 유월절 교리인 '새 언약 교리'와 연결된다. 신천지에 포섭된 사람은 이 비유 풀이로 인해 기성 교회를 애굽이나 그 실상인 바벨론이라고 하면서 '바벨론 교회'라고 부르고, 그 가르침을 '바벨 교리'라고 하면서 영적 새 이스라엘이 되기 위해 정통 교회에서 신천지로 이탈(유월)한다. 자신들은 영적 바벨론이 어디이며, 새 하늘과 새 땅이 어디인지 알았고, 새 언약이 무엇인지 알았기 때문에 구원받기 위해서는 과거 이스라엘 백성이 유월하여 가나안으로 갔듯이 신천지로 가야만 한다는 것이다.

뿐만 아니다. 신천지인들은 이 비유 풀이를 통해 자신만 정통 교회에서 빠져나가는 것이 아니라 모교회에 추수꾼으로 남아서 다른 사람을 유월시키기 위해 활동하기도 한다. 그러므로 이 비유 풀이야말로 정통 교회에 가장 큰 해악을 끼치고 있음이 분명하다. 이 비유 풀이를 분쇄하려면 먼저 어린 양의 피와 살, 포도주, 감람유라는 비유 풀이가 무엇을 근거로, 어떻게 진행되는지 알아야 한다.

신천지의 이만희는 신명기 16장 16절과 출애굽기 12장 14절을 근거로 유월절을 영원한 규례로 지켜야 한다고 한다. 그리고 어린 양의 피와 살은 유월절을 나타낸 것으로 첫 언약이라고 한다. 그러나 이 주장은 절반은 맞고 절반은 틀렸다. 왜냐하면 구약성경에서 영원한 규례라고 한 것은 유월절뿐만 아니라 일반적인 제사나 제사장직, 제사법뿐만 아니라 안식일, 음식규례 등도 있기에(출 12:14, 17; 27:21; 29:9; 레 3:17; 6:22; 17:7; 23:14, 21, 31, 41; 24:3, 9; 대하 2:4; 겔 46:14) 그의 주장대로 하자면 지금도 제사장을 세우고 제사도 지내야 할 것이기 때문이다.

히브리서는 제사의 실체이신 예수님이 소와 염소의 피가 아닌 자신의 몸을 단번에 드림으로 제사는 이제 하나님이 기뻐하지 않는 것이라 하였고(히 10:6-8), 폐하여졌고(히 10:9), 죄를 위하여 다시 제사드릴 것이 없다고 한다(히 10:18). 본래 '영원'이라 번역된 히브리어 올람(מֹלָע)은 끝이 없는 영원함만을 의미하지 않고 '오래됨', '긴 기간' 등도

                                        한 권으로 끝내는 신천지 비판

의미하고 있다. 그러므로 그것은 영적인 의미에 있어서는 영원하겠지만 실제적으로는 율법의 제사 제도가 개혁되기 전까지의 기간으로 보아야 하는데(히 9:9-10), 그는 그것을 단순하게 진짜 '영원'이라고 생각하는 것이다.

그가 틀린 것은 그것만이 아니다. 사도 바울은 지금도 절기를 지킨다면 복음을 전하는 수고를 헛되게 하는 것이라고 경고하였는데(갈 4:10-11), 그는 지금도 유월절을 지켜야 한다고 하기 때문이다. 그러나 그의 주장 가운데는 옳은 것도 있다. 그래서 그의 주장에는 거짓 가운데 진실, 혹은 적당한 진실 가운데 거짓이 섞여 있기 때문에 개념 정리가 잘 되어 있지 않은 많은 교인들에게는 더 치명적일 수밖에 없다.

출애굽기 12장 이하를 보면 유월절은 분명히 구원의 사건이다. 왜냐하면 이스라엘 백성이 하나님의 말씀대로 흠 없는 어린 양이나 염소를 잡고, 그 고기를 불에 구워 먹고, 그 피를 문 인방과 좌우 설주에 뿌렸을 때 죽음의 천사가 그 피를 보고 지나갔으며 피를 뿌리지 않은 애굽의 모든 집에서는 장자가 죽는 재앙이 임함으로 바로가 항복하여 이스라엘 백성이 애굽에서 나올 수가 있었기 때문이다. 이런 측면에서는 그의 주장에 옳은 부분이 있는 것은 사실이다. 그러나 그는 여기에서 한 걸음 더 나아간다. 이만희와 신천지가 어떻게 유월절을 설명하는지 신천지의 초등교재에 나온 다음 페이지의 그림을 통해 살펴보자.

첫 번째 그림은 모세 당시의 유월절에 관한 것으로 그림 자체만으로는 별 이상이 없는 것 같다. 그러나 이것을 두 번째와 세 번째 그림과 비교해보면 이 비유 풀이가 기성 교회를 이방으로서의 애굽과 바벨론으로 보게 하고, 기성 교회에서 유월하여 가나안의 실상이며 신천지

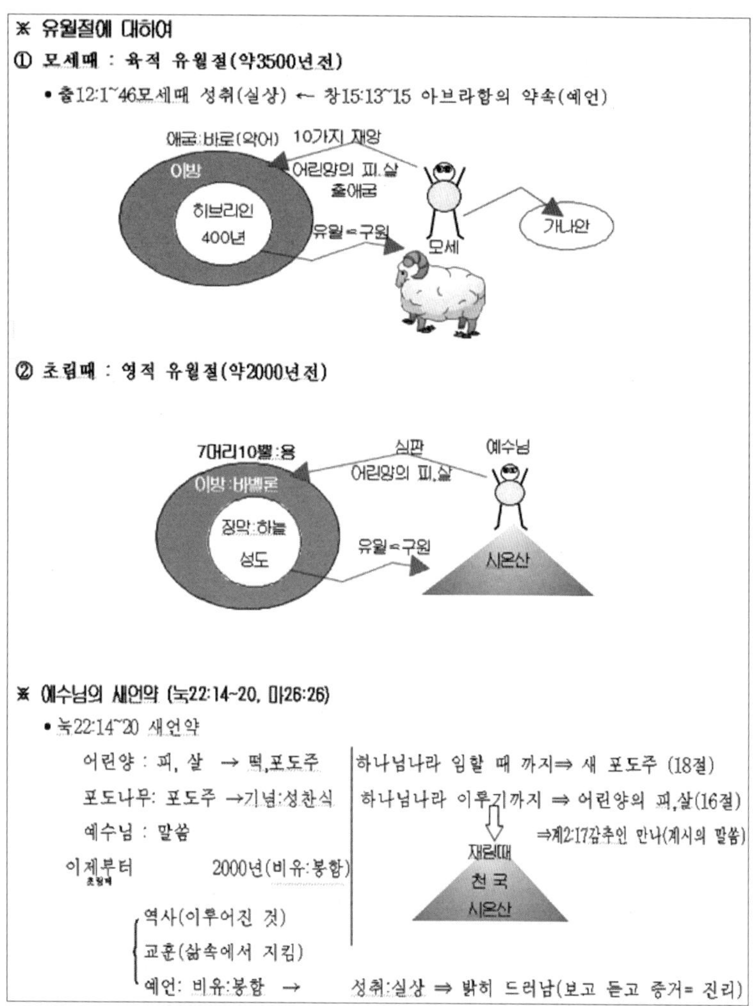

신천지의 유월절 이해

의 또 다른 이름인 시온 산으로 가게 하기 위한 것이라는 그들의 의도가 잘 드러나 있다.

신천지는 유월절을 계속해서 지켜야 할 영원한 규례라고 하면서 모세 때의 유월절, 예수님 초림 때의 유월절, 재림 때의 유월절이 동일한 패턴을 갖는다고 한다. 그러면서 기성 교회가 그것을 모르고 유월절을 지키지 않을 뿐만 아니라, 원래 유월절인 성찬식을 1년에 단 한 차례만 지켜야 하는데 무지로 인해 여러 번 지킨다고 비판한다. 그런가 하면 신천지는 유월절이 언약으로서 장래사를 말한 것이기 때문에 비유로 해석해야 하며, 지나간 것을 기념하는 것이 아니라 앞으로 올 것을 기념하는 것이라고 주장한다. 그런데 여기에는 아주 묘한 왜곡이 있다. 그들의 교주가 본래 어떤 주장을 했는지 살펴보자.

> 새 언약과 유월절 양식은 무엇을 말한 것인가? 새 언약은 하나님께서 이스라엘 백성을 애굽 땅에서 인도하여 내던 날에 그들과 세운 것과 같지 않은, 예수님께서 피로써 새로 세운 언약을 말한다(히 8:9; 눅 22:20). 그리고 여기서 말하는 유월절 양식은, 이스라엘 백성이 출애굽할 때 먹은 양고기가 아닌, 예수님께서 십자가 지시기 전 유월절 밤에 제자들과 함께 언약하신 예수님의 피와 살을 가리킨다. 초림 때 유월절 양식은 어린 양이신 예수님이요 또 예수님의 말씀이다(눅 22:14-20). 재림 때는 예수님의 또 다른 유월절 양식을 먹게 된다(마 26:29).[5]

이만희는 유월절과 언약을 결부시켜 유월절을 언약이라 하고, 옛 언약이 새 언약과 다르다는 것은 그 의식을 치룰 때 사용되었던 요소의 차이라고 하면서 재림 때에는 또 다른 유월절 양식을 먹게 된다고 한다.

---

5) 『천지창조』, pp.433-434.

초림 때 유월절 양식은 예수님의 살과 피이지만, 재림 때에는 그것과 구별되는 또 다른 유월절 양식을 먹게 된다는 것이다. 이처럼 이만희는 과거 이스라엘 백성이 애굽에서 나오게 되었던 유월절을 옛 언약, 예수 님이 이 세상에 오셔서 제자들과 함께하셨던 성만찬을 초림 때의 새 언 약, 그리고 예수님이 제정하신 성만찬과는 또 다른 유월절 양식이 재림 때 있다고 주장한다.

그러나 옛 언약과 새 언약의 핵심적인 차이점은 어린 양의 살과 피 나 떡과 포도주라는 언약 체결의 방법이나 수단에 있는 것이 아니라 그 내용에 있다. 물론, 옛 언약은 두 돌판에 새겨졌고 새 언약은 마음 판에 새겨졌기에 그 수단과 방법에 있어서 차이가 있는 것은 사실이 지만, 두 언약의 진정한 차이점은 외면적인 것과 내면적인 것의 차이, 그 능력에 있다(렘 31:31-33). 그런데 이만희는 그 차이를 양고기와 예수 님의 피와 살이라는 수단과 방법으로 왜곡시키고, 재림 때에는 또 다 른 것을 먹게 될 것이라고 주장하는 것이다. 그러나 예수님의 재림은 비밀스러운 것이 아니라, 역사적 종말을 의미하기 때문에 그분의 재림 때 또 다른 유월절이 있게 된다는 주장은 말도 되지 않는다.

두 언약의 차이가 수단이나 방법에 있는 것이 아니라는 사실은 그 두 언약을 말씀하고 있는 예레미야 31장 31-34절을 보면 더욱 분명해 진다. 거기에는 다음과 같이 기록되어 있다.

31여호와의 말씀이니라 보라 날이 이르리니 내가 이스라엘 집과 유다 집에 새 언약을 맺으리라 32이 언약은 내가 그들의 조상들의 손을 잡고 애굽 땅 에서 인도하여 내던 날에 맺은 것과 같지 아니할 것은 내가 그들의 남편이 되었어도 그들이 내 언약을 깨뜨렸음이라 여호와의 말씀이니라 33그러나 그날 후에 내가 이스라엘 집과 맺을 언약은 이러하니 곧 내가 나의 법을 그들의 속에 두며 그들의 마음에 기록하여 나는 그들의 하나님이 되고 그들은 내 백성이 될 것이라 여호와의 말씀이니라 34그들이 다시는 각기 이웃과 형제를 가르쳐 이르기를 너는 여호와를 알라 하지 아니하리니 이는 작은 자로부터 큰 자까지 다 나를 알기 때문이라 내가 그들의 악행을 사하고 다시는 그 죄를 기억하지 아니하리라 여호와의 말씀이니라(렘 31:31-34).

이만희는 두 언약의 차이점을 수단과 방법의 차이인 것처럼 몰고 가지만 두 언약의 차이점을 가장 잘 말씀하고 있는 예레미야서에는 제물의 차이는 아예 언급도 하지 않는다. 이로 보건데 이만희와 신천지의 주장은 틀렸다. 아니, 틀린 정도가 아니라 아예 정반대다. 왜냐하면 앞의 그림을 보면 "이제부터 2000년(비유:봉함)"이라 해놓고 "이제부터"의 아래에 "초림 때"라고 함으로써 예수님 때부터 성경이 봉해져 있다는 봉함 교리를 주장하지만, 정작 예레미야서에는 그날 후에 "다시는 각기 이웃과 형제를 가르쳐 이르기를 너는 여호와를 알라 하지 아니하리니 이는 작은 자로부터 큰 자까지 다 나를 알기 때문이라"고 말씀하기 때문이다.

이처럼 성경의 새 언약과 신천지가 믿는 새 언약은 서로 다르다. 성경의 새 언약은 구약의 예언대로 예수님이 피로 값 주고 세우신 것으로서 그분이 죄인들을 위한 대속제물로 죽으시고 부활·승천하셔서 하늘보좌 우편에서 영원토록 대제사장이 되신 것이다. 새 언약을 통해 하나님은 죄인들을 위한 대속제물을 받으셨다는 증거로 성령을 보내

서서 성도들의 마음속에 역사하셔서 성령의 능력으로 거듭나게 하심으로 그 사실을 믿어 구원에 이르게 하시고야 만다. 그래서 예수님은 최후의 만찬석상에서 당신의 살이 찢기시고 피를 흘리시며 죽기까지 하실 대속적인 죽음을 의미하는 성만찬을 제정하시며 그것을 새 언약이라 하셨다.

그러나 신천지는 다르다. 신천지의 새 언약은 앞의 그림에서 "눅 22:14-20 새언약" 오른쪽에 "하나님의 나라가 임할 때까지 ⇒ 새 포도주(18절)", "하나님의 나라가 이루기까지 ⇒ 피, 살(16절)", "⇒ 계 2:17 감추인 만나(계시의 말씀)"라고 되어 있는 것과 같이 무언가 다르다. 새 언약과 관련된 이만희의 주장을 구체적으로 살펴보자.

예수님께서 새 언약을 세우시던 2천 년 전 유월절 밤을 되돌아보자. 구약시대의 유월절은 이스라엘 자손들이 무교병(無酵餠)과 양고기를 먹고 출애굽하던 그 밤의 일을 기념하는 절기다. 그들은 애굽에서 나오던 날 밤, 하나님께서 말씀하신 대로 양고기를 먹고 그 피를 문설주에 발라 재앙을 피하였다(출 12장).

그러나 예수님께서 복음을 전하신 뒤부터 육적(肉的)인 음식은 더 이상 유월절 양식이 될 수 없다. 예수님께서 몸소 유월절 어린 양이 되셨기 때문이다(고전 5:7). 그 후로 예수님의 말씀이 참된 유월절 영(靈)의 양식이 되었다. 마태복음 26장 26-28절에서는 예수님께서 유월절 밤 새 언약을 세우시는 광경을 다음과 같이 기록하고 있다.

26 저희가 먹을 때에 예수께서 떡을 가지사 축복하시고 떼어 제자들을

한 권으로 끝내는 신천지 비판

주시며 가라사대 받아 먹으라 이것이 내 몸이니라 하시고 27또 잔을 가지사 사례하시고 저희에게 주시며 가라사대 너희가 다 이것을 마시라 28이것은 죄 사함을 얻게 하려고 많은 사람을 위하여 흘리는 바 나의 피 곧 언약의 피니라(마 26:26-28).

예수님께서는 떡을 떼어주시며 내 몸이라 하시고, 포도주 잔을 주시며 내 피 곧 언약의 피라고 말씀하셨다(마 26:26-28; 눅 22:17-20). 그리고 그 떡을 먹고 그 잔에 담긴 포도주를 마시라고 하셨다. 예수님의 살과 피는 영생을 얻기 위해 성도가 먹어야 할 참된 양식이요 참된 음료다(요 6:51-58). 그러나 어찌 우리가 실제 예수님의 살과 피를 먹을 수 있겠는가? 예수님의 살과 피를 먹는다는 것은 말씀이 육신이 되어 오신 예수님의 말씀을 듣고 믿는 것이며, 우리 죄를 사하기 위해 대신 십자가를 지신 것을 믿는 것이다.

예수님께서는 말씀하셨다. "너희에게 이르노니, 내가 포도나무에서 난 것을 이제부터 내 아버지의 나라에서 새 것으로 너희와 함께 마시는 날까지 마시지 아니하리라"(마 26:29). 예수님께서 자신을 참 포도나무라고 비유하셨으므로(요 15:1) 예수님의 말씀은 포도주라 할 수 있다. 2천 년 전 유월절 밤, 예수님과 만찬 자리에 함께한 제자들은 참 유월절 양식인 포도주를 마셨다. 그 포도주는 바로 예수님께서 구약의 예언과 그 이루어진 실상을 증거하신 말씀이다.

유월절 밤을 보내면 예수님께서 우리의 죄를 대신하여 십자가를 지고 하나님께로 돌아가실 때가 다가온다. 예수님께서 하늘로 가시면 참된 유월절 양식을 더 이상 먹을 수 없기에, 예수님께서는 '이제부터 아버지의 나라에서 새 것으로 함께 마시는 날까지 포도나무에서 난 것을 다시 마시지 않겠다'고 하셨다(마 26:29; 눅 22:18). 그러나 예수님께서 다시 오시면 우리는 새 유월절 양식 새 포도주를 먹을 수 있다.[6]

이만희는 구약의 유월절 때에는 양의 피와 살을 먹고 구원받았으며, 예수님이 복음을 전하신 이후에는 그분이 유월절 양이 되셨으므로 더 이상 육적인 양식은 영의 양식이 될 수 없다고 하면서 그분의 말씀이 영의 양식이 되었다고 한다. 그리고 그는 유월절 무렵에 있었던 새 언약의 광경을 언급하며 예수님의 살과 피는 영생을 얻기 위해 성도가 먹어야 할 참된 양식이요 음료이지만 그분을 먹을 수 없으므로 예수님의 살과 피를 먹는다는 것은 말씀이 육신이 되어 오신 주님의 말씀을 듣고 믿는 것이라고 한다.

이만희는 구원의 방법이 유월절 양의 살과 피 → 예수님의 살과 피 → 예수님의 말씀으로 조금씩 바뀐 것으로 설명하고 있다. 그리고 예수님이 하늘로 올라가시면서 유월절 양식인 포도주를 마시지 않겠다고 하셨다면서 예수님이 다시 오시면 새 유월절 양식과 새 포도주를 먹을 수 있다고 기대감을 높이고 있다. 즉 이만희는 예수님의 대속적인 죽음을 통한 구원을 새 언약의 중심으로 보는 것이 아니라 예수님이 재림하시면 먹게 되는 새로운 유월절 양식에 집중하는 것이다. 그리고 결국 그 "새 유월절 양식 새 포도주"가 '이만희의 말씀'이라고 주장한다. 그는 하나님 나라 백성의 마음에 새겨주신다는 성경적 새 언약 개념을 부정하고, 새 언약의 '수단'에 초점을 맞추어 '유월절 양의

---

6) 『천지창조』, pp.435-436.

 한 권으로 끝내는 신천지 비판

살과 피 → 예수님의 살과 피 → 예수님의 말씀 → 이만희의 말씀'으로 이끌어가는 것이다.

신천지는 포도주에 대해서는 예수님이 자신을 참 포도나무라고 비유하였기 때문에(요 15:1) 포도주 또한 당연히 비유이고, 포도나무가 예수님을 나타내기 때문에 그 열매를 통해 나오는 포도주는 그분에게서 나오는 말씀이라고 한다. 그리고 그들은 예수님이 "하나님의 나라가 임할 때까지 포도나무에서 난 것을 마시지 않겠다"고 하신 것은 이제부터 포도주를 마시지 않겠지만 언젠가는 다시 마실 날이 이르게 된다는 뜻으로, 그때가 바로 하나님의 나라가 임할 때인 주님의 재림 때이고, 그때가 되면 이전에 전혀 들어보지 못한 주님의 새 포도주, 즉 새로운 말씀이 있게 될 것이라고 한다. 이는 신천지의 새 언약 교리와 연결되는 부분이다.

신천지의 감람유 비유 풀이도 포도주 비유 풀이와 거의 같다. 감람유 또한 감람나무 열매를 통하여 나오는 것인데, 감람나무는 스가랴 4장에 두 감람나무가 나오고(슥 4:3), 14절에서 두 감람나무를 사람이라고 했으며, 요한계시록 11장에서 두 증인을 두 감람나무라고 했으니(계 11:1-4) 감람유는 두 증인의 말씀이라고 한다. 그들은 나아가 포도주와 감람유의 비유 풀이가 서로 짝을 이루는데 포도주는 예수님이 장래사를 예언한 예언이기 때문에 비유로 봉해진 것이지만 그 비유를 예수님이 재림하기 전에 두 증인이 실상을 보고 봉함되어 있던 것을 증거한 것이 바로 감람유라고 가르친다.

신천지는 이런 주장을 하면서 예수님이 오셔서 새로운 방법으로 유월절을 지키고 영생의 말씀을 주셨지만 어린 양의 살과 피로 유월절을 지키며 구약에 익숙해 있던 유대인들은 그것을 받아들이지 않았기 때문에 예수님과 제자들을 핍박했으므로 예수님이 "새 포도주를 낡은 가죽 부대에 넣는 자가 없나니 만일 그렇게 하면 새 포도주가 부대를 터뜨려 포도주와 부대를 버리게 되리라 오직 새 포도주는 새 부대에 넣느니라 하시니라"(막 2:22)고 하셨다, 마찬가지로 기성 교회의 가르침은 낡은 가죽 부대요 헌 포도주로서 전통이 되고 이단일지 몰라도 정통은 아니기 때문에 거기에서 나와 새 포도주가 있는 시온 산 신천지로 유월해야 한다고 주장한다.

이것은 두말할 것도 없이 이만희를 예수의 영이 임한 재림 예수요, 두 증인 가운데 한 사람이라고 하면서 그가 보고 듣고 증거하는 것, 혹은 그가 천사와 일문일답해가며 받았다고 하는 계시를 믿어야만 한다고 하면서 그를 신격화하기 위한 것이다. 그러나 이만희는 재림 예수도 아니고 두 증인도 아니다. 따라서 그의 주장은 아예 성립되지도 않을 뿐만 아니라 신천지에서 주장하는 새 언약은 영적 사기다. 왜냐하면 어린 양의 살과 피의 비유 풀이에 있어서 그들이 내세우는 가장 핵심적인 말씀—"내가 포도나무에서 난 것을 이제부터 내 아버지의 나라에서 새 것으로 너희와 함께 마시는 날까지 마시지 아니하리라"(마 26:29)—을 새 언약이라 하지만 실상 새 언약은 26절에 있는 것으로서 떡과 포도주를 통하여 그분의 몸이 찢기고 피를 흘린 대속적인 죽음을 나타내며 그 사실을 믿으면 구원하겠다는 것이기 때문이다. 이만희와 신천지는 그와 같은 주님의 새 언약이 있는 구절을 언급하면서도 정작 다른 것을 새 언약이라고 하는 것이다. 누군가 포도주의 성경적 배경을 설명한 다음 글을 보자.

 한 권으로 끝내는 신천지 비판

포도주는 유대인들에게 있어서 기쁨의 상징이었다. 그 배경은 이렇다. 고대 성경 시대의 이스라엘에서의 8-9월은 더위와 물 부족으로 고통이 배가 되는 시기였다. 우기(10-3월) 동안 빗물을 저장해두었던 웅덩이(cistern)의 물은 거의 다 떨어져서 마실 물이 고갈되는 시기이며, 기온은 섭씨 40-45도를 오르내린다. 이 시기는 모든 생축들이 더위와 물 없음으로 헐떡이는 시기다. 그런데 감사하게도 이 시기가 바로 포도를 거두는 시기였다. 갈증에 목말라 하던 사람들은 포도를 수확해서 밟아 짜고 그 즙을 실컷 마실 것을 기대하면서 하루하루 갈증을 견뎌간다. 그러다가 과즙이 풍부한 포도를 수확하는 날은 말할 수 없는 기쁨과 흥분으로 들끓게 된다.

포도를 밟으면서 조금 있으면 마시게 될 포도즙을 생각하며 신이 나서 노래를 한다. 드디어 포도즙이 나오면 그동안 갈증에 시달렸던 모든 사람들이 환호를 하며 한 잔씩 마시게 된다. 그 포도즙은 길고 긴 갈증 끝에 마시는 음료로, 모든 고난과 고통을 없애주는 것이었으므로 자연스럽게 기쁨의 상징이 되었다. 그래서 유대인들은 자신들의 절기나 행사 가운데 기쁨이 표현되어야 하는 행사에는 반드시 포도주를 식탁에 올려놓아야만 했다. 그 의미는 이 행사가 기쁨이 있는 행사라는 것을 표현하기 위해서였다. 그런 행사로는 결혼식과 유월절, 그리고 안식일이 시작될 때였는데 안식일에는 한 잔의 포도주를 결혼식에서는 두 잔의 포도주를 유월절에는 넉 잔의 포도주를 마시게 되어 있었다.

이 글에서 볼 수 있듯이 예수님은 포도주를 기쁨의 상징으로 사용하시며 장차 제자들과 함께 천국에서 영원한 기쁨을 맛보기 전에 십자가에서 곧 죽음의 고통을 당하게 될 것을 말씀하신 것이다. 그런데 이만희는 이것을 엉뚱하게도 재림 때의 새 언약, 즉 자신에게 예수의 영이 임한 재림 시대인 오늘날, 자신이 계시받아 증거하게 될 새로운 말씀이라고 가르친다.

그러나 어린 양의 살과 피, 포도주와 감람유의 비유 풀이인 그들의 새 언약 교리가 말도 되지 않는다는 것은 그것이 유월절이기 때문에 1년에 단 한 차례만 지켜야 한다는 그들의 주장에서 아주 잘 드러난다. 바울은 고린도 교인들에게 교회에 모일 때마다 애찬을 나누게 되는데, 그것은 예수님이 잡히시기 전날 밤에 가르쳐주신 것으로 "너희가 이 떡을 먹으며 이 잔을 마실 때마다 주의 죽으심을 그가 오실 때까지 전하는 것이니라"(고전 11:26)고 하면서 주의 죽으심, 즉 그분의 과거의 대속적인 죽음을 매주 모일 때마다 계속적으로 반복해서 여러 번 지키라고 가르쳤다. 이처럼 성경의 가르침과 저면으로 충돌하는 것이 바로 신천지의 어린 양의 살과 피, 포도주와 감람유에 대한 비유 풀이의 실체다.

16장
동방 교리

신천지에서는 성경에 나오는 '동방'이 대한민국의 경기도 과천이라고 한다. 그들의 논리대로 하자면 동방박사는 한국인, 그것도 과천 사람이 되는 셈이다. 어떤 논리에서 그들은 대한민국 과천을 동방이라고 하는 것일까? 이만희는 자신의 책 『천국 비밀 요한계시록의 실상』에서 요한계시록 1장 4-5절에 있는 "요한은 아시아에 있는 일곱 교회에 편지하노니 이제도 계시고 전에도 계셨고 장차 오실 이와 그의 보좌 앞에 있는 일곱 영과 또 충성된 증인으로 죽은 자들 가운데에서 먼저 나시고 땅의 임금들의 머리가 되신 예수 그리스도로 말미암아 은혜와 평강이 너희에게 있기를 원하노라 우리를 사랑하사 그의 피로 우리 죄에서 우리를 해방하시고"라는 말씀을 해설하면서 다음과 같이 주장한다.

본문은 계시록 전반에 걸쳐 말하고자 하는 핵심적인 사건과, 사건의 인물들과, 그 인물들 중에서도 구원자의 출현을 정확하고 오차 없이 탄생시키고자 출현 장소를 밝히고 있으며, 그 일정한 장소를 나타내기 위해 빙자한 지명이 출현하고 있다.

따라서 사도 요한이 본 곳과 편지한 곳은 오대양 육대주 중 아시아요, 이사야 41장과 계시록 7장에서 본 바 아시아 땅 끝 땅 모퉁이 해 돋는 동방 일곱 별 일곱 금촛대가 있는 장막성전이다.

이 증거는 자주 반복되기 때문에 7장에서 다시 자세히 밝히기로 하고, 본문에서는 다만 사건의 현장이 세계 중 아시아 동방이라는 것만 알아두기 바란다.[1]

이만희는 요한계시록 1장에 나온 에베소, 서머나, 버가모 등 아시아에 있는 일곱 교회가 "오대양 육대주 중 아시아"에 있었던 것이라고 한다. 또 이사야 41장과 요한계시록 7장을 근거로 하여 그 일곱 교회는 해 돋는 동방의 일곱 금촛대가 있는 장막성전이라고 한다. 여기서 장막성전은 시한부 종말론으로 사회적 물의를 일으켜 세상 사람들에게도 손가락질을 받던 사이비 집단, 유재열의 장막성전을 말하고 있음은 이미 여러 차례 언급했다. 이만희는 그 사이비 단체를 기독교 세계의 마지막 대표로 본다. 그러면서 그 단체에 소속되어 있던 일곱 사람을 일곱 금촛대 교회로, 그들과 그 단체에 있었던 사건을 일곱 교회의 비밀, 배도와 멸망의 비밀이라고 가르치는 것이다. 『천지창조』의 요한계시록 7장 해석을 보자.

---

1) 『천국 비밀 요한계시록의 실상』, pp.37-38.

본장은 6장 사건 후에 이루어지는 예언이다. 배도한 선민을 6장의 예언과 같이 심판하였으므로 이제 네 천사가 바람 곧 말들을 붙들어 심판을 중지시킨다. 그러자 다른 천사가 해 돋는 곳에서 올라와 말하기를 "하나님의 종들의 이마에 인치기까지 땅이나 바다나 나무를 해하지 말라"고 하였다.

하나님의 인을 가진 천사가 올라온 해 돋는 곳은 창세기 1장 첫째 날의 빛과 같은 목자가 있는 곳을 말한다. 혹자는 이 해 돋는 동방을 이스라엘에서 본 동쪽 지역, 예를 들면 지금의 이라크 등지라고 주장한다. 그러나 그것은 잘못된 추측이다. 왜냐하면 이 지구촌은 공같이 둥글기에 기준을 어디로 잡느냐에 따라 모든 나라가 땅끝과 동방이 될 수 있고, 해가 돋지 않는 곳이 없기 때문이다.

시편 84편 11절과 같이 하나님을 해라고 비유하면, 하나님의 역사가 시작되는 곳은 해 돋는 곳이라고 할 수 있다. 기독교 세계 종말에 해, 달이 어두워지고 별들이 떨어져 밤이 될 때, 빛이신 하나님의 역사가 시작되는 곳이 동방이다. 그러므로 본문의 동방이 현재 우리가 말하는 지리적인 동방과 일치하지 않을 수도 있다. 그곳은 순전히 영적인 시각으로 보아야 한다.

본장의 동방은 하늘에서(계 4장) 본 동쪽 지역이며, 요한계시록의 사건이 이루어지는 곳이다. 곧 하나님의 인 맞은 14만 4천 명이 있는 시온 산이 있는 지역이다(계 14:1-3). 우리나라라고 해서 본장의 해 돋는 곳이 되지 말라는 법은 없고, 성경 어디에도 우리나라가 해 돋는 곳이 아니라는 것을 증명할 성구도 없다. 하늘 영계에 올라간 요한은 하늘에서 본 해 돋는 동방이 어디인지 알 것이다.

말씀이 하나님이시므로(요 1:1) 하나님의 이름을 새긴 인(도장)은 곧 하나님의 말씀이다. 하나님의 인을 친다는 것은 하나님의 소유로 인정한다는 뜻이다. 하나님의 인을 맞은 사람에게는 하나님의 인(印)인 말씀이 생각과 마음에 새겨진다. 이는 흰 종이에 도장을 찍으면 그 소유주의 이름이 찍히는 것과 같다. 요한계시록 성취 때 하나님의 인을 맞는 사람은 각 지파 1만 2천 명씩 열두 지파 모두 14만 4천 명이다.

14장 1절에 보면, 시온 산에 모인 14만 4천 명의 이마에 하나님과 어린 양의 이름을 쓴 것이 있다고 한다. 이는 하나님과 예수님의 말씀으로 인을 맞았다는 의미다. 하나님과 예수님으로부터 계시의 말씀을 듣고 인정하는 사람은 하나님과 예수님의 인을 맞게 된다. 하나님께서는 새 언약을 세우며 말씀하시기를, 하나님의 법을 성도의 생각에 두고 마음에 기록하여주신다고 하셨다(히 8:10).

천사들이 14만 4천 명의 이마에 하나님의 인을 다 치면, 각 나라와 족속과 백성과 방언에서 셀 수 없는 큰 무리가 흰 옷을 입고 나온다.

하나님께서는 처음 하늘과 처음 땅 즉 영적 이스라엘을 심판하여 끝내셨다(계 6장). 택하셨던 선민이 없어졌으므로, 새로이 14만 4천 명을 인치고 흰 옷 입은 큰 무리를 모아 영적 새 이스라엘을 창조하시니, 이들이 새 선민이 된다. 그리고 하나님께서 이 영적 새 이스라엘 위에 장막을 치시고 영원히 함께하신다.

요한계시록이 성취되는 때에는 하나님의 선민인 영적 새 이스라엘 열두 지파에 속하지 못하면 이방인이 되어 구원받을 수 없다.…7장의 인치는 사건은 오늘날 과천 소재 신천지에서 이루고 있다.[2]

---

2) 『천지창조』, pp.203-205.

요한계시록 6장 후반부에는 하늘의 해가 어두워지고 달이 피같이 되며 별들도 대풍에 무화과나무의 설익은 열매가 떨어지듯 떨어진다는 말씀이 있다. 이만희는 비유 풀이를 통해 그 말씀을 배도한 선민의 심판, 즉 장막성전의 멸망이라 하면서 7장도 그와 연관지어 해석한다. 그러면서 그는 거기에 맞추기 위해 지구가 둥글기 때문에 어디나 동방이 될 수 있다고 하는 궁색한 변명과 함께 동방이란 "하늘에서 본 동쪽으로 요한계시록의 사건이 이루어지는 곳"이라고 한다.

신천지는 과천에 있었던 유재열의 장막성전을 선천, 첫째 장막이라고 하고 자신들을 후천, 둘째 장막이라고 한다. 그만큼 장막성전과 관련된 인물과 사건들을 요한계시록에 예언된 중요한 인물과 사건들로 주장할 수밖에 없는 것이다. 그리고 이만희는 그 사건들을 지켜본 증인으로서 증거하지 않을 수 없다면서 단체의 명칭을 신천지예수교증거장막성전이라고 하였다. 그는 이 모든 주장들을 그럴듯한 논리로 포장하기 위해 무던히 노력한 것으로 보인다. 시편 84편 11절에서 하나님을 해에 비유한 것을 찾아내고, 해 돋는 곳을 창세기 1장의 첫째 날에 빛을 지으신 사건에 연결시킨다. 또 그것을 근거로 하나님의 역사가 시작되는 곳을 해 돋는 곳이라 하며, 요한계시록 6장의 심판으로 영적 이스라엘이 끝나서 택한 선민이 없어졌으므로 해 돋는 곳으로부터 천사가 하나님의 인을 가지고 올라와서 열두 지파에 인을 치는데 그 인 맞은 14만 4천이 시온 산에 모였다고 하면서 그 장소가 바로 경기도 과천인 것을 증명해내었다. 그 짜깁기 실력에 박수를 쳐주고 싶다.

동방 교리의 문제점

신천지가 성경에 기록된 '동방'을 대한민국이라고 한 것은 사이비 집단이었던 장막성전과 자신들을 관련시켜서 이만희를 '이긴 자' 혹은 '약속한 목자'라는 존재로 만들어 그를 신격화하기 위한 억지 주장이다. 왜 그런 주장이 말도 되지 않는 억지인지 살펴보자.

신천지에서 동방을 대한민국이라 한 첫 번째 근거는 이사야 46장 11절에 있는 말씀이다.

내가 동방에서 독수리를 부르며 먼 나라에서 나의 모략을 이룰 사람을 부를 것이라 내가 말하였은즉 정녕 이룰 것이요 경영하였은즉 정녕 행하리라 (〈개역한글〉 사 46:11).

그러나 여기에서 "동방의 독수리", "나의 모략을 이룰 사람"은 바사 왕 고레스를 나타내는 것이기 때문에(사 41:2, 25; 44:28-45:4) '동방'은 고대 페르시아 지역을 의미하지 대한민국이 아니다. 또 다른 근거는 시편 84편 11절이다.

여호와 하나님은 해요 방패이시라 여호와께서 은혜와 영화를 주시며 정직하게 행하는 자에게 좋은 것을 아끼지 아니하실 것임이니이다(시 84:11).

이만희의 논리는 시편 84편 11절에서 하나님을 해라 비유했고, 해란 동쪽에서 떠오르니 하나님이 계신 곳이 동방이라는 것이다. 정말 제 논에

물 대기가 아닐 수 없다. '해'가 장소를 의미하는 것과 관련되어 있다면 '방패'도 동일하게 장소와 관련시켜야 할 것이 아닌가? 여기에서 "하나님은 해요 방패"라는 말씀은 시편의 대구(對句) 형식의 특성을 고려할 때, 바로 뒤에 이어지는 "여호와께서 은혜와 영화를 주시며 정직하게 행하는 자에게 좋은 것을 아끼지 아니하실 것임이니이다"라는 말씀과 연결된다. 즉 그것은 어떤 장소에 관한 것이 아니라, 하나님이 아끼지 아니하시고 주실 좋은 어떤 것과 관련된 것으로서 태양과 방패라는 상징을 통해 하나님의 따뜻한 은혜와 지켜주시고 보호해주시는 은혜를 나타내고 있다.

신천지는 또 요한계시록 7장 2-3절에 있는 말씀을 근거로 동방이 대한민국이라고 한다. 그러나 이 주장도 하나님이 어떤 분인지를 제대로 안다면 얼굴을 들지 못할 정도로 부끄러워해야 할 주장이다.

2또 보매 다른 천사가 살아 계신 하나님의 인을 가지고 해 돋는 데로부터 올라와서 땅과 바다를 해롭게 할 권세를 받은 네 천사를 향하여 큰 소리로 외쳐 3이르되 우리가 우리 하나님의 종들의 이마에 인치기까지 땅이나 바다나 나무들을 해하지 말라 하더라(계 7:2-3).

신천지는 여기에서 하나님의 인을 해 돋는 곳에서 가져왔으니 하나님이 계신 곳이 해 돋는 동방이라고 주장한다. 그러나 하나님은 어느 특정한 장소에만 계신 분이 아니다. 하나님은 우주 안에, 우주 밖에 충만하게 계시며 동시에 어디든 계신다. 그래서 솔로몬은 성전을 지어놓고 "하나님이 참으로 땅에 거하시리이까 하늘과 하늘들의 하늘이라도 주를 용납하지 못하겠거든 하물며 내가 건축한 이 성전이오리이까"(왕상 8:27)라고 하였으며, 시인은 "내가 주의 영을 떠나 어디로 가며 주의 앞에서 어디로 피하리이까 내가 하늘에 올라갈지라도 거기 계시며 스올에 내 자리를 펼지라도 거기 계시니이다 내가 새벽 날개를 치며 바다 끝에 가서 거주할지라도 거기서도 주의 손이 나를 인도하시며 주의 오른손이 나를 붙드시리이다"(시 139:7-10)라고 하였던 것이다.

이만희가 신천지를 성경적으로 중요한 단체로 만들기 위해 가져다 붙이는 억지 주장은 한두 가지가 아니다. 요한계시록 1장의 아시아에 있는 일곱 교회를 유재열의 장막성전이라고 하는 것은 물론, 요한계시록에 나오는 일곱 별의 비밀을 장막성전에 있었던 일곱 사람과 관련시킨다. 그들이 대한민국 사람이기 때문에 성경에 나오는 아시아—오늘날의 터키지역으로 비록 아시아 대륙과 붙어 있기는 하지만 실제로는 유럽에 속해 있는 소아시아—를 오늘날의 아시아라고 주장하고, 동방이란 말을 대한민국과 관련시킨다. 지역도, 배경도, 시대도, 상황도 전혀 다른 어떤 사이비 단체에 있던 일곱 사람을 일곱 교회로 바꾸어내기 위한 그의 노력을 "일곱의 유래"라는 제목의 다음 내용을 보면서 확인해보자.

이스라엘아 잠잠히 들으라 오늘날 네가 네 하나님 여호와의 백성이 되었으니 그런즉 네 하나님 여호와의 말씀을 복종하여 내가 오늘날 네게 명하는 그 명령과 규례를 행할찌니라(신 27:9-10).

네가 만일 네 하나님 여호와의 말씀을 순종하지 아니하여 내가 오늘날

네게 명하는 그 모든 명령과 규례를 지켜 행하지 아니하면…여호와께
서 너로 네 대적 앞에 패하게 하시리니 네가 한 길로 그들을 치러 나가
서는 그들의 앞에서 일곱 길로 도망할 것이며(신 28:15-25).

모세의 이 말씀을 통해서 우리는 선민들의 지도자로 세운 인물이 한 사람
이 아니고 일곱 사람임을 쉽게 이해할 수 있다. 이들은 천사 또는 목자의
입장으로 집단 지도체제를 구성하여 하나님의 사역자가 된다.

따라서 이들이 한 분이신 하나님의 말씀을 순종할 때에는 일곱이 아니
라 하나다. 하나의 돌에 있는 일곱 눈이다(슥 3:9). 이들이 하나님의 언약을
파하고 하나님을 떠나게 되면 하나가 아니라 일곱 갈래로 흩어진다. 불순
종의 결과는 반드시 대적을 불러들이고 이 대적을 치기 위해 한 길로 나갔
으나 대적 앞에서 패하여 도망가니 그 갈 길은 일곱 갈래가 된다.

하나로 출발한 예비제단, 이것이 종말에 나타난 아시아의 일곱 촛대.
그러나 그들이 하나님의 언약을 파하고 배도하여 뿔뿔이 흩어지니 이것이
일곱 교회로 나누인 것이다. 그러므로 사도 요한의 서신의 내용 가운데 그
들에게 회개와 각성을 촉구하는 내용이 많이 나타나는 것도 이 같은 이유
에서다.

모세의 율법을 비롯하여 각 선지서와 유다서에 이르기까지의 모든 예언
들이 마지막 날에 나타내시기로 한 권의 책으로 묶어놓은 것이 사도 요한
의 서신이다. 그러므로 이 모든 예언을 말일에 이르러 보혜사 성령이 오시
어 빠짐없이 실상으로 드러내신다.[3]

---

3) 『천국 비밀 계시록의 진상』, pp.25-26.

이것은 모세의 성막 안에 있었던 일곱 등잔(출 25:31-40)과 요한계시록 4장 5절에 있는 일곱 등불을 관련시킨 후 이만희가 주장한 내용이다. 출애굽기 25장의 성막 안에 있었던 일곱 등잔과 요한계시록에 나온 일곱 금 촛대가 상호 연관이 있는 것은 사실이다. 그러나 그것들은 신명기 28장에 나온 불순종의 사건과 아무런 관련이 없다. 이만희의 주장은 마치 남의 다리에 고약 붙이는 것과 같다.

신명기 28장의 "한 길로 나갔다가 일곱 길로 도망한다"는 말씀은 일곱 사람에 대한 이야기가 아니다. 장막성전에 있었던 일곱 사람과 아무런 관련이 없고 요한계시록의 일곱 교회와는 더더구나 상관이 없다. 세상을 노랗게 보려면 노란 안경을 쓰라는 말이 있지만, 이 정도 되면 억지 정도가 아니라 뭔가에 씌어 성경의 모든 게 다 그렇게 보이는 일종의 중증 환자의 수준이 아닐까 싶다.

신명기 28장은 축복과 저주의 장으로서 1-14절은 순종할 때 받는 복에 대해서, 그리고 15절부터 나머지 68절까지는 불순종했을 때 받게 되는 저주에 대해서 기록하고 있다. 여기에서 '한 길'과 '일곱 길'은 전쟁의 형국을 묘사하는 정형적 표현이다. "여호와께서 너를 대적하기 위해 일어난 적군들을 네 앞에서 패하게 하시리라 그들이 한 길로 너를 치러 들어왔으나 네 앞에서 일곱 길로 도망하리라"는 신명기 28장 7절의 말씀은 이스라엘 백성들이 하나님의 말씀에 순종했을 때, 그분이 이스라엘을 지켜주셔서 적들이 일사분란하게 쳐들어왔지만 박살이 나서 사방으로 흩어져 도망가는 패잔병의 모습을 나타낸 것이며, 25절은 그 반대를 말씀하고 있는 것이다. 그러므로 신명기 28장을 근거로 유재열의 장막성전에 있었던 일곱 사람을 일곱 교회의 실상이라 하고,

역사적 배경과 상황도 무시하며 성경의 '동방'을 대한민국이라고 주장하는 이만희는 영적 사기를 치고 있는 것이 분명하다.

17장
길 예비 사자 교리

신천지에서 자신들의 목자론을 성립시켜 이만희를 신격화하기 위한 또 다른 교리는 '길 예비 사자 교리'다. 이것은 말라기 3장 1절에 있는 "만군의 여호와가 이르노라 보라 내가 내 사자를 보내리니 그가 내 앞에서 길을 준비할 것이요 또 너희가 구하는 바 주가 갑자기 그의 성전에 임하시리니 곧 너희가 사모하는 바 언약의 사자가 임하실 것이라"는 말씀과 그 예언의 성취인 "기록된 바 보라 내가 내 사자를 네 앞에 보내노니 그가 네 앞에서 네 길을 준비하리라 한 것이 이 사람에 대한 말씀이라"는 누가복음 7장 27절 말씀을 근거로 한 것이다. 그들은 구약에서 여호와 앞의 길 예비 사자가 예언되었고 신약에서 약속한 목자이신 예수님 앞에 세례 요한이 옴으로 성취된 것과 같이, 신약에도 약속한 목자이며 이긴 자인 이만희가 등장하기 전에 길 예비 사자가 있었다고 주장한다.

장막성전의 일곱 천사

다음은 이만희가 쓴 『천국 비밀 계시록의 진상』에 있는 "일곱의 유래"
의 일부다.

> 먼저 우리는 일곱 교회와 그 사자들의 비밀을 이해하기 위해서는 일곱 교
> 회가 왜 나타나야 하는지의 그 유래를 따져보지 않으면 안 된다. 이 일곱의
> 가장 원초적인 발단은 모세의 초막 교회에서 기인한다.

> 너는 정금으로 등대를 쳐서 만들되…등잔 일곱을 만들어 그 위에 두어
> 앞을 비추게 하며…너는 삼가 이 산에서 네게 보인 식양대로 할찌니라
> (출 25:31-40).

> 보좌로부터 번개와 음성과 뇌성이 나고 보좌 앞에 일곱 등불 켠 것이
> 있으니 이는 하나님의 일곱 영이라(계 4:5).

> 교회의 원형이라 할 모세의 초막 안에 등잔 일곱이 있는 것이나 하나님의
> 보좌 앞에 켜 있는 등불은 다 같이 하나님의 일곱 영이다. 이는 하나님의
> 거룩한 성령 조직 가운데서 그 대표 그룹이다. 하나님의 일곱 영이 세상을
> 밝히는 일곱 등불이기 때문에 오늘날 이 어둠의 세상을 밝히는 등대에도
> 일곱 등잔이 불가피하게 나타난다. 즉 하나님의 일곱 영이 지상의 인간 육
> 체 일곱을 택하여 역사하는 것이다.
> 　그러므로 종말에 가서 일곱 교회가 나타나는 것은 먼저 주의 길을 예비

해야 할 교회가 출현하여 하나님의 일곱 등불 역사를 먼저 시작한다. 왜냐하면 하나님은 먼저 우리의 사모하는 바 언약의 사자를 보내실 때 앞서 세우신 예비 사자의 교회에 홀연히 보내주시마고 말라기 선지의 입을 통해 굳게굳게 언약하셨기 때문이다(말 3:1).

오늘날이 그 약속한 종말이라면 반드시 하나님의 내적인 일곱 영이 외적인 일곱 사람을 택하여 역사하실 것은 명백한 사실이다. 따라서 오늘의 예비제단에는 필연코 일곱 사람의 천사들이 하나의 지도 그룹을 형성하여 역사하기 시작할 것이 분명하다.

다만 모세의 초막에는 하나의 등대에 일곱 등잔이 있었던 것과 사도 요한이 본 계시 가운데는 일곱 개의 촛대와 일곱 사자가 나타남으로써 좋은 대조를 이루고 있다. 왜 하나의 등대가 일곱 개의 촛대로 나타난 것일까?

(중략)

모세의 이 말씀을 통해서 우리는 선민들의 지도자로 세운 인물이 한 사람이 아니고 일곱 사람임을 쉽게 이해할 수 있다. 이들은 천사 또는 목자의 입장으로 집단 지도체제를 구성하여 하나님의 사역자가 된다.

(중략)

하나로 출발한 예비제단, 이것이 종말에 나타난 아시아의 일곱 촛대다. 그러나 그들이 하나님의 언약을 파하고 배도하여 뿔뿔이 흩어지니 이것이 일곱 교회로 나누인 것이다.[1]

---

1) 『천국 비밀 계시록의 진상』, pp.25-26.

이만희는 출애굽기에 나오는 모세의 성막을 초막이라 하고, 거기에 있었던 일곱 등잔을 요한계시록에 등장하는 일곱 금 촛대와 관련시키며, 그것을 다시 요한계시록 4장 5절에 있는 하나님의 일곱 영과 관련시키면서 그것은 "하나님의 성령 조직 가운데서 대표 그룹"이라고 한다. 그리고 그는 하나님의 일곱 영이 세상을 밝히는 일곱 등불이기 때문에 그것은 하나님의 일곱 영이 지상에 있는 인간 육체 일곱을 택하여 역사하는 것이라 하면서 말라기 3장의 언약의 사자와 연결시킨다. 그리고 그것을 다시 신명기 28장과 관련시켜 하나로 출발했던 예비제단이 배도함으로 뿔뿔이 흩어져서 일곱 교회로 나누어졌는데, 그것이 바로 요한계시록에 등장한 아시아의 일곱 촛대, 즉 일곱 교회라고 한다. 그리고 책을 조금 더 읽어보면 재미있는 추측이 나온다. 세례 요한의 아버지 사가랴가 유대교단을 이끌다가 가브리엘 천사와 상봉한 후, 자기의 아들이 주의 길을 예비할 자라는 것을 알고 그것을 유대에 알렸으며, 그들을 지지하는 지도자 그룹도 생겨나서 그들 부자는 유대 사회의 중심인물이 되었지만 바리새인들의 충동질에 의해 일곱의 역사, 즉 불순종의 역사가 있었을 것이라는 이야기다.

이와 같은 주장들은 이미 결론을 내려놓고 성경을 짜깁기하여 소설을 쓴 것에 불과하다. 세상에 있는 모든 교회는 다 잘못되었는데, 유재열의 장막성전은 진정한 기독교 단체이고, 거기에 있었던 사람들이 바로 요한계시록의 일곱 교회라는 신천지의 주장은 성경적일 수 없다. 나아가 이만희의 길 예비 사자였던 장막성전의 일곱 천사가 배신했기 때문에, 예수님의 길 예비 사자였던 세례 요한도 배도자라고 주장하는 그들은 자신들의 편의대로 성경을 왜곡하는 집단에 불과하다. 신천지의 교리는 예수님이 아닌 이만희를 이긴 자라고 하면서 신격화하는 억지 주장이다. 이제부터 무엇이 잘못되었는지를 차근차근 살펴보자.

먼저 이만희는 일곱 교회와 그 사자들의 비밀을 이해하기 위해서는 일곱 교회의 유래에 대해 알아야 한다고 하면서 그 원초적인 발단은 "모세의 초막 교회에서 시작한다"고 한다. 이는 성경 짜깁기의 서막을 보여준다. 그는 모세가 만든 성막을 유재열이 만들었다는 과천 청계산의 초막과 관련시키기 위해서 그것을 '초막'이라고 부른다. 이는 신천지의 "실상자료"에 있는 사진을 통해서 확인할 수 있다.

청계산 초막

성막(聖幕)과 초막(草幕)은 완전히 다르다. 모세가 만든 성막은 이스라엘 백성들이 가나안에 정착하여 고정형 성전을 건축하기 전에 광야에서 잠시 사용하였던 이동형 성전으로서 하나님의 임재의 상징이었다. 출애굽기 26장 7-14절을 보면 염소털, 수양의 가죽, 해달의 가죽 등 짐승의 가죽으로 성막의 덮개를 만들었다는 것을 알 수 있다. 그러나 초막은 사전적으로 "풀이나 짚으로 지붕을 이어 조그마하게 지은 막집"을 의미한다. 성경에서는 히브리인들이 초막절이라는 절기 때 잠시 거하는 임시 처소로 사용된다. 그래서 성막은 회막(출 27:21) 혹은 증거막(출 38:21) 등으로 불렸지만 단 한 차례도 초막이라고 불리지는 않았다. 책의 다른 부분에서 이만희는 "초막(일곱 별이 양육 받았던 기도처)"라고 해놓았는데,[2] 초막과 성막을 구별하지 못하고 있는 것이다. 다음은 성막을 재현한 모습인데 이만희가 말한 초막과 한번 비교해보라.

성막의 전경

다음으로 '일곱 등잔과 일곱 교회'의 문제를 살펴보자. 다음 그림은 신천지의 "실상자료"에서 일곱 별, 일곱 사자, 일곱 천사의 실체를 보여주는 것이다. 출애굽기 25장 31-40절을 보면 등잔대에 관한 규례가 나온다. 그 등잔대는 하나의 줄기에 양쪽으로 가지가 셋씩 있어서 일곱 개의 등잔이 달려 있다. 이는 본래부터 가지가 여섯 개인 하나의 등잔대였다. 그런데 신천지는 이것을 가지고 배도의 결과 일곱이 된 것이라고 주장한다.

한 권으로 끝내는 신천지 비판

일곱 별, 일곱 사자, 일곱 천사

그들은 이 '일곱' 수를 맞추기 위해 장막성전에 있던 여덟 사람 중 신종환의 사진은 아래로 빼기도 했다. 신천지는 이 일곱 명의 사람이 요한계시록의 일곱 별, 일곱 사자, 일곱 천사, 일곱 교회의 실상이라고 가르친다. 다른 것이야 눈에 보이는 개념이 아니니까 그렇다 치더라도 어떻게 그들을 일곱 교회라고 할 수 있을까? 사실, 교회는 눈에 보이는 어떤 건물이라기보다 하나님의 부르심을 받은 성도들의 모임이다. 그래서 교회(敎會)의 '會'자는 "모이다"의 뜻이다. 그러므로 성도들이 교회인 것은 틀림없는 사실이지만 어느 한 사람을 교회라고 할 수는 없다. 그런데 신천지는 일곱 사람이 일곱 교회라고 주장한다. 하지만 보통 사람들을 성경에 계시된 일곱 교회라고 주장하기는 쉬운 일이 아니다. 심지어 여덟 명 중 두 명은 중간에 교체되었는데, 이것을 성경적으로 설명할 수는 없다. 요한계시록에 나온 일곱 교회가 중간에 교체된

적이 있었는가? 다음의 그림 또한 그들의 "실상자료"에 있는 것인데, 일곱 교회라는 사람들의 면면을 보면 우습지도 않다.

이만희는 "일곱 등잔＝일곱 금촛대(일곱 교회)＝일곱 영"이라고 한다. 그는 모세의 '초막'에 있는 일곱 등잔이 요한계시록 1장에 있는 일곱 교회이고, 그것들이 또한 요한계시록 4장에 있는 보좌 앞의 일곱 영과도 같다고 보는 것이다. 그리고 그 일곱 영이 신천지의 일곱 교육장이라고 한다. 신천지의 일곱 교육장이 하나님의 보좌 앞에 있는 일곱 영과 같다면, 하나님과 같은 자는 누구인가? 이러면서도 신천지는 이만희가 자신을 신격화하는 것은 아니라고 주장한다.『신천지발전사』의 "총회장과 7교육장"이라는 부분을 보면 다음과 같은 기록이 있다.

계1:20의 7별(7사자)

성 명(영 명)	내　　용
유인구 임마누엘 (사울입장)	신종환의 여동생과 결혼, 유재열의 부친, 67년도 장막이탈 이탈 후 흑석동에서 유재열과 함께 살았음, 84년도 사망.
유재열 삼 손 (다윗입장)	유인구의 아들, 유인구 이탈 후 장막성전의 1인자됨. 80년10월말 부터 84년4월까지 웨스트민스트 유학
김창도 미 카 엘	노량진 깡패 출신, 별명:오토바이, 80년9월 재직총사퇴 후 장막성전 이탈

성 명(영 명)	내　　용
정창래 사 무 엘	충청도 출신; 다리에 장애있음, 80년9월 재직 총사퇴 후 장막성전 이탈
백만봉 솔 로 몬	해방촌에서 구두닦이, 사데교회, 69년 장막 이탈
신광일 여호수아	시골사람, 이탈 후 신천지에 들어옴, 빌라델비아 교회, 69년 장막 이탈
김영애 디 라	아이생산X, 독신녀, 80년9월 재직 총사퇴 후 장막이탈, 90년대 사망
신종환 모 세	가설극장 단장, 69년 장막이탈(돈 문제로 유재열에 의해 쫓겨남, 신광일과 함께 신천지에 왔었음)

신천지가 말하는 일곱 사자의 실상[2]

곱 영과 같다면, 하나님과 같은 자는 누구인가? 이러면서도 신천지는 이만희가 자신을 신격화하는 것은 아니라고 주장한다.『신천지발전사』의 "총회장과 7교육장"이라는 부분을 보면 다음과 같은 기록이 있다.

---

[2] 『천국 비밀 계시록의 진상』, p.196.

　　　　　　　　　한 권으로 끝내는 신천지 비판

7교육장은 하나님 말씀에 근거하여 출현되며 보좌 앞 7영과 7눈의 사명을 하며 하나님의 말씀을 대언하시는 선생님의 뜻을 받들어 신천지증거장막성전의 모든 교육을 주관하며 교육, 기획, 감사의 사명을 담당하고 있다(슥 3:9; 4:10; 계 4:5; 5:6).[3]

7교육장은 하나님의 사자로서 새로 창조되는 신천지증거장막성전에서 교육, 기획, 감사의 사명을 맡아 역사하고 있다. 현재로는 윤요한, 이재상, 윤재명, 신현욱, 이정석, 이철구, 조대희 교육장으로 되어 있다.[4]

여기에서 일곱 눈의 실상이라고 했던 교육장들 중 현재 신천지에 남아 있는 사람은 거의 없다. 앞에서 밝힌 대로 신천지에서는 일곱 교회의 실상이 장막성전에 있었던 사람들이라고 가르치는데, 일곱 눈의 실상은 신천지의 일곱 교육장이라고 한다. 이는 "일곱 교회 = 일곱 영"이라고 했던 자신들의 주장을 뒤죽박죽으로 만드는 처사가 아닐 수 없다. 도대체 무엇이 진짜 실상이라는 말인가? 그리고 일곱 영이라는 자들이 신천지를 떠난 것은 무슨 경우인가?

우리가 앞의 "동방 교리"에서 살펴본 것과 같이 신천지는 장막성전에 있었던 일곱 사람이 하나였다가 서로 흩어진 사건이, 신명기 28장의 "한 길로 왔다가 일곱 길로 흩어진다"는 예언의 실상으로 배도의 사건이라고 이야기한다. 그러면서 신명기 28장의 일곱 갈래로 흩어

---

3) 『신천지발전사』, p.13.
4) 『신천지발전사』, p.14.

진다는 말씀과 요한계시록 1장의 일곱 교회를 관련시킨다. 하지만 그 두 말씀은 전혀 다른 배경과 환경 속에서 나온 것으로 서로 아무런 관련이 없다. 또한 신명기 28장의 말씀도 전혀 그런 뜻이 아니다. 신명기 28장에 있는 일곱 길로 도망한다는 표현은 불순종과만 관련된 것이 아니라 순종과도 관련되어 있다(신 28:7). 즉 그것은 한 군대의 패잔병들이 산산이 흩어지는 모습을 그려주는 관용적인 표현이다. 이 내용을 가지고 하나가 일곱이 되어 일곱 사람이 되었다고 주장하는 것은 소가 웃을 이야기다.

더구나 성경을 보면 서머나 교회(계 2:8-11)나 빌라델비아 교회(계 3:7-13)는 아무런 책망도 받지 않고 칭찬만 받았다. 그런데 어떻게 칭찬만 받은 교회도 싸잡아서 배도했다고 판단할 수 있다는 말인가? 사이비 집단이었던 장막성전에 있었던 일곱 사람을 요한계시록에 등장하는 일곱 교회의 실상이라고 한 것도 웃기지만, 칭찬만 받았던 교회가 있는데도 일곱 교회를 배도자로 매도한 것은 정말 어이없는 일이다.

그런데 문제는 그것만이 아니다. 장막성전의 역사를 보면 1966년 2월 17일부터 1966년 5월 말까지 청계산 골짜기에 들어가 기도한 사람은, 임마누엘이라고 하는 유인구 외에 제사장이라고 하는 신종환, 그리고 여섯 천사라고 하는 김창도, 정창래, 백만봉, 신광일, 유재열, 김영애 등이 있었다. 이들 전부를 합하면 8명이고, 천사라고 했던 사람은 6명이다. 그러므로 그들을 가리켜 일곱 천사라고 하기도 애매하다. 그리고 더 웃기는 것은 백만봉이나 신광일은 처음에 포함되지 않았지만 중간에 2명이 도망간 공백을 그들이 들어와 채웠다는 사실이다. 이처럼 장막성전의 일곱 사람이 요한계시록에 나오는 일곱 교회의 실상이라고

한 권으로 끝내는 신천지 비판

한 것은 이만희가 자신을 신격화하기 위해서 억지로 짜깁기하여 꾸며
낸 것일 뿐 말도 되지 않는 이야기다. 요한계시록의 말씀이 현재의 우
리에게 시사하는 바가 많더라도, 애초에 일곱 교회는 역사적으로 실재
했던 일곱 교회이기 때문이다.

배도자 세례 요한

이제는 통일교를 비롯한 몇몇 이단들도 같은 주장을 하고 있는 '세례
요한이 배도자인가'의 문제에 대해서 살펴보자. 예수님은 "여자가 낳
은 자 중에 세례 요한보다 큰 이가 일어남이 없도다"(마 11:11; 눅 7:28)라
고 하시면서 세례 요한을 높게 평가하셨다. 그런데 신천지에서는 자신
들의 길 예비 사자 교리 때문에 세례 요한을 '배도자'라고 한다. 그들
은 구약의 예언이 세례 요한과 예수님을 통해서 이루어진 것같이 신약
의 예언이 장막성전과 이만희를 통해서 이루어졌다고 한다. 이만희는
장막성전에 있었던 배도 사건 이후에 등장했는데 이만희의 길 예비 사
자인 일곱 교회가 배도자였으니 예수님의 앞에 왔던 길 예비 사자 세
례 요한 또한 배도자라는 것이다. 그들이 제시한 근거를 차근차근 살
펴보면서 무엇이 문제인지를 알아보자.

　이만희는 그의 책 『천국 비밀 계시록의 진상』에서 마태복음 12장
43-45절을 이용해 '불순종했을 때는 일곱'이라는 것을 당연시하면서
세례 요한이 배도했다고 주장한다.

43더러운 귀신이 사람에게서 나갔을 때에 물 없는 곳으로 다니며 쉬기를

구하되 쉴 곳을 얻지 못하고 이에 44이르되 내가 나온 내 집으로 돌아가리라 하고 와 보니 그 집이 비고 청소되고 수리되었거늘 45이에 가서 저보다 더 악한 귀신 일곱을 데리고 들어가서 거하니 그 사람의 나중 형편이 전보다 더욱 심하게 되느니라 이 악한 세대가 또한 이렇게 되리라(마 12:43-45).

귀신이 머물다 나간 사람은 성전을 비유한 말씀이다. 하나님이 세운 교회가 마귀의 침노함을 받았기에 그 교회의 지도자가 교회를 버리고 나갔으므로 교회가 비고 소제되었으며, 또 귀신이 물 없는 광야에 다니다가 물이 있는 곳에 돌아왔으니 이 말은 당시 물로 세례를 베풀었던 세례 요한의 제단에 일곱 귀신 즉 일곱 머리의 마귀를 이끌고 들어왔음을 뜻하는 것이다. 즉 요한과 그의 제단은 이들 멸망자인 일곱 귀신에 의해 멸망(침노)당하였으며 천국은 바리새인들의 수중으로 넘어간 것이다(눅 17:20-21). 바리새인과 서기관들의 수뇌가 요한의 제단을 침노하여 멸망시켰기에 요한의 때부터 하나님의 나라가 침노당한다고 말씀하신 것이다(마 11:12).[5]

마태복음 11장 12절에 있는 "천국이 침노를 당한다"는 말씀은 이만희가 세례 요한을 배도자라고 하는 근거 중 하나다. 그는 그 말씀이 사가랴와 세례 요한 부자가 예수님을 증거하면서 유대의 중심인물로 떠올랐지만, 바리새인과 서기관들에 의해 침노를 당해 배도자가 되었다는 증거라고 한다. 그러나 천국이 침노를 당한다는 말씀은 세례 요한이 처음에는 바르게 잘 나가다가 변질되어 나중에 천국이 침노를 당하게

---

5) 『천국 비밀 계시록의 진상』, p.29.

되었다는 그런 의미가 아니다.

천국(天國)이란 말은 본래 하나님의 나라, 혹은 하나님의 왕국($\dot{\eta}$ $\beta\alpha\sigma\iota\lambda\epsilon\acute{\iota}\alpha$ $\tau o\hat{\upsilon}$ $\theta\epsilon o\hat{\upsilon}$)을 가리키는 것으로 하나님이 다스리고 통치하시는 나라다. 천국은 세례 요한과 사가랴가 세를 형성해놓았다는 하나의 단체 정도가 아니다. 천국을 침노하여 빼앗는다는 것은 예수님이 "사람이 먼저 강한 자를 결박하지 않고서야 어떻게 그 강한 자의 집에 들어가 그 세간을 강탈하겠느냐 결박한 후에야 그 집을 강탈하리라"(마 12:29)고 하신 말씀처럼 하나님을 결박하지 않고는 불가능한 일이다. 감히 누군가 하나님의 나라를 침노하여 빼앗았다는 이만희의 그와 같은 주장은 아예 처음부터 불가능한 것이며 신성모독적인 주장이다. 누가 감히 하나님의 나라를 빼앗을 수가 있다는 말인가!

본래 신약성경에 사용된 헬라어에는 우리말과는 다른 독특한 문법들이 더러 있는데 그중의 하나가 '태'에 관한 것이다. 우리나라 말에는 능동태와 수동태가 있다. 능동태란 주어가 능동적인 입장을 취하는 것으로, 예를 들면 "내가 다른 사람을 두들겨 팼다"는 것처럼 주어가 가해자의 입장이 되는 것이고, 수동태는 "내가 다른 사람에게 두들겨 맞았다"라고 하는 것처럼 주어가 수동적인 입장으로서 피해자가 되는 것이다. 이처럼 우리말은 주어가 가하는 입장이냐, 아니면 당하는 입장이냐에 따라 태가 달라진다.

그런데 헬라어에는 태가 하나 더 있다. 바로 **중간태**인데, 주어가 가해자이면서 동시에 피해자가 되는 것이다. 예를 들면, "내가 나 자신을 두들겨 팼다" 혹은 "자해했다"라는 말이나 "내가 나 자신을 씻다" 혹은 "목욕하다"라는 말과 같이 주어가 가해자이면서 피해자, 즉 당하는 자가 되는 것이다. 마태복음 11장 12절의 "천국은 침노를 당하나니 침노하는 자는 빼앗느니라"는 말씀은 바로 이 중간태가 사용된 문장이다.

ἡ βασιλεία τῶν οὐρανῶν βιάζεται καὶ βιασταὶ ἁρπάζουσιν αὐτήν(GSB, 마 11:12).

그러므로 이 부분을 새롭게 번역하자면 "천국은 자신에게 침노를 당하나니 침노하는 자가 빼앗느니라"고 할 수 있다. 사실, 천국은 누군가 빼앗아서 들어갈 수 있는 곳이 아니다. 하나님이 다스리는 그 나라를 그분의 손에서 빼앗을 수 있는 자는 아무도 없기 때문이다. 성경 본문을 조금 더 읽어보면 이 사실이 더욱 분명해진다.

25그때에 예수께서 대답하여 이르시되 천지의 주재이신 아버지여 이것을 지혜롭고 슬기 있는 자들에게는 숨기시고 어린 아이들에게는 나타내심을 감사하나이다 26옳소이다 이렇게 된 것이 아버지의 뜻이니이다 27내 아버지께서 모든 것을 내게 주셨으니 아버지 외에는 아들을 아는 자가 없고 아들과 또 아들의 소원대로 계시를 받는 자 외에는 아버지를 아는 자가 없느니라(마 11:25-27).

예수님은 아들의 소원대로 계시를 받는 자 외에는 아버지를 아는 자가 없고, 아들의 소원대로 계시를 받은 자가 아버지를 아는 것이 아버지의 뜻이라고 하셨다. 같은 장에 있는 이 말씀을 근거로 하여 앞에 있

 한 권으로 끝내는 신천지 비판

는 마태복음 11장 12절을 살펴보게 되면, 천국은 침노를 당하고, 침노하는 자가 천국을 얻게 되지만 그것은 천국의 주인이신 아버지께서 은혜로 허용하신 결과이며, 하나님의 은혜를 입은 자가 천국을 침노하여 얻게 된다. 즉 하나님의 은혜를 입은 자는 행위로 구원받는 것은 아니지만 힘쓰고 애쓰는 행위를 하게 될 것이라는 것이다. 그러므로 이만희가 마태복음 11장 12절에 있는 "천국은 침노를 당하나니"라는 말씀을 근거로 세례 요한을 배도자라고 하는 것은 성경의 의미를 전혀 모르는 무지한 주장에 불과하다.

빈 집의 비유

이만희는 빈 집에 관한 비유를 통하여 일곱 교회에 관한 자신의 주장을 정당화하면서 세례 요한을 배도자로 몰아간다. 그러나 그의 주장은 완전히 억지다. 유대인들은 율법의 진정한 의미를 모르고 단순히 그 조문에만 얽매이다 보니 '하라'와 '하지 말라'는 계명을 지키는 데만 몰두했다. 결과적으로 그들은 우상숭배는 멀리할 수 있었지만 율법의 근본정신인 사랑은 잃어버려서 주님의 제자들이 안식일에 시장하여 밀 이삭을 잘라먹은 것을 문제 삼았다(마 12:1-2). 그러자 주님은 다윗이 하나님의 임재의 상징인 성전에서 한 일을 통하여 제자들을 변호하셨다(마 12:3-5). 또 예수님은 성전보다 더 큰 이가 여기 있다고 하시면서 "나는 자비를 원하고 제사를 원하지 아니하노라 하신 뜻을 너희가 알았더라면 무죄한 자를 정죄하지 아니하였으리라"(마 12:7)며 그들을 책망하셨다.

이어서 예수님이 회당에 들어가시자 거기에는 손 마른 사람이 있었는데, 사람들은 예수님을 고발하려고 안식일에 병 고치는 것이 옳으냐고 물었다(마 12:9-10). 그때도 예수님은 안식일에 구덩이에 빠진 양이 있다면 구해주지 않겠느냐고 하시면서 그를 고쳐주셨다(마 12:11-13). 그러자 바리새인들은 나가서 어떻게 예수님을 죽일까를 의논하였다(마 12:14). 율법을 가르치는 그들이 선지자와 율법의 강령인 사랑을 실천하지 않고 증오에 사로잡혔던 것이다. 예수님은 그런 바리새인들의 증오를 아셨지만, 거기를 떠나서 많은 병자를 고쳐주셨다(마 12:15). 마태복음은 이것을 이사야의 예언이 이루어진 것으로 평가한다(마 12:17-21).

소위 '빈 집의 비유'는 이런 문맥 뒤에 등장한다. 예수님이 귀신들려 눈멀고 말 못하는 사람을 고쳐주시자 사람들이 "이는 다윗의 자손이 아니냐"(마 12:23)라고 하면서 놀랐지만 율법의 정신을 잃어버린 바리새인들은 예수님이 귀신의 왕 바알세불을 힘입어 귀신을 쫓아내는 것이라고 비난했다(마 12:24). 이에 예수님은 사탄이 사탄을 쫓아내면 저의 나라가 어떻게 서겠느냐고 하시면서, "내가 하나님의 성령을 힘입어 귀신을 쫓아내는 것이면 하나님의 나라가 이미 너희에게 임하였느니라"고 하셨다(마 12:26-28). 그리고 바리새인들을 향하여 "독사의 자식들아 너희는 악하니 어떻게 선한 말을 할 수 있느냐 이는 마음에 가득한 것을 입으로 말함이라"(마 12:34)고 하시면서 그들이 심판 날에 정죄함을 받을 것이라고 말씀하셨다(마 12:35-37).

사실, 바리새인들과 서기관들은 예수님이 "화 있을진저 외식하는 서기관들과 바리새인들이여 너희가 박하와 회향과 근채의 십일조는

 한 권으로 끝내는 신천지 비판

드리되 율법의 더 중한 바 정의와 긍휼과 믿음은 버렸도다"(마 23:23)라고 책망하실 정도로 내용 없는 신앙인, 즉 겉으로 보기에만 율법을 잘 지키던 사람들이었다. 그런데 그들은 그런 책망을 들으면서도 악심을 품고 당신이 메시아라면 "어디 증거를 한번 보여주시오"라는 식으로 표적을 요구했고(마 12:38), 주님은 거기에 대해 "악하고 음란한 세대가 표적을 구하나 선지자 요나의 표적밖에는 보일 표적이 없느니라"(마 12:39)고 하시면서 심판 때 니느웨 사람들이 이 세대 사람을 정죄하게 될 것이라고 하셨다. 니느웨 사람들은 요나의 말만 듣고도 회개했지만 더 위대하신 분이 여기에서 가르치고 있는데도 회개하지 않았기 때문이다(마 12:40-41). 그것은 솔로몬을 만나려고 먼 길을 왔던 남방 여왕도 마찬가지였다. 솔로몬보다 더 큰 이가 여기 있는데도 들으려고 하지 않는 그들은 남방 여왕의 정죄를 피하지 못할 것이다(마 12:42).

'빈 집에 대한 비유'는 바로 이런 말씀을 하시는 중에 등장하는 이야기다. 즉 그 비유는 그 시대의 유대인들이 하나님의 말씀인 율법의 껍질은 붙잡고 있기에 청소되고 수리된 집과 같은 상태지만, 율법의 진정한 의미를 잃어버려서 속이 비었을 뿐만 아니라 그 율법을 이용해 예전보다 더 나쁘게 되어 교만하고 완고하게 되었다는 사실을 완전수 일곱을 들어 설명하고 있는 것이다. 사실, 바리새인들과 서기관들은 온갖 악으로 충만하여 예수님이 어디로 가든 따라 다니며 갖은 수를 다하여 방해하고 심지어 죽이려 들기까지 했다. 이 모든 논의를 통하여 우리는 이 말씀에서 '물'이 세례를 의미하고, 그 빈 집이 세례 요한의 '제단'을 의미한다고 주장하는 이만희의 성경 해석은 성경의 흐름을 무시하는 단편적이고 자의적인 해석일 뿐이라는 사실을 확인할 수 있다.

천국에서 극히 작은 자

신천지에서 세례 요한을 배도자라고 하는 또 하나의 근거는 마태복음 11장 11절에 있는 "내가 진실로 너희에게 말하노니 여자가 낳은 자 중에 세례 요한보다 큰 이가 일어남이 없도다 그러나 천국에서는 극히 작은 자라도 그보다 크니라"는 말씀이다. 천국에서 가장 작은 자도 세례 요한보다 크다고 했으니 그가 천국에 들어가지 못한 것이고, 천국에 들어가지 못했으니 배도자라는 논리다. 이 논리에는 너무나 충격적인 비약이 있다. 왜냐하면 예수님은 같은 절에서 "여자가 낳은 자 중에 세례 요한보다 큰 이가 일어남이 없도다"라고 말씀하셨기 때문이다. 이 세상에 있는 모든 사람들은 다 여자가 낳았는데, 그중에 가장 큰 자인 세례 요한도 지옥에 갔다면 도대체 누가 천국에 갈 수 있다는 말인가? 예수님은 또한 동일한 문단에서 "내가 너희에게 이르노니 선지자보다도 더 나은 자니라"(마 11:9)고 하시면서 세례 요한을 높이셨다. 선지자는 이사야, 예레미야 등과 같이 하나님의 메시지를 전달하고 성경까지 기록했던 사람들이며, "너희는 사도들과 선지자들의 터 위에 세우심을 입은 자라 그리스도 예수께서 친히 모퉁잇돌이 되셨느니라"(엡 2:20)는 말씀에서 알 수 있듯이 교회의 기초가 되는 하나님의 사람들이다. 그런 선지자들보다 더 크다는 세례 요한이 배도자로 지옥에 가게 된다면 어떻게 되겠는가?

신천지에서는 세례 요한이 예수님을 의심했으니 그것 또한 배도의 증거라고 한다. 성경에는 "오실 그이가 당신이오니이까"(마 11:3; 눅 7:19)라고 하면서 세례 요한이 제자들을 통해 예수님께 묻는 장면이 있

　　　　　　　　한 권으로 끝내는 신천지 비판

다. 그러나 예수님은 그와 같은 질문을 받고도 그를 향하여 "선지자보다 더 나은 자"(마 11: 9)라고 하셨고, "여자가 낳은 자 중에 세례 요한보다 큰 이가 일어남이 없다"(마 11:11)고 말씀하셨다. 세례 요한의 그 질문은 불신의 질문이 아니었던 것이다.

그렇다면 세례 요한은 왜 그런 질문을 했을까? 세례 요한의 질문의 의도를 바로 이해하기 위해서는 그의 위치를 제대로 알아야 하는데, 세례 요한의 위치는 "율법과 선지자는 요한의 때까지요 그 후부터는 하나님 나라의 복음이 전파되어 사람마다 그리로 침입하느니라"(눅 16:16)는 주님의 말씀에 잘 나타나 있다. **율법과 선지자**라는 말은 전형적으로 구약을 가리키는 표현이다. 유대인들은 구약을 "율법과 선지자"(마 22:40), 혹은 "모세의 율법과 선지자의 글과 시편"(눅 24:44)이라고 불렀던 것이다. 그러므로 예수님이 "율법과 선지자는 요한의 때까지"라고 하신 말씀은 세례 요한이 예수님을 만나 그분과 함께하면서 그분이 하신 모든 것들을 직접 보고 들으면서 그분에게 가르침을 받았던 제자들과는 달리, 오실 예수님을 증거하는 위치에 있었다는 뜻이다. 이처럼 천국에서 극히 작은 자라도 세례 요한보다 더 큰 자라는 말을 세례 요한이 천국에 가지 못했다는 뜻으로 해석하는 것은 어불성설이다.

세례 요한은 구약의 선지자들과 같이 오실 예수 그리스도를 증거하였고, "회개하라 천국이 가까이 왔느니라"(마 3:2)고 하면서 예수님을 통하여 임하게 될 천국을 증거하였을 뿐이다. 그렇기 때문에 예수님을 직접 만나 천국 복음을 들었던, 그분의 인격과 사역을 통해 이미 임한 천국을 맛본 제자들보다 작은 자였던 것이다(마 12:28). 이와 같은 사실은 예수님의 가르침 속에서도 발견할 수 있다. 그분은 당신이 떠나가실 것을 제자들에게 말씀하시면서 다음과 같은 말씀을 하셨다.

내가 진실로 진실로 너희에게 이르노니 나를 믿는 자는 내가 하는 일을 그도 할 것이요 또한 그보다 큰 일도 하리니 이는 내가 아버지께로 감이라(요 14:12).

이 말씀에 따르면 예수님을 믿는 자는 그분이 하신 일을 할 것이고, 그분이 하신 것보다 더 큰 일도 하게 될 것이다. 그렇다면 여기에서 말씀하고 있는 주님이 하신 일은 무엇이며, 그분이 하신 일보다 더 큰 일도 한다는 말은 무슨 뜻일까? 과연 신자들이 그분이 하신 일보다 더 큰 일을 할 수 있을까? 여기에서 주님이 하신 일을 그분이 행한 기적이나 이적, 즉 그분이 병을 고치거나 죽은 자를 살려내고 귀신을 쫓아내며 바다와 풍랑을 잠잠하게 한 것이라고 생각한다면 그것은 잘못이다. 왜냐하면 사도들이 비록 많은 이적과 기사를 행했고, 역사적으로 많은 신자들이 하나님의 은혜로 그와 비슷한 일들을 행하기는 했지만 죽은 지 사흘이나 지나 썩은 냄새가 나는 나사로를 살리신 것과 같은 그런 기적을 행하지는 못했기 때문이다.

그렇다면 **주님이 하신 일**이란 무엇일까? 마가복음 1장 38절을 보면 예수님은 "우리가 다른 가까운 마을들로 가자 거기서도 전도하리니 내가 이를 위하여 왔노라"고 말씀하셨다. 그분이 하신 일은 **전도**였던 것이다. 이와 같은 사실을 근거로 살펴보면 세례 요한이 왜 예수님께 "오실 그이가 당신입니까"라는 질문을 했는지, 예수님이 왜 "율법과 선지자가 요한의 때까지"라고 하셨고 또한 "선지자보다 더 큰 자"라고 하셨는지 등 전체적인 의미를 알게 된다. 세례 요한은 그가 비록 모태로부터 성령이 충만하였다 하더라도 오실 메시아를 증거하는 구약의 관점에 있었기 때문에 구약적 유대인의 관점에서 예수님을 정치적이고 군사적인 메시아로 기대하고 "오실 그이가 당신입니까"라고 질문한 것이다. 따라서 그는 이미 오신 예수님을 만나 그분의 가르침을 받고 그분을 믿어 성령으로 거듭난 자에 비하면 그중의 가장 작은 자보다 더 작은 자였으며, 그런 의미에서 여자가 낳은 자 중에 가장 큰 자라 하더라도 가장 작은 자보다 더 작은 자였음에 틀림없다.

또한 오늘 우리는 예수님이 하신 일보다 더 큰 일을 한다. 그분은 당신의 십자가의 죽으심과 부활에 앞서서 복음을 증거하셨기 때문에 어떤 의미로 보면 약간 제한적인 입장에서 복음을 증거하셨다. 그러나 오늘 우리는 그분의 부활과 승천을 직접 목격한 제자들이 성령 강림 이후에 주의 성령으로 말미암아 주신 풍부한 복음을 증거하고 있기 때문에 우리의 전도는 주님의 전도보다 더 큰 일이라고 할 수 있는 것이다.

18장

보혜사 성령 교리

신천지의 목자론은 신천지 교리 전체를 아우르는 핵심적인 교리다. 그런데 그 목자론의 끝 부분에는 '보혜사 성령 교리'와 '이긴 자 교리'가 있다. 이것들은 서로 다른 것이 아니라 명칭이 바뀌고 약간의 다른 개념만 첨가된 것으로서 이만희의 신격화를 위한 같은 교리의 다른 모습이라고 할 수 있다.

신천지의 성령론과 보혜사론

이만희는 자신의 책을 출판할 때 참람하게 '보혜사 이만희 저'라는 이름을 사용하기도 한다. 삼위일체 중 제3위 성령 하나님에 대한 명칭을 자신에게 사용하는 것이다. 신천지는 도대체 어떤 교리를 가지고 있기에 그런 행태를 용납하는가? 그들이 주장하는 성령론과 보혜사론에 대해 알아보자.

　　이만희는 성령이 악령의 반대적인 개념이라고 한다. 그는 다음과 같이 주장한다.

　　하나님께서 만드신 영의 세계에 큰 이변이 일어났다. 범죄한 천사의 출현이 바로 그것이다. 한 천사장이 하나님과 비기려는 교만으로 자기 지위와 처소를 버리고 당을 지었다(사 14:12-15). 죄를 지은 그 천사장과 함께한 영들(계 9:14-16)을 악령이라고 한다. 하나님께서는 그들에게 대적자(벧전 5:8; 삼하 19:22 난하주 참고), 이간자와 분리자라는 의미의 마귀, 사탄이라는 이름을 붙여주셨다. 그리고 하나님께 속한 거룩한 영들은 악령과 구별하기 위해 성령이라 말하게 되었다. 이와 같이 범죄한 천사들이 출현한 이후 영계는 성령의 세계와 악령의 세계로 나누어지게 되었다.[1]

　　이 부분은 이만희가 어떤 성령론을 가지고 있는지를 분명히 보여준다. 그는 제3위 하나님이신 성령님만이 성령이 아니라 천사는 물론, 순교자들의 영혼까지도 성령이라고 한다. 그래서 그는 영계에 있는 성령과 육계에 있는 성도가 하나 되는 것, 즉 지상에 있는 신천지인 14만 4천과 순교자의 영혼 14만 4천이 하나 되는 것이 구원이라고 주장하기도 한다. 결과적으로 신천지에는 특별한 의미의 성령, 즉 그들이 '진리의 성령'이라고 부르는 성령과 일반적인 의미의 성령이 따로 있는 셈이다. 그러나 이만희는 영은 육을 들어 쓴다고 하면서 살아 있는 사람도 성령이 될 수 있는 여지를 남겨둔다.

---

1) 『천지창조』, p.51.

이와 같은 이만희의 주장은 교회를 다니기는 했지만 성경을 잘 모르는 사람들이나 비기독교인들에게는 그럴듯하게 들릴지도 모른다. 악한 영인 악령(惡靈)의 반대적인 개념은 선령(善靈)이겠지만, 선령이란 말은 잘 쓰지 않는 단어이기 때문에 거룩한 영이라는 입장에서 성령(聖靈)이라고 해도 별 이상한 점을 찾지 못하는 것이다. 그러나 성경에서 말하는 성령은 오직 성령 하나님만을 의미한다. 신·구약 성경을 통틀어 우리 말 성경에 '성령'이란 단어는 총 212회 등장한다. 그런데 단한 차례도 천사나 죽은 자의 영혼을 가리켜 성령이라고 하지 않는다. 심지어 원어 성경에는 '성령'을 의미하는 단어가 항상 단수로 나온다. 이런저런 여러 성령이 있다는 이만희의 성령론은 성경과 다른, 지극히 개인적인 주장일 뿐이다.

'보혜사'라는 호칭 또한 일반적으로 영이신 성령님께 돌려지는 호칭이다. 그런데 이만희는 보혜사(保惠師)를 한자로 풀어 '은혜로 보호하는 스승'이라고 하면서 영이든 육이든 은혜로 보호하고 가르치는 자가 보혜사라고 한다. 그리고는 자신에게 진리의 영이 임했기 때문에 자신이 보혜사가 되었다고 한다. 결국—직접적이지는 않더라도—그는 자신이 보혜사 성령이라고 주장하는 셈이다.

이만희가 자신을 보혜사 성령이라고 주장하는 근거는 요한복음 14장과 16장에 있는 예수님의 '다른 보혜사'에 관한 약속이다. 그 외에도 요한계시록에 있는 여러 말씀들을 들먹이기도 하지만 그 주장들은 "이만희가 다른 보혜사다"라는 전제 위에서 펼쳐지는 것이다. 즉 이만희가 다른 보혜사로서 성경을 통달하여 해석한 것이고, "길 예비 사자 교리"에서 살펴본 대로 사이비 집단이었던 유재열의 장막성전에 있었던 사건들과 인물들을 일곱 교회의 실상, 혹은 배도와 멸망의 실상으로 직접 보고 들은 것이라고 하면서 요한계시록을 이용하는 것이다. 그러므로 신천지의 보혜사 성령 교리를 분쇄하기 위해서는 요한복음 14장과 16장만 살펴보면 된다. 왜냐하면 전제에 의한 주장들은 전제만 무너지면 모든 것들이 다 무너질 수밖에 없기 때문이다. 이만희는 요한복음 14장 16절의 "또 다른 보혜사"에 관해 다음과 같이 주장한다.

보혜사란 무슨 뜻인가? 보혜사와 '다른 보혜사'는 누구이며 어떻게 다른가? 또, 보혜사와 보혜사 성령은 다른 것인가? 그리고 보혜사 성령과 약속의 목자는 무슨 관계가 있는가? 먼저 보혜사의 뜻을 알아보자.

번역된 원문의 뜻은 '곁에서 도우는 자'라는 뜻으로 해석된다. 그리고 보혜사(保惠師)라는 한자어를 풀이해보면, '은혜로 보호하는 스승'이라는 말인, 원문의 뜻과 같다 할 것이다. 보혜사는 영이든 육이든 간에 은혜로 보호하고 가르치는 자를 뜻한다. 하나님께 속한 목자는 누구나 다 하나님의 말씀을 대언하는 자가 되어야 하고, 은혜로 성도들을 보호해야 하며, 하나님의 도(道)의 말씀을 가르치는 자가 되어야 한다. 그러나 누구나 다 성경에서 말하는 보혜사가 되는 것은 아니다.

보혜사와 '다른 보혜사'는 누구이며 어떻게 다른가? 보혜사는 예수님이고(요일 2:1), 다른 보혜사는 예수님께서 보내시겠다고 하셨으니(요 14:16-17; 26) 예수님과는 다른 존재다.[2]

---

2) 『천지창조』, pp.414-415.

또 『신탄』에서는 다음과 같이 주장한다.

> 보혜사는 곧 하나님 아버지의 이름으로 2천 년 전에 오셨던 예수 그리스도
> 께서 다시 오시게 될 때의 이름이다. 다시 말하면 하나님 아버지의 이름으
> 로 오셨다가 가신 예수 그리스도께서 다시 오실 때 그 육체의 사명자가 곧
> 보혜사이시다. 그러므로 예수의 육과 보혜사의 육은 전혀 다른 별개일 수
> 밖에 없다(계 2:17, 새 이름). 그러나 예수의 영혼이 다시 오셔서 다른 육을
> 입으신 것이므로 실상은 동일한 인물이다. 그리고 그 보혜사의 육체에 하
> 나님의 성령이 그리스도의 이름으로 좌정하심으로써 첫 열매의 결실을 거
> 두어들이는 것이다.
>
> 지금까지의 내용을 몇 마디로 줄이면, 보혜사는 예수의 영혼이 재림의
> 때에 한 육체에 임하여 탄생하시는 예수의 다른 이름이다. 그러므로 보혜
> 사는 예수께서 증거하실 모든 실상의 말씀을 예수의 입을 대신하여 증언하
> 는 대언자이시다. 2천 년 전의 예수도 보혜사이므로 재림으로 오실 보혜사
> 를 다른 보혜사(요 14:16)라고 하신 것이다.[3]

성경의 보혜사에 관한 구절들을 살펴보면, 예수님이 보혜사이시면서도
예수님과는 다른 보혜사 성령에 대해 말씀하고 있다. 하나님은 삼위일
체로 계시고 서로 분리할 수 없고 구속 사역이 주께 속하며, 성령은 그
것을 증거하는 영으로 서로 깊은 관계가 있기 때문에 예수의 영이 성
령으로 나타나기도 한다(행 16:7). 그러나 보혜사인 성자와 다른 보혜사

---

3) 『신탄』, p.330.

인 성령은 인격적으로 구별되기 때문에 서로 다른데 신천지에서는 서로 같다고 하면서 육체적으로만 서로 다른 사람이라 하고 있다. 결국 신천지의 보혜사 성령 교리는 그들의 스승의 역할을 하고 있는 이만희에게 보혜사라는 호칭을 붙여주고 예수의 영이 임한 이만희가 실제적으로는 재림 예수라는 신격화 교리인 것이다.

신천지와 양자설 이단

예수님이 어떤 분인지를 다루는 기독론을 공부하다 보면 교회 역사에 '양자설'(養子說)이라는 이단들이 있었다는 것을 알 수 있다. 사실 기독론에는 열 가지도 넘는 이단들이 있다. 그러나 그 이단들의 기본적인 성격은 예수님의 신성을 부인하거나 인성을 부인하는 것, 그리고 그분의 신성과 인성을 분리하거나 혼합시키는 것 등 네 가지다. 이 네 가지 특징이 여러 형태로 변형되면서 열 가지도 넘는 이단이 탄생한 것이다.

양자설은 예수님이 보통 사람이었지만 세례받을 때에 하나님으로부터 인류 구속의 사명과 그 능력을 부여받아 하나님의 아들이 되었다는 주장으로 그분의 신성을 부인하는 계통의 이단 교리다. 그런데 이만희가 자신이 예수의 영이 임한 다른 보혜사라고 주장하는 것은 양자설과 논리 구조가 비슷하다. 어떨 때 이만희는 예수님의 동정녀 탄생을 이야기하면서 그분의 신성을 인정하는 것 같아 보인다.[4] 그러나 그는 다음과 같은 주장을 함으로써 사실상 그분의 신성을 부인한다.

---

4) 『천지창조』, p.93.

 한 권으로 끝내는 신천지 비판

종교를 말할 때 신을 배제하고는 종교가 될 수 없다. 그 이유는 신이 종교를 낳았기 때문이다. 그런데 신은 사람에게 직접 말을 하지는 않는다. 신이 사람에게 임하여 자기의 말을 하게 하는 것이다. 오리라 한 엘리야는 영으로서 육체인 세례 요한에게 와서 자기 일을 한 것이었다(마 11:10-15). 세례 요한은 엘리야의 이름으로 왔으며(눅 1:17 참고), 예수는 아버지의 이름으로 왔고, 아버지의 성령은 예수에게 오셨다(요 1:32; 5:43; 10:30; 14:9-11). 보혜사 성령은 예수님의 이름으로 왔고(요 14:26), 이 땅의 보혜사로 택함 받은 목자는 보혜사 성령의 이름으로 성도들에게 왔다. 즉 보혜사 성령은 택한 목자인 보혜사 속에 있게 된다(요 14:16-17).[5]

그는 예수님과 아버지와의 관계를 양자설적으로 제시하고는 그것을 보혜사 성령과 "보혜사로 택함을 받은 목자"에게 그대로 적용하고 있다. 이것은 앞에서 살펴본 것과 같이 인간인 이만희의 육체 속에 예수님의 영혼이 들어온 것이기 때문에 예수님의 육체와 이만희의 육체는 다르지만 실상은 같은 존재라는 『신탄』의 주장과 맥을 같이하고 있다.

그러나 예수님은 삼위일체 중 제2위의 하나님이신 성자로서 동정녀 마리아에게서 인성을 취하셔서 참 하나님인 동시에 참 사람이 되셨다. 즉 그분의 신성이 사람 속에 들어오신 것이 아니라 마리아의 복중에서도 중단됨이 없는 하나님으로서 인성을 취하여 신·인으로 탄생하셨다. 이것은 그분이 하나님과 사람으로서 두 분이라는 뜻이 아니다. 창조주 하나님이 피조물인 인성을 취하여 참 하나님과 참 사람이 되셨

---

5) 『천지창조』, p.408.

을지라도 그분은 두 인격이 아니라 한 인격, 그것도 성자 하나님의 인격으로 단 한 분이시다. 그분은 한 분으로서 주님이시며 그리스도이시기에 우리는 그분을 나의 주 나의 하나님으로 섬긴다. 그런데 이만희는 잘못된 양자설적 기독론으로 자신을 신격화시키고 있는 것이다.

일반 성령과 진리의 성령

이만희는 자신이 예수님이 약속하신 다른 보혜사라고 하며, 아버지의 성령이 예수님께 오신 것과 같이 예수의 영이 자기에게 왔다고 한다. 그 보혜사는 오순절의 성령 강림 때 이미 임하셨다고 설명하면, 그는 오순절 때 강림한 성령은 진리의 성령이 아니라고 한다. 이만희는 성령을 '일반 성령'과 '진리의 성령'으로 나누어 오순절 때 임한 성령은 진리의 성령이 아니고, 자신에게 임한 영이 진리의 성령, 곧 예수의 영이라고 주장하는 것이다.

> 성령은 일반 성령이 있고 진리의 성령 보혜사가 있다. 목자도 일반 목자가 있고 약속의 목자(대언의 목자)가 있으며, 교회도 일반 교회가 있는가 하면 하나님께서 성경에 약속한 성전이 있다.[6]

> 마지막 날에 있어서 첫째 부활에 참여할 성도들과 함께하실 그리스도가 보혜사라는 이름으로 역사하고 있음을 잊지 말자. 예수께서 비유와 비사로

---

6) 『성도와 천국』, p.227.

　　　　　한 권으로 끝내는 신천지 비판

베풀고 가신 모든 말씀을 상기시켜 그 속에 감추인 비밀을 확실하게 드러
내어 증거할 자는 감추었던 장본인 예수밖에 없다. 그러나 보혜사는 분명
히 그 일을 하신다. 그것은 보혜사가 곧 예수인 때문이다. 이 사실을 뒷받침
하는 성서적 근거를 찾아보자.

> 내가 너희를 위하여 처소를 예비하러 가노니 가서 너희를 위하여 처소
> 를 예비하면 내가 다시 와서 너희를 내게로 영접하여 나 있는 곳에 너
> 희도 있게 하리라(요 14:2-3).

> 내가 너희를 고아와 같이 버려두지 아니하고 너희에게로 오리라 조금
> 있으면 세상은 다시 나를 보지 못할 터이로되 너희는 나를 보리니 이는
> 내가 살았고 너희도 살겠음이라(요 14:18-19).

> 이것들을 증거하신 이가 가라사대 내가 진실로 속히 오리라 하시거늘
> 아멘 주 예수여 오시옵소서(계 22:20).

이상의 성구를 보면 오실 자는 분명히 예수 자신이다. 자세한 것은 구주의
강림에 관한 설명에서 상론하겠지만, 보혜사는 곧 하나님 아버지의 이름
으로 2천 년 전에 오셨던 예수 그리스도께서 다시 오시게 될 때의 이름이
다.…보혜사는 예수께서 증거하실 모든 실상의 말씀을 예수의 입을 대신하
여 증언하는 대언자이시다. 2천 년 전의 예수도 보혜사이므로 재림으로 오
실 보혜사를 다른 보혜사(요 14:16)라고 하신 것이다.[7]

이만희는 성령을 다른 의미를 가진 두 종류의 성령—일반 성령과 진리의 보혜사 성령—으로 나눈다. 오순절에 성령이 임한 것을 부인할 수는 없고, 자신을 보혜사로 내세우기 위해서는 특별한 성령이 필요하기 때문이다. 그러나 앞에서 살펴본 것과 같이 성경에는 오직 한 성령이 있을 뿐이지(엡 4:4) 천사나 순교자의 영혼 등도 성령이고, 일반 성령과 진리의 성령이 따로 있는 것은 아니다. 이만희가 말한 다른 보혜사인 진리의 성령은 예수의 영을 의미한다. 그래서 그는 "보혜사는 아버지의 이름으로 2천 년 전에 오셨던 예수님이 다시 오실 때의 이름"이라고 하면서, 예수의 영혼이 본래의 육체가 아닌 다른 육체에 오신다고 주장한다. 그리고 자신의 육체에 예수의 영혼이 오셨기 때문에 자신이 성경이 예언한 '다른 보혜사'라고 결론을 짓는다. 그러나 그의 주장은 자신의 또 다른 주장에 의해 무너진다.

오순절 날 제자들에게도 성령이 임하였고, 제자들은 성령을 받아 성령의 지시에 따라 역사하였다(행 2:1-4). 사도 바울은 "그리스도의 영이 없는 자는 그리스도인이 아니라"(롬 8:9)고 하였다. 이와 같이 영은 육을 들어 역사한다.

재림 때 예수님께서 보내겠다고 약속하신 '다른 보혜사' 곧 진리의 성령도 공중을 날아다니며 사람들에게 직접 외치지는 않는다. 영이신 하나님께서 육체를 들어 역사하시듯, 진리의 성령 보혜사도 약속의 목자 안에 거하며 말씀을 대언하게 한다(요 14:16-17; 계 19:9-10; 계 22:8-9; 16). 요한계

---

7) 『신탄』, p.330.

시록 10장에 진리의 말씀 열린 책을 가지고 예수님의 모양으로 오는 천사는 그 책을 요한에게 주어 먹게 하고 요한에게 대언하게 하셨다(계 10:1-2, 8-11). 책을 가져온 천사는 보혜사 성령이고 그 책을 받은 요한은 보혜사 성령의 대언자인 약속의 목자다.[8]

이처럼 그는 오순절의 성령 강림을 언급한다. 심지어 그리스도의 영이 없는 자는 그리스도인이 아니라는 로마서 8장 9절의 말씀까지 인용한다. 이것은 그의 주장이 잘못되었음을 스스로 자인하는 꼴이다. 왜냐하면 여기에서 그가 말한 그리스도의 영은 명백하게 예수 그리스도의 영을 의미하기 때문에, 진리의 성령이신 예수님의 영이 이제야 신천지에 왔다는 주장은 성립되지 않기 때문이다. 이미 그리스도의 영이 2천 년 전 바울 당시에 와서 성도들의 마음속에서 역사하고 있다고 하는데 어떻게 이제야 왔다고 할 수가 있겠는가?

삼위일체 중 제2위의 하나님이신 성자 예수 그리스도의 영과 제3위의 하나님이신 성령 하나님은 인격적으로는 서로 구별되지만 본질이나 본체, 혹은 신성이나 신격이 하나이기 때문에 서로 분리할 수 없다. 그래서 예수님은 자신이 떠나가겠다고 하시며 다른 보혜사이신 성령을 보내겠다고 하셨으면서도 제자들에게 고아와 같이 버려두지 않겠다고 하셨고, 세상 끝날까지 제자들과 함께하겠다고 하셨다. 이로 보건대 일반 성령과 진리의 성령을 나누는 신천지의 구분은 하나님이 나누지 않은 것을 자신들의 편의와 이익을 위해 나눈 것에 불과하다.

---

8) 『천지창조』, p.419.

대언자와 대언의 영

이만희는 요한복음 14장에 있는 보혜사(保惠師)를 한자로 풀어 "은혜로 보호하는 스승"이라고 하면서 자신이 바로 보혜사라고 한다. 그리고 '보혜사'라는 각주가 달려 있는 요한일서 2장 1절의 '대언자'를 이용하여, 동일하게 '대언'이란 단어가 사용된 요한계시록 19장 10절을 해설한다. 보혜사인 자신이 하나님의 말씀을 대언하는 대언자라는 주장이다.

보혜사는 은혜로 보호하는 스승이라는 뜻이므로, 대언의 영이 될 수도 있고, 우리와 같은 육체를 가진 목자가 될 수도 있다. 그러나 진리의 성령 보혜사는 육이 아닌 영을 두고 하는 말이다.

육체를 입고 오신 예수님을 보혜사라고 한 것(요일 2:1, '대언자' 난하주 참고)은 예수님이 아버지의 말씀을 성도에게 대언하여 가르치고 은혜로 보호하셨기 때문이다(요 14:24-26). 예수님은 "너희가 듣는 것은 내가 스스로 하는 말이 아니요, 내 안에 계신 아버지가 하시는 말씀을 듣고 있는 것이다"라고 하셨다(요 14:10). 예수님은 하나님의 이름으로 오신(요 5:43) 보혜사이시다.

예수님의 이름으로 오시는 보혜사 성령은 사람 속에 거하시면서 그 사람의 입을 통해 대언하신다(요 14:16-17, 26). 예수님께서 증거하시는 것은 예수님의 이름으로 오시는 진리의 성령이 대언하고, 진리의 성령이 증거하시는 말씀은 약속한 목자가 대언한다(계 19:10).[9]

이런 성경 해석을 바탕으로 그는 결국 자신이 하나님의 말씀을 대언하는 대언자라고 하면서 자신의 가르침이 하나님의 말씀과 같다고 한다. 이런 주장에 계속 노출된 신천지인들은 이만희를 신격화하게 되어 그의 말이라면 꼼짝도 못하게 된다. 그러나 성경에서 말씀하고 있는 보혜사, 즉 대언자는 그런 뜻이 전혀 아니다.

보혜사는 원어로 '파라클레토스'($\pi\alpha\rho\acute{\alpha}\kappa\lambda\eta\tau\sigma\varsigma$)인데, 이것은 '-의 곁에'를 뜻하는 전치사 '파라'($\pi\alpha\rho\acute{\alpha}$)와 '부르다'라는 뜻의 동사 '칼레오'($\kappa\alpha\lambda\acute{\epsilon}\omega$)가 결합된 것이다. 그리고 칼레오는 '외치다', '격려하다', '명령하다'라는 뜻을 가진 동사 '켈류오'($\kappa\epsilon\lambda\epsilon\acute{\upsilon}\omega$)와 관련이 있다. 즉 파라클레토스는 무언가 곁에서 말로 도와주거나, 위로해주거나, 변호하여 격려한다는 의미가 있다. 그래서 이 말을 영어성경 KJV에서는 위로자(comforter)로, NIV에서는 상담자(counselor)로, NASB에서는 돕는자(helper)로 번역하고 있으며, 〈개역한글〉에서는 대언자로 번역한 것이다. 그러므로 요한일서 2장 1절에서 말씀하고 있는 대언자는 이만희가 주장하고 있는 대언자의 의미가 아니다. 또한 요한계시록 19장 10절의 "대언의 영" 또한 그의 주장과 같이 "약속한 목자로서 하나님의 말씀을 대언하고 있으니 나를 따르고 나에게 굴복하라"고 하면서 자신을 높이는 것과는 전혀 상관이 없다. 요한일서 2장 1절과 요한계시록 19장 10절을 조금 더 의미상으로 가깝게 번역한 〈표준새번역〉으로 살펴보자.

나의 자녀 여러분, 여러분이 죄를 짓지 않게 하려고, 내가 여러분에게 이 글

---

9) 『천지창조』, p.96.

을 씁니다. 누가 죄를 지을지라도, 아버지 앞에서 변호해주시는 분이 우리에게 계시는데, 곧 의로우신 예수 그리스도이십니다(〈표준새번역〉, 요일 2:1).

죄 없으신 예수님이 우리의 죄를 대신하여 대속제물로 죽으셨다. 그러므로 "그리스도 예수 안에 있는 자에게는 결코 정죄함이 없나니"(롬 8:1)라는 말씀과 같이 예수님은 하나님 앞에서 자신의 사역을 근거로 우리를 변호해주신다. 그래서 요한일서 2장 2절에서는 "그는 우리 죄를 위한 화목제물이니…"라는 말씀이 이어지고 있는 것이다. 즉 여기에서 대언자는 "변호해주시는 분", 변호자를 가리키므로 요한일서 2장 1절의 대언자를 하나님의 말씀을 맡아 대신 전하는 것으로 보는 이만희의 해석은 틀렸다.

요한계시록 19장 10절에 있는 "대언의 영"도 이만희가 해석하는 그런 뜻이 아니다. 이와 같은 사실은 이해하기 쉽게 기록되어 있는 〈현대인의성경〉을 보면 분명해진다.

내가 그 천사의 발 앞에 엎드려 경배하려고 하자 그는 이렇게 말했습니다. 그렇게 하지 말아라! 나도 너와 예수님을 증거하는 네 형제들과 마찬가지로 하나님의 종에 불과하다. 예수님을 증거하는 것은 다 예언의 영을 받아서 하는 것뿐이니 너는 하나님에게만 경배하여라(〈현대인의성경〉, 계 19:10).

이처럼 〈현대인의성경〉에는 대언의 영이 아니라 "예언의 영"이라고 되어 있는데, 사실 이 번역이 옳다. 왜냐하면 원문에는 선지자나 예언자를 나타내는 '프로페테스'(προφήτης)와 관련된 '프로페테이아'(προφητεία)

 한 권으로 끝내는 신천지 비판

가 사용되었기 때문이다. 또한 이 말씀은 전체적으로 "누가 누구보다 높고 특별한 존재이니 그를 높이라"는 주장에 반대된다. "예수님을 증거하는 네 형제들과 마찬가지로 하나님의 종에 불과하다"라는 말씀이 가르쳐주고 있는 것은 하나님의 말씀을 증거하는 자들은 다 같이 하나님의 종에 불과함으로 사람을 높이지 말고 오직 하나님께만 경배해야 한다는 사실이다. 그러므로 우리는 이 모든 논의를 통해 보혜사가 대언자라고 가르치면서 자신이 대언의 영을 받은 약속한 목자라고 자신을 높이는 이만희가 얼마나 비성경적인지 알 수 있다.

이만희는 "마지막 때는 약속한 목자 이긴 자를 찾아야 영생과 천국을 얻을 수 있다. 이긴 자가 있는 성전은 하나님과 예수님께서 계시므로 만민이 와서 경배할 곳이 된다"라고 하면서 자신을 신격화한다.[1] 신천지의 이긴 자 교리는 이만희 신격화 작업의 마침표라고 할 수 있다.

이만희는 무엇을, 혹은 누구를 이겨 이긴 자가 되었다고 주장하는 것일까? 이 문제에 있어서 그는 상당히 구체적인 대상을 언급한다.

열 뿔에 열 면류관은 멸망자의 조직 가운데 있는 열 장로의 명예를 말하고 머리마다에 있는 참람된 이름은 각기 즐겨 받아들인 그 조직의 감투 자리를 말한다. 구체적으로 말하면, 이 멸망자의 집단이 첫 장막을 삼키기 위해 구성된 조직에는 스스로 만들어 보직한 참람된 감투가 있다. 원장, 부원

---

1) 『천지창조』, p.98.

장, 사무총장, 총무국장, 서무국장, 전임강사, 소장 등 일곱 사람 모두 이 같
은 직분을 가지고 언약으로 펼친 예비제단인 첫 장막을 삼키는 일을 자행
한 것이다.

용이 자기의 능력과 보좌와 권세를 그 짐승에게 주었다. 여기서 잘못
생각하면 오해를 일으킨다. 용과 짐승을 별개로 보는 오해다. 이때 짐승에
게 권세와 능력을 불어넣는 용은 영계에서 역사하는 악령의 괴수 누시엘과
그의 조직 일곱 악령이 이 땅의 육체 인간에게 영적으로 교사하고 있음을
말한다. 영계의 멸망자 누시엘로부터 이 땅의 멸망자 육의 용이 그 권세를
물려받았음을 의미한다.

수차 언급한 바와 같이 이스라엘 선민이 배도하여 범죄한 연고로 이방
의 느부갓네살 왕에게 붙이셨고(렘 25:7-11) 또 주께서 범죄한 이스라엘을
원수같이 생각하시어 처녀 시온의 장막(첫 장막)에 불을 쏟으셨고, 성막(본
당)은 동산의 초막(일곱 별이 양육 받았던 기도처)같이 헐어버리셨다(애 2:1-6)
고 말씀하셨다.[2]

이만희는 자신이 요한계시
록 13장에 나온 일곱 머리,
열 뿔을 가진 짐승을 이겼다
고 주장한다. 여기에서 일곱
머리는 원장, 부원장, 사무총
장 등으로 구성된 어떤 조직

구분	성 명	직 책	담임교회
바다	탁성환	원장	대림 중앙교회
	김정두	부원장	대도 중앙교회
	한의택	서무국장	강남 중앙교회
	김봉관	사무국장	태백대성 중앙교회
	원세호	전임강사	보광교회
	백동섭	총회장	소사 중앙교회
	탁명환	후원	국총교회
땅	오평호	총무국장	이삭교회

신천지가 말하는 일곱 머리의 실상

---

2) 『천국 비밀 계시록의 진상』, p.196.

이라고 하는데, 신천지의 실상교육에서는 그 조직을 앞의 그림과 같이 가르친다.

이만희는 사이비 종교집단이었던 장막성전이 정화운동의 결과 정통적인 기독교계의 목회자들에 의해 개혁된 사건을 배도와 멸망의 비밀이라고 하면서, 거기에 참여한 정통 기독교계의 목회자들이 용의 세력에서 파송한 일곱 머리의 실상이고, 장막성전이 개혁되어 만들어진 '이삭교회'에서 뽑았던 열 사람의 장로들이 바로 열 뿔이라고 주장한다. 결과적으로 이만희는 성령 강림 이후

신천지가 말하는 열 뿔(열 장로)의 실상

정통 교회에 역사하신 그 성령을 악령이요, 정통 교회의 이단 치리를 용의 역사라고 하는 것이다. 이와 같은 그의 주장은 자신에게 역사하는 영이 악령임을 스스로 밝히는 것과 같다.

사실, 이런 이만희의 비성경적·비상식적 교리도 그렇지만, 이 책의 첫 부분에서 살펴본 대로 이만희 발자취는 그가 성령이 아닌 악령의 인도함을 받는다는 사실을 밝히 드러내준다. 우선 그가 "성령의 계시에 의해" 10년 동안이나 몸담았던 전도관을 기억해보기 바란다. 원조 '이긴 자'였던 박태선은 『예수는 개자식이다』라는 책을 펴기도 했고, 수많은 비윤리적 행태로 사회적 지탄의 대상이 되었다. 그뿐만 아니다. 이만희는 장막성전에 있었던 대표적인 사람들이 '일곱 교회', '일곱 사

자’의 실상인데, 그들이 배도함으로 장막성전이 멸망하게 되었다고 주
장하면서도, 그 일곱 사자 중 한 명이었던 백만봉이 장막성전에서 나
와 새로운 교주로 등극했을 때, 그를 ‘주님’이라고 부르며 따라다녔다
고 한다. 이것은 이만희와 함께 ‘두 증인’이라고 했던 홍종효의 증언을
통해 확인할 수 있는데, 그는 이만희가 “사가랴와 마리아가 성전 문을
닫고 동침하여 예수를 낳았으며 그 일로 사가랴가 성전과 제단 사이
에서 돌에 맞아 죽었다고 말한 것을 들은 사실도 있다”고 하면서 이와

확인서

성명 : 홍종효(洪鐘孝)(주민등록번호 : 291228-100▨▨▨▨)
주소 : 도봉구 창2동 ▨▨▨▨▨ 2층 202호
전화번호 : 집> 02-▨▨▨79   핸드폰> 010-▨▨▨▨9

1. 본인은 1968년 과천 유재열씨의 장막 성전에 입교하여 이만희
   씨를 알게 되었고, 78년경 이만희씨 인도로 백만봉씨의 교회
   에 입교하여 1980년 3월 13일까지 있다가 80년 3월 14일 이
   만희씨와 함께 오늘날 신천지 교회를 창립하여 87년에 탈퇴하
   기까지 두증인의 위치에 있었습니다.

2. 본인은 이만희씨가 사가랴와 마리아가 성전 문을 닫고 동
   침하여 예수를 낳았으며 그 일로 사가랴가 성전과 제단 사이
   에서 돌에 맞아 죽었다고 말한 것을 들은 사실이 있습니다.

3. 본인은 이만희씨가 ▨▨▨▨▨▨▨에 걸려 자살을 기도한
   적이 있다는 말을 이만희씨의 친구 김종택을 포함하여 여러
   사람 앞에서 이만희씨로부터 직접 들은 사실이 있습니다.

4. 본인은 이만희씨의 전도로 백만봉씨의 교회에 입교하였고,
   그 교회에서 이만희씨는 12사도 중 하나로 3년여간 본인과 같
   이 함께 있다가 80년 3월 14일부로 나온 사실이 있음을 확인
   합니다.

5. 본인은 이만희씨가 현재의 ▨▨▨▨▨▨▨▨▨▨▨▨▨▨▨▨
   ▨▨▨▨▨▨▨▨▨▨▨▨▨▨ 있다는 사실을 유천순씨로부터
   들은 사실이 있으며, 직접 두 번 만난 적도 있음을 확인합니
   다.

6. 상기 내용은 틀림없는 사실이며, 허위로 밝혀질 시 어떠한
   처벌도 받겠으며 법정에서 필요하다면 언제라도 출석하여 증
   언할 것을 약속합니다.

날 짜 : 2007년 12월 16일
확인자 : 洪鐘孝   (인)

홍종효의 확인서[3]

같은 확인서를 써주기도 했다.

이처럼 이만희는 장막성전이 해체되었을 때만 해도 장막성전에서 중요한 역할을 했던 사람들을 배도자로 생각하지 않았다. 그가 백만봉을 배도자라고 생각했다면 어떻게 그를 '주님'이라고 부르면서 섬길 수 있었겠는가? 즉 요한계시록의 "일곱 교회의 비밀"로부터 시작하는 이긴 자 교리는 이후에 조작되어 만들어졌다는 이야기다. 사실, 이만희는 장막성전에 들어가 역군, 즉 잡부 역할을 하던 사람이기 때문에 일곱 머리, 열 뿔이라고 하는 청지기 신학원의 인사들, 이삭교회의 장로들과는 깊은 관계도 맺지 못했었다. 그런데 무슨 근거로 자신이 그들을 이겨서 이긴 자가 되었다는 것인지 참 의아스럽다.

이긴 자 교리의 문제점

신천지의 이긴 자 교리는 성경적으로나 문법적·해석적으로 다음과 같은 이유 때문에 도저히 용납될 수 없다. 첫째, 이만희가 근거로 제시하고 있는 요한계시록 2-3장에는 "이기는 자"(계 2:11, 26; 3:5, 12)와 "이기는 그"(계 2:7, 17; 3:21)에 대한 기록은 있어도 '이긴 자'에 관한 구절은 단 한 군데도 없다. '이긴 자'란 말은 완료형이지만 "이기는 자"는 현재분사로 지금도 계속해서 진행되고 있다는 의미를 가진다. 성경에서 "이기는 자"라고 한 것을 '이긴 자'라고 하며 자신을 내세우는 이만희

---

3) 〈http://blog.naver.com/bluesky05292?Redirect=Log&logNo=80126902727〉 (2013.7.19). 원본 파일에서 개인 신상에 관한 일부 내용을 삭제했다.

는 극도로 교만한 마음을 가지고 있음이 분명하다.

둘째, 해석상으로도 틀렸다. "이기는 자" 혹은 "이기는 그"가 기록되어 있는 구절들은 모두 성도들에 대한 주님의 약속을 담고 있는 것으로서 미래에 대한 상급과 소망을 이야기한다. "이기는 그에게는 내가 하나님의 낙원에 있는 생명나무의 열매를 주어 먹게 하리라"(계 2:7), "이기는 자는 둘째 사망의 해를 받지 아니하리라"(계 2:11), "이기는 그에게는 내가 감추었던 만나를 주고 또 흰 돌을 줄 터인데 그 돌 위에 새 이름을 기록한 것이 있나니 받는 자 밖에는 그 이름을 알 사람이 없느니라"(계 2:17), "이기는 자와 끝까지 내 일을 지키는 그에게 만국을 다스리는 권세를 주리니"(계 2:26), "이기는 자는 이와 같이 흰 옷을 입을 것이요 내가 그 이름을 생명책에서 결코 지우지 아니하고 그 이름을 내 아버지 앞과 그의 천사들 앞에서 시인하리라"(계 3:5), "이기는 자는 내 하나님 성전에 기둥이 되게 하리니 그가 결코 다시 나가지 아니하리라"(계 3:12), "이기는 그에게는 내가 내 보좌에 함께 앉게 하여주기를 내가 이기고 아버지 보좌에 함께 앉은 것과 같이 하리라"(계 3:21). 이 얼마나 영광스러운 약속들인가? 이와 같은 말씀들은 현재 믿음을 지키며 말씀으로 선한 싸움을 싸워가고 있는 수많은 성도들에 대한 하나님의 은혜로운 약속이지 어떤 한 사람을 우상화시키는 말씀이 아니다.

이만희는 성경의 예언이 비유로 봉함되어 있으므로 '실상'으로 해석해야 한다고 주장한다. 특히 요한계시록은 장래에 관한 예언으로서 봉함되어 있기 때문에, 실상이 와서 약속한 목자요 이긴 자가 그 실상을 증거하지 않으면 알 수 없다는 것이다. 그런데 바로 자신이 약속한

　　　　　　　　　　　　한 권으로 끝내는 신천지 비판

목자요 이긴 자로서 그 모든 실상을 보았고 작은 책을 받아먹었기 때문에 자신만이 요한계시록을 해석할 수 있다고 한다.

예언은 그것이 이루어질 때 믿게 하기 위한 것이다(요 14:29). 이러므로 요한계시록의 약속대로 이룬 것을 보고 듣고 증거하는 자가 바로 약속의 목자임을 믿어야 한다. 구약성경은 예수 한 사람을 증거한 것이요(요 5:39), 신약성경은 보혜사 곧 책을 받아먹은 이긴 자 한 사람을 알게 한 것이다(계 2-3장, 계 10장, 계 22:16). 약속의 목자와 그가 증거하는 것을 믿고 지킴으로 구원이 있다.[4]

재림 때 예수님께서 보내겠다고 약속하신 '다른 보혜사' 곧 진리의 성령도 공중을 날아다니며 사람들에게 직접 외치지는 않는다. 영이신 하나님께서 육체를 들어 역사하시듯, 진리의 성령 보혜사도 약속의 목자 안에 거하며 말씀을 대언하게 한다(요 14:16-17; 계 19:9-10; 계 22:8-9, 16). 요한계시록 10장에 진리의 말씀 열린 책을 가지고 예수님의 모양으로 오는 천사는 그 책을 요한에게 주어 먹게 하고 요한에게 대언하게 하셨다(계 10:1-2; 8-11). 책을 가져온 천사는 보혜사 성령이고 그 책을 받은 요한은 보혜사 성령의 대언자인 약속의 목자다. 즉, 이 약속의 목자는 사도 요한의 자격으로 오는 목자이며, 또한 요한계시록 2장과 3장, 그리고 12장에 예언된 이긴 자다. 그는 예수님께 안수를 받고, 자기가 본 것과 이제 있는 일과 장차 될 일을 기록하라는 명을 받았으며(계 1:10-19), 천사의 지시대로 많은 백성과 나라

---

4) 『천지창조』, p.410.

와 방언과 임금에게 다시 전하게 된다(계 10:1-2, 8-11).[5]

이만희의 요한계시록 해석은 마치 소설과 같다. 그는 자신이 약속한 목자요, 이긴 자로 책을 받아먹었으니 자신만이 봉함되어 있는 요한계시록을 해석할 수 있다고 한다. 그러나 이것부터 이미 틀렸다. 하나님의 천사는 요한계시록이 거의 끝날 무렵 "이 두루마리의 예언의 말씀을 인봉하지 말라 때가 가까우니라"(계 22:10)고 하면서 봉하지 말라고 이야기한다. 그러므로 요한계시록이 봉해져 있다는 것을 전제로 한 이만희의 모든 주장은 다 자신이 꾸며낸 이야기에 불과하다. 즉, 그가 '일곱 교회의 비밀'과 '배도의 비밀', '멸망의 비밀', '새 언약의 비밀', 그리고 '일곱 머리 열 뿔' 등에 대해 한 이야기는 모두 성경이나 기독교와 아무런 상관이 없는 사이비집단에서 있었던 사건에 불과하다는 것이다.

베낀 자 교리

신천지의 이긴 자 교리는 독창적인 교리가 아니다. 〈무엇이든지 물어보세요〉라는 인터넷 카페의 운영자 이인규 권사는 이만희를 '베낀 자'라고 불렀다.[6] 그도 그럴 것이 이만희는 자신이 하나님이라고 했던 박태선에게 배운 수많은 사이비 교주들과 마찬가지로 자신이 '이긴 자'라고 주장하기 때문이다. 이인규 권사의 글을 직접 확인해보자.

---

5) 『천지창조』, p.419.

6) 〈http://cafe.naver.com/anyquestion/26033〉(2013. 6.10).

 한 권으로 끝내는 신천지 비판

베낀 자

전도관, 박태선(이긴 자의 원조)

박태선(朴泰善, 1917-1990)은 평안남도 덕천 출신의 종교인, 기업인, 교육인이다. 별칭은 신도들로부터 '감람나무', '동방의 의인', '이긴 자'이다. 1955년 천부교를 창시하였으며, 신도들의 공동체인 '신앙촌'을 건립하여 시온학원 산하의 교육기관과 기업체를 설립한 바 있다(위키백과사전).

전도관 출신들은 모두 자신을 "이긴 자"라고 주장한다. 식당개 3년이면 라면을 끓인다고 하지 않았는가? 배운 것이 도둑질이라고 전도관에서 배워온 것이 바로 성경의 용어를 자기에게 적용시키는 것이다. 아래의 자칭 이긴 자들 외에도 천국복음전도회의 구인회도 자칭 이긴 자이고, 광주 천년성의 이헌석도 자칭 이긴 자로서 모두 전도관 출신들이다. 우리나라에는 재림 예수와 보혜사가 40명이 있고, 동방의 의인이 40명 있으며, 이긴 자가 20명이 있으며, 감람나무와 두 증인이 20명이 있다고 한다. 이들 중에서 누가 진짜일까? (정답: 모두 가짜다)

새빛등대중앙교회, 김풍일

보좌 우편에 계신 예수님께서 이 땅에 오셔서 심판하실 것이라고 믿고 있는 것이 기성 신앙이다. 이는 성서에 너무나 엄청난 오류를 범하고 있는 것이다. 왜냐하면 예수님께서 세상을 심판하실 것이 아니요 정하신 사람으로 하여금 세상을 심판할 것을 성경은 명령하고 있기 때문이다.…이와 같이 끝까지 예수님의 일을 지키는 사명자 곧 이기는 자에게 예수님이 철장으로 만국을 다스리는 권세를 주신다고 하였다.…이로써 하나님도 아니요 예수님도 아닌 끝까지 예수님의 일을 지키는 자 곧 이기는 자가 만국을 다스리는 심판의 권세를 예수님으로부터 받게 되는 것을 알 수 있다(김풍일, 『생명나무』, pp. 145-146).

에덴성회, 이영수

신약의 내용 중, 계시록에 나타난 주님의 말씀은 계시록의 주인공인 이긴 자 감람나무가 나타나심으로 또한 그 말씀대로 이루어가고 있다. 이로써 기독교가 무엇인가를 완전히 해명하게 되었다. 이를 '이영수' 신학이라 칭할 수 있다(박상석, 『이긴자의 소식』, p. 9).

(중략)

신천지, 이만희(베긴 자)

구약은 하나님께서 예수님 한 사람을 약속한 것이며(요 5:39) 신약은 예수님께서 이긴 자 한 사람을 약속해 놓은 글입니다. 현재 신천지증거장막성전의 목자는 하늘에서 본 그대로 이 땅 위에 하나님의 나라 천국을 창조하고 있습니다. 그는 그 옛날 야곱이 육적으로 열두 아들을 낳아 이스라엘 열두 지파를 만든 것처럼(창 49장) 영적 하나님은 요한계시록을 통해 박해당하는 성도들을 격려하기 위해 포기하지 말고 이겨내라, 이겨내는 자에게는 구원의 선물과 하늘의 상급을 주실 것이라는 말씀을 주셨다. 그런데 얼마나 많은 사이비 교주들이 자신들을 이미 '이긴 자'로 내세우고 있는지 어지러울 정도다. 이들은 하나님을 믿는 신앙이란 이 땅에서 끊임없이 마귀를 대적하며, 죄와 싸우며 계속해서 이겨나가야 하는 것임을 인정하지 않으려고 한다. 대신 무엇인가를 이미 이룬 것처럼 추종자들을 속이며, 자기를 따르는 자들에게도 특권의식을 심어주려고 한다. 그러나 사도 바울처럼 위대한 믿음의 사람도 "내가 이미 얻었다 함도 아니요 온전히 이루었다 함도 아니라 오직 내가 그리스도 예수께 잡힌 바 된 그것을 잡으려고 달려가노라"(빌 3:12)고 고백하며 자신을 낮추었다. '이긴 자' 혹은 '베낀 자' 이만희를 따르는 자들은 무엇보다 이 점을 숙고해보아야 할 것이다.

우리나라에서 이단 사이비에 빠진 신도들의 수는 200만에 이른다고 한다. 개신교인의 수가 800만 정도인 것을 감안하면 정말 엄청난 수가 아닐 수 없다. 우리나라에는 왜 이렇게 유사 기독교, 이단 사이비들이 기승을 부리는 것일까? 크게 보면 종교성이 강한 우리 민족의 특성과 굴곡이 많았던 우리의 근현대사가 합쳐지면서 분별력을 상실한 비상식적 종교 행태가 자리를 잡았다고 볼 수 있다. 현실의 고통을 감당하기 어려울 때 신비적 색채를 띠는 종교가 횡행하고, 신비적 영역을 강조하는 분위기에서는 진짜와 가짜를 구분하기가 쉽지 않다. 이단 사이비 세력들은 진짜인 것처럼 가장하고 많은 사람들의 종교심을 이용하는 기생충과 같은 존재들이다.

그러나 교회의 입장에서 보면, 이런 현상에 대한 책임을 통감하지 않을 수 없다. 왜냐하면 수많은 이단 사이비의 교주들이 자신을 '재림 예수'라고 주장하고, 많은 이단 사이비 단체들이 '교회'의 간판을 걸고 있기 때문이다. 이처럼 우리나라의 이단 사이비들은 주로 기독교의 토양에서 배태된 것이다. 그런데도 신천지가 전면에 떠오르기 전까지 보통 교회들은 이단 사이비 문제를 그렇게 크게 인식하지 않았다. 다른 이단 사이비들은 나름대로 어떤 선을 지켰기에 정통 교회와 직접적인 충돌을 일으키지 않았기 때문이다. 그런데 신천지는 역으로 정통 교회의 약점을 파고들어 기존 성도들을 신천지로 빼내가는 일을 서슴지 않았다. 그 피해 상황은 너무나 비참한 것들이었다. 몇몇 성도들이 미혹되어 신천지로 넘어가는 정도에서 그친 것이 아니라, 목회자들과 신학생들이, 또 교회 전체가 신천지로 넘어가는 사태가 발생한 것이다.

신천지의 정통 교회에 대한 공세적 포교전략이 이슈화되면서 드러난 것은 한국교회가 얼마나 취약한 상태에 있었는가 하는 것이었다. 신천지가 기성 교회의 문제점들을 비판하며 '바벨론'으로 몰아세울 때, 그 비판에 동조하며 교회에 등을 돌린 사람들이 너무 많았다는 사실은 가히 충격적이라고 할 만하다. 그리고 추수꾼들이 교회에 숨어들어와 교회의 문제점들을 파고들어 목회자와 성도 사이를 이간질할 때, 그 이간질에 깨져버린 교회들이 너무도 많았다는 사실, 그리고 무엇보다 열심히 교회에 출석하던 성도들도 성경의 구체적인 내용을 가르쳐준다는 신천지의 성경 공부에 흥미를 느끼기 일쑤였다는 사실은 한국 교회에 심각한 위기감을 안겨주었다고 할 것이다.

이런 상황에 대해서 수많은 목회자들과 성도님들, 많은 교회와 교단들이 안타까워하며 대처방안을 세우기 위해 여러 가지 노력을 해왔다. 각 교단의 이단대책위원회를 중심으로 신천지를 경계하는 다양한 운동과 교육 세미나가 열렸고, 지역별로 교회가 연합하여 피해를 줄이기 위한 방안을 마련하기도 했다. 그래서 우리에게는 무엇보다 한국교회가 교회 본연의 모습으로 돌아가 하나님의 말씀을 제대로 알고, 그 말씀에 기초한 건강한 교회가 되기를 소망하는 바람이 생겼다. 또 신천지에 빠진 많은 사람들을 설득하여 다시 돌아오게 하는 역할도 성심껏 감당하고 있다.

그러나 신천지는 신도들에게 신천지의 실상 교리를 비판하는 내용을 접하면 "선악과를 먹는 것"이라고 위협하며 배신자(?)에게는 집단적인 실력행사도 꺼리지 않는다. 그래서 신천지인들은 제대로 된 객관적인 정보를 얻기가 어려운 실정이다. 그나마 이들을 돌이키게 할 수 있는 가장 좋은 방법은 그들이 질문을 하며 접근할 때, 역으로 그들의 전제를 깨뜨릴 수 있는 질문을 던지는 것이다. 이를 위해 신천지와 싸우고 있는 모든 사람들은 그들의 주요 교리와 모순점에 대해 자세하게 알고 있어야 한다.

이 책에서 우리는 두 가지 측면에서 신천지의 한계와 모순을 살펴보았다. 먼저 이만희의 전력(前歷)을 통하여 그가 성령의 인도를 받고 있는 것이 아니라 악한 영에 사로잡힌 사람이라는 것을 알아보았다. 그는 성령의 인도를 받아 전도관과 장막성전에 들어갔다고 주장했다. 하지만 전도관과 장막성전의 비정상적인 행태를 살펴보면 그 집단들이 변명할 수 없는 이단 사이비라는 것을 알 수 있다. 그런 곳으로 성령이 인도했다고 주장하는 것은 성령 하나님을 욕되게 하는 짓이다. 우리나라의 많은 이단 교주들이 그렇듯이 신천지예수교증거장막성전의 이만희 총회장은 자신이 몸담았던 전도관과 장막성전의 교리를 빌어다 자신의 교리 체계를 만들어냈으며, 각종 사이비의 운영 방법을 발전시켜 지금의 신천지 조직을 완성했다.

이 책에서 살펴본 또 다른 측면은 신천지의 교리 부분이다. 신천지는 자신들이 가르치는 내용이 하나님의 말씀을 대언하는 사자 이만희를 통해 온 하나님의 말씀이라고 주장한다. 그러나 그들은 성경을 왜곡하여 편의에 맞게 이용할 뿐이다. 이사야 34장 16절의 짝이 짐승들의 짝이 아닌 말씀의 짝으로 전제하는 그들의 주장은 신천지의 성경 해석 수준을 여지없이 보여준다. 그뿐만 아니라 그들의 교리 체계 곳곳에서는 성경을 자의적으로 해석하고 의도적으로 일부 어휘만 차용하는 행태를 어렵지 않게 찾아볼 수 있다. 성경을 짜깁기한 신천지의 교리는 결론적으로 이만희를 약속한 목자로 만들면서 신격화한다. 직접적으로는 부인하지만, 이만희가 재림 예수요, 하나님의 위치에 있는 것이 신천지의 진짜 정체다.

그러나 문제는 신천지인들이 그들만의 교리 체계에 갇혀 있다는 것이다. 그들은 많은 사람들이 신천지로 몰려오고 있는 것이 신천지가 진리의 성읍이라는 증거라고 한다. 또 이만희가 죽는다면 성경도 하나님도 다 틀린 것이 된다고 이야기한다. 자신들이 틀리지 않았다는 확신 속에서 이성적인 사고도, 최소한의 경외감도 마비된 모습을 보이는 것이다. 이런 그들과 정상적인 대화를 하기도 쉽지 않을 뿐더러, 다시 살려내 오기란 정말 어려운 일이 아닐 수 없다.

이런 그들을 상대하기 위해서는 상당한 용기와 인내, 지혜가 필요하다. 먼저, 신천지를 옹호하고 전파하려는 자들에 대한 교회의 엄중한 치리가 있어야 할 것이다(요이 1:10). 교단 차원에서, 또 각 교회 차원에서 신천지의 포교 활동에 대한 경각심을 가져야 함은 물론이고, 각 성도들이 그러한 접근을 하는 자를 감싸거나 허용하지 말고, 목회적 치

　　　　　　　　　　　　한 권으로 끝내는 신천지 비판

리를 받도록 적극적으로 도와야 할 것이다. 그러나 돌이킬 가능성이 있는 자들에 대해서는 끝까지 책임을 지는 자세를 가지고 인내와 사랑으로 대화하여, 그리스도의 품으로 돌아오도록 최선을 다해야 할 것이다. 이때 도움을 받을 수 있는 전문가들과 연계하여 성도들이 한마음으로 기도하며 공동으로 대처하는 것이 중요하다. 기도로 하나 된 성도의 연합은 신천지의 그 어떤 공격도 막아낼 수 있는 든든한 방어막이 되기 때문이다.

지금 이 순간에도 너무나 많은 사람들이 신천지에 미혹당하여 신천지가 만들어놓은 덫에 빠지고 있다. 그런데 누구든지 그 덫에 한 번 빠지면 쉽게 빠져나올 수가 없으니 참 답답한 상황이다. 많은 신천지인들이 신천지가 어떤 거짓말을 하고 있는지도 알지 못한 채, 신천지의 황당한 주장을 그대로 믿으며 정신을 차리지 못하고 있다. 친구들이, 남편과 아내가, 아들과 딸들이 신천지의 극단적 교리에 빠져 참된 인생의 기회를 박탈당한 채 살아가는 모습을 보아야만 하는 수많은 사람들의 울음소리가 들리는 것 같다.

이제 더 이상 신천지의 활동을 수수방관해서는 안 된다. 신천지인들은 지금도 밤잠을 설쳐가며 포교에 열을 올리고 있다. 그들의 도전을 이겨내려면 관계자들은 물론, 온 교회의 적극적인 대처뿐 아니라 교회의 근본적인 개혁을 위한 끊임없는 노력이 있어야 할 것이다. 또한 신천지에서 나온 사람들이 다시 비슷한 곳을 전전하지 않도록 그들을 참된 복음으로 재교육하는 일이 절실하게 요청된다. 이런 상황에서 CBS, 국민일보 등 주요 기독교 언론들이 나서서 신천지에 대한 경각심을 높이고 있는 것은 반가운 일이 아닐 수 없다. 그럼에도 불구하고 더

많은 사람들의 적극적인 관심, 구체적이고 능동적이며 세심한 예방 대책, 신천지에서 나오고자 하는 사람들을 도와줄 인적·물적 자원의 확보 등이 절실한 형편임은 너무나 분명하다.

장기적인 안목에서는 무엇보다 이단 사이비가 횡행할 수밖에 없는 우리 한국교회의 신앙적 토양이 더욱 건강하게 바뀌어야 할 것이다. 우는 사자같이 삼킬 자를 찾는 마귀를 대적하라고 하신 말씀을 기억하면 좋겠다. 지금까지 우리는 기독교가 존중받는 사회에서 살았다. 그러나 사회의 분위기는 변하고 있다. 기독교인의 수가 많이 줄었음은 물론이거니와 한국교회의 위상도 예전 같지 않은 것이 현실이다. 이런 상황에서 우리는 더욱 깨어 있어 시대를 분별해야 한다. 우리가 힘써야 할 것은 무엇인지, 무엇을 주의해야 하며, 무엇에 마음을 쏟아야 할지 지혜롭게 생각해야 하는 것이다.

예수님은 한 영혼이 천하보다 귀하다고 하셨다. 스스로 하나님의 사랑을 저버리고 그리스도의 원수로 행하는 사람들이야 어쩔 수 없다고 치더라도, 거짓말에 속아서 엉뚱한 곳에 마음을 쓰고 있는 사람들을 돕는 데에는 우리의 힘을 모아야 하지 않을까? 특별히 목양의 책임을 맡은 자들은 이 책의 주요 내용을 숙지하고, 신천지에 빠진 사람들을 불쌍히 여기는 마음으로 기도에 힘써야 할 것이다. 또 신천지의 주요 포교전략과 교리의 문제점을 파악하여 예방 교육을 한다면, 어떤 사후 대처보다 효과적으로 신천지를 무력화시키는 데 힘을 얻을 수 있을 것이다. 나아가 주변에 신천지 피해자가 있다면 이 책의 내용을 바탕으로 상담적 도움을 줄 수 있기를 기대해본다. 아무쪼록 이 책을 읽는 많은 교회와 목회자, 성도님들이 이 일에 마음을 두고 기도로 동참

하며, 기회가 닿는 대로 적극적으로 발 벗고 나설 수 있기를 바란다.

한 권으로 끝내는 신천지 비판

사이비 신천지의 현황과 역사, 그리고 교리에 대한 명쾌한 논박

Copyright ⓒ 한창덕 2013

1쇄발행_ 2013년 8월 19일
4쇄발행_ 2014년 11월 30일

지은이_ 한창덕
펴낸이_ 김요한
펴낸곳_ 새물결플러스
편 집_ 김남국·노재현·박규준·왕희광·정인철·최율리·최정호
디자인_ 이혜린·서린나
마케팅_ 이성진
총 무_ 김명화

홈페이지 www.hwpbooks.com
이메일 hwpbooks@hwpbooks.com
출판등록 2008년 8월 21일 제2008-24호
주소 (우) 158-718 서울특별시 양천구 목동동로 233-1(목동) 현대드림타워 1401호
전화 02) 2652-3161
팩스 02) 2652-3191

ISBN 978-89-94752-49-5   03230

책값은 뒤표지에 있습니다.

이 도서의 국립중앙도서관 출판시도서목록(CIP)은 서지정보유통지원시스템 홈페이지
(http://seoji.nl.go.kr)와 국가자료공동목록시스템(http://www.nl.go.kr/kolisnet)에서
이용하실 수 있습니다(CIP제어번호: CIP2013014244).